# Geldpolitik

Finanzmärkte, neue Makroökonomie
und zinspolitische Strategien

von

Prof. Dr. Peter Spahn

3., überarbeitete Auflage

Verlag Franz Vahlen München

ISBN 978 3 8006 4478 0

© 2012 Verlag Franz Vahlen GmbH
Wilhelmstraße 9, 80801 München
Satz: DTP-Vorlagen des Autors
Druck und Bindung: Druckhaus Nomos
In den Lissen 12, 76547 Sinzheim

Gedruckt auf säurefreiem, alterungsbeständigem Papier
(hergestellt aus chlorfrei gebleichtem Zellstoff)

Theorien, die man sich nicht merken kann, taugen nichts.

*Rudolf Richter*

# Vorwort

Über die große Bedeutung der Geldpolitik für die gesamtwirtschaftliche Entwicklung einer Ökonomie besteht weithin Einigkeit in Wissenschaft, Wirtschaft und Politik – auch wenn es immer wieder Kontroversen darüber gibt, auf welche ökonomischen Bereiche sich diese Bedeutung genau bezieht. Die Frage, ob Geldpolitik eher in kurzfristiger Perspektive für die Stabilisierung von Konjunktur und Beschäftigung zuständig ist oder aber vorrangig das langfristige Ziel der Geldwertstabilität verfolgen soll, wird auch in diesem Buch zu diskutieren sein. Darüber hinaus verweisen die ausgedehnten Debatten um die Errichtung der Europäischen Zentralbank und die Krise der Europäischen Währungsunion darauf, dass monetären Themen ein geradezu ordnungspolitischer Stellenwert zukommt.

Entscheidungen von Notenbanken über eine Änderung der Zinssätze finden in den Medien zu Recht große Beachtung. Die Auswirkungen betreffen nicht nur Geschäftsbanken, sondern auch das wirtschaftliche Umfeld von Haushalten, Unternehmen und Regierungen. Das vorliegende Buch geht vor dem Hintergrund einer theoretisch geleiteten Analyse dieser praktischen Bedeutung der Geldpolitik nach. Im Zentrum stehen drei Themenbereiche:

(1) Die *Finanzmärkte* sind nicht nur der unmittelbare Eingriffsort geldpolitischer Aktionen, sie ziehen auch aufgrund spektakulärer Umsatz- und Kursentwicklungen immer wieder öffentliche Aufmerksamkeit auf sich. Untersucht wird die Rolle des Geldes in der Marktwirtschaft, die Tätigkeit der Banken sowie die Preisbildung auf Wertpapier- und Devisenmärkten. Vor diesem Hintergrund kann dann die Wirkungsweise der geldpolitischen Instrumente erklärt werden.

(2) Seit einiger Zeit hat sich ein *"neuer Konsens"* in der *Makroökonomie* herausgebildet, wonach nicht die Geldmenge, sondern der Zins das hauptsächliche Instrument der Geldpolitik ist. Damit kann nun die makroökonomische Theorie direkter mit der Wirkungsanalyse geldpolitischer Maßnahmen verknüpft werden. Dieser neue Forschungsansatz wird hier konsequent umgesetzt; das traditionelle *IS-LM*-Modell wird durch einen Drei-Gleichungs-Ansatz ersetzt, in dem das Verhalten der Notenbank durch eine zinspolitische Reaktionsfunktion beschrieben wird.

(3) Aktionen der Notenbank lassen sich jedoch nicht erschöpfend mit mechanischen Reaktionsformeln erklären. Wirtschaftspolitische Ziele, unterschiedliche Vorstellungen über die

Funktionsweise einer Geldwirtschaft und Erfahrungen mit der Wirkungsweise geldpolitischer Instrumente fließen in die Konzeption *zinspolitischer Strategien* ein, die als Richtschnur für tagespolitische Entscheidungen der Notenbanken dienen. Theoretische Grundlagen und praktische Umsetzungsprobleme der wichtigsten Politikkonzepte werden anhand der empirischen Entwicklung insbesondere in der Europäischen Währungsunion dargestellt.

Die Zielgruppe des Buches sind Studenten und Doktoranden, aber auch Praktiker aus dem Bereich der Banken und Finanzmärkte. Grundkenntnisse der Volkswirtschaftslehre, insbesondere der makroökonomischen Theorie, sind bei der Lektüre dieses Buches zwar hilfreich, aber insbesondere die ersten beiden Kapitel über Geld, Banken und Finanzmärkte stellen aufgrund ihrer eher partialanalytischen Sichtweise in sich abgeschlossene Einheiten dar. Die letzten drei Kapitel, die den gesamtwirtschaftlichen Wirkungen der Geldpolitik nachgehen, basieren auf einer makrotheoretischen Grundlage, die zu Beginn des 4. Kapitels auf einfache Weise dargelegt wird.

Die Überarbeitungen in der jetzt vorliegenden 3. Auflage wurden durch die weltweiten Finanz-, Schulden- und Währungskrisen der letzten Jahre motiviert. Neue Kapitel über die gewandelte Rolle der Banken im Finanzmarkt, über "unkonventionelle" Instrumente der Geldpolitik bei hoher Staatsverschuldung und über die anhaltende Krise der Europäischen Währungsunion bis hin zur Debatte um die TARGET2-Salden wurden in den Text aufgenommen. Zudem wurden viele Textpassagen neu formuliert und empirische Daten in Abbildungen und Tabellen aktualisiert. Sie sind, wenn nicht anders vermerkt, den einschlägigen Publikationen der EZB, der Bundesbank und des Sachverständigenrates entnommen.

Wiederum einen besonderen Dank verdienen meine Mitarbeiter Felix Geiger, Arash Molavi Vasséi, Oliver Sauter, Lukas Scheffknecht, Benjamin Schmidt und Christian Philipp Schröder, die mit großem Engagement an der Diskussion der Inhalte des Buches und ihrer Umsetzung in der Lehre mitgewirkt haben. Schließlich danke ich Professor Rudolf Richter für das diesem Vorwort vorangestellte Motto. Es liefert – in ironischer Überspitzung – ein überraschend einfaches Orientierungskriterium in der oft beklagten Vielfalt ökonomischer Theorien und signalisiert zugleich eine Verpflichtung für jeden (Lehrbuch-) Autor. Die Unzulänglichkeiten des Buches gehen (leider) zu meinen Lasten.


Stuttgart-Hohenheim, August 2012

*Peter Spahn*

*www.wipol.uni-hohenheim.de*

# Inhaltsübersicht

# Inhaltsverzeichnis

# Kapitel 1
# Geld, Zins und Banken

**Kapitelüberblick**

In diesem Kapitel wird zunächst erklärt, warum in einer Marktwirtschaft Geld verwendet wird und welche Eigenschaften dieses Geld aufweisen muss. Dabei zeigt sich die Bedeutung der Wertstabilität von Geld; sie kann durch die Marktkräfte allein nicht zuverlässig gesichert werden, sondern wird zu einer (in späteren Kapiteln zu untersuchenden) Aufgabe der Geldpolitik. Geld gewährleistet die Zahlungsfähigkeit von Wirtschaftssubjekten und wirft deshalb als Vermögensobjekt eine Liquiditätsprämie ab. Im Kredit wird Zahlungsfähigkeit vom Gläubiger auf den Schuldner übertragen. In einem einfachen Kreditmarktmodell wird gezeigt, dass die Zinszahlung des Schuldners den temporären Verlust an Zahlungsfähigkeit auf Seiten des Gläubigers kompensieren muss.

Zu Anbietern von Geld haben sich historisch die Banken entwickelt. Es wird untersucht, warum sie die Rolle von Finanzintermediären einnehmen, über die einerseits ein Großteil der Kreditvergabe abgewickelt wird und die andererseits als Sammelstellen für die Geldvermögensbildung der Nichtbanken fungieren. Moderne Geldwirtschaften haben ein zweistufiges Banksystem, in dem die Geschäftsbanken unter Wettbewerbsbedingungen das Kreditgeschäft betreiben und dem Publikum verzinsliche Anlagemöglichkeiten bieten, während die Zentralbank das alleinige Recht zur Notenemission besitzt. In diesem System stehen die Geschäftsbanken in einem ökonomischen Abhängigkeitsverhältnis zur Zentralbank, weil sie sich Bargeld nur von ihr beschaffen können. Dies gibt andererseits der Zentralbank die Möglichkeit, die Konditionen der Bereitstellung von Zentralbankgeld zu verändern und darüber das Kreditvolumen in der Volkswirtschaft zu beeinflussen.

## 1.1 Theoretische Grundlagen

### 1.1.1 Die Funktionen des Geldes:
### Zahlungsmittel aus informationstheoretischer Sicht

Eine arbeitsteilige Volkswirtschaft bezieht ihren Wohlstand aus dem Austausch von Gütern und Dienstleistungen zwischen den Wirtschaftssubjekten. Jedoch ist die Marktwirtschaft im eigentlichen Sinne keine *Tauschwirtschaft*; sie erhält ihren ordnungspolitisch besonderen Charakter als *Geldwirtschaft*. Die zentrale Rolle des Geldes wird deutlich, wenn man versucht, sich eine Ökonomie ohne Geld vorzustellen: Angenommen ist, dass die Menschen nicht autark wirtschaften, sondern sich auf bestimmte Aktivitäten spezialisieren. Für die vielfältigen Güter und Dienste, die sie benötigen, können sie deshalb ihren potenziellen Marktpartnern kurzfristig nur ein eingeschränktes Spektrum an Gegenleistungen anbieten.

Aller Wahrscheinlichkeit nach käme es so gar nicht zu einem unmittelbaren Tausch von Gütern. Das vorherrschende Transaktionsmuster wäre vielmehr die einseitige Überlassung von Ressourcen. Der güternachfragende Akteur würde zunächst zum *Schuldner*; er müsste im Gegenzug einen Schuldschein ausstellen, der ihn dazu verpflichtet, dem Güteranbieter zu einem späteren Zeitpunkt die von diesem gewünschten Dinge zu liefern. Der Güteranbieter erhält somit als Gegenleistung nicht ebenfalls Güter, sondern eine Kreditforderung gegen den Nachfrager, d.h. nur einen *Anspruch* auf eine Güterlieferung. Eine Marktwirtschaft ohne Geld wäre also keine Tausch-, sondern eine *Kreditwirtschaft*. Eine solche Ökonomie würde vermutlich nicht gut funktionieren:

- Erstens wäre das Ausmaß der Geschäfte aufgrund des Kreditrisikos auf Seiten der Güteranbieter gering. Denn bei anonymen Marktbeziehungen haben sie keinerlei Informationen über die Solidität der Nachfrager und müssten befürchten, dass letztere als Schuldner ihren Lieferverpflichtungen nicht nachkommen können oder wollen. Bei den vielfältigen, nicht standardisierten Lieferverträgen würde es auch einer Justiz schwer fallen, den Gläubigern zu ihrem Recht zu verhelfen.

- Zweitens wären die Kreditforderungen in hohem Maße heterogen in Bezug auf Inhalt und Terminierung der Lieferversprechen. Dies beschränkt die Möglichkeit von wechselseitigen Verrechnungen dieser Schuldpapiere.

- Schließlich gibt es keinen einheitlichen Maßstab zur Bewertung von Gütern und Schuldtiteln. Jeder Akteur könnte den Preis eines Gutes in Einheiten eines beliebigen anderen Gutes messen. Dies würde Wirtschaftsrechnungen und Markttransparenz erschweren.

Zur Vermeidung derartiger Probleme wird in der Marktwirtschaft *Geld* verwendet. Güteranbieter wünschen als Gegenleistung von Nachfragern nicht deren Schuldscheine, sondern (nahezu) ausschließlich Einheiten eines Mediums, von dem sie mit einiger Sicherheit annehmen können, dass sie selbst es ebenfalls bei ihrer eigenen Güternachfrage einsetzen können. Historisch ist diese Geldfunktion vor allem durch zwei Medien übernommen worden:

(1) Standardisierte Mengen edler Metalle (Münzen aus Gold und Silber) fungierten als Geld, weil die Menschen aufgrund ihres "inneren" Wertes davon ausgingen, dass diese Münzen immer akzeptiert würden. Notfalls konnte man die Münzen einschmelzen und das Metall auch direkt verwenden (z.B. zur Schmuckherstellung). Münzen wurden von der politischen Obrigkeit geprägt und in Umlauf gebracht. Der Herrscher geriet allerdings oftmals in Versuchung, den Metallgehalt der Münzen herabzusetzen. Er konnte so von der Differenz zwischen Metall- und Nennwert (*Seigniorage*) eine Zeitlang profitieren, bis die Münzen im Markt an Wert verloren.

(2) Im Gegensatz zu anonymen Wirtschaftssubjekten hatten bekannte und angesehene Vermögenseigentümer (die späteren *Banken*) das Privileg, sich mit ihrem bloßen Lieferverspre-

chen am Markt Güter beschaffen zu können. Der "Schuldschein des reichen Mannes" war als Geldmedium anerkannt, wenn und weil man darauf vertraute, dass er bei Fälligkeit in Teile dessen Vermögens eingelöst werden konnte. Bestand dieses Vermögen z.B. aus Rindern, Getreide oder Gold, so beinhaltete der Schuldschein die Verpflichtung, eine bestimmte Menge dieser Güter zu liefern.

Der entscheidende Punkt war jedoch gerade, dass die allgemein verbreitete Erwartung einer Einlösbarkeit das Motiv beseitigte, diesen Anspruch zu realisieren. Denn auch andere Güteranbieter akzeptierten diesen Schein als Gegenleistung. Wenn *allgemein* das Vertrauen gegeben ist, dass der Schuldschein eingelöst werden kann, ist es viel einfacher, bei wirtschaftlichen Transaktionen nur diesen Schein als Gegenleistung einzusetzen, als die Güter des Scheinausstellers abzufordern und diese zu übertragen. Aus einer Forderung gegen den Aussteller des Schuldscheins wird so faktisch eine Forderung gegen den Markt: wenn nämlich jeder Produzent bereit ist, Güter im Austausch gegen Einheiten dieser Scheine abzugeben.

> *Alles Geld [ist] nur eine Anweisung auf die Gesellschaft [...]; es erscheint gleichsam als ein Wechsel, in dem der Name des Bezogenen nicht ausgefüllt ist. [...] Die Solvierung jeder privaten Verbindlichkeit durch Geld bedeutet eben, dass jetzt die Gesamtheit diese Verpflichtung gegen den Berechtigten übernimmt.*
>
> Georg Simmel (1907: 213f)

Der im Markt zirkulierende Schuldschein eines Vermögensbesitzers wird so zum *Zahlungsmittel*. Dies ist die primäre Geldfunktion: Das Zahlungsmittel löst das Schuldverhältnis auf, das am Gütermarkt zwischen Käufer und Verkäufer entsteht. Die Zahlung von Geld ist die Gegenleistung der Übertragung des Eigentums vom Verkäufer der Güter auf den Käufer.

Eng damit verbunden ist eine zweite Geldfunktion. Die Festsetzung einer bestimmten Anzahl von Geldeinheiten bei der Zahlung bedeutet eine Bewertung der betreffenden Güter in Geldpreisen. Geld wird damit zum *Wertstandard* oder Rechenmittel. Es wird auch bei internen Wirtschaftsrechnungen verwendet, um sicherzustellen, dass Investitionsprojekte und Produktionsprozesse angesichts der im Markt herrschenden Geldpreise ökonomisch rational durchgeführt werden.

Schließlich ist eine *Wertaufbewahrungsfunktion* des Geldes erkennbar. Geld kann als Zahlungs- und Schuldentilgungsmittel eingesetzt, aber auch unmittelbar als Vermögen gehalten werden. Der Besitz von Geld stellt eine *Option* dar: Eine Aneignung von Ressourcen ist jederzeit möglich, kann aber auch hinausgeschoben werden.

> *Jede Zahlung ist mit dem Verlust des Optionswertes verbunden, der darin besteht, dass man die entsprechenden Mittel auch anders verwenden könnte.*
>
> Niklas Luhmann (1988: 224)

Das typische Transaktionsmuster in Geldwirtschaften besteht somit darin, dass Geschäfte durch eine Zahlung sofort abgeschlossen werden. Das ansonsten notwendige System intertemporaler Kreditbeziehungen wäre aufgrund der hohen Informations- und Transaktionskosten kaum lebensfähig und stabil. Geld tritt gleichsam als dritte Partei zwischen Güteranbieter und -nachfrager und entlastet letzteren von der Aufgabe, seine Solidität als potenzieller Schuldner unter Beweis zu stellen. Der Käufer muss nicht als Schuldner um das *Vertrauen* des Gläubigers werben, er *bezahlt* den Güteranbieter direkt durch die Übertragung eines allseits akzeptierten Zahlungsmediums. Da man sich Güter nur über Geldzahlungen aneignen kann, verlagern sich Auseinandersetzungen über die gesellschaftliche Verteilung von Vermögen und Einkommen auf eine monetäre Ebene.

---

*Monetary relations are trilateral. Monetary exchange [...] involves a third party of those authorities that may legitimately produce money.*

Geoffrey Ingham (2000: 23)

---

*Because money is a claim on the economy as a whole rather than on a single individual, there is no need to acquire information about the individual who offers it in exchange. [...] It is information costs that lie at the bottom of any difference between money and other assets. [...] The institution of money can act as a substitute for trust.*

Douglas Gale (1982: 187f, 239)

---

*Das Problem Knappheit wird durch Geld [...] in eine andere Form gebracht [...]: in die Form von Geldknappheit. Das Problem Knappheit [...] entsteht, wenn jemand im Interesse der eigenen Zukunft andere vom Zugriff auf Ressourcen ausschließt. Die Frage ist: Wann und wie darf er das? [...] Die Antwort, die das Kommunikationsmedium Geld ermöglicht, lautet: wenn er zahlt.*

Niklas Luhmann (1988: 252)

---

## 1.1.2 Traditionelle Strategien zur Wahrung des Geldwertes: Mengenbeschränkungen und Sicherheiten

Die Vertrauensprobleme in einer arbeitsteiligen Ökonomie werden durch Geld natürlich nicht beseitigt, sondern nur verschoben: Sie konzentrieren sich nun auf das Geldmedium selbst. Entscheidend für die Akzeptanz eines Geldmediums ist die Erwartung seiner Wertsicherheit. Der *Geldwert* ist in Gütereinheiten zu messen. Er sinkt, wenn die in Geldeinheiten ausgedrückten Güterpreise steigen; daher lässt sich der Geldwert durch den Kehrwert des allgemeinen Preisniveaus messen. Die Wirtschaftssubjekte müssen Vertrauen in den *künftigen* Wert des Geldes haben: als Zahlungsmittel für anstehende Güterkäufe und als Wertaufbewahrungsmittel zur Vermögenssicherung für beliebige Zeitspannen.

Für dieses Erwartungsproblem gibt es keine perfekten Lösungen. Im historischen Rückblick kann man zwei Strategien unterscheiden, die zur Geldwertsicherung verfolgt wurden:

(1) *Knapphaltung der Menge der Zahlungsmittel.* Es erscheint unmittelbar einsichtig, dass eine starke Ausweitung der Zahlungsmittelmenge in Relation zu den am Markt angebotenen Gütern letztlich ein Steigen der Geldpreise, d.h. einen Verfall des Geldwertes bewirken muss. Aus diesem Grund wird ein Geldmedium gewählt, das entweder aus natürlichen Gründen knapp ist oder mittels einer geeigneten Vorkehrung knapp gehalten werden kann.

- Dies erklärt, dass z.B. Gold als Geld verwendet wurde. Seine Menge konnte zu jedem Zeitpunkt als gegeben angenommen werden. Die Neuproduktion war nur mit hohem Aufwand möglich; steigende (Grenz-) Kosten des Goldabbaus wirkten als Angebotsbeschränkung. Allerdings konnten neue Goldfunde oder der technische Fortschritt das weltweit verfügbare Goldangebot destabilisieren.

- Schuldscheine reicher Vermögensbesitzer waren als Geld akzeptiert, weil man davon ausging, dass diese ihr Vermögen nicht durch die Emission von vielen solcher Forderungen zu stark belasten wollten. Bestand dieses Vermögen aus reproduzierbaren Gütern wie z.B. Vieh oder Getreide, so galten nicht etwa diese Güter als Geld (sie wären von jedem in beliebiger Menge zu produzieren gewesen), sondern die *knappen Forderungen* auf diese Güter. Später wurde versucht, die Emission von als Geld zirkulierenden Schuldscheinen durch institutionelle Regeln zu beschränken. Hier erwies es sich als schwierig, diese Beschränkung glaubwürdig erscheinen zu lassen und durchzusetzen.

Die Strategie einer Mengenbegrenzung der Produktion von Zahlungsmitteln garantiert jedoch keine Geldwertstabilität. Selbst wenn ein Geldbestand *gegeben* wäre, so kann er doch unterschiedlich intensiv *genutzt* werden. Die Wirtschaftssubjekte können die durchschnittliche Dauer der Geldhaltung verringern und das Geld vermehrt am Gütermarkt als Zahlungsmittel einsetzen. Auch dabei kann sich eine Übernachfrage mit der Folge von Preissteigerungen entwickeln. Inflation ist also insbesondere kurzfristig nicht an eine erhöhte *Neuausgabe* von Geld gebunden; sie kann eine Zeitlang auch durch eine *steigende Umlaufgeschwindigkeit* des Geldes "finanziert" werden.

(2) *Versprechen des Eintauschs des Zahlungsmittels zu einem festen Preis in ein anderes Aktivum.* Als Geld verwendete Schuldscheine stellen Forderungen auf eine vom Emittenten dieser Papiere gehaltene Vermögensreserve dar; gerade die (vermutete) Existenz dieses Vermögensbestandes kann die Akzeptanz dieser Papiere als Zahlungsmittel begründen oder unterstützen. Wenn die Scheine jedoch im Markt zirkulieren, von Marktakteuren als Geld gehalten und faktisch nicht eingelöst werden, kann beim Aussteller der Anreiz entstehen, durch vermehrte eigene Güterkäufe eine höhere Anzahl von Scheinen in Umlauf zu setzen, die nicht mehr voll durch seinen Vermögensbestand gedeckt sind.

Solange jedoch die Öffentlichkeit nichts davon erfährt, kann die Akzeptanz dieser Papiere im Markt als Zahlungsmittel gewahrt bleiben. Eben dies steigert den Anreiz des Ausstellers, sich durch immer größere Emissionen praktisch kostenlos Güter anzueignen. Die hohe Reputation verführt zum Missbrauch. Würde das Vertrauen in die Solidität dieses Geldmediums schließlich aber doch zusammenbrechen, sind zwei Konsequenzen zu erwarten:

- Vermutlich käme es zu einer Steigerung der in diesem Zahlungsmittel gemessenen Geldpreise, nicht einmal so sehr wegen der vom Aussteller betriebenen Vermehrung des Geldes, sondern vor allem, weil die übrigen Wirtschaftssubjekte die Haltung dieses Geldes aus Angst vor Wertverlusten aufgeben. Wenn die zugesicherte Einlösung der Papiere in das Privatvermögen des Geldemittenten wegen der Unterdeckung nicht gelingt, bleibt nur die möglichst rasche Ausgabe dieser Papiere am Gütermarkt. Und da die Bereitschaft der Güteranbieter zur Annahme dieser Schuldscheine als Zahlungsmittel sinkt, werden die Käufer versuchen, durch höhere Zahlungsgebote in den Besitz von Gütern zu gelangen. Die Folge sind steigende Preise.

- Die Reputation des Geldemittenten wäre auf unbestimmte Zeit zerstört. Seine Schuldscheine haben nicht länger den Charakter eines Zahlungsmittels. Er selbst ist auf den Status eines normalen Marktakteurs zurückgesetzt, der sich Geld von dritter Seite verdienen muss, um sich damit Güter aneignen zu können.

---

*The publicness of money resides essentially in its general acceptability, which makes the value of money balances held by each individual depend not only on his own possession and market prices, but on the holdings of other persons.*

George Grantham u.a. (1977: 345)

---

Dieser zweite Effekt einer Überemission kann einen Geldemittenten aus eigenem Interesse dazu bewegen, einen jederzeitigen Eintausch der von ihm herausgegebenen Scheine in Teile seiner Vermögensreserve zu versprechen oder auch eine bestimmte Deckungsquote öffentlich überwachen zu lassen. Dadurch kann er seinen privilegierten Status als Geldproduzent bewahren, während die Gesellschaft den Vorteil einer Beschränkung der Geldemission hat. Die Zusicherung des Einwechselns eines Geldmediums in einen anderen Vermögenswert bewirkt demnach ebenfalls eine Knapphaltung des Geldes.

Allerdings ist auch diese Wertsicherungsstrategie unvollkommen. Zum einen stellt sich das Problem der Glaubwürdigkeit und Überwachung der Einlöseverpflichtung. Zum anderen lenkt die Gewährleistung der Einlösung die geldpolitische Aufmerksamkeit in die falsche Richtung. Die vollzogene Einlösung eines Zahlungsmittels in eine Vermögensreserve zeugt nicht von der hohen Qualität des Geldes, sondern zeigt einen bereits erfolgten Vertrauensverlust, eine *Krise* der Währung an. Die Marktakteure wünschen ein abstraktes, leicht handhabbares Zahlungsmittel, nicht die Vermögensreserven des Geldemittenten. Deren Marktwert ist möglicherweise unbekannt oder unsicher und vor allem besitzen sie als konkrete Vermögensgüter keine Geldeigenschaft.

Der Einlösungszwang kann ein Disziplinierungsmittel für den Geldemittenten darstellen, aber die eigentliche geldpolitische Aufgabe besteht nicht darin, eine wie auch immer geartete Deckungsquote des Geldes (gemessen an den Reserven) zu sichern, sondern den Wert des Geldes im Gütermarkt, gemessen an der dort verfügbaren Gütermenge. Die Vorstellung, dass Geld einen inneren Wert aufweisen oder durch Vermögenswerte und Reserven gedeckt sein müsse, war lange Zeit ein populärer Irrglaube. Er wurde genährt durch die in der Bank- und Währungsgeschichte verbreitete Praxis, die Emission von Geld durch die Bindung an derartige Aktiva (oder ausländische Währungen) zu beschränken. Auch als vertrauensbildende Maßnahme war die Vorstellung hilfreich, "hinter" dem Geld stünden reale Vermögenswerte, die seine Wertstabilität bei Transaktionen im Gütermarkt verbürgen könnten. Eine steigende Geldemission durch den Ankauf von realen Vermögensgütern muss aber deren Preise und damit das allgemeine Preisniveau nach oben treiben.

Tatsächlich beruht die Verwendung eines Mediums als Geld auf einer *Konvention*, d.h. einer impliziten oder expliziten Vereinbarung der Akteure, und die Stabilität der damit begründeten Währungsordnung wesentlich auf der wechselseitigen *Erwartung* jedes einzelnen Wirtschaftssubjekts, dass andere Marktakteure dieses Medium in naher und ferner Zukunft als Zahlungsmittel akzeptieren werden. Es ist die Kunst der Geldpolitik, dieses prekäre Erwartungsgleichgewicht aufrechtzuerhalten.

> *Geld ist [...] eine Fiktion, wertloses Papier, das Wert nur erwirbt, weil sehr viele Menschen ihm Wert beimessen. Das System beruht auf Vertrauen. Nicht auf Wahrheit oder Realität, sondern auf kollektivem Glauben.*
>
> Paul Auster (1997: 51)

## 1.1.3 Kredit, Liquiditätspräferenz und Zins: ein elementares Modell

Die Transaktionen auf Vermögens-, Güter- und Arbeitsmärkten werden durch Verträge geregelt. Kredit-, Kauf- und Arbeitskontrakte werden in nominalen Geldeinheiten festgesetzt und erfüllt. Geld ist damit der Wertstandard aller wirtschaftlichen Planungen und Entscheidungen und zugleich das Zahlungsmittel, dessen Übertragung die im Vertrag eingegangene Verpflichtung auflöst. In seiner Eigenschaft als Wertstandard ist Geld nicht knapp – jeder kann in Geldeinheiten kalkulieren –, wohl aber in seiner Eigenschaft als Zahlungsmittel, weil Geld bei der Vertragserfüllung an den jeweiligen Gläubiger zu übertragen ist.

Die Verfügung über Geld macht Wirtschaftssubjekte *zahlungsfähig*. Die Zahlungsmittelfunktion begründet damit einen besonderen Ertrag der Geldhaltung: eine nicht-pekuniäre *Liquiditätsprämie*. Der prinzipielle Wunsch von Marktakteuren nach jederzeitiger Zahlungsfähigkeit – die *Liquiditätspräferenz* – bedeutet, dass die Haltung von Geld der Haltung anderer ertragsloser Vermögenswerte vorgezogen wird.

*Kredit* ist die temporäre Überlassung von Zahlungsmitteln, die vom Schuldner am Ende der vereinbarten Frist an den Gläubiger zurückzuerstatten sind. Ein derartiger Geldkredit ist von einer direkten Güterleihe zu unterscheiden, die in der Marktwirtschaft eher selten vorkommt (dabei wird das Recht zur Nutzung von Gütern durch die Miete abgegolten). Geldkredite sind in Geldeinheiten zu tilgen, weil nur dies den Gläubiger in seine ursprüngliche Vermögensposition zurückversetzt; verliehen werden monetäre *Verfügungsrechte* über Güter, also Zahlungsmittel, nicht Güter selbst. Die Tilgung in Form einer wertgleichen Gütermenge ist i.d.R. ausgeschlossen.

---

*Geld ist Zahlungsmittel, Kredit das Versprechen, Zahlungsmittel zu übertragen. Kredit ist damit ein Kontrakt, der den Gläubiger verpflichtet, zugunsten des Schuldners auf die Verfügung über Zahlungsmittel zu verzichten, während er den Schuldner verpflichtet, nach vereinbarter Frist dem Gläubiger erneut Zahlungsmittel zur Verfügung zu stellen. Verbindlichkeiten sind deshalb aufgeschobene Zahlungen, Forderungen ein Anspruch auf Zahlungen eines abgeschlossenen Kontraktes. Geld ist somit Zahlungsmittel, weil seine Übertragung den Ausweis der Erfüllung eines Kontraktes bildet.*

Hajo Riese (1989: 1)

---

Ein Geldvermögensbesitzer, der aus seinem gehaltenen Geldbestand einen Kredit vergibt, nimmt eine Strukturverschiebung bei seinen Bilanzaktiva vor. Die Substitution "Geld gegen Kreditforderung" verschlechtert seine Vermögensposition als Gläubiger aus zwei Gründen:

(1) Geld ist definitionsgemäß eine unabweisbare Forderung gegen die Wirtschaft als ganze, der Kredit dagegen ein Forderungsrecht gegen einen einzelnen Schuldner. Der Umstand, dass gesellschaftliches Vermögen in Form von Geld gehalten werden kann, macht andere konkrete Forderungsrechte zu prinzipiell unsicheren Aktiva, weil sie Ansprüche gegen bestimmte Schuldner darstellen. Dabei ist freilich nicht ausgeschlossen, dass einzelne Forderungstitel untereinander ein unterschiedliches Risiko aufweisen, das sich in den Kreditvergabekonditionen niederschlagen kann. Man kann versuchen, sich gegen das Ausfallrisiko abzusichern:

- Der Schuldner kann dazu verpflichtet werden, eine *Sicherheit* zu stellen, d.h. einen Vermögenswert, der im Falle der Nicht-Tilgung auf den Gläubiger übergeht. Der Wert solcher Aktiva ist allerdings unsicher. Gerade in wirtschaftlich schlechten Zeiten, wenn Schuldner typischerweise Schwierigkeiten bei der Rückzahlung von Krediten haben, tendieren auch die Preise von Vermögenswerten nach unten. Selbst wenn aber der Wert einer Sicherheit dem Betrag einer ausgefallenen Kreditforderung entspricht, so besitzt der Gläubiger eben kein Geld, sondern ein Vermögensaktivum und hat mögliche Informations- und Transaktionskosten beim Verkauf zu tragen.

- Der Gläubiger kann eine *Versicherung* gegen einen Forderungsverlust abschließen. Dies setzt voraus, dass Forderungsausfälle versicherbar, d.h. wahrscheinlichkeitstheoretisch kalkulierbar sind, also unverbundene Schadensfälle darstellen. Systemische Risiken sind schwerer zu versichern (Forderungsausfälle stehen in einem konjunkturellen Zusammenhang). In jedem Fall sind aber Versicherungsprämien zu zahlen.

Das Ausfallrisiko eines Kredits verlangt also eine Entschädigung für die dem Gläubiger entstehenden Kosten. Dies ist ein erster Grund für eine Zinsforderung.

> *If there is any doubt about repayment, there must be interest; for no one will voluntarily part with money [...] in return for anything less than a 100 per cent probability of the principle being repaid. [...] The greater the risk of default, the higher (other things being equal) will be the rate of interest.*
>
> Sir John Hicks (1969: 73f)

(2) Das Vermögensportfolio eines Kreditgebers verschlechtert sich während der Laufzeit des Kreditvertrags im Hinblick auf den Liquiditätsaspekt. Geld als perfekt liquides Aktivum wird durch eine Forderung substituiert, die keine Zahlungsmitteleigenschaft hat und zumeist bis zur Fälligkeit gehalten werden muss, d.h. nicht vorzeitig an einen anderen Gläubiger weiterverkauft werden kann. Zumindest aber treten bei der Substitution ertragabwerfender Aktiva Transaktionskosten auf. Bei konstanter Liquiditätspräferenz des Geldvermögensbesitzers muss der mit der Kreditvergabe eintretende sinkende Liquiditätsgrad des Portfolios durch eine Zinszahlung kompensiert werden. Der Zins zeigt sich als *Optionspreis* des Geldes: Er misst die Flexibilität, jederzeit in gewünschte Aktiva wechseln zu können.

> *Die Bedeutung des Geldes muss jeder statischen Theorie unzugänglich bleiben, da seine entscheidende Funktion, die des Trägers höchster Liquidität, sich nur bei Berücksichtigung des Zeitablaufs erschließt. Die Liquidität bezieht sich nicht auf die Überbrückung der Zeit als bloßer Dauer, also auf die Funktion des Geldes als 'standard of deferred payments' im technischen Sinne, sondern sie wird getragen von dem Moment der grundsätzlichen Ungewissheit der Zukunft [...]. Da alles menschliche Wirtschaften auf die ungewisse Zukunft zielt [...], bildet sich ein besonderer Wert für das Gut, das es ermöglicht, der Ungewissheit der Zukunft gegenüber die günstige Position des 'Wartens' zu beziehen, also die Entscheidungsfreiheit noch zu bewahren. [...] Verzicht auf Liquidität ist ein 'Opfer'.*
>
> Andreas Paulsen (1950: 52f)

> *Liquidity preference is the reason why ready money commands a premium over bills or bonds – is the cause, therefore, of the existence of a rate of interest.*
>
> Sir John Hicks (1982: 240)

> *There is thus a probability that a portfolio choice, once made, is not optimal in light of what will be learned. This consideration, when combined with transaction costs, leads to a premium on 'liquid' or low-transaction-cost assets. This premium is in nature of an option purchase.*
>
> Frank H. Hahn / Robert M. Solow (1995: 144)

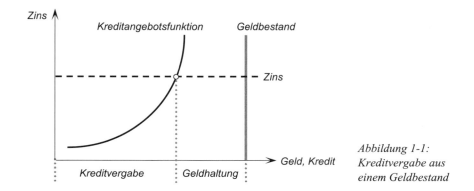

*Abbildung 1-1:*
*Kreditvergabe aus*
*einem Geldbestand*

Das einfachste *Beispiel einer Kreditvergabeentscheidung* lässt sich beschreiben durch den Fall eines Vermögensbesitzers, der über einen gegebenen Bestand an Geld verfügt (*Abbildung 1-1*). Er wird der Reihe nach mit Kreditnachfragern konfrontiert, die jeweils einen kleinen, konstanten Teil des Geldbestandes als Kredit wünschen. Angenommen ist, dass alle Kreditnachfrager und -projekte von gleicher Solidität sind. Gleichwohl wird die Bereitschaft des Geldvermögensbesitzers zur Kreditvergabe mit jedem weiteren Antrag abnehmen: Mit jedem abgeschlossenen Kreditvertrag wird der ihm verbleibende Geldbetrag knapper und damit liquiditätstheoretisch wertvoller. Die Liquiditätsprämie, die er seinem gehaltenen Geld zuordnet, ist eine Funktion des Anteils der Geldhaltung am Gesamtportefeuille. Sie steigt mit jedem Schritt der Umstrukturierung seines Portfolios von der Geldhaltung zur Kreditvergabe. Die mit dem Kreditangebot zunehmende Liquiditätsprämie ist der preistheoretische Ausdruck des Bedürfnisses nach Sicherheit und Zahlungsfähigkeit.

Wenn die Liquiditätsprämie der nicht-pekuniäre Ertrag der Geldhaltung ist, so muss bei Substitution eines Geldbetrages gegen eine Kreditforderung ein Zins in gleicher Höhe gezahlt werden. Eine zunehmende Bereitschaft zur Kreditvergabe verlangt also einen steigenden Zinssatz. Die Kurve, auf der in jedem Punkt die Gleichgewichtsbedingung "Liquiditätsprämie = Zins" gilt, ist die Kreditangebotsfunktion.

Über die Aggregation der einzelwirtschaftlichen Kreditangebotskurven erhält man das gesamtwirtschaftliche Kreditangebot. Während im obigen Individualkalkül der Zins für jeden Vermögensbesitzer vorgegeben war, wird er nun zu einer endogen im Kreditmarkt bestimmten Größe (*Abbildung 1-2*). Die Kreditnachfrage ist negativ vom Zins abhängig: Mit sinkenden Zinsen nehmen die Finanzierungskosten von Sachinvestitionen ab und deshalb wird ein größeres Investitionsvolumen getätigt (*Abschnitt 2.1.4*).

*It is a recognised characteristic of money as a store of wealth that it is barren; whereas practically every other form of storing wealth yields some interest or profit. Why should anyone outside a lunatic asylum wish to use money as a store of wealth? Because, partly on reasonable and partly on instinctive grounds, our desire to hold money as a store of wealth is a barometer of the degree of our distrust of our own calculations and conventions concerning the future. [...] The possession of actual money lulls our disquietude; and the premium which we require to make us part with money is the measure of the degree of our disquietude. [...] The rate of interest obviously measures [...] the premium which has to be offered to induce people to hold their wealth in some form other than hoarded money.*

*The rate of interest [...] has to be established at the level which, in the opinion of those who have the opportunity of choice – i.e. of wealth-holders – equalises the attractions of holding idle cash and of holding the loan.*

John Maynard Keynes (1937: 115f, 213)

Die Liquiditätspräferenz ist eine variable Größe, die positiv mit dem Grad der vom Wirtschaftssubjekt empfundenen Unsicherheit über Art und Ergebnis des Marktprozesses schwankt; sie reagiert damit auch auf Wellen von Optimismus und Pessimismus im Wirtschaftsablauf. Die Einschätzung der Sicherheit des Vermögensrückflusses ist (konjunkturellen) Schwankungen ausgesetzt. Pessimistische Erwartungen bewirken einzelwirtschaftlich eine Einschränkung der Kreditvergabe und darüber im Gesamtmarkt eine Erhöhung des – im Individualkalkül gegebenen – Zinssatzes: Wenn die Geldmenge gegeben ist, können alle Wirtschaftssubjekte zusammen nicht liquider werden. *Ändert* sich die Liquiditätspräferenz des Geldvermögensbesitzers, so *verschiebt* sich die Kreditangebotsfunktion entsprechend nach oben oder unten. Eine Zunahme der Liquiditätspräferenz führt zu einer Linksverschiebung der Kreditangebotsfunktion und damit zu einer Zinserhöhung; die Kreditnachfrage geht daraufhin zurück.

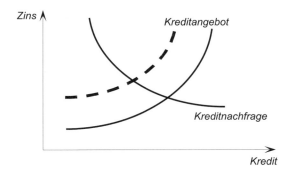

*Abbildung 1-2:*
*Kreditmarkt bei steigender*
*Liquiditätspräferenz*

### 1.1.4 Die Bank als Geldproduzent: Kreditschöpfung und das Liquiditätsproblem

Im obigen Beispiel wurde die Geldfunktion durch eine materielle Ressource wie z.B. Gold ausgefüllt. Die vorstehend entwickelten Zusammenhänge gelten jedoch im wesentlichen analog, wenn der Schuldschein eines reichen Vermögensbesitzers die Geldfunktion übernimmt. Dieser Vermögensbesitzer wird nun als *Bank* definiert. Es sei angenommen, dass die

Bank neben anderen Vermögenswerten auch Gold im Portfolio hält. Dieses kann durch frühere kaufmännische Aktivitäten in den Besitz der Bank gekommen sein, es wird ihr aber auch auf dem Wege des *Depositengeschäfts* zufließen:

Dabei zahlen Kunden Goldmünzen bei der Bank ein und erhalten im Gegenzug als Einzahlungsbestätigung einen Schuldschein der Bank, eine *Banknote*. Für die Kunden ist dies sinnvoll, weil Banknoten ein bequemeres Zahlungsmittel als Goldmünzen darstellen. Dies setzt freilich voraus, dass die übrigen Marktakteure diese Noten akzeptieren. Bei voll gedeckten Noten stellt dies aber kaum ein Problem dar. Die Bankbilanz wird durch die Hereinnahme von Depositen verlängert, wobei Forderungen auf der Aktiv- und Schulden auf der Passivseite verbucht werden (*Tabelle 1-1*).

| Aktiva | Passiva |
|---|---|
| Vermögensaktiva Gold | Eigenkapital |
| Δ Gold | Δ Banknoten |
| Δ Kredite | Δ Banknoten |

*Tabelle 1-1:*
*Bankbilanz nach Depositen-*
*und Kreditgeschäft*

Der ungenutzte Goldbestand motiviert die Bank zum gewinnbringenden *Kreditgeschäft*. Die Bank erhält eine Kreditforderung gegen einen Kunden und emittiert dabei wiederum Banknoten, die eine Forderung des Kreditnehmers auf die Goldreserve der Bank darstellen. Bilanztechnisch ist dies wiederum eine Bilanzverlängerung, während im obigen Beispiel eines direkten Verleihs von Gold (*Abschnitt 1.1.3*) die Kreditvergabe einen Aktivtausch in der Bilanz bedeutete. Ein weiterer Unterschied zu diesem Fall besteht darin, dass das Kreditvolumen nicht strikt durch die Goldreserve beschränkt ist. Prinzipiell können auch mehr Schuldscheine emittiert werden, so dass diese Banknoten nicht mehr vollständig gedeckt sind. Solange die Halter der Noten diese jedoch nicht alle gleichzeitig einlösen wollen, ist die Unterdeckung für die Bank unmittelbar kein Problem. Zirkulieren die Banknoten im Markt als Geld, so werden sie im Durchschnitt nie eingelöst.

Gleichwohl wird die Bank mit steigendem Kreditvolumen einen höheren Zins fordern (*Abbildung 1-3*). Der Grund ist eine zunehmende Belastung der vorhandenen Goldreserve durch die ausgegebenen Banknoten, also letztlich wiederum eine variable Liquiditätsprämie. Mit jeder Kreditvergabe über die Goldreserve hinaus entsteht für die Bank ein *Liquiditätsproblem*: Sie verpflichtet sich, im Einlösungsfall Zahlungen in einem Medium zu leisten, das sie selbst nicht schaffen kann. Die Bank wirtschaftet unter dem *Liquiditätsrisiko*, dass bei einer Konvertierung großer Notenmengen ihr Goldbestand zu klein ist, um den Forderungen nachzukommen. In diesem Fall müsste sie versuchen, zusätzliche Einzahler zu gewinnen oder ihre übrigen Vermögensaktiva am Markt zu verkaufen, um sich Gold zu verschaffen.

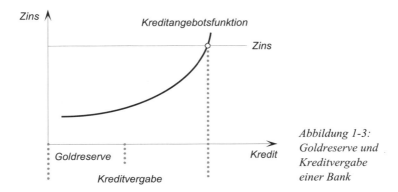

*Abbildung 1-3: Goldreserve und Kreditvergabe einer Bank*

Die preistheoretische Konsequenz dieses Risikos ist wiederum eine vom Sicherheitsmotiv getragene Abneigung gegen eine unbeschränkte Kreditvergabe; steigende Zinsen sind notwendig, um die Bank zu einem größeren Kreditangebot zu bewegen.

Der Bankkredit ist in Form ausgegebener Banknoten oder in Gold zu tilgen. Im ersten Fall verkürzt sich die Bankbilanz um die betreffende Kreditforderung und eine Notenmenge in gleicher Höhe, im zweiten ergibt sich ein Aktivtausch zwischen Kreditforderungen und Goldreserve. Die periodischen Zinszahlungen erhöhen den Bankgewinn. Werden sie in Gold gezahlt, so wird dieses dem Marktsystem fortlaufend durch die Bank entzogen. Bei der Zinszahlung in Noten wird noch deutlicher, dass hier ein gesamtwirtschaftliches Ungleichgewicht auftaucht:

Bei unveränderter Kreditvergabe und Notenemission müssten die Nichtbanken über die Zinsen mehr Noten an die Bank zurückzahlen als emittiert worden sind. Dieses Ungleichgewicht wird aber behoben, wenn die Bankeigentümer den Zinsgewinn konsumieren: Ihre Güterkäufe führen zu einem Zahlungsstrom in den Nichtbankensektor und schließen so den Kreislauf der Banknotenbewegung. Der Bankgewinn ist demnach einerseits Motiv des Bankbetriebs, andererseits (über seine Verausgabung) Bedingung eines Liquiditätsgleichgewichts in der Gesamtwirtschaft.

### 1.1.5 Geld als öffentliches Gut: Monopolwährung und staatliche Kontrolle

Der gesellschaftliche Prozess der Einigung auf ein Geldmedium ist dadurch geprägt, dass Geld auf den ersten Blick die Funktion eines *öffentlichen Gutes* erfüllt. Die beiden Kriterien "Nicht-Ausschließbarkeit von der Nutzung" und "keine Konsumentenrivalität" sind im Hinblick auf Geld als Wertstandard offensichtlich. In diesem Zusammenhang ist häufig auf die Analogie zur Verwendung von *Sprachen* verwiesen worden: Es entsteht ein Informations- und Wohlfahrtsgewinn, wenn die Teilnehmer eines Interaktionsprozesses auf einer gemeinsamen Ebene miteinander kommunizieren können. Ähnliches gilt für die Einigung auf gemeinsam anerkannte *Rechtsregeln* bei der Ausgestaltung und Durchsetzung von Verträgen.

Beim Zahlungsmittel ist der Sachverhalt allerdings komplizierter. Deutlicher als beim Wertstandard zeigt sich im Hinblick auf die Geldakzeptanz nicht nur ein Fehlen der Rivalität im Gebrauch, sondern vielmehr sogar das Element *steigender Skalenerträge*: Der Wert der Haltung eines Geldmediums steigt mit seiner Verbreitung, d.h. mit der Anzahl der Marktakteure, die es als Zahlungsmittel akzeptieren.

> *The supplier issues a liability, which is used as money, and purchases an asset (extends credit). The source of the profit of the issuer of money (the bank) is the margin between the interest rate earned on the asset and the interest paid on the liability. When the liability of the bank gains increasing acceptance as money, the users are willing to pay more for the service. [...] In this sense the issuer of money profits from increasing returns to scale.*
>
> Paul De Grauwe (1996: 3f)

Abweichend vom Konzept des öffentlichen Gutes zeigt sich Geld im Hinblick auf seine Zahlungsmittelfunktion als ein ausgesprochen privates Gut. Die Verfügung über Zahlungsmittel ist an die Bereitschaft zur Zahlung eines Zinses (bzw. zur Übernahme von Opportunitätskosten) gebunden. Eben dies ermöglicht es privaten Akteuren, die Bereitstellung von Geld als ein rentables Geschäft zu betreiben. Das Problem öffentlicher Güter besteht üblicherweise in einer mangelnden Bereitschaft zu einem privatwirtschaftlichen Angebot (weil man dabei kaum verdienen kann); beim Geld liegt hingegen der umgekehrte Fall vor: Wenn private Schuldscheine als Geld zirkulieren, haben eher zu viele Marktakteure das Interesse, als Geldanbieter aufzutreten.

Die Existenz externer Effekte wird jedoch die Durchsetzung *eines bestimmten* Geldmediums beschleunigen; die dezentralen Entscheidungen der einzelnen Wirtschaftssubjekte hängen dabei von unmittelbar spürbaren ökonomischen Kriterien (Kosten bzw. Erträge) ab. In diesem Zusammenhang spielen auch technische Eigenschaften wie Haltbarkeit und Teilbarkeit des Geldmediums eine Rolle; ausschlaggebend ist aber letztlich die Frage, welche Währung – jetzt und in Zukunft – die niedrigsten Transaktionskosten bei der Aneignung von Ressourcen aufweist:

Wird die Geldfunktion durch private Schuldscheine erfüllt, so haben Marktakteure den Anreiz, sich qualitativ hochwertige Schuldpapiere zu verschaffen. Die Güterpreise, ausgedrückt in Einheiten dieser Papiere, sind niedriger, während man bei Abgabe fragwürdiger Papiere Risikoaufschläge im Preis zahlen muss. Das Bedürfnis nach allgemein akzeptierten Schuldscheinen impliziert, dass vergleichsweise wenigen Wirtschaftssubjekten das Privileg zufällt, Schuldscheine emittieren zu können. Diese finden dann am Markt eine leichte Aufnahme.

Das Auftreten positiver externer Effekte lässt erwarten, dass ein Geldmedium den Markt mit zunehmender Geschwindigkeit erobern wird. Es ist dabei wahrscheinlich, dass der dezentrale Such-, Selektions- und Einigungsprozess zu einer Monopollösung führt, in der eine

Marktgemeinschaft nur noch *ein* Geldmedium verwendet. Diese Monopollösung muss jedoch gesellschaftlich keineswegs optimal sein. Es kann sich auch um ein sog. lokales Optimum handeln, eine Station im Evolutionsprozess, die eingenommen und längere Zeit nicht mehr durch endogene Marktkräfte verlassen wird, weil ein *Lock-in*-Effekt auftritt: Die Marktteilnehmer halten trotz erkennbarer Mängel eines Geldmediums zumindest teilweise an seiner Nutzung fest, wenn und weil beim Übergang zu einer neuen Währung gleichsam der Markenname der alten Währung als Aktivum abzuschreiben ist.

Die Bestimmung eines Zahlungsmittels beruht nach *John Locke* (1690) letztlich nur auf einer − wie auch immer begründeten − "Übereinkunft der Individuen"; auch das Gold bezog seinen Wert nicht in erster Linie aus seinem Metallwert, sondern aus dieser Übereinkunft, es als Zahlungsmittel zu nutzen. Die Akzeptanz des Geldes hängt nicht von den direkten Eigenschaften des Geldmediums selbst ab, sondern von einer Art sozialer Konvention: von der kollektiven Erwartung hinsichtlich der künftigen Akzeptanz.

Dies unterstreicht die mögliche Labilität und allokative Ineffizienz eines solchen Erwartungsgleichgewichts. Eben weil Marktprozesse bei der Auswahl eines Geldmediums nicht zwingend zu einem Wohlfahrtsoptimum führen, kann somit das Eingreifen einer öffentlichen Instanz sinnvoll sein, um ein Marktversagen zu korrigieren oder auch nur um den Suchprozess abzukürzen. So könnte der *Staat* ein gesetzliches Zahlungsmittel definieren und in Eigenregie zur Nutzung anbieten. In diesem Sinne hat *Georg Friedrich Knapp* (1909) Geld als ein "Geschöpf der Rechtsordnung" bezeichnet.

> *Das Geld ist nicht durch Gesetz entstanden; es ist seinem Ursprunge nach keine staatliche, sondern eine gesellschaftliche Erscheinung. [...] Wohl aber ist die Institution des Geldes [...] durch staatliche Anerkennung und Regelung in ähnlicher Weise vervollkommnet und den vielfältigen und wechselnden Bedürfnissen des sich entwickelnden Verkehrs angepasst worden, wie das Gewohnheitsrecht durch die Gesetzgebung.*
>
> Carl Menger (1909: 574)

*Knapps* Theorie wandte sich gegen die zeitgenössische metallistische Geldauffassung, die dazu neigte, die Geldeigenschaft aus der physischen Substanz des Geldmediums abzuleiten. Wie *Knapp* hatte jedoch auch schon *Georg Simmel* (1907) erkannt, dass der Unterschied zwischen dem gedeckten und dem ungedeckten Papiergeld für die funktionale Rolle des Geldes "ganz irrelevant" sei; denn auch metallisches Geld sei nichts als ein Versprechen, dass die Gesellschaft dem Geldbesitzer auf sein Verlangen hin einen Zugriff auf knappe Ressourcen einräumen werde. *Simmel* deutete an, es sei eine Aufgabe der Gemeinschaft bzw. der Regierung, den Marktwert des Geldes zu sichern.

Die Banken als typische Geldanbieter sind in der Geschichte oftmals auf dem Wege einer quasi-staatlichen Gründung entstanden, indem bekannte und vermögende Wirtschaftssubjekte von öffentlicher Seite das Privileg der Notenausgabe erhielten. Privaten und öffentlichen Interessen war damit gleichermaßen gedient: Durch den hoheitlichen Akt wurde das Schwellenwertproblem der Einführung, Akzeptanz und Durchsetzung einer Währung gelöst, das Bankunternehmen konnte sich lästige Konkurrenten zunächst vom Hals halten und die öffentliche Regulierungsinstanz ließ sich als Gegenleistung zumeist einen Anspruch auf zinsgünstige Kredite zusichern. Die staatliche Begrenzung und Regulierung der Geldproduktion lief so auf die Schaffung und Absicherung einer Monopolstellung hinaus.

---

**Zusammenfassung**

1.1.1 Die Verwendung von Geld in einer Marktwirtschaft ist eine Antwort auf das Problem mangelnder Information und mangelndem Vertrauen in bilateralen Kreditbeziehungen, die ansonsten in einer nicht-geldlichen Wirtschaft auftreten würden. Geld vermittelt als dritte Partei zwischen Verkäufer und Käufer von Ressourcen, ermöglicht eine sofortige Zahlung, die an die Stelle eines Versprechens auf spätere güterwirtschaftliche Gegenleistung tritt. Ökonomische Transaktionen in der Geldwirtschaft basieren auf Verträgen, die in Geldeinheiten nominiert und durch Geld als Zahlungsmittel zu erfüllen sind. Geld ist damit zugleich der Wertstandard aller wirtschaftlichen Planungen und Entscheidungen und fungiert auch als Wertaufbewahrungsmittel.

1.1.2 Die Akzeptanz eines Geldmediums als Zahlungsmittel ist an die Erwartung eines langfristig stabilen Geldwertes gebunden. Diese Bedingung ist nur zu erfüllen, wenn die Menge dieser Zahlungsmittel beschränkt ist und ihr Angebot einer Regulierung unterliegt. Im Falle der Goldmünzen stellten hohe private Produktionskosten eine Angebotsbeschränkung dar. Schuldscheine privater Vermögensbesitzer erschienen deshalb knapp und wertvoll, weil sie als Sicherheit den Eintausch in die Gold- bzw. Vermögensreserve ihres Ausstellers versprachen. In ähnlicher Weise signalisierten Banknoten die Einlösung in eine Bankreserve (i.d.R. Gold). Jedoch kann auch eine strikte Begrenzung des Neuangebots an Zahlungsmitteln seinen Wert nicht garantieren, weil dieser auch der variablen Haltung des Zahlungsmittelbestandes auf Seiten der Marktakteure abhängt.

1.1.3 Die Zahlungsmitteleigenschaft des Geldes und seine Qualität als Option auf einen jederzeitigen Ressourcenzugriff begründen die Liquiditätsprämie als nicht-pekuniären Ertrag der Geldhaltung. Der Kredit eines Geldvermögensbesitzers, d.h. die zeitweilige Überlassung von Geld, erfordert daher eine Zinszahlung zum Ausgleich des temporären Liquiditätsverzichts des Gläubigers; Zweifel an der Sicherheit der Kredittilgung können sich ebenfalls in der Zinsforderung niederschlagen. Schwankungen der Liquiditätspräferenz bewirken Verschiebungen der positiv zinsabhängigen Kreditangebotsfunktion.

1.1.4 Der Bankkredit in einem einstufigen Banksystem stellt nicht unmittelbar einen Geldverleih, d.h. einen Aktivtausch, sondern eine Bilanzverlängerung dar: Der Kreditforderung steht eine dem Kreditnehmer eingeräumte Forderung auf die Barreserve der Bank (z.B. Goldmünzen) gegenüber, die die Form einer Banknote oder eines Girokontos erhält. Das Kreditvolumen geht i.d.R. über die Bankreserve hinaus; die Noten sind nicht vollständig gedeckt. Die zunehmende Belastung der Liquiditätsreserve, d.h. das wachsende Risiko der Zahlungsunfähigkeit der Bank drückt sich wiederum in einer zinsabhängigen Kreditangebotsfunktion aus. Eine Liquiditätsbeschaffung erfolgt nur über die Einwerbung von Depositen und den Verkauf sonstiger Aktiva.

1.1.5 Im Hinblick auf die Wertstandardfunktion erfüllt Geld die Eigenschaften eines öffentlichen Gutes. Zudem treten steigende Skalenerträge auf: Die Effizienzgewinne durch die Verwendung einer Währung wachsen mit der Größe des Währungsraumes. Deshalb führt die marktwirtschaftliche Suche nach einem geeigneten Geldmedium zumeist zu einer Monopollösung. Der Übergang von einer Währung auf eine andere ist mit Informations- und Einigungskosten verbunden. Deshalb ist die gesellschaftliche Konvention, eine bestimmte Währung als Zahlungsmittel zu akzeptieren, auch bei unvollkommener Währungsqualität oft recht stabil. Staatliche Institutionen können die Einführung einer bestimmten Währung begünstigen und sind bei der Überwachung der Währungsstabilität gefordert.

## 1.2 Grundstruktur des zweistufigen Banksystems

### 1.2.1 Notenbank und Geschäftsbanken: die Trennung von Geldversorgung und Kreditschöpfung

Eine Volkswirtschaft mit konkurrierenden Geschäftsbanken, jedoch ohne eine Zentralbank, weist eine Reihe von Funktionsmängeln auf:

(1) Die von den einzelnen Banken emittierten Noten stellen heterogene Finanztitel, d.h. verschiedene *Währungen* dar. Um den (zukünftigen) Marktwert dieser Noten beurteilen zu können, müssen die Wirtschaftssubjekte die Solidität der einzelnen Bankhäuser im Hinblick auf Kreditgeschäft, Notenemission und -deckungsquote prüfen. Im Gütermarkt können sich unterschiedliche Preise herausbilden, jeweils gemessen in den verschiedenen Währungen. Auch zwischen den heterogenen Banknoten werden dann variable Preise bestehen (*flexible Wechselkurse*). Die Volkswirtschaft hat demnach nicht den informationstheoretischen Vorteil eines einheitlichen Preis- und Währungssystems.

(2) Die Goldreserven von Konkurrenz- oder Monopolbanken können kurzfristig nicht veränderten Kassenhaltungsbedürfnissen angepasst werden. Bei einem Vertrauensverlust im Banksystem droht so eine Liquiditätskrise. Da i.d.R. nicht alle Noten eingelöst werden können, kommt es zu einem *Bank Run*. Wer beim Umtausch der Noten in Gold zu spät kommt, muss befürchten, dass seine Noten zumindest kurzfristig am Markt erheblich an Wert verlieren oder nicht mehr als Zahlungsmittel angenommen werden. Gerade diese Erwartung kann so schon bei geringfügigen Zweifeln an der Sicherheit von Bankeinlagen i.S. einer sich selbst erfüllenden Prognose einen *Run* auslösen. Die Erfahrung der Zahlungsunfähigkeit *einer* Bank bewirkt einen Ansteckungseffekt, dem auch andere Banken zum Opfer fallen, selbst wenn diese solide Bilanzen aufweisen. Es treten große Vermögensverluste der Depositenhalter auf, Zahlungskreisläufe und Kreditketten können mit der Folge einer tiefen Wirtschaftskrise zusammenbrechen.

(3) Mit jeder Kreditvergabe steigt die in der Volkswirtschaft verfügbare (Noten-) Geldmenge. Die Frage, welche Akteure für welche (Investitions-) Projekte eine *Finanzierung* erhalten sollen, ist jedoch von der Frage zu trennen, wie viel Geld als Bestandsgröße verfügbar sein soll, um die durchschnittliche *Geldhaltung* im Nichtbankensektor zu befriedigen. Im ersten Fall geht es um eine Übertragung von Kaufkraft von Gläubigern auf Schuldner, im zweiten um die Sicherung von Zahlungsfähigkeit durch Liquidation eigener Vermögenswerte. Das privatwirtschaftliche Motiv der (Zins-) Gewinnerzielung bei der Kreditvergabe kann so zu einem volkswirtschaftlich unangemessenen Geldvolumen führen, das mit der Wahrung der Geldwertstabilität unvereinbar ist.

Die vorstehenden Funktionsmängel können in einem *zweistufigen Banksystem* vermieden werden, das sich in modernen Geldwirtschaften seit Mitte des 19. Jahrhunderts entwickelt hat. Hier ist die Geldschöpfung die Aufgabe der – zumeist staatlichen – *Notenbank* (auch als *Zentralbank* bezeichnet) und die Kreditschöpfung eine Haupttätigkeit der – privatwirtschaftlich arbeitenden – *Geschäftsbanken*.

Ein Kreditvertrag zwischen einer Geschäftsbank und einem Kunden (Haushalt, Unternehmen oder Staat) führt bei beiden Parteien zu einer Bilanzverlängerung. Analog zum Fall der Kreditvergabe im einstufigen System entstehen *zwei* Verpflichtungsbeziehungen (die durchgezogenen Pfeile in *Abbildung 1-4* zeigen die Richtung der jeweiligen Forderungen, also vom Gläubiger zum Schuldner, an):

- Die Bank räumt dem Kreditnehmer in Form eines Giroguthabens eine jederzeit fällige Forderung auf (Zentralbank-) Geld ein. Damit wird sie unmittelbar selbst zum Schuldner, während die geschaffene Bankeinlage ein Aktivum des Kreditkunden, d.h. eine Forderung an die Geschäftsbank, darstellt. Daraus ergibt sich für die Geschäftsbank das Liquiditätsproblem, weil sie sich zur Auszahlung eines Geldes verpflichtet, das sie selbst nicht schaffen kann.

- Der i.d.R. längerfristigen Kreditforderung der Bank steht eine entsprechende Verschuldung des Kreditnehmers gegenüber. Dieser hat die Schuld in Raten oder am Ende der Laufzeit in Zentralbankgeld oder mittels Abtretung von Forderungen auf Zentralbankgeld an die Bank zurückzuerstatten.

Das bei der Auflösung von Bankeinlagen entstehende Problem der Bargeldabforderungen können die Geschäftsbanken auf drei Wegen zu lösen versuchen:

(1) Sie können sich Zentralbankgeld aus dem "Publikum" (d.h. dem Nichtbankensektor) verschaffen. Zu diesem Zweck bieten sie verzinsliche Anlagemöglichkeiten für Zentralbankgeld (nominell fixierte Depositen) an, die einerseits Funktionen im Zahlungsverkehr übernehmen (Girokonten ermöglichen Überweisungen sowie die Bezahlung mittels Schecks und Kreditkarten) und andererseits der Wertaufbewahrung dienen (Spar- und Terminkonten); die Definition von Geld wird damit schwierig (*Box 1-1*). Die Liquiditätslage der Wirtschaft insgesamt, gemessen an der Ausstattung mit Zentralbankgeld, bleibt dabei unverändert.

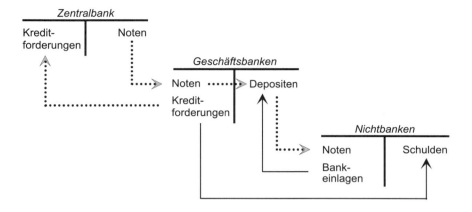

*Abbildung 1-4: Geschäftsbanken als Mittler zwischen Notenbank und Nichtbanken*

(2) Weitere Möglichkeiten bietet der *Geldmarkt*. Hier findet ein horizontaler Liquiditätsausgleich zwischen den Banken statt, indem sich Kreditinstitute mit einem aktuellen Finanzierungsdefizit kurzfristig Geld von anderen Instituten leihen können. Damit wird das Zentralbankgeld effektiver verteilt. Eine einzelne Bank, nicht jedoch der Banksektor als ganzer kann sich so zusätzliche Liquidität beschaffen.

(3) Zugleich ist auf dem Geldmarkt auch die Zentralbank aktiv. Sie bietet den Banken Refinanzierungsmöglichkeiten an. Praktisch handelt es sich dabei um kurzfristige Kredite der Zentralbank an die Geschäftsbanken; möglich ist auch, dass diese aus ihrem Bestand Aktiva (Kreditforderungen oder Wertpapiere) an die Zentralbank verkaufen.

Als Monopolist für Zentralbankgeld bestimmt die Notenbank dabei die Konditionen derartiger Geschäfte:

- Mit dem Umfang dieser Transaktionen wird die Zentralbankgeldmenge bestimmt.

- Für diese Refinanzierungsgeschäfte wird ein von den Geschäftsbanken an die Notenbank zu zahlender Zins festgelegt. Damit kann die Nachfrage nach Zentralbankgeld durch preisliche Anreize gesteuert werden (*Abschnitt 3.1.2*).

*Geldschöpfung* findet somit dadurch statt, dass die Zentralbank Aktiva ankauft und mit neu geschaffenen Noten "bezahlt"; dieses Geld gelangt dann über die Auflösung von Deposits in den Besitz der Nichtbanken. *Geldvernichtung* tritt umgekehrt bei Aktivaverkäufen der Notenbank oder bei Rückzahlung von Refinanzierungskrediten durch die Geschäftsbanken ein; dabei ergibt sich eine Verkürzung der Notenbankbilanz. Geld ist formal eine Schuld der Zentralbank; jedoch handelt es sich nur um eine fiktive Verpflichtung, weil Geld stets die "letzte", nur noch durch sich selbst einlösbare Forderung in einer Volkswirtschaft ist. Dementsprechend halten die Wirtschaftssubjekte Geld nicht als Forderung gegen die Zentralbank, sondern als Zahlungsmittel, d.h. als Option auf die Aneignung von Ressourcen.

---

*Box 1-1: Zur "engen" und "weiten" Definition von Geld*

In einem zweistufigen Banksystem werden bestimmte Depositen (Verpflichtungen der Geschäftsbanken) als Giral- oder Buchgeld bezeichnet und neben dem Zentralbankgeld als Bestandteil weit gefasster Geldmengenbegriffe betrachtet. Diese Geldmengenabgrenzung ist aufgrund der im Bankenwettbewerb auftretenden neuen Depositenformen immer wieder Anpassungen unterworfen. In der Europäischen Währungsunion (EWU) gilt folgende, hier vereinfachte Definitionsliste:

*M0*:     Geldbasis = Zentralbankgeld, d.h. Zentralbanknoten und Zentralbankeinlagen
           (Münzen werden von der Regierung produziert und an die Zentralbank verkauft)

*M1*:     Summe aus Bargeld bei Nichtbanken und Sichteinlagen bei Geschäftsbanken

*M2*:     *M1* + Bankeinlagen bis zweijähriger Laufzeit und dreimonatiger Kündigungsfrist

*M3*:     *M2* + Geldmarktpapiere und Schuldverschreibungen bis zweijähriger Laufzeit

Weite Gelddefinitionen sind problematisch: Erstens ist die Abgrenzung zwischen noch dem Geld zugerechneten Depositen und den übrigen Bankeinlagen relativ beliebig und unterliegt einem fortwährenden, von der Entwicklung der Finanzinnovationen im Banksektor abhängigen Wandel. Zweitens verschwimmt bei einem weiten Geldbegriff aufgrund der Verzinsung der Bankdepositen die analytische Trennung zwischen Geld und Kredit (bestimmte mit der Kontoführung verbundene Dienstleistungen der Bank kann man als implizite Verzinsung verstehen). Es erscheint klarer, sämtliche Forderungen auf (unverzinsliches) Zentralbankgeld als Kredit zu bezeichnen. Es ist irreführend, Geschäftsbanken als Geldschöpfer zu betrachten, weil dabei ihre liquiditätsmäßig stets prekäre Position als Geldschuldner verdeckt wird. Geschäftsbanken geben keine Noten auf eigene Rechnung und eigenen Namen heraus (also kein "Commerzbank-Euro").

Für einen weiten Geldbegriff spricht jedoch, dass in modernen Geldwirtschaften die einzelnen Geldfunktionen tendenziell von verschiedenen Geldmedien erfüllt werden. Wertstandard und Zahlungsmittel i.S. einer ultimativen Kontrakterfüllung ist allein Zentralbankgeld. Daneben kann aber die Zahlungsmittelfunktion auch von bestimmten Depositen der Geschäftsbanken übernommen werden; dabei handelt es sich formal um Forderungsrechte, die in Einheiten des gemeinsamen Wertstandards festgesetzt werden (da diese Depositen im Zuge des Kreditvergabeprozesses innerhalb des Banksektors entstehen, spricht man auch von *Inside Money*).

Die Übertragung dieser Forderungsrechte wird anstelle einer Barzahlung akzeptiert, weil das Versprechen einer Einlösbarkeit in Zentralbankgeld als glaubwürdig gilt (letzteres wird auch als *Outside Money* bezeichnet, da die Zentralbank als Emittent "außerhalb" der privaten Marktbeziehungen steht). Das Publikum geht dabei davon aus, dass die Geschäftsbanken unter einer von der Zentralbank gesetzten Liquiditätsbeschränkung und Kontrolle operieren. Die Akzeptanz des *Inside Money* als Zahlungsmittel ist von der Reputation des Zentralbankgeldes abgeleitet.

---

*Once interest-bearing financial assets are admitted as part of the 'money supply' (and [...] it is impossible to exclude them if the notion of 'controlling the money supply' is to have any credibility) there is no clear demarcation line to be drawn between 'monetary' and 'non-monetary' financial assets. Any broad definition of the money supply is therefore arbitrary since it is invariably*

> *surrounded by a spectrum of 'liquid assets' which are not comprised in it but which are close substitutes to it.*
>
> Nicholas Kaldor (1982: 72)

Die Konstruktion dieses zweistufigen Banksystems erlaubt prinzipiell eine bessere Lösung der eingangs zu diesem Abschnitt genannten Probleme:

(1) Die Volkswirtschaft erhält eine einheitliche Währung und kann darüber Effizienzgewinne realisieren. Zugleich stehen die Geschäftsbanken jedoch untereinander im Wettbewerb. Sie haben kein Recht zur Emission eigener Banknoten, sondern wirtschaften mit Forderungen auf die einheitliche Währung "Zentralbankgeld".

(2) Die Notenbank kann Liquiditätskrisen verhindern, indem sie im Bedarfsfall einer Geschäftsbank oder dem Banksektor zusätzliches Zentralbankgeld in Form eines Kredits zur Verfügung stellt (*Lender of Last Resort*) und so die Zahlungsfähigkeit der Geschäftsbanken sichert (*Box 1-3*).

(3) Die Trennung der Aufgabenfelder von Kreditschöpfung und Geldversorgung erlaubt es den Geschäftsbanken, sich auf das privatwirtschaftlich profitable Kreditgeschäft zu konzentrieren, ohne gesamtwirtschaftliche Effekte der Geldmengenentwicklung bedenken zu müssen. Sie handeln unter einer für sie exogenen, d.h. von der Notenbank gesetzten Liquiditätsbeschränkung. Diese Beschränkung trägt mit dazu bei, dass die Banken in ihrem eigenen Interesse die volkswirtschaftliche Aufgabe einer Bewertung und Reihung der hinter den Kreditanträgen stehenden Investitionsprojekte vornehmen und unsolide erscheinende Anträge ablehnen. Wenn nämlich gescheiterte Investitionsvorhaben durch den Bankrott der Schuldner zu Zins- und Tilgungsausfällen bei den Banken führen, so bedeutet dies für sie nicht nur einen Kapital-, sondern auch einen Liquiditätsverlust.

Auf der anderen Seite hat die Zentralbank eine primäre ordnungspolitische Aufgabe in einer Geldwirtschaft: durch die Wahrung der Geldwertstabilität die Akzeptanz des Geldes auf den Märkten zu sichern. Dies verlangt *keine unbedingte mengenmäßige Knapphaltung der Geldemission*; denn zur reibungslosen Abwicklung der Markttransaktionen in einer wachsenden Wirtschaft ist auch eine entsprechend steigende Zentralbankgeldmenge nötig. Ins Zentrum der Geldpolitik rückt vielmehr die *Steuerung der Zinsen*. Liquiditäts- und risikotheoretische *Marktkräfte* der Zinsbestimmung werden durch *geldpolitische* Impulse seitens der Notenbank überlagert.

Der Ausgangspunkt für die Zinsentwicklung ist das Liquiditätsproblem der Geschäftsbanken. Sie refinanzieren sich allgemein beim billigsten Anbieter von Geld, d.h. bei den Nichtbanken oder der Zentralbank. Die Zentralbank kann ihrerseits durch die Variation von Umfang und Preis ihrer Refinanzierungsgeschäfte das Zinsniveau in der Volkswirtschaft beeinflussen. Dabei hat sie jedoch die Zinsforderungen der inländischen Nichtbanken zu berücksichtigen, denen sich bei freiem Kapitalverkehr auch Anlagemöglichkeiten an den internationalen Finanzmärkten bieten (*Abschnitt 2.4*).

## 1.2.2 Der Zusammenhang zwischen Geld und Kredit:
## Kreditschöpfungsmultiplikator und Zentralbankgeldbedarf

Zwischen dem von der Zentralbank kontrollierten Geldbestand und der Kreditvergabe der Geschäftsbanken gibt es enge Beziehungen. Eine wichtige Relation ergibt sich aus der *Bargeldneigung* der Nichtbanken. Die für Transaktionszwecke relevante Geldmenge *M1* besteht aus Bargeld *BG* und Sichtdepositen *D*. Die *Bargeldquote*

$$b = \frac{BG}{D} \qquad\qquad [1.1]$$

drückt aus, in welcher Relation die Wirtschaftssubjekte ihre *Transaktionskasse* zu halten wünschen.

In vielen Ländern (so auch in der EWU) werden die Geschäftsbanken verpflichtet, eine von der Höhe ihrer Depositen abhängige Menge an Zentralbankgeld als *Mindestreserve MR* zu halten (i.d.R. als Konto bei der Zentralbank). Dies war in der frühen Bankgeschichte eine freiwillige Vorsichtsmaßnahme der Banken gegen das Risiko von Liquiditätsengpässen. In der modernen Geldwirtschaft ist die Mindestreserveverpflichtung hingegen ein geldpolitisches Instrument, das die Abhängigkeit der Geschäftsbanken vom Geldangebot der Zentralbank verstärkt. Die Zentralbank bestimmt den *Mindestreservesatz* $d < 1$.

$$MR = d\,D \qquad\qquad [1.2]$$

Neben den Mindestreserven können die Geschäftsbanken freiwillig noch *Überschussreserven* halten; üblicherweise sind diese aber nahe Null. Die Gesamtnachfrage nach Zentralbankgeld *ZBG* ist damit die Summe aus Bargeld und Mindestreserve:

$$ZBG = BG + MR \qquad\qquad [1.3]$$

Zu berücksichtigen ist weiter die zentrale Beziehung "Kredite schaffen Depositen": Bei der Kreditvergabe *Kr* entstehen Ansprüche auf Zentralbankgeld, die die Bankkunden allerdings auch in bar halten können. Es gilt

$$Kr = D + BG = (b+1)D = M1 \qquad\qquad [1.4]$$

Aus [1.1] bis [1.4] folgt die Beziehung

$$\frac{M1}{M0} = \frac{BG+D}{ZBG} = \frac{(b+1)D}{BG+MR} = \frac{b+1}{b+d} := \mu > 1 \qquad\qquad [1.5]$$

Dies ist der *Geldbasismultiplikator* $\mu$; er zeigt an, dass die Zentralbankgeldmenge typischerweise kleiner als *M1* ist. Aus [1.1] und [1.4] folgt

$$BG = \frac{b}{b+1}\,Kr \qquad\qquad [1.6]$$

Ferner gilt wegen [1.4] und [1.5], geschrieben in Veränderungsgrößen:

$$\Delta Kr = \frac{b+1}{b+d} \Delta ZBG = \mu \, \Delta ZBG \qquad\qquad [1.7]$$

Dies lässt sich als *Kreditschöpfungsmultiplikator* verstehen: Aus der Veränderung von *ZBG* um eine Einheit ergibt sich wegen $\mu > 1$ eine überproportionale Veränderung des Kreditvolumens. Damit ist die Vorstellung verbunden, dass ein Kreditschöpfungsprozess stets mit einer Erhöhung der Geldbasis durch die Notenbank beginnt: Im folgenden Beispiel wird die *Überschussreserve* an Zentralbankgeld erhöht (z.B. durch die Absenkung des Mindestreservesatzes) und löst eine Steigerung des Kreditangebots aus. Dabei wird nicht etwa die Überschussreserve verliehen; vielmehr wird ein Kreditvertrag in Höhe dieser Reserve abgeschlossen (Verlängerung der Bankbilanz).

Diese Restriktion drückt ein hier unterstelltes Vorsichtsprinzip der Geschäftsbanken aus, mit dem sie sich auf den liquiditätsmäßig ungünstigsten Fall einer vollständigen Ausbezahlung der beim Kredit eingeräumten Forderung auf Zentralbankgeld einstellen. Die Entwicklung des Kreditvolumens wird dadurch bestimmt, dass in jeder Periode die Überschussreserve *ÜR* durch Bargeldabzüge und Mindestreservehaltung verringert wird (*Tabelle 1-2*; hier wird mit $b = 1/3$ und $d = 1/5$ gerechnet).

$$Kr_0 = \ddot{U}R$$

$$Kr_1 = \ddot{U}R - BG - MR = Kr_0 - \frac{b}{b+1} Kr_0 - \frac{d}{b+1} Kr_0 = \frac{1-d}{b+1} Kr_0$$

$$Kr_2 = \frac{1-d}{b+1} Kr_1 = \left(\frac{1-d}{b+1}\right)^2 Kr_0 \qquad\qquad [1.8]$$

...

| Periode | Über-schuss-reserve | Kredit-vergabe | Bargeld-abfluss nach [1.6] | Depositen-haltung $(Kr - BG)$ | Mindest-reserven nach [1.2] | Über-schuss-reserve |
|---|---|---|---|---|---|---|
| 1 | 1000 | 1000 | 250 | 750 | 150 | 600 |
| 2 | 600 | 600 | 150 | 450 | 90 | 360 |
| 3 | 360 | 360 | 90 | 270 | 54 | 216 |
| ... | ... | ... | ... | ... | ... | ... |
| Summe | | 2500 | 625 | 1875 | 375 | |

*Tabelle 1-2: Prozess der multiplen Kreditschöpfung*

Das Kreditvolumen ist letztlich größer als die anfängliche Zunahme der Überschussreserve, weil diese nicht bloß in Kredite umgewandelt, sondern erst durch Bargeldhaltung und Mindestreserve gebunden wird. Der Kreditschöpfungsprozess kommt zum Abschluss, wenn die anfängliche Überschussreserve vollständig in Bargeldhaltung und Mindestreserve geflossen ist. Die Entwicklung des Kreditvolumens folgt einer geometrischen Reihe mit einem Ergebnis, das zu Formel [1.7] korrespondiert:

$$\sum_{t=0}^{\infty} \Delta Kr_t = \sum_{t=0}^{\infty} \left( \frac{1-d}{b+1} \right)^t Kr_0 = \frac{b+1}{b+d} \ddot{U}R \qquad [1.9]$$

Diese mechanische Theorie des Kreditschöpfungsmultiplikators ist aufgrund ihrer vereinfachenden Annahmen zu kritisieren. So bleiben Zinseffekte auf allen Marktseiten ausgespart. Vor allem aber erweckt der Ansatz den falschen Eindruck, als müsse einer Kreditexpansion stets eine höhere Geldmengenvorgabe seitens der Zentralbank *vorangehen*. Tatsächlich sind aber oft die Geschäftsbanken in der Führungsrolle. Sie wählen solide und profitabel erscheinende Kreditprojekte aus und versuchen dann, die im Zuge des gesamten Bankgeschäfts anfallenden Bargeldabforderungen und Mindestreserveverpflichtungen durch eine nachträgliche Refinanzierung insbesondere bei der Zentralbank abzudecken.

Damit ist die Logik des Kreditschöpfungsmultiplikators umzukehren. Gleichung [1.7] wird deshalb nach dem Zentralbankgeldbedarf aufgelöst, der nun die endogene, von der Kreditvergabe abhängige Größe darstellt:

$$\Delta ZBG = \Delta BG + \Delta MR = \frac{1}{\mu} \Delta Kr \qquad [1.10]$$

Der im Zuge des Kreditgeschäfts entstehende Zentralbankgeldbedarf des Geschäftsbankensektors *muss* letztlich von der Notenbank kurzfristig quantitativ auch befriedigt werden: Denn andernfalls könnten die Banken die Barauszahlungswünsche des Publikums nicht erfüllen, was eine Bankkrise zur Folge haben kann; oder die Banken wären nicht in der Lage, ihren Mindestreserveverpflichtungen nachzukommen. Auflagen, die objektiv unerfüllbar sind, verlieren aber ihre normative Kraft; daher hat die Notenbank selbst ein Interesse daran, dass quantitativ genügend Liquidität im Bankensektor vorhanden ist. Die Vorstellung eines Kreditvergabeprozesses bei *konstanter* Zentralbankgeldmenge ist wenig realistisch, weil dies rasch zu Liquiditätsengpässen und krisenhaften Zinssteigerungen führen müsste. Den Nichtbanken muss jederzeit der unbegrenzte Wechsel zwischen Bar- und Buchgeld möglich sein. Dies ist notwendig, um die Liquidität der Bankeinlagen und die Funktionsfähigkeit des Banksystems zu sichern. Frühere Versuche in der Geschichte der Geldpolitik, die makroökonomisch notwendige Kontrolle und Restriktion des Bankgeschäfts über eine rigorose *quantitative* Begrenzung ihrer Reserven durchzusetzen, haben bei Schwankungen der Bargeldnachfrage immer wieder zu Bankkrisen geführt.

> *Any notion that money is not to be had, or that it may not to be had at any price, only raises alarm to panic and enhances panic to madness.*
>
> Walter Bagehot (1873: 28)

Die Koppelung zwischen dem Zentralbankgeldbedarf und dem Kreditgeschäft der Geschäftsbanken stellt einen Zusammenhang zwischen dem Geldmarkt (zwischen Geschäftsbanken und Notenbank) und dem Kreditmarkt (zwischen Geschäftsbanken und Publikum) her (*Abbildung 1-5*). Gegeben sei hier eine Kreditnachfragefunktion $Kr^d$ und die Konstellation in Punkt A (die Kreditangebotsfunktion sei zunächst horizontal). Wenn das Kreditvolumen nach [1.10] fest mit dem Zentralbankgeldbedarf gekoppelt ist, dann ist die Bankennachfrage $L$ nach Zentralbankgeld im Geldmarkt zinsunelastisch. Bei gegebenen Zinsen gilt dann Punkt A'.

Eine steigende Kreditnachfrage verschiebt $Kr^d$ nach rechts und zieht eine entsprechend größere Zentralbankgeldnachfrage der Geschäftsbanken nach sich (Verschiebung von $L$). Wenn die Notenbank diese Nachfrage stets zu konstantem Geldmarktzins $i_{ZBG}$ befriedigen würde, wäre die Zentralbankgeldmenge vollständig durch die Kreditvergabeentscheidungen der Geschäftsbanken bestimmt.

Die Zentralbank *kann* dies unter bestimmten gesamtwirtschaftlichen Bedingungen zulassen, wird aber ansonsten versuchen, Zentralbankgeld durch Variationen des Geldmarktzinses knapp zu halten. Dies kann in Form einer zinselastischen Angebotsfunktion $M$ für Zentralbankgeld geschehen; damit ist aus Kostengründen auch eine entsprechend positive Steigung der Kreditangebotsfunktion $Kr^s$ erzwungen (eine Alternative sind diskretionäre Zinsänderungen der Notenbank; *Abschnitt 3.1.2*). Die Geschäftsbank verlangt einen steigenden Kreditzins infolge der zunehmenden Kosten der Beschaffung von Zentralbankgeld. Bei dieser Politik werden quantitative Liquiditätsengpässe vermieden; die Notenbank kann jedoch über Zinserhöhungen die Kredit- und Geldmengenexpansion bremsen und dadurch im Bedarfsfalle die gesamtwirtschaftliche Nachfrage stabilisieren.

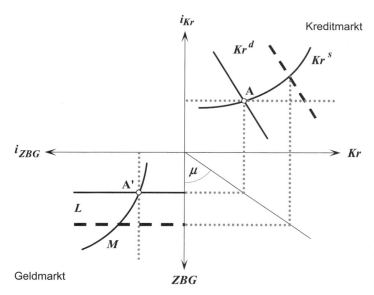

*Abbildung 1-5:*
*Zusammenhang*
*von Geld- und*
*Kreditmarkt*

## 1.2.3 Geschäftsbanken und Finanzintermediäre: Vermögensbildung in nominal fixierten und marktbewerteten Aktiva

Durch die (partielle) Entkoppelung von Kredit- und Geldschöpfung und die Zuweisung des letztgenannten Aufgabenbereichs an die Zentralbank stellt sich nun genauer die Frage nach dem eigentlichen Aufgabenbereich der Geschäftsbanken. Ihre Bilanzstruktur macht mehrere Tätigkeitsfelder deutlich (*Tabelle 1-3*):

Die in verschiedenen Formen bestehenden Einlagen auf der Passivseite (die Unterscheidung zwischen Konten und Wertpapieren ist hier nicht wesentlich) zeigen die Rolle der Banken bei der Liquiditätshaltung und Geldvermögensbildung des Publikums. Die Interbankforderungen und -verpflichtungen fungieren als Arbeitsguthaben bei der Durchführung des Zahlungsverkehrs der Nichtbanken auf dem Wege von Überweisungen und dienen zugleich als Liquiditätspolster der Banken. Auch die Wertpapierhaltung auf der Aktivseite dient neben der Ertragssicherung diesem Zweck. Schließlich besteht aber der Großteil des Bankgeschäfts in der Kreditvergabe.

Die Tätigkeit der Banken als Finanzintermediäre, d.h. als Kreditvermittler, ermöglicht volkswirtschaftliche *Wohlfahrtsgewinne*, die aus einer effizienteren Arbeitsteilung resultieren. Im Vergleich zur Alternative bilateraler Kreditverträge zwischen einzelnen Wirtschaftssubjekten ergeben sich unter den Marktbedingungen unvollkommener Information und positiver Liquiditätspräferenz durch die Existenz von Geschäftsbanken erhebliche Vorteile:

- Während ein bilateraler Kreditvertrag zwischen einem Geldanleger und einem Schuldner die Einigung über die Befristung verlangt, ist bei einem großen Vertragsvolumen eines Finanzintermediärs bilanztechnisch eine *Fristentransformation* möglich: Langfristigen Krediten steht eine Vielzahl kurzfristiger Einlagen gegenüber; obgleich die Mittel

| Aktiva | | | Passiva | | |
|---|---|---|---|---|---|
| Kassenbestand | 16 | 0 | Einlagen von EWU-Banken | 1445 | 17 |
| Forderungen gegen EWU-Banken | 2394 | 29 | Einlagen von Nichtbanken in Deutschland | | |
| Kredite an Nichtbanken | | | - Sichtguthaben | 1178 | 14 |
| - in Deutschland | 3069 | 37 | - andere | 1776 | 21 |
| - in anderen EWU-Ländern | 310 | 4 | Einlagen von Nichtbanken in anderen EWU-Ländern | 80 | 1 |
| Wertpapiere | 295 | 4 | | | |
| Forderungen gegen Nicht-Euro-Währungsgebiet | 995 | 12 | Wertpapiere | 1449 | 17 |
| Derivate und sonstige Aktiva | 1314 | 15 | Verpflichtungen gegenüber Nicht-Euro-Währungsgebiet | 562 | 7 |
| | | | Kapital, Rücklagen, Derivate und sonstige Passiva | 1904 | 23 |
| | 8393 | 100 | | 8393 | 100 |

*Tabelle 1-3: Aggregierte Bilanz der Geschäftsbanken in Deutschland 2011 (Mrd. € bzw. v.H.)*

der Bank insgesamt in eher illiquiden Vermögenswerten angelegt sind, bleibt der Liquiditätsstatus jedes einzelnen Einlegers relativ hoch. Dies kommt zumeist den Bedürfnissen sowohl der Investoren wie der Geldvermögensbesitzer entgegen.

• Das *Ausfallrisiko* ist wegen des größeren Kreditvolumens wahrscheinlichkeitstheoretisch besser zu kalkulieren und zu verkraften; es ist zudem aufgrund der Möglichkeit einer breiteren Streuung der Forderungen niedriger.

• Durch die Konzentration des Kreditgeschäfts bei den darauf spezialisierten Banken sinken *Informations- und Transaktionskosten.* Bei den Banken sammelt sich ein *Know How* über Marktbedingungen und -trends, das eine bessere Beurteilung der Ertragsfähigkeit von Investitionsprojekten erlaubt. Bei wiederholten Geschäftsbeziehungen zwischen Banken und bestimmten Kreditnehmern (*Hausbankprinzip*) können die Informationskosten weiter gesenkt werden.

Trotz aller Professionalisierung und Spezialisierung bleiben die Banken mit dem Problem der *asymmetrischen Information* konfrontiert: Ein potenzieller Schuldner ist über seine eigene wirtschaftliche Lage und die Aussichten seiner Investitionsprojekte i.d.R. besser informiert als die Bank als potenzieller Gläubiger. Schon bei der Auswahl von Kreditkunden droht eine *adverse Selektion*, wenn Kreditzusagen an die artikulierte Zinszahlungsbereitschaft der Kreditnachfrager gebunden werden. Solide Kreditnehmer mit wenig profitablen, aber sicheren Projekten werden dabei tendenziell von Akteuren mit riskanten, aber möglicherweise ertragreichen Vorhaben verdrängt. Damit steigt für das Bank das Risiko von Forderungsausfällen, die trotz höherer Zinseinnahmen letztlich den Bankgewinn schmälern. Deshalb sollte die Bank Kredite nicht nach der gebotenen Zinshöhe, sondern auf der Grundlage einer qualitativen Einzelfallprüfung verteilen (*Box 1-2*).

---

*Box 1-2: Theorie der Kreditrationierung*

Auch ohne formale Ableitung kann man plausiblerweise annehmen, dass sich der Gewinn einer Bank *ceteris paribus* mit dem Kreditzins erhöht. Demnach hätte die Kreditangebotsfunktion einen ansteigenden Verlauf. Forderungsausfälle mindern zwar den Gewinn; solange jedoch die Ausfallquote, bezogen auf das Kreditvolumen, konstant ist, ändert sich nichts am Wunsch der Bank nach einem möglichst hohen Zins.

Wenn hingegen die Ausfallquote aufgrund der adversen Selektion mit dem Zins steigt, so lässt sich zeigen, dass ab einer bestimmten Zinshöhe die Forderungsverluste den Zinsertrag überkompensieren. Das bedeutet, es gibt einen gewinnoptimalen Zinssatz $i^*$, den die Bank setzen und nicht überschreiten wird. Ihre Gewinnfunktion $Q(i)$ hat an dieser Stelle ein Maximum (*Abbildung 1-6*).

Gilt diese Überlegung für alle Banken, so wird auch das Kreditangebot insgesamt nur bis zum gewinnmaximalen Zins ansteigen, jenseits von Punkt A jedoch wieder sinken. Verläuft die Kreditnachfragefunktion oberhalb von A, so liegt hier eine *Kreditrationierung* vor: Der Nachfrageüberschuss führt nicht, wie im üblichen Marktmodell, über eine Zinssteigerung zur Markträu-

mung in B. Die Zahlungsbereitschaft der nicht zum Zuge kommenden Nachfrager wird nicht honoriert. Die Zuteilung erfolgt vielmehr nach qualitativen Kriterien.

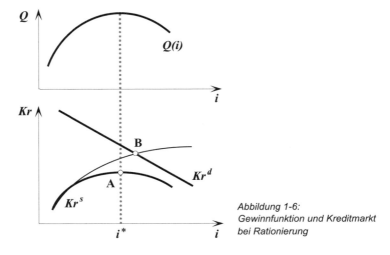

Abbildung 1-6:
Gewinnfunktion und Kreditmarkt
bei Rationierung

Die in Punkt A gegebene Konstellation beschreibt ein Markt*gleichgewicht*, obwohl der Markt
nicht geräumt ist. Das Missverhältnis zwischen Angebot und Nachfrage ist mikroökonomisch bedingt und von Seiten der Kreditanbieter optimal. Ändern sich die gesamtwirtschaftlichen Rahmenbedingungen oder der Kurs der Geldpolitik, so werden sich Kreditangebots- und Kreditnach-
fragekurven verschieben; auch der gewinnoptimale Kreditzins kann sich ändern. Das Ausmaß
der Kreditrationierung kann dann zu- oder abnehmen.

Haben die Kreditnehmer *nach* Vertragsabschluss die Wahl zwischen mehreren Investitionsprojekten, so könnten sie hoch rentable, aber riskante Alternativen bevorzugen. Die Erträge
von solchen Projekten übersteigen die gegebenen Zinskosten, während im Fall ihres Schei-
terns die Haftung des Schuldners oft beschränkt ist und der ökonomische Verlust von der
Bank zu tragen ist. Um dieses *Moral Hazard* zu begrenzen, betreiben die Banken ein *Monitoring*, d.h. sie versuchen, das Verhalten ihrer Kreditkunden zu überwachen.

Forderungsausfälle belasten die Bank mit Kapital- und Liquiditätsverlusten. Um sich vor
diesen Konsequenzen zu schützen, werden von Kreditnehmern zumeist *Sicherheiten* verlangt: Es sind Vermögenswerte nachzuweisen, die bei Nichtbedienung des Kredits auf die
Bank übergehen. Allerdings kann sich der angesetzte Buchwert dieser Aktiva als trügerisch
erweisen, wenn der Krisenfall eintritt; in einer Rezession, wenn sich Tilgungsschwierigkei-
ten häufen, sinken auch die Preise von Vermögensobjekten.

Das Bankmanagement versucht, die teilweise konfligierenden Ziele Solvenz, Rentabilität
und Liquidität zu erreichen. Ein Unternehmen ist *insolvent*, wenn eine Zahlungsunfähigkeit
eintritt, weil der Wert der Bilanzaktiva nicht mehr ausreicht, um die anstehenden Ver-

pflichtungen zu decken. Bilanztechnisch wird in diesem Fall das Eigenkapital verringert; ist das Eigenkapital auf diesem Wege vernichtet, spricht man von Überschuldung. Das Risiko der Insolvenz könnte die Bank dadurch auszuschalten versuchen, dass sie lediglich als Finanzintermediär arbeitet und die Einleger an den Risiken der Bankaktiva beteiligt.

Alle oben genannten Vorteile, die durch die Konzentration der Kreditvergabe bei den Banken entstehen, sind im Prinzip auch dann möglich, wenn die Depositenkunden ihre Mittel in Anteilscheinen der Bank anlegen. Diese sind jederzeit verkäuflich; jeder einzelne Anleger bleibt so relativ liquide. Im Durchschnitt gesehen wird auch eine Fristentransformation realisiert. Nach dem Prinzip von Investmentfonds vergibt die Bank aus dem gesamten Mittelaufkommen Kredite, während der Wert der vom Publikum gehaltenen Anteilscheine *variabel* ist. Vermehrte Forderungsausfälle im Kreditgeschäft schlagen sich in einer niedrigeren Marktbewertung der Anteilscheine nieder. Eine Insolvenz wird vermieden, weil die Bilanzpassiva gleichgerichtet mit den Aktiva schwanken.

Sind auf diese Weise Aktiva *und* Passiva der Banken marktbewertet, so gibt es auch kein zusätzliches Liquiditätsrisiko. Ein *Bank Run* wäre dann ausgeschlossen; aber die Konsequenz wäre eben auch, dass Bankdepositen *keine Zahlungsmittelfunktion* hätten, denn Verkäufer auf dem Gütermarkt akzeptieren die Abtretung von verzinslichen Forderungsrechten mit variablem Marktwert i.d.R. nicht als Schuldentilgung. Eine Zahlungstechnologie, die nur Bargeld verwendet, ist aber wenig effizient. Das Angebot von *nominell fixierten Depositen* seitens der Banken entspricht daher den Bedürfnissen der Marktakteure.

Banken können so dem Publikum die Dienstleistung der *bargeldlosen Durchführung des Zahlungsverkehrs* anbieten. Sie sichern damit die Zahlungsfähigkeit der Wirtschaftssubjekte auf der Mikroebene, während sich die Zentralbank auf die Liquiditätsausstattung der gesamten Volkswirtschaft konzentriert. Geschäftsbanken unterscheiden sich dadurch von bloßen Finanzintermediären, dass (bestimmte) Bankdepositen als Geldsubstitut fungieren. Die markttheoretisch unterschiedliche Qualität der Bankaktiva und -passiva bedeutet vertragstheoretisch, dass Geschäftsbanken (als Finanzintermediäre gesehen) und Depositenkunden einen "unvollständigen" Kontrakt schließen: Letztere erhalten als Anleger keinen Einfluss auf die Entscheidungen der Bank über die Mittelverwendung, dafür garantiert die Bank die nominelle Wertsicherheit der Depositen in Einheiten von Zentralbankgeld.

Geschäftsbanken sind demnach nicht *nur* Finanzintermediäre. Durch die nominelle Fixierung eines Teils ihrer Bilanzpassiva setzen sie sich neben dem Insolvenz- auch einem Liquiditätsrisiko aus. Letzteres wird dann akut, wenn der Wert der Aktiva zwar noch den Passiva entspricht, jedoch eine Zahlungsunfähigkeit auftritt, weil bei rasch steigender Bargeldnachfrage Aktiva nicht in genügend großer Zahl rasch verkauft werden können. Eine solche Zahlungsunfähigkeit könnte auf zwei Wegen vermieden werden:

- Bilanzaktiva wären jederzeit monetisierbar, wenn die Bank ausschließlich handelbare Finanzaktiva (Wertpapiere) im Portefeuille halten würde bzw. wenn Kreditforderungen jederzeit am Markt an andere Gläubiger weiterveräußert werden könnten. Aus informations- und risikotheoretischen Gründen steht jedoch vielen Kunden der Weg über die Wertpapierfinanzierung nicht offen; sie sind auf Bankkredite angewiesen. Diese sind wiederum nicht handelbar, weil Geldanleger i.d.R. keine Bankkreditforderungen gegen Schuldner mit unbekannter Solidität erwerben wollen (*Abschnitte 2.1.1, 2.3.2*).

• Die Zentralbank könnte Banken in Zahlungsschwierigkeiten zu Hilfe kommen. Das Wissen um die Existenz derartiger Notfallkredite könnte die Banken jedoch zu einem sorgloseren Portfoliomanagement verleiten. Sie kämen in Versuchung, vermehrt ertragreichere, aber zugleich riskantere und weniger liquide Aktiva zu halten – und bei auftretenden Problemen auf Rettungsaktionen seitens der Zentralbank zu setzen (*Box 1-3*).

---

*Box 1-3: Lender of Last Resort*

Geschäftsbanken sind einem Liquiditätsproblem ausgesetzt, weil der Bestand an kurzfristigen, in Zentralbankgeld zu zahlenden Verpflichtungen weit größer ist als die Summe aus Kassenbeständen und liquiden Wertpapieren. Bei Zweifeln an der Sicherheit bzw. Einlösbarkeit von Bankdepositen kommt es unweigerlich zu einem *Bank Run*, der die Zahlungsunfähigkeit der Bank aufdeckt, wenn ihr nicht von dritter Seite Liquidität zugeführt wird (*Abschnitt 1.2.1*). Zur Vermeidung des mit einem Bankzusammenbruch drohenden systemischen Instabilitätsrisikos empfiehlt die klassische Lehre des *Lender of Last Resort* der Notenbank, solventen Geschäftsbanken großzügig und rasch Zentralbankgeld zur Verfügung zu stellen, wenn sie in akute Liquiditätsnöte geraten. Diese Lehre wurde mit zwei Argumenten kritisiert:

• In den meisten Ländern gibt es heute eine Einlagenversicherung für Bankdepositen, die die Kunden (zumindest teilweise) vor Vermögensverlusten schützt. Damit ist die Gefahr von *Bank Runs* und der Ansteckung ursprünglich nicht betroffener Banken gemildert.

• Wenn die Notenbank grundsätzlich das Geldangebot mengenmäßig der Nachfrage anpasst (*Abschnitt 3.1.2*), kann im Banken*sektor* keine Liquiditätskrise entstehen. *Solvente* Banken verfügen über Aktiva, die sie bei Refinanzierungsgeschäften mit der Notenbank einsetzen können. Darüber hinaus sollten sie auch auf einem gut funktionierenden Interbankenmarkt Kredite von anderen Banken erhalten können, da sie annahmegemäß als kreditwürdig gelten.

Singuläre Rettungsmanöver der Notenbank zugunsten einzelner Banken erscheinen so als entbehrlich. Sie muss nicht direkt als *Lender of Last Resort* auftreten; es genügt, wenn sie im Rahmen ihrer Geldversorgungsoperationen den Geldmarkt "flüssig" hält.

Gegen diese neue Position lassen sich jedoch ebenfalls kritische Punkte anführen. Die *Unterscheidung zwischen Illiquidität und Insolvenz* ist in der Praxis (zumal unter Zeitdruck) nicht leicht, weder für die Notenbank noch für andere Geschäftsbanken als potenzielle Kreditgeber eines in Zahlungsschwierigkeiten geratenen Instituts. Die Grenze zwischen kurzfristig nicht liquidierbaren und nicht (mehr) ertragabwerfenden Aktiva ist fließend. Versuche einzelner Banken, sich über Aktivaverkäufe Liquidität zu verschaffen, können in "engen" Märkten zu einem Preisverfall führen, der zur Folge hat, dass andere, ursprünglich nicht betroffene Banken Wertabschreibungen auf ihre Aktiva vornehmen müssen und darüber in ihrer Solvenz gefährdet sind. Selbst in Fällen von Insolvenz aufgrund eigener Fehlinvestitionen gehen mit einer Bankpleite informationsökonomisch wertvolle Bank-Kunden-Beziehungen verloren; insbesondere gilt dies für große Banken ("too big to fail"). Deshalb könnte man erwägen, *jede* Bank aus Zahlungsproblemen zu befreien, ungeachtet des jeweiligen Problemhintergrunds.

Spätestens hier stellt sich jedoch ein *Moral-Hazard-Problem*. Banken könnten ihre Investitionsstrategie ändern und verstärkt hochprofitable, aber riskante Projekte finanzieren, wenn sie erwarten, dass sie im Notfall von einem *Lender of Last Resort* gerettet werden. Gegen ein solches Fehlverhalten könnte man folgende Vorkehrungen treffen:

- Die Notenbank könnte sich eine Einzelfallprüfung vorbehalten und nicht in jedem Fall Liquiditätshilfen bereitstellen. Das damit verbundene höhere Risiko der Banken kann einen Disziplinierungsdruck in Richtung auf ein solideres Aktivgeschäft erzeugen; es bringt aber auch Unsicherheit in den Finanzmarkt und kann daher kontraproduktiv wirken.

- Die klassische Lösung besteht darin, für Notfallkredite hohe Zinsen zu verlangen, so dass Banken pekuniär von hochriskanten Projekten abgeschreckt werden.

- Eine Bankenregulierung und -aufsicht könnte darauf achten, dass bestimmte Prinzipien der Geschäftspolitik eingehalten werden.

---

**Zusammenfassung**

1.2.1 Im zweistufigen Banksystem sind Kreditvergabe und Geldschöpfung institutionell getrennt. Die Zentralbank hat das alleinige Recht zur Notenemission durch den Ankauf von Wertpapieren, Kreditforderungen oder Devisen und verfolgt dabei das Ziel einer volkswirtschaftlich angemessenen Geldversorgung. Geschäftsbanken vergeben nach privatwirtschaftlichen Gewinninteressen Kredite, indem sie den Kreditnehmern Forderungen auf Zentralbankgeld einräumen. Wie im einstufigen System entsteht dabei ein Liquiditätsproblem, da sich die Geschäftsbanken zu Zahlungen in einem Geld verpflichten, das sie nicht selbst produzieren können. Geschäftsbanken refinanzieren sich durch Annahme verzinslicher Zentralbankgeldeinlagen seitens der Nichtbanken sowie durch Kredite seitens der Zentralbank. Bei dieser Geldschöpfung legt die Zentralbank den kurzfristigen Zins als Preis für Zentralbankgeld fest. Bestimmte Depositen der Geschäftsbanken übernehmen neben dem Zentralbankgeld eine Zahlungsmittelfunktion.

1.2.2 Im Zuge der Kreditvergabe der Geschäftsbanken entsteht aus zwei Gründen gesamtwirtschaftlich ein Zentralbankgeldbedarf: Zum einen wünschen die Nichtbanken einen Teil ihrer Bankdepositen in bar zu halten. Zum anderen müssen Geschäftsbanken bei der Zentralbank zumeist eine Mindestreserve halten, die einem kleinen Prozentsatz ihrer Depositen entspricht. Die Notenbank muss kurzfristig den Zentralbankgeldbedarf der Geschäftsbanken befriedigen, um deren Zahlungsfähigkeit zu sichern. Mittelfristig kann die Zentralbank die Kreditvergabe und den entstehenden Zentralbankgeldbedarf steuern, indem sie den Zins der Refinanzierungskredite an die Geschäftsbanken variiert. Das Konzept des Kreditschöpfungsmultiplikators drückt aus, dass die Notenbank durch die Zuführung einer bestimmten Menge Zentralbankgeld ein Mehrfaches an zusätzlicher Kreditvergabe erzeugen kann, eben weil die Kreditvergabe nur infolge des entstehenden Bargeld- und Mindestreservebedarfs Zentralbankgeld benötigt.

1.2.3 Im Vergleich zu bilateralen Kreditgeschäften zwischen einzelnen Geldvermögensbesitzern und Schuldnern bietet die Konzentration der Kreditvergabe bei den Geschäftsbanken volkswirtschaftliche Vorteile. Bei einem großen Geschäftsvolumen können langfristige Ausleihungen mit kurzfristigen Einlagen finanziert werden (Fristentransformation), das Ausfallrisiko wird durch Diversifikation verringert und besser kalkulierbar, Informations- und Transaktionskosten sinken. Es bleibt jedoch eine asymmetrische Informationsverteilung zwischen Bank und Kreditkunden. Eine Allokation der Kredite nach Höhe der gebotenen Zinsen würde Kunden mit riskanten Projekten anlocken (adverse Selektion); Banken praktizieren daher eine Kreditrationierung bei gegebenem Zins, wählen Kreditprojekte nach einer Bonitätsprüfung und überwachen ihre Kreditkunden. Die besonderen Solvenz- und Liquiditätsrisiken von Geschäftsbanken (im Vergleich zu bloßen Finanzintermediären) entstehen daraus, dass der Wert der Depositen nicht mit dem Wert der Bilanzaktiva schwankt, sondern nominal fixiert ist; eben dies erlaubt eine Zahlungsmittelfunktion der Bankdepositen. Können sich Geschäftsbanken auf Notfallkredite eines *Lender of Last Resort* verlassen, so werden sie zu einer riskanten Investitionspolitik verleitet (*Moral Hazard*).

## Literatur und zitierte Quellen zu Kapitel 1

*Auster, P.* (1997): Von der Hand in den Mund. Reinbek 1999.

*Bagehot, W.* (1873): Lombard Street – A Description of the Money Market. Westport 1979.

*Belke, A. / Polleit, T.* (2009): Monetary Economics in Globalised Financial Markets. Berlin / Heidelberg, Kap. 1.

*Blanchard, O. J. / Illing, G.* (2009): Makroökonomie. 5. Aufl. München, Kap. 4.

*Bofinger, P.* (2001): Monetary Policy – Goals, Institutions, Strategies, and Instruments. Oxford, Kap. 1, 3.

*De Grauwe, P.* (1996): International Money. 2. Aufl. Oxford, Kap. 1.

*Gale, D.* (1982): Money – In Equilibrium. Cambridge.

*Gischer, H.* u.a. (2012): Geld, Kredit und Banken. 3. Aufl. Berlin u.a., Kap. 4, 8-9.

*Grantham, G.* u.a. (1977): On the Microeconomics of the Supply of Money. Oxford Economic Papers, 29, 339-356.

*Hahn, F. H. / Solow, R. M.* (1995): A Critical Essay on Modern Macroeconomic Theory. Oxford.

*Heinsohn, G. / Steiger, O.* (2000): The Property Theory of Interest and Money. In: *Smithin, J.*, Hg.: What Is Money? London / New York, 67-100.

*Hicks, J.* (1969): A Theory of Economic History. Oxford.

*Hicks, J.* (1982): The Foundations of Monetary Theory. In: Ders.: Money, Interest and Wages. Collected Essays on Economic Theory, Bd. 2, Oxford, 236-275.

*Ingham, G.* (2000): "Babylonian Madness" – On the Historical and Sociological Origins of Money. In: *Smithin, J.*, Hg.: What Is Money? London / New York, 16-41.

*Issing, O.* (2011): Einführung in die Geldtheorie. 15. Aufl. München, Kap. I, III, V.5.

*Jarchow, H.-J.* (2010): Grundriss der Geldtheorie. 12. Aufl. Stuttgart, Kap. I, III.2.

*Kaldor, N.* (1982): The Scourge of Monetarism. 2. Aufl. New York 1985.

*Keynes, J. M.* (1937): The General Theory of Employment. Alternative Theories of the Rate of Interest. In: *Moggridge, D.*, Hg.: The Collected Writings of John Maynard Keynes, Bd. 14. London / Basingstoke 1987, 109-123, 201-215.

*Knapp, G. F.* (1909): Geldtheorie, staatliche. In: Handwörterbuch der Staatswissenschaften, Bd. 4, 3. Aufl. Jena, 610-618.

*Locke, J.* (1690): Zwei Abhandlungen über die Regierung. Frankfurt 1972.

*Luhmann, N.* (1988): Die Wirtschaft der Gesellschaft. Frankfurt 1996.

*Menger, C.* (1909): Geld. In: Handwörterbuch der Staatswissenschaften, Bd. 4, 3. Aufl. Jena, 555-610.

*Moore, G.* (1999): Solutions to the Moral Hazard Problem Arising from the Lender-of-Last-Resort Facility. Journal of Economic Surveys, 13, 443-76.

*Paulsen, A.* (1950): Liquidität und Risiko in der wirtschaftlichen Entwicklung. Berlin.

*Riese, H.* (1989): Geld, Kredit, Vermögen. In: *Riese, H. / Spahn, H.-P.*, Hg.: Internationale Geldwirtschaft. Regensburg, 1-59.

*Simmel, G.* (1907): Philosophie des Geldes. 2. Aufl., Neuausgabe Frankfurt 1991.

# Kapitel 2
# Theorie und Funktionsweise von Finanzmärkten

---

**Kapitelüberblick**

Das unmittelbare Operationsfeld der Geldpolitik sind die Finanzmärkte. Daher wird die Logik dieser Märkte untersucht, die sich merklich von den Funktionsmechanismen der Güter- und Arbeitsmärkte unterscheidet. Im Zentrum stehen hier Anlageentscheidungen von Vermögensbesitzern, die nach den Kriterien Rendite und Sicherheit ein optimales Portfolio anstreben. Das Kapitel behandelt die Preisbildung festverzinslicher Wertpapiere und Aktien, die Bestimmungsgründe kurz- und langfristiger Zinssätze, die Bedeutung des Inflationsrisikos bei der Geldvermögensbildung sowie die Grundlagen der Investitionsentscheidung. Die Geldnachfrage lässt sich als Unterfall der Vermögenshaltung verstehen. Deshalb wird der Frage nachgegangen, aus welchen Gründen Wirtschaftssubjekte auf potenzielle Zinserträge verzichten und einen Teil ihres Vermögens in Form von unverzinslichem (Bar-) Geld halten.

Auf den Finanzmärkten findet zum einen eine permanente Allokation von Risiken statt, indem die Akteure Anlageobjekte mit unterschiedlichen Rendite-Risiko-Profilen handeln, die ihren jeweiligen Präferenzen entsprechen. Zum anderen werden hier auch neue Finanzmittel für kreditfinanzierte Ausgabenprojekte im Gütermarkt bereitgestellt. Der für die Geldwirtschaft zentrale, oft beschriebene (und nicht immer verstandene) Zusammenhang zwischen Verschuldung, Investition und Ersparnis wird ausführlich in kreislauftheoretischer Perspektive dargelegt. In der offenen Volkswirtschaft stehen die nationalen Finanzmärkte vermittelt über die Drehscheibe des Devisenmarktes im Kontakt mit dem Geschehen in der Weltwirtschaft. Das Spektrum von Portfolioallokation, Vermögensbildung und Verschuldung erweitert sich durch Wertpapiere, die auf verschiedene Währungen lauten. Damit tritt zusätzlich ein Währungsrisiko – die Veränderung von Wechselkursen in der Zeit – auf, das sich in internationalen Zinsdifferenzen ausdrückt.

---

## 2.1 Erträge, Zins und Vermögen

### 2.1.1 Gleichgewicht und Portfoliowahl auf Vermögensmärkten: der *Trade-off* zwischen Rendite und Risiko

Einkommen ist eine *Stromgröße*, bezogen auf eine bestimmte Periode, Vermögen hingegen eine *Bestandsgröße*, d.h. nur zu einem bestimmten Zeit*punkt* definierbar. Als Vermögen gelten alle Güter und Objekte i.w.S., die von Wirtschaftssubjekten gehalten werden, weil sie

- die Möglichkeit einer *Wertaufbewahrung* über die Zeit versprechen, und ggf.

- einen periodischen *Ertrag* (Einkommen oder sonstige Nutzenströme) erwarten lassen.

| Vermögensart | Markt | Ertrag |
|---|---|---|
| **Geld** | | |
| ∗ Inlandswährung | alle Märkte | Liquiditätsprämie |
| ∗ Fremdwährungen | Devisenmarkt | (Kursänderungen) |
| **Finanzaktiva** | | |
| ∗ nicht handelbar | | |
|    Bankkredite | Banksystem | Sollzins |
|    Bankeinlagen | Banksystem | Habenzins |
| ∗ handelbar | | |
|    kurzfristige Wertpapiere | Geldmarkt | kurzfristiger Zins |
|    langfristige Wertpapiere | Kapitalmarkt | langfristiger Zins |
| **Realaktiva** | | |
| ∗ Immobilien | Immobilienmarkt | Miete (Wertsteigerungen) |
| ∗ Humankapital | (Arbeitsmarkt) | Lohneinkommen |
| ∗ Produktivkapital | | |
|    Kapitalgüter (Produktion) | Gütermarkt | Unternehmensgewinn |
|    Aktien | Kapitalmarkt, Börse | Dividende (Wertsteigerungen) |

*Tabelle 2-1: Vermögensobjekte, -märkte und -erträge*

Vermögensgüter werden auf Vermögensmärkten gehandelt, die Finanzmärkte machen einen wichtigen Teilbereich dieser Märkte aus. *Tabelle 2-1* zeigt ein vereinfachtes Spektrum der Vermögensformen. Zur ersten Gruppe gehört in- und ausländisches *Geld*. Innerhalb eines Währungsgebietes ist allerdings Geld nicht das gehandelte Objekt, sondern fungiert vielmehr als Zahlungsmittel auf allen Märkten. Jedoch findet auf dem Devisenmarkt ein Handel zwischen verschiedenen nationalen Währungen statt; pekuniäre Erträge fallen hier indirekt, durch Kursänderungen im Zeitablauf an.

Als *Finanzaktiva* werden verzinsliche Forderungsrechte bezeichnet. Sie lassen sich weiter nach Handelbarkeit und Fristigkeit differenzieren. Bankkredite und Bankeinlagen sind zumeist nicht handelbar. Eine Ausnahme stellen z.B. Schecks dar, die von Eigentümern von Bankguthaben ausgestellt und bei Transaktionen zwischen Nichtbanken als Zahlungsmittelsubstitut verwendet werden; aus Sicht der Bank tritt dabei ein Gläubigerwechsel ein. Wertpapiere sind dagegen handelbare Kreditforderungen, die von einem Schuldner emittiert werden, jedoch vom ersten Gläubiger nicht bis zur Fälligkeit gehalten werden müssen, sondern an andere Anleger weiterverkauft werden können.

Wertpapiertransaktionen dienen in Form von Neuemission und -erwerb der Finanzierung bzw. der Geldvermögensbildung, zum anderen ermöglicht der Handel des Wertpapierbestandes über die Diversifikation eine bessere Allokation von Risiken. Das große Marktvolumen und die jederzeitige Möglichkeit einer Veräußerung auf geregelten Märkten machen

Wertpapiere zu einer (nahezu) perfekten Form der Vermögensanlage. Der somit gegebene hohe *Liquiditätsgrad* von Wertpapieren gilt allerdings nur aus der Perspektive eines einzelnen Anlegers; ein Versuch aller Wertpapierhalter, ihre Papiere zu verkaufen, hat starke Preiseinbrüche zur Folge.

Der *Geldmarkt* dient dem kurzfristigen Ausgleich des Liquiditätsbedarfs zwischen den Geschäftsbanken und – mittels Interventionen der Zentralbank – der Versorgung des Banksystems mit Zentralbankgeld (*Abschnitt 3.1.2*). Der *Kapitalmarkt* ist dagegen auch anderen Anlegern und Schuldnern zugänglich; hier werden vor allem langfristige, festverzinsliche Wertpapiere gehandelt. Der Kapitalmarktzins liegt aus zwei Gründen im Niveau zumeist niedriger als der Bankkreditzins:

- Bei der Bankkreditvergabe fallen höhere Kosten an, da sich die Banken über Solidität der potenziellen Schuldner und Projekte informieren müssen. Eine Mittelaufnahme am Kapitalmarkt ist i.d.R. nur bekannten, "großen" Akteuren mit bereits gefestigter Reputation möglich. Die übrigen Wirtschaftssubjekte sind auf Bankkredite angewiesen. Kreditinstitute sind daher eine wichtige Quelle der externen Finanzierung.

- Aufgrund ihrer Handelbarkeit haben Wertpapiere für die Gläubiger einen höheren Liquiditätsgrad. Schuldner tragen dann aber auch das Risiko, in Abhängigkeit von unerwünschten Gläubigern zu geraten.

*Realaktiva* sind (Eigentumsrechte an) Vermögensgüter(n), die aus einem technischen oder natürlichen Produktionsprozess entstanden sind. Vermietete Immobilien werfen einen regelmäßigen Ertragsstrom ab; im Falle der Veräußerung können oft Wertzuwächse realisiert werden, die z.B. aus einer veränderten Knappheit der Objekte resultieren. Dies ist auch bei den zur Gruppe der Realaktiva gehörenden Kunstwerken beobachtbar, die ansonsten nur einen immateriellen Nutzen stiften.

Abgesehen von den Beschränkungen im Fall von Grund und Boden können Realaktiva zumeist durch Investitionen vermehrt werden. Dies gilt (auf dem Wege der Bildung) auch für das Humankapital, das einen Ertrag in Form von Lohneinkommen abwirft und durch Ausbildung vermehrt werden kann. Allerdings ist das Arbeitsvermögen direkt nicht handelbar. Dies liegt daran, dass es nicht von seinem Träger losgelöst werden kann und Arbeitskräfte als solche heute nicht wie in einer Sklavenwirtschaft gehandelt werden.

Das Produktivkapital tritt in zweifacher Erscheinungsform als Vermögen auf: Der Einsatz von *Kapitalgütern* (und anderen Produktionsfaktoren) ist auf ein am Gütermarkt zu realisierendes Gewinneinkommen gerichtet. Ein Teil dieses Gewinns ist als Zinseinkommen an die Fremdkapitalgeber (z.B. die Banken) zu zahlen, ein anderer Teil wird als Dividende auf die *Eigentumsrechte* an den Unternehmen ausgeschüttet, die auf dem Kapitalmarkt als Vermögensaktiva gehandelt werden (ein Rest kann einbehalten werden und kommt damit indirekt ebenfalls den Aktienhaltern zugute). In der Unternehmensbilanz erscheint das Kapital auf der Passivseite als eine Forderung gegen den auf der Aktivseite verbuchten Wert der Produktionsmittel. Eine profitable Produktion ist damit eine Form der Vermögenshaltung.

Das Unternehmen wirtschaftet als Schuldner im Auftrag seiner Gläubiger, d.h. der Kapital-eigner und Fremdkapitalgeber. Daraus folgt:

- Die Produktionsentscheidung ist an die Erwartung gebunden, dass eine marktübliche Verzinsung des Eigen- und Fremdkapitals über die Absatzpreise am Gütermarkt reali-siert werden kann. Dieser Mindestgewinn bzw. die Zinskosten werden in die Produkt-preise eingerechnet.

- Das zum Kauf von Produktionsanlagen vorgeschossene Geldkapital muss wieder an die Gläubiger zurückfließen. Die Produktpreise müssen deshalb auch kalkulatorische Til-gungsbeträge enthalten, um die Geldschuld zurückerstatten bzw. abgenutzte Produk-tionsanlagen ersetzen zu können, wenn das Kapital langfristig investiert bleibt. Die pri-märe Funktion der *Abschreibung* ist somit die Finanzierung eines Kapitalrückflusses, sie gibt hingegen den physischen Maschinenverschleiß nur unvollkommen wieder.

Der *Vermögensmarkt* ist die gedankliche Zusammenfassung aller Märkte, auf denen die ver-schiedenen Vermögensformen gehandelt werden. Die Berechtigung einer solchen Aggrega-tion ergibt sich daraus, dass das Ziel der Vermögenshaltung – die Sicherung und Mehrung einer Wertgröße – bei allen Aktiva letztlich gleich ist. Aus diesem Grund stehen die ver-schiedenen Aktiva auch grundsätzlich in einem Substitutionsverhältnis. Ein *Gleichgewicht* auf dem Vermögensmarkt ist dann erreicht, wenn

- die Wirtschaftssubjekte den in Umfang und Struktur gewünschten Vermögensbestand halten (das Transaktionsvolumen ist dann gleich Null) und

- dabei die Rendite *r*, d.h. die aus dem periodischen Ertragsstrom *E* und dem Vermögens-wert *V* gebildete *Ertragsrate*, bei allen Objekten übereinstimmt.

$$r_1 = r_2 = ... = r_j = ... = r_m \quad \text{mit} \quad r_j = \frac{E_j}{V_j} \qquad [2.1]$$

Diese Gleichgewichtsbedingung ist allerdings zu modifizieren, wenn sich die einzelnen Ak-tiva im Hinblick auf

- die *Fristigkeit* der eingegangenen Bindungen,

- ihren *Liquiditätsgrad*, d.h. die Möglichkeit einer raschen Veräußerung, und

- ihr *Risiko*, d.h. die Gefahr von Ertrags- und Wertminderungen,

unterscheiden. Sind die Präferenzen der Vermögensbesitzer tendenziell eher auf kurzfristi-ge, liquide und risikolose Anlagen gerichtet, so müssen andere Objekte zum Ausgleich eine höhere Rendite versprechen, um ins Portefeuille genommen zu werden. Zumeist steigt das Risiko von Investitionen (gemessen z.B. in der Varianz der Erträge) überproportional zu ih-rer erwarteten Rendite (*Abbildung 2-1*). Auf der anderen Seite verlangen risikoaverse An-leger bei einem jeweils konstanten Nutzen zur Kompensation höherer Risiken überpropor-tional steigende Erträge. Ein weit gespannter Vermögensmarkt erlaubt jedem Anleger die

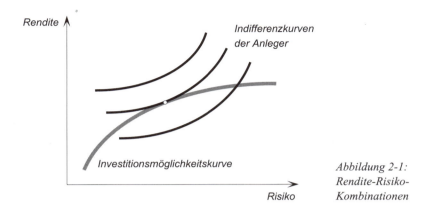

*Abbildung 2-1:*
*Rendite-Risiko-*
*Kombinationen*

Wahl eines ihm angemessenen Portfolios. Die Vermittlungsleistung der Finanzintermediäre verbessert die Investitionsmöglichkeiten.

Mit dem Umfang des zu Anlagezwecken verfügbaren Betrags wächst die Möglichkeit, das Gesamtrisiko der Anlagen durch *Diversifikation* zu reduzieren: Dies geschieht dadurch, dass Vermögensobjekte mit unverbundenen oder gegenläufig reagierenden Risiken ins Portfolio aufgenommen werden. Grundsätzlich sind alle Vermögensarten *Substitute*: Bei gleichem Risiko und Liquiditätsgrad werden Aktiva mit der höchsten Ertragsrate gewählt. Wählt man Aktiva mit gegenläufigen Risiken (z.B. Aktien von Unternehmen, die Sonnenbrillen und Regenschirme herstellen) treten *Komplementaritätsbeziehungen* auf: Die Nachfrage nach diesen Aktiva entwickelt sich gleichgerichtet.

## 2.1.2 Alternative Kontraktformen auf Vermögensmärkten: Preisbildung bei festverzinslichen Wertpapieren und Aktien

Während die Preisbildung bei Gütern aus dem Strom der laufenden Produktion stark von (vergangenen) Produktionskosten abhängt, werden die Preise von Vermögensbeständen von den erwarteten Erträgen dieser Aktiva bestimmt; die Preisbildung ist also zukunftsorientiert. Ein Vermögensmarktgleichgewicht wird typischerweise dadurch erreicht, dass die Anleger besonders rentable Objekte vermehrt nachfragen und dabei deren Marktpreise $V_j$ so herauftreiben, bis schließlich (bei konstanten Ertragszahlungen) die Rendite aller Aktiva gleich ist. Im Gleichgewicht einer nicht-wachsenden Wirtschaft gäbe es keine Transaktionen mehr, da jedes Wirtschaftssubjekt über die jeweils gewünschte Menge und Art von Vermögensobjekten verfügt. Dieses Gleichgewicht wird jedoch faktisch nie erreicht, da

- heterogene Erwartungen über die Erträge einzelner Aktiva bestehen können,
- die Struktur der Ertragsraten durch Schocks verändert wird und
- die Anpassung an individuell optimale Portfolios wiederum die Ertragsraten in Portfolios bei anderen Wirtschaftssubjekten berühren können.

|  |  | Ertrag $E$ | |
| --- | --- | --- | --- |
|  |  | *fixiert* | *variabel* |
| Vermögens-wert $V$ | *fixiert* | (1)<br>Sparbuch | (2)<br>Kredit mit variabler Verzinsung |
|  | *variabel* | (3)<br>festverzinsliches Wertpapier | (4)<br>Aktie |

*Tabelle 2-2: Nominal fixierte und variable Ertragsströme bzw. Vermögenswerte*

Auf dem Vermögensmarkt gibt es unterschiedliche Vertragsformen, bei denen Marktwerte und/oder Erträge fixiert werden können (*Tabelle 2-2*):

(1) Ein Sparbuch mit einer Bindung der Geldanlage für einen bestimmten Zeitraum illustriert einen Fall, in dem sowohl der Wert einer eingezahlten Summe wie auch die Zinszahlung festgeschrieben sind. Dies hat für den Sparer den Vorteil, dass der Nominalwert seines Vermögens garantiert ist. Steigt jedoch die Ertragsrate anderer Anlagen, ist eine unmittelbare Angleichung des Sparzinses nicht möglich.

(2) Dieser Nachteil wird dann vermieden, wenn eine mögliche Anpassung der periodischen Zinszahlung während der Laufzeit einer Anlage vereinbart wird. Dies bedeutet – da letztlich jedem Gläubiger ein Schuldner gegenübersteht – für den Kreditnehmer eine weniger gut berechenbare Entwicklung seiner Zinsbelastung.

(3) Aus diesem Dilemma bieten festverzinsliche Wertpapiere (*Bonds*) einen Ausweg, indem nicht die Zinszahlung, sondern – durch die Handelbarkeit der Kreditforderung – der Kapitalwert flexibilisiert wird. Bei dieser Form der Kreditaufnahme erhält der Schuldner von einem primären Gläubiger einen Geldbetrag $F$ gegen Überlassung eines Wertpapiers, in dem die Rückzahlung dieses Betrages zu einem festen Termin und eine (i.d.R. jährliche) bestimmte Zinszahlung $E$ zugesichert werden. Diese muss so gewählt werden, dass die sich aus Zinszahlung und Kreditbetrag ergebende Ertragsrate dem auf dem Kapitalmarkt aktuell herrschenden Zinssatz $i_0$ entspricht; der *Kurs* $V_0$ des Papiers, d.h. sein Kauf- und Verkaufspreis, stimmt zunächst mit dem Kreditbetrag $F$ überein:

$$i_0 = \frac{E}{F} \quad \Rightarrow \quad F = V_0 = \frac{E}{i_0} \qquad\qquad [2.2]$$

Ändert sich nun nach einiger Zeit die allgemeine Rendite des Vermögensmarktes und damit auch der Kapitalmarktzins, so wird dieses Schuldpapier vom Markt neu bewertet, wobei sich der Kurs von der ursprünglichen Kreditsumme löst. Beträgt die Laufzeit des Wertpapiers $n$ Jahre, so folgt die Bewertung der *Kapitalisierungsformel*

$$V = \sum_{t=1}^{n} \frac{E}{(1+i)^t} + \frac{F}{(1+i)^n} = \frac{E}{i} - \frac{E}{i(1+i)^n} + \frac{F}{(1+i)^n} \qquad [2.3]$$

Sie drückt das allgemeine *Prinzip der Ermittlung des aktuellen Kapitalwertes eines Vermögensobjektes* aus: Laufende und zukünftig erwartete Nettoerträge $E$ (hier die vertraglich fixierten Zinszahlungen des Schuldners und die abschließende Tilgung $F$) werden mit Hilfe des Zinssatzes $i$ auf den Gegenwartswert $V$ diskontiert (*Box 2-1*). Während der gesamten Laufzeit festverzinslicher Wertpapiere schwankt der Kurs entsprechend den Veränderungen des Kapitalmarktzinses und sichert damit einem *Neuerwerber* eine marktübliche Rendite.

---

Box 2-1: *Der Gegenwartswert künftiger Zahlungsströme*

Ein Betrag $X_0$, angelegt zum Zins $i$, wächst nach einem Jahr an auf

$$X_1 = X_0(1+i) \qquad [2.4]$$

Umgekehrt hat eine in einem Jahr zu erwartende Zahlung von $X_1$ heute einen *abgezinsten* Wert von

$$X_0 = \frac{X_1}{1+i} \qquad [2.5]$$

Eine regelmäßige jährliche Zahlung von $X$ bis zum Jahr $n$ wird heute bewertet mit

$$X_0 = \frac{X}{1+i} + \frac{X}{(1+i)^2} + \ldots + \frac{X}{(1+i)^n} = \sum_{t=1}^{n} \frac{X}{(1+i)^t} \qquad [2.6]$$

Diese geometrische Reihe wird durch die Summenformel in Gleichung [2.3] abgebildet (in der zusätzlich noch die diskontierte Tilgungszahlung $F$ nach der letzten Periode aufgeführt ist).

---

Allerdings zeigt [2.3] auch, dass die Altbesitzer von Bonds bei Zinssteigerungen (Zinssenkungen) auf dem Kapitalmarkt Vermögensverluste (Vermögensgewinne) erfahren. Das sind Buchwertänderungen, die nur bei Veräußerung der Papiere realisiert werden. Am Ende der Laufzeit nähert sich der Kurs jedes einzelnen Papiers stets wieder dem ursprünglichen Kreditbetrag an ($V \to F$), da der Schuldner diesen Betrag $F$ als Tilgung an den letzten Halter des Wertpapiers zahlt.

Im Grenzfall einer unendlichen Laufzeit vereinfacht sich [2.3] zu

$$V = \frac{E}{i} \qquad [2.7]$$

Die Tilgungszahlung wird damit unbedeutend. Es gibt auch Wertpapiere, die explizit keine Tilgung vorsehen: Bei "Ewigen Renten" (*Consols*) verspricht der – in aller Regel staatliche

– Schuldner dem jeweiligen Halter des Papiers nur eine fixe jährliche Zahlung $E$ auf unbegrenzte Dauer. Der anfänglich gegebene Marktzinssatz $i_0$ bestimmt, welchen Preis $V_0$ potenzielle Gläubiger bei der Emission für diesen Ertragsstrom zu zahlen bereit sind; später schwankt $V$ nach [2.7] mit $i$.

Das Gegenstück dazu sind Zero-Bonds, die keine Zinszahlungen während der Laufzeit, sondern nur eine abschließende Zahlung $F$ vorsehen. Ihr Marktpreis bei noch ausstehenden $n$ Jahren bis zur Tilgung ist

$$V = \frac{F}{\left(1+i\right)^n} \qquad\qquad\qquad\qquad [2.8]$$

---

**Box 2-2: Forward Solving**

Gleichungen des Typs

$$x_t = a\,c_t + b\,x_{t+1}^e \qquad\qquad\qquad [2.9]$$

bei denen eine Variable von der eigenen Zukunftserwartung abhängt, lassen sich mit der *Methode der Vorwärtsiteration* lösen.

Zunächst wird [2.9] für alle zukünftigen Perioden geschrieben:

$$x_{t+1}^e = a\,c_{t+1}^e + b\,x_{t+2}^e$$
$$x_{t+2}^e = a\,c_{t+2}^e + b\,x_{t+3}^e \qquad\qquad [2.10]$$
$$\dots$$

Die endlose Substitution der Erwartungsterme $x_{t+1}^e$, $x_{t+2}^e$, usw. ergibt die Summenformel

$$x_t = a \sum_{j=0}^{\infty} b^j\, c_{t+j}^e \qquad\qquad\qquad [2.11]$$

Die Konvergenz dieser Lösung hängt von der Bedingung $|b| < 1$ ab. Im Spezialfall $c_t^e = c$ vereinfacht sich [2.14] zu

$$x_t = \frac{a}{1-b}\, c \qquad\qquad\qquad\qquad [2.12]$$

---

(4) Ein weiterer Typ von Vermögensmarktkontrakten stellen Unternehmensanteile dar. Hier sind nicht nur die Kurse, sondern auch die Ertragszahlungen, die Dividenden, variabel. Ein Vermögensmarktgleichgewicht verlangt, dass die Aktienrenditen (unter Berücksichtigung von Risikoaspekten) in etwa mit dem Kapitalmarktzins übereinstimmen. Die Gesamtrendite $r$ einer Aktie in einer Periode $t$ setzt sich aus einer Ertragszahlung (Dividende) $Q_t$ in Relation zum Vermögenspreis (Kurs) $V_t$ und der erwarteten Preisänderungsrate (Kurssteigerung) zusammen (ein hochgestelltes "$e$" bedeutet hier und im Folgenden eine Erwartungsgröße):

$$r = \frac{Q_t}{V_t} + \frac{V_{t+1}^e - V_t}{V_t} \qquad [2.13]$$

Wirft ein Wertpapier in der gleichen Periode den Zins $i$ ab, so besteht bei $r = i$ ein Portfoliogleichgewicht. Damit lässt sich die Definition der Aktienrendite [2.13] umstellen zu einer Bestimmungsgleichung des heutigen Kursniveaus:

$$V_t = \frac{1}{1+i} Q_t + \frac{1}{1+i} V_{t+1}^e \qquad [2.14]$$

Die Lösung dieser dynamischen Gleichung nach dem in *Box 2-2* beschriebenen Verfahren bestimmt den *Fundamentalwert* $V_f$ der Aktie; er hängt bei gegebenem Zins allein von der erwarteten Reihe der künftigen Dividendenzahlungen ab.

$$V_t = \frac{1}{1+i} \sum_{j=0}^{\infty} \left( \frac{1}{1+i} \right)^j Q_{t+j}^e := V_f \qquad [2.15]$$

Starke Schwankungen von Aktienkursen (*Abbildung 2-2*) können dadurch zustande kommen, dass wechselnde Einschätzungen über den Pfad von $Q_t$ bestehen. Kursbestimmend sind danach langfristige Erwartungen über den Ertrags- und Substanzwert der betreffenden Unternehmen sowie die unterschiedlichen Risiken zwischen Finanz- und Realaktiva (*Abschnitt 2.1.3*). Ist dagegen $Q_t^e = Q$ über die Zeit konstant, ergibt sich die einfache Lösung

$$V_f = \frac{Q}{i} \qquad . \qquad [2.16]$$

Der aktuelle Marktpreis vieler Vermögensobjekte wird jedoch auch von *spekulativen Faktoren* beeinflusst. Dies ist darauf zurückzuführen, dass Vermögenswerte von zukünftigen, d.h. erwarteten Ertragsströmen abhängen. Ein Anleger muss deshalb den heutigen Wert einer Immobilie oder Aktie auch danach bemessen, wie *andere* Wirtschaftssubjekte diese Aktiva in der Zukunft einschätzen werden; dies wird nach *Keynes* als *Beauty-Contest*-Problem bezeichnet. Entscheidend für den einzelnen Anleger ist nicht, den wahren Fundamentalwert einer Aktie zu kennen, sondern die allgemeine, vielleicht sogar objektiv falsche Marktmeinung vorherzusehen. Spekuliert jeder Anleger auf diese Weise, kann es über kollektive Mitläufereffekte zu starken Schwankungen in der Preisentwicklung kommen, wobei sich die Vermögenspreise von ihren fundamentalen, ertragsbestimmten Gleichgewichtswerten entfernen (*Box 2-3*).

---

*Das berufsmäßige Investment [kann] mit jenen Zeitungswettbewerben verglichen werden, bei denen die Teilnehmer die sechs hübschesten Gesichter von hundert Lichtbildern auszuwählen haben, wobei der Preis dem Teilnehmer zugesprochen wird, dessen Wahl am nächsten mit der durchschnittlichen Vorliebe aller Teilnehmer übereinstimmt, so dass jeder Teilnehmer nicht diejenigen Gesichter auszuwählen hat, die er selbst am hübschesten findet, sondern jene, von de-*

nen er denkt, dass sie am ehesten die Vorliebe der anderen Teilnehmer gewinnen werden, welche alle das Problem vom gleichen Gesichtspunkt aus betrachten. Es handelt sich nicht darum,
jene auszuwählen, die nach dem eigenen Urteil wirklich die hübschesten sind, ja sogar nicht
einmal jene, welche die durchschnittliche Meinung wirklich als die hübschesten betrachtet. Wir
haben den dritten Grad erreicht, wo wir unsere Intelligenz der Vorwegnahme dessen widmen,
was die durchschnittliche Meinung als das Ergebnis der durchschnittlichen Meinung erwartet.

John Maynard Keynes (1936: 132f)

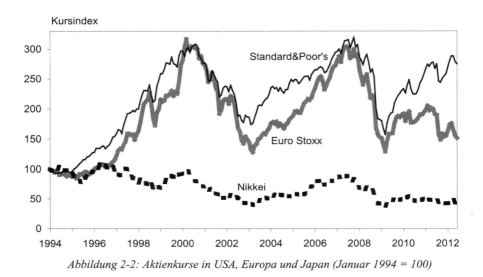

*Abbildung 2-2: Aktienkurse in USA, Europa und Japan (Januar 1994 = 100)*

---

**Box 2-3: Spekulative Blasen**

Selbst bei einem zur Vereinfachung als konstant gesetzten Fundamentalwert $V_f$ kann es phasenweise zu spekulativen Übertreibungen an der Börse kommen, wobei sich der Kurs immer rascher vom Kurs $V_f$ entfernt. Dennoch kann dabei ein Vermögensmarktgleichgewicht bestehen.
Tritt in $t_0$ eine positive Abweichung vom Fundamentalkurs auf (Punkt A in *Abbildung 2-3*), so
bedeutet dies nach [2.13] eine Verschlechterung der *Dividendenrendite*. Dies müsste für sich genommen über Aktienverkäufe wieder zum Kurs $V_f$ führen.

Es gibt jedoch einen aus [2.13] ableitbaren Kurspfad, der trotz sinkender Dividendenrendite eine
konstante Gesamtrendite $r = i$ sichert, indem der Kurs in jeder Periode weiter ansteigt. Die Umformulierung von [2.13] mit $V_{t+1}^e = V_{t+1}$ und konstanter Dividendenzahlung führt zu

$$V_{t+1} - (1+i)V_t = -Q \qquad [2.17]$$

Gleichungen des Typs $x_t + a x_{t-1} = b$ haben die folgende allgemeine Lösung, bei der $x_0$ einen
beliebigen Anfangswert bezeichnet. Demnach konvergiert die Variable $x_t$ dann zu ihrem Gleichgewichtswert $b/(1+a)$, wenn der Parameter $a$ absolut kleiner als Eins ist; nur dann geht das
Gewicht des Terms in der eckigen Klammer in [2.18] mit steigendem $t$ gegen Null.

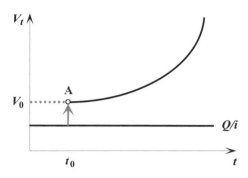

Abbildung 2-3:
Spekulative Blase auf dem Aktienmarkt

$$x_t = \frac{b}{1+a} + \left[ x_0 - \frac{b}{1+a} \right] (-a)^t \qquad [2.18]$$

Die Lösung der Differenzengleichung [2.17] ist durch [2.16] gegeben. Der dynamische Prozess bei einem beliebigen Ausgangswert $V_0$ folgt dem Pfad

$$V_t = V_f + \left( V_0 - V_f \right) (1+i)^t \qquad [2.19]$$

Bei einer zufälligen Abweichung von $V_f$ müsste danach von Punkt A ausgehend eine weitere Kurssteigerung eintreten, die die sich fortlaufend verringernde Dividendenrendite kompensiert; der wegen $(1+i) > 1$ explosive Kurspfad beschreibt dann ein Vermögensmarktgleichgewicht in der Zeit, wobei die Halter der Aktie die allgemeine Vermögensmarktrendite $i$ verdienen.

Gleichung [2.19] stellt lediglich die formale Gleichgewichtsbedingung für eine spekulative Blase dar, erklärt jedoch nicht, warum es zu einer ständig wachsenden Überschussnachfrage bei dem betreffenden Aktivum kommt. Die Antwort auf diese Frage ist überraschend einfach: Es reicht aus, dass jeder Akteur *erwartet*, dass er das Papier zu einem höheren Preis verkaufen kann. Diese Erwartung zieht immer mehr Käufer in den Markt, wodurch sich die spekulative Kurssteigerung realisiert. Dies ist das zuweilen beobachtbare Herdenverhalten, das zu maßlosen Übertreibungen am Markt führen kann. Die Teilnahme an diesem Spiel ist für den einzelnen Akteur durchaus sinnvoll, weil er hoffen kann, noch rechtzeitig mit einem hohen Kursgewinn auszusteigen.

Dabei ist zumindest rational kalkulierenden Wirtschaftssubjekten klar, dass eine solche Kursblase irgendwann platzen muss; nur *formal* strebt $V_t$ gegen Unendlich. Bricht die Kurssteigerungserwartung zusammen, kann der Kurs nicht auf dem gerade erreichten Niveau verharren, sondern muss in einem *Crash* auf den Fundamentalkurs zurückfallen; denn bei $V_{t+1}^e = V_t$ gilt in [2.13] bzw. [2.14] wieder $V_t = Q/i$ .

Diese Überlegung führt zu einer *Modifikation des Modells*: Ein endlos steigender Wert für $V_t$ ist unplausibel. Die Wahrscheinlichkeit des Platzens der Blase ist $\phi$ . Die Akteure können dann den jeweils für die nächste Periode erwarteten Wert aus den gewichteten Alternativen einer Fortsetzung des Kurswachstums und einer Rückkehr zum Fundamentalwert ableiten:

$$V_{t+1}^e - V_t = (1-\phi)(V_{t+1} - V_t) + \phi(V_f - V_t) \qquad [2.20]$$

Über das Einsetzen von [2.20] in [2.13] wird jene Kurssteigerungsrate gefunden, die ein Portfoliogleichgewicht bei konstanter Gesamtrendite der Anlage sichert:

$$i = \frac{Q_t}{V_t} + \frac{(1-\phi)(V_{t+1} - V_t) + \phi(V_f - V_t)}{V_t} \qquad [2.21]$$

Dies lässt sich wieder als Differenzengleichung schreiben. Sie hat den allgemeinen Lösungspfad

$$V_t = V_f + (V_0 - V_f)\left(\frac{1+i}{1-\phi}\right)^t \qquad [2.22]$$

Die Blase muss wegen der positiven Wahrscheinlichkeit des Platzens im Vergleich zu [2.19] schneller wachsen, wenn die Rendite gewahrt bleiben soll. Die Vermögensbesitzer werden dann über raschere Kurssteigerungen für das *Crash*-Risiko entschädigt. Das bedeutet nicht, dass der Kurs schneller steigt, *weil* das *Crash*-Risiko besteht (denn die Berücksichtigung dieses Risikos müsste für sich genommen zu einer Kaufzurückhaltung und damit zu einer Mindersteigerung der Kurse führen); vielmehr muss umgekehrt der spekulative Herdentrieb eine größere Kraft haben, wenn die Akteure ein Platzen der Blase für möglich halten.

### 2.1.3  Zins und Inflation: das Realwertrisiko von Finanzanlagen

Die Inflation führt zu Anpassungen in der Nachfrage nach einzelnen Vermögensarten. Verzinsliches Geldvermögen steht in einer Anlagekonkurrenz zu Sachkapital. Der Vermögensrückfluss von zwei gleich hohen Geldbeträgen, die in Realkapital $K$ und Finanzaktiva $F$ investiert werden, und ihre Ertragssummen $rK = Q$ bzw. $iF$ stimmen bei konstantem Preisniveau überein:

$$K(1+r) = K\left(1 + \frac{Q}{K}\right) = F(1+i) \qquad [2.23]$$

Im Falle der Inflation unterliegen alle Geldvermögenstitel – Geld, Kreditforderungen, festverzinsliche Wertpapiere – einem Wertverlust. Die Finanzforderung $F$ bzw. ihr Tilgungsbetrag und ihre Zinszahlung werden real in Höhe der Inflationsrate $p$ entwertet. Auf der anderen Seite steigen der Nominalwert von Sachaktiva und ihre Erträge (z.B. die Preise von Produktionsanlagen und der damit erzeugten Güter) mit der Inflation; in realer Rechnung jedoch – nach Division durch $(1+p)$ – bleiben Vermögenswert $K$ und Ertragsstrom $Q$ unverändert:

$$\frac{K(1+p)\left[1 + \frac{Q(1+p)}{K(1+p)}\right]}{(1+p)} = K(1+r) > \frac{F(1+i)}{(1+p)} \qquad [2.24]$$

Folglich ist nun das individuelle Portfoliogleichgewicht gestört, da die reale Verzinsung von Finanzanlagen gesunken ist. Um eine Übereinstimmung der realen Renditen aller im Portfolio gehaltenen Aktiva zu erreichen, müsste der nominale Zinssatz steigen, so dass der Nachteil von Finanzanlagen kompensiert wird. Aus [2.24] folgt dann bei $K = F$ die (auf *Irving Fisher*) zurückgehende Gleichgewichtsbedingung

$$i_t = r_t + p_{t+1}^e + r_t\, p_{t+1}^e \qquad\qquad [2.25]$$

Dabei ist auf die für die künftige(n) Periode(n) *erwartete* Inflationsrate $p_{t+1}^e$ abzustellen, da Anlageentscheidungen in die Zukunft gerichtet sind; die beiden Fristen, d.h. die Länge des prognostizierten Inflationsprozesses und die Laufzeit von Kreditverträgen bzw. Wertpapieren, müssen dabei übereinstimmen. Die Erhöhung des Nominalzinssatzes um $p_{t+1}^e$ sichert den Realwert des Geldvermögensbestandes, $r_t\, p_{t+1}^e$ den Realwert der Zinszahlungen; dieser letzte Term ist bei moderaten Zins- und Inflationsraten sehr klein und wird daher oft vernachlässigt. Die Gleichgewichtsbedingung [2.25] ist in der Praxis aufgrund steuerlicher Effekte zu modifizieren: Da die Besteuerung an den nominalen Zinserträgen ansetzt, können sich dadurch unterschiedliche *Post-Tax*-Realrenditen bei Geld- und Realvermögenshaltung ergeben.

Ein *Mechanismus der Realisierung dieser Gleichgewichtsbedingung* besteht darin, dass Finanzaktiva (z.B. festverzinsliche Wertpapiere) angesichts ihrer real gesunkenen Rentabilität solange verkauft werden, bis aufgrund des damit verbundenen Kursverfalls ihre effektive Verzinsung auf das durch [2.25] bestimmte Niveau gestiegen ist. Andererseits werden Sachaktiva wie Kapitalgüter in einem inflationären Boom nicht nur aus konjunkturellen Gründen (d.h. um Kapazitätsengpässe zu überwinden) verstärkt nachgefragt, sondern auch, weil sie wie gezeigt als (z.T. spekulative) Wertanlageobjekte einen besseren Schutz des individuellen Vermögens gegen Inflationsverluste bieten. Oft werden Immobilien ("Betongold") zu diesem Zweck gekauft und es kommt zu einer besonders starken Nachfrage in der Bauwirtschaft, deren Rückwirkungseffekte in der Gesamtwirtschaft den allgemeinen Inflationsprozess weiter anheizen können. Die "Flucht in die Sachwerte" bringt somit einen nachfrageseitigen Impuls zur Beschleunigung der allgemeinen Geldentwertung mit sich, weil die Preise von Sachaktiva über die mit der normalen Inflationsrate gewachsenen Produktionskosten steigen und somit ein Anreiz zur Produktionserhöhung besteht.

Aus einigen Gründen ist zu bezweifeln, ob der Marktprozess den Geldvermögensbesitzern einen vollständigen Inflationsschutz gewährt:

(1) In *Fishers* Modell ist der in [2.25] aufgeführte Realzins durch die Zeitpräferenz der Wirtschaftssubjekte bestimmt (*Box 2-4*). In der Praxis können Schwankungen dieser Ertragsrate im Zeitablauf – und damit auch in Inflationsphasen – nicht *a priori* ausgeschlossen werden. Wenn in der Inflation besonders gefragte Sachwerte Knappheitspreise erzielen, kann sich ihre reale Rendite verringern, da der Erwerber bereits im Kaufpreis zumindest einen Teil des Inflationsverlustes zahlt, dem er durch die Substitution von Finanz- durch Realaktiva zu entgehen hoffte. Weiterhin können die relativen Preissignale des Marktes insofern falsch sein, als die besondere Rentabilität vieler Objekte und Produktionsprozesse allein von

der inflationsbedingten Nachfrage abhängt. Bei einer Rückkehr zur Preisstabilität zeigt sich die Fehlallokation der Ressourcen dann in Strukturproblemen (auf eine Phase von Immobilien- und Wohnungsknappheit folgt so oft eine Phase mit Überkapazitäten in der Bauwirtschaft).

---

*Es ist schwierig, aus dieser [Fishers; P.S.] Theorie [...] einen Sinn abzuleiten, weil es nicht klar ist, ob die Änderung im Geldwert als vorausgesehen oder nicht vorausgesehen angenommen wird. Es gibt keinen Ausweg aus dem Dilemma, dass, wenn sie nicht vorausgesehen wird, sie keinen Einfluss auf die laufenden Angelegenheiten haben wird; während, wenn sie vorausgesehen wird, die Preise von bestehenden Gütern sofort so berichtigt werden, dass die Vorteile, Geld zu halten und Güter zu halten, sich wieder ausgleichen.*

John Maynard Keynes (1936: 121)

---

(2) Die Vermögensbesitzer werden durch die Inflation in ihrer Dispositionsfreiheit eingeschränkt, da sie zu einer primär nicht gewünschten Reallokation ihrer Portefeuilles zugunsten von Sachwerten bewegt werden, die oft ein höheres Risiko aufweisen. Dabei müssen sie berücksichtigen, dass der Rentabilitäts- und Liquiditätsgrad der "unfreiwillig" erworbenen Sachaktiva von der Inflation selbst abhängig ist und bei spekulativen Überhitzungen in bestimmten Marktsegmenten die Marktfähigkeit einzelner Aktiva rasch sinken kann. Dies erklärt die z.T. geringe Bereitschaft zu einem Umstieg von Finanz- auf Sachaktiva. Möglicherweise erfolgt eher eine Umschichtung von langfristigen zu kurzfristigen Finanzmarkttiteln, um langfristige Bindungen zu vermeiden und flexibel auf veränderte Marktbedingungen reagieren zu können. In diesen Fällen bleibt der Anstieg des Nominalzinses hinter dem von der *Fisher*-Formel bestimmten Ausmaß zurück.

(3) Die Nominalzinssteigerung fügt den *Haltern* festverzinslicher Wertpapiere temporäre Kurs-, d.h. Kapitalverluste zu; erst bei der Tilgung nähert sich der Marktwert dieser Schuldtitel wieder ihrem Ausgabekurs an. Werden die Papiere bis zur Fälligkeit gehalten, treten allerdings nur Buchverluste auf. Zwischenzeitlich profitiert man von den gestiegenen Marktzinsen bei der Wiederanlage der periodischen Zinszahlungen, so dass langfristig ein Inflationsschutz gegeben ist (*Box 2-5*). Kurzfristig schützt der Inflations-Zins-Effekt aber in erster Linie nur die *Erwerber* von Finanzaktiva.

(4) Eine vollständige Anpassung der Zinsen an die Inflation gelingt dann nicht, wenn die Akteure die künftigen Preissteigerungen unterschätzen. Da die Inflationsentwicklung nicht zuletzt vom Kurs der Geldpolitik abhängt, ist somit eine Prognose der Entscheidungen der Notenbank notwendig.

Bei einem Renditevergleich zwischen Finanz- und Sachaktiva ist zu beachten, dass die Inflation den Realwert von Finanzaktiva vermindert. Dies gilt auch für Finanzschulden von Investoren. Deshalb hängt die *Investitionsfunktion* nicht vom Nominal-, sondern vom Realzins, d.h. vom inflationsbereinigten Finanzmarktzins ab (*Abschnitt 2.1.4*):

$$I_t = f\left(\underset{-}{r_t}\right) \quad \text{mit} \quad r_t = i_t - p_{t+1}^e \qquad\qquad [2.26]$$

Empirisch zeigt sich, dass dieser Realzins in einigen Ländern stark schwankte und invers auf die Inflation reagierte (*Abbildung 2-4*; zur Vereinfachung wurde hier bei der Berechnung die laufende und nicht die erwartete Inflationsrate verwendet). Die reale Rendite des Geldvermögens war demnach phasenweise sogar negativ. Die reale Rendite von Sachvermögen ist schwerer zu berechnen; aber es ist zu bezweifeln, dass diese ähnlich verlaufen ist. Dies deutet darauf hin, dass das *Fisher*-Theorem empirisch kaum als bestätigt gelten kann. Die Geldentwertung wird also durch die Nominalzinsentwicklung nicht immer hinreichend neutralisiert. In diesem Fall verlieren Geldgläubiger in der Inflation und es gewinnen die Geldschuldner (*Gläubiger-Schuldner-Hypothese*). Die Folge ist, dass die Bereitschaft insbesondere zur langfristigen Kreditvergabe tendenziell ab- und die Neigung zu einer kreditfinanzierten Investitionstätigkeit tendenziell zunimmt.

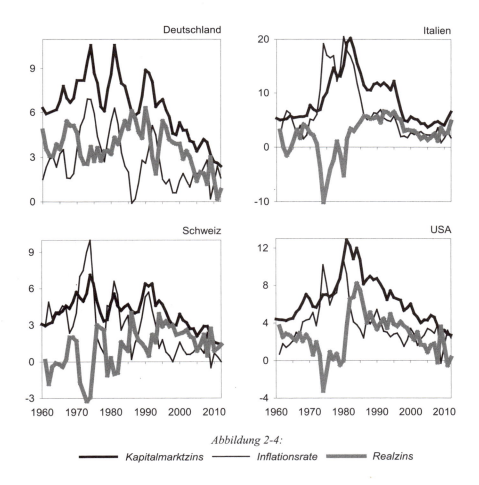

*Abbildung 2-4:*

In jüngerer Zeit werden auf den Finanzmärkten vermehrt auch Anleihen emittiert, bei denen Zinszahlungen und Tilgung an einen Verbraucherpreisindex gekoppelt sind. Die Rendite dieser Papiere stellt also einen Realzins dar. Aus dem Vergleich dieser Rendite mit dem Nominalzins nicht-inflationsgesicherter Anleihen lässt sich die am Finanzmarkt herrschende Inflationserwartung abschätzen. Diese Methode zur Berechnung von Inflationserwartungen ($p^e = i - r$) ist mit zwei Verzerrungen verbunden (deren Vorzeichen sich allerdings neutralisieren):

- Der Nominalzins von nicht inflationsgesicherten Papieren könnte eine Risikoprämie eben aufgrund der Inflationsgefahr enthalten.

- Da der Markt für Indexanleihen noch relativ eng ist, ist der Liquiditätsgrad dieser Papiere vergleichsweise gering; dies begründet einen Aufschlag auf ihren Zins.

---

*Box 2-4: Der Realzins im neoklassischen Modell intertemporaler Tauschakte*

Im intertemporalen Modell der Allgemeinen Gleichgewichtstheorie werden die Güter neben sachlichen und räumlichen auch nach zeitlichen Dimensionen unterschieden. Es gibt einen *Zukunftsmarkt*, auf dem Tauschakte zwischen Gütern stattfinden, die sich auf verschiedenen Punkten der Zeitachse befinden. Ein Akteur stellt einem anderen heute aus seinem Besitz eine bestimmte Gütermenge zur Verfügung und erhält im Gegenzug eine Forderung auf eine spätere Rücklieferung dieser Güter; im Regelfall, bei einer positiven *Zeitpräferenz*, muss diese Menge der für ihn erst künftig (wieder) verfügbaren Güter größer sein als die heute aufgegebene Menge. Wer also heute seine eigene Güternutzung aufschiebt und einem anderen Akteur einen vorgezogenen Konsum ermöglicht, erhält zum Ausgleich später eine zusätzliche Gütermenge.

Lässt man – um einen Zusammenhang zur Geldwirtschaft herzustellen – im Modell die Existenz von Geld zu, so werden die Verfügungsrechte für Gegenwarts- und Zukunftsgüter durch Geldpreise im Markt bestimmt. Dabei bezeichnet $P_{t+1}^T$ den *Terminpreis* des Gutes, d.h. das heute festgesetzte Entgelt für eine Lieferung in der Periode $t+1$. Das Tauschverhältnis zwischen Gegenwarts- und Zukunftsgütern lässt sich durch die Relation

$$\frac{P_t}{P_{t+1}^T} - 1 := r_t \qquad [2.27]$$

ausdrücken; dies wird als *Realzins* definiert. Er entspricht einer Diskontrate und drückt den Grad der Zeitpräferenz aus. Der Realzins erscheint so *als relativer Güterpreis* zwischen Gegenwarts- und Zukunftsgütern. Bei gegebener Zeitpräferenz ist ein zunehmender Realzins notwendig, um heute einen vermehrten Konsumverzicht zu bewirken; Konsum wird in die Zukunft verlagert, weil dann die Güter billiger sind. Dies stellt sich als Bewegung entlang der Sparfunktion $S(r)$ dar.

Wenn neben den Güter- auch Geldleihen im Zeitablauf stattfinden, so wird dafür ein nominaler Geldzins gefordert. Über die *Fisher*-Relation [2.25] kann abgeleitet werden, dass dieser Nominalzins via Arbitrage vom Realzins, d.h. der Zeitpräferenz, und den erwarteten Veränderungen der Geldpreise abhängt. Zeitpräferenz und Inflationserwartung sind dabei die unabhängigen Größen, der Nominalzins die abhängige Größe des Systems.

Erweitert man das Modell um Produktion und Investition, so ermöglicht der heutige Konsumverzicht eine Übertragung von Ressourcen an einen Investor, der mit diesen Kapitalgütern die Produktionskapazität erweitert. Ein vermehrter Konsum in der Zukunft verlangt heute den Aufbau des Kapitalstocks. Eine abnehmende Zeitpräferenz verschiebt die Sparfunktion; bei jedem Realzins wird mehr gespart, der Konsum geht zurück. Die Investition reagiert auf den geplanten Zukunftskonsum entsprechend positiv. Damit ändert sich die heutige Nachfrage*struktur* in der Volkswirtschaft, während das Einkommens*niveau* von der Verlagerung vom Konsum zur Investition im Prinzip unberührt bleibt. Allerdings ermöglicht ein höherer Kapitalstock i.d.R. auch eine höhere Produktivität; dies hat einen positiven Einfluss auf das zukünftige Einkommen und steigert so den Konsum in beiden Perioden.

*Kritische Punkte* des Modells sind die Annahmen, dass mit der heutigen Ersparnis zugleich das Signal einer künftigen Mehrnachfrage einhergeht (so dass die Unternehmen trotz des heutigen Nachfragerückgangs ihre Investition erhöhen) und dass ein flexibler Reallohn am Arbeitsmarkt stets Vollbeschäftigung sichert.

## 2.1.4 Die Theorie der Investition: Entscheidungen über Kapitalintensität und Kapazität

Um Ansatzpunkte zur geldpolitischen Beeinflussung des Investitionsvolumens auf gesamtwirtschaftlicher Ebene zu gewinnen, wird im Folgenden zunächst die mikroökonomische Theorie der Investitionsentscheidung dargestellt. Dabei geht es um den *optimalen Kapitalbestand* einer Unternehmung. Damit sind zwei Problemstellungen verbunden:

- Der Kauf einzelner Kapitalgüter bei unverändertem Beschäftigungsvolumen dient der Effizienzsteigerung und zielt auf ein optimales *Faktoreinsatzverhältnis*, d.h. auf die Realisierung der Minimalkostenkombination.

- Die *Kapazitätsentscheidung* stellt dagegen auf den Produktionsumfang ab und führt zu einer (proportionalen) Mehr- oder Minderbeschäftigung *aller* Produktionsfaktoren; aus Sicht der mikroökonomischen Produktionstheorie handelt es sich um eine Bewegung auf dem Expansionspfad.

Beide Entscheidungsprobleme lassen sich dann in eine makroökonomische Investitionsfunktion überführen, die den Ansatzpunkt für geldpolitische Interventionen bildet.

(1) Die Nachfrage nach einzelnen Kapitalgütern bei gegebenem Arbeitseinsatz resultiert aus einer Optimierung der *Kapitalintensität*, d.h. der Kapital-Arbeit-Relation. Aus didaktischen Gründen wird dabei zunächst zwischen Produktionsunternehmen, die das Produkt $Y$ erstellen, und Firmen, die Kapitalgüter $X$ verleihen, unterschieden. Die Produktionsfunktion

$$Y = Y(N, X) \qquad [2.28]$$

drückt aus, dass $Y$ mit den Faktoren Arbeit $N$ und Kapital $X$, beides gemessen in physischen Einheiten, z.B. Arbeitsstunden bzw. Maschinenlaufzeit, erstellt wird.

Die Produktionsunternehmung maximiert ihren Gewinn $Q$, wobei $P$ den Absatzpreis, $w$ den Jahreslohn des Faktors Arbeit und $z$ den Jahresmietpreis für die Maschinen bezeichnen.

$$Q = P\,Y(\cdot) - w\,N - z\,X \qquad [2.29]$$

Die Beschäftigungsmenge $N$ sei konstant. Gesucht ist die optimale Kapitalausstattung je Arbeitsplatz. Hier müssen die Grenzkosten $z$ dem wertmäßigen Grenzertrag $P\,Y_X'$ eines zusätzlichen Maschinenjahres entsprechen. Partielle Differenzierung von [2.29] ergibt:

$$\frac{\partial Q}{\partial X} = Q_X' = P\,Y_X' - z = 0 \quad \Rightarrow \quad Y_X' = \frac{z}{P} \qquad [2.30]$$

Die Verleihfirma vermietet Kapitalgüter an Produktionsfirmen. Sie muss jedes Kapitalgut zum Preis $P_X$ kaufen. Ihre Kosten pro Jahr setzen sich aus mehreren Posten zusammen:

- Für den Kaufbetrag fallen bei Fremdfinanzierung Zinskosten $i\,P_X$ an (sie können auch als Opportunitätskosten verstanden werden, d.h. als Verlust der Verzinsung einer anderweitigen Kapitalanlage).

- Kommt es während der Leihfrist zu einer Preissteigerung auf dem Markt für Kapitalgüter, nimmt das nominale Vermögen der Verleihfirma entsprechend um $\Delta P_X$ zu; dies ist den Kapitalkosten gegenzurechnen.

- Der zur Finanzierung des Kaufbetrags aufgenommene Kredit muss nach einer bestimmten Zeit zurückgezahlt werden. Angenommen ist, dass die Laufzeit des Kredits der Lebensdauer des Kapitalgutes entspricht. In jeder Periode muss dann ein Teil $d$ der Kreditsumme für die Tilgung zurückgelegt, d.h. als Kosten der Investition angesetzt werden: Diese *Abschreibung* ist eine Wertgröße; sie entspricht nur in etwa dem bewerteten periodischen Verschleiß des Kapitalgutes.

Damit ist der Leihpreis:

$$z = i\,P_X - \Delta P_X + d\,P_X = \left(i - \frac{\Delta P_X}{P_X} + d\right) P_X \qquad [2.31]$$

Nun kann man die beiden Firmentypen zusammenfassen: als Produktions- und Finanzierungsabteilung *einer* Unternehmung. Die Zinskosten werden über den Verleihpreis zu einem Teil der Produktionskosten. Weiterhin wird angenommen, dass eine etwaige Preisveränderung der Kapitalgüter der allgemeinen Inflationsrate $p$ auf dem Gütermarkt entspricht. Mit der vereinfachten Realzinsdefinition $r = i - p$ und der Substitution von [2.31] in [2.30] ergibt sich das Grenzprodukt des Sachkapitals:

$$Y_X' = \frac{P_X}{P}\left(i - \frac{\Delta P_X}{P_X} + d\right) = \frac{P_X}{P}(i - p + d) = \frac{P_X}{P}(r + d)$$
$$\frac{ME}{ZE} = \frac{GE}{GE/ME}\,\frac{1}{ZE} \qquad [2.32]$$

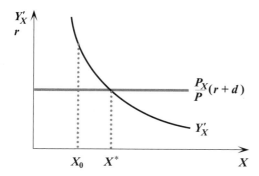

Abbildung 2-5:
Optimale Kapitalgüternachfrage

Die Redeweise "Grenzprodukt des Kapitals = Zins" ist formal nicht korrekt. Das Grenzprodukt ist eine *Stromgröße* mit der Dimension Mengeneinheiten/Zeiteinheiten ($ME/ZE$). Der Zinssatz ist (wie die Abschreibungsrate) eine dimensionslose, auf eine Zeiteinheit bezogene Prozentzahl ($1/ZE$). Erst durch den Quotient $P_X/P$ wird die rechte Seite von [2.32] dimensionsmäßig mit der linken Seite vereinbar. Während das Preisniveau $P$ die Dimension Geldeinheiten/Mengeneinheiten ($GE/ME$) aufweist, stellt $P_X$ hier keinen (Kapital-) Güterpreis ($GE/ME$), sondern eine zu verzinsende Geldsumme ($GE$) dar. Dies verdeutlicht die Einbettung des Produktionsprozesses in den vom Vermögensmarkt bestimmten Verwertungszusammenhang. In einem Ein-Gut-Modell entspricht der Kapitalgutpreis dem allgemeinen Preisniveau. Der Quotient $P_X/P$ kann dennoch nicht weggelassen werden, sondern ist als $P_X/P = 1\,ME$ zu schreiben, damit beide Gleichungsseiten in ($ME/ZE$) ausgedrückt sind.

Die Grenzproduktivitätskurve $Y_X'$ hat aufgrund des Ertragsgesetzes einen fallenden Verlauf (*Abbildung 2-5*). Ihr Schnittpunkt mit der Kapitalkostenlinie zeigt die optimale Kapitalgütermenge $X^*$. Der Vergleich mit der gegebenen Maschinenausstattung $X_0$ liefert die Investition. Die Kapitalkostenlinie verschiebt sich u.a. bei steigenden Realzinsen nach oben. Damit reagiert die Investition auch gesamtwirtschaftlich negativ auf den Realzins, weil sich der optimale Kapitalstock verändert.

(2) Bei der Analyse des optimalen Kapazitätsumfangs einer Unternehmung ist der oben verwendete grenzproduktivitätstheoretische Ansatz weniger gut geeignet, da nun *alle* Produktionsfaktoren (mehr oder weniger) proportional variiert werden. Die Unternehmung wird die Reihe der erwarteten Nettoerlöse aus dem Betrieb von Produktionsanlagen unterschiedlicher Größe (bzw. aus dem Betrieb einer unterschiedlichen Zahl von identischen Zweigwerken) diskontieren, daraus einen Vermögens- bzw. Nachfragepreis des Kapitals berechnen und diesen dem Produktions- bzw. Angebotspreis des Kapazitätsaufbaus gegenüberstellen.

Nach der vereinfachten Kapitalisierungsformel $V = Q^e/i$ [2.7] ist der Vermögenswert eines Aktivums (mit hier unendlicher Lebensdauer) durch die Diskontierung des Stroms der erwarteten Erträge mit dem Zins einer sicheren Alternativanlage bestimmt. Dies gilt entsprechend auch für Produktivkapital. Der Ertragsstrom $Q^e$ entspricht hier dem Unternehmensgewinn, der durch den Betrieb einer Produktionsanlage $K$ und den Verkauf der hergestellten Güter erwartet wird. Der Vergleichsmaßstab ist durch den realen, d.h. inflationsbereinigten Kapitalmarktzins $r$ gegeben, weil dieser die Finanzierungskosten bzw. den Ertrag einer Alternativinvestition in Geldvermögen anzeigt (*Abschnitt 2.1.3*). Solange die Bedingung

$$P_K^d = \frac{Q^e}{r} \geq P_K^s \qquad\qquad [2.33]$$

erfüllt ist, übertrifft der Vermögens- oder Nachfragepreis von Sachkapitalanlagen $P_K^d$ ihren Produktions- oder Angebotspreis $P_K^s$. In diesem Fall findet eine Investition statt, d.h. es werden Fabriken zum Preis $P_K^s$ gekauft; ein Produktionsprozess wird in Gang gesetzt bzw. ausgedehnt. Der Vermögenspreis ist die entscheidende Restriktion für den Produktionsprozess; er wird nicht von den Produktionskosten bestimmt, sondern hängt positiv von den erwarteten Erträgen und negativ vom Zins ab. Die Investitionsentscheidung gemäß [2.33] wird als *Kapitalwertmethode* bezeichnet.

Ein dazu korrespondierendes Verfahren ist die *Methode des internen Zinsfußes*. Hierbei wird zunächst ein hypothetischer Zinssatz *mec* ermittelt, bei dem der Kapitalwert dem Angebotspreis gleich wird. Dieser Zinssatz wird (nach *Keynes*) als *Grenzleistungsfähigkeit des Kapitals* (*Marginal Efficiency of Capital*) bezeichnet.

$$P_K^d = \frac{Q^e}{mec} = P_K^s \qquad\qquad [2.34]$$

Die Grenzleistungsfähigkeit ist die erwartete Ertragsrate des Sachkapitals, die zum einen die Nettoerlöse aus Produktion und Verkauf, zum anderen die Anschaffungskosten der Kapitalanlagen widerspiegelt. Man kann annehmen, dass die Grenzleistungsfähigkeit mit dem Investitionsvolumen sinkt: Zum einen kann der Beschaffungspreis $P_K^s$ bei einer starken Nachfrageerhöhung steigen, zum anderen wird mit dem kapazitätsbedingten Wachstum des Güterangebots der Marktpreis des Endprodukts bei einer gegebenen, preiselastischen Nachfragekurve sinken und darüber die Nettoerlöse $Q^e$ verringern. Bei der Investitionsentscheidung wird die Grenzleistungsfähigkeit mit dem realen Kapitalmarktzins $r$ verglichen. Die Sachinvestition wird gewählt bei $mec \geq r$. Die negative Abhängigkeit der Investition vom Realzins gilt nur bei gegebener Grenzleistungsfähigkeit.

Der optimale Kapazitätsumfang lässt sich analog zum Fall der Kapitalgüternachfrage illustrieren (*Abbildung 2-6*). Die Gegenüberstellung von gegebenem Zins und fallender Grenzleistungsfähigkeit zeigt in A den optimalen Kapitalbestand. Ist $K_0$ die gegebene Kapazität, so folgt aus der Differenz ($K^* - K_0$) eine geplante Investition. Änderungen des Zinssatzes oder der Ertragserwartungen verändern $K^*$ und beeinflussen darüber die Investitionen.

*Tobin* drückt das *Keynessche* Kalkül mit empirisch operationalisierbaren Variablen aus. Die relative Ertragsrate des Realkapitals ist gegeben durch [2.35]. Der Nenner stimmt praktisch mit dem Angebotspreis $P_K^s$ überein. Im Zähler lässt sich der Marktwert des Kapitals durch den Aktienkurs approximieren, wenn man davon ausgeht, dass dieser den fundamentalen

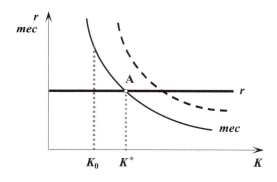

Abbildung 2-6:
Grenzleistungsfähigkeit, Zins
und optimaler Kapitalbestand

Ertragswert, d.h. den diskontierten Wert aller zukünftigen Erlöse und Kosten eines Unternehmens ausdrückt (*Abschnitt 2.1.2*).

$$\text{Tobins } q = \frac{\textit{Marktwert des installierten Kapitals}}{\textit{Wiederbeschaffungskosten des installierten Kapitals}} \approx \frac{P_K^d}{P_K^s} = \frac{mec}{r} \quad\quad [2.35]$$

Aktienkurse sind damit nicht nur ein Indikator der Konjunktur, sondern treiben ihrerseits die Güternachfrage an. Übersteigt der Ertragswert die Wiederbeschaffungskosten der Kapitalgüter ($q > 1$), so sind offenbar weitere Investitionen lohnend, weil durch die Ausgaben für neue Kapitalgüter das $q$-Fache an Vermögen geschaffen wird. Auch Markteintritte neuer Unternehmen sind dann zu erwarten. Eine Zinssenkung wird *Tobins q* tendenziell erhöhen und damit die Investition anregen, bis über steigende Kapitalgüterpreise und sinkende Erlöserwartungen wieder das Gleichgewicht $q = 1$ erreicht ist.

Das einzelwirtschaftliche Investitionskalkül richtet sich auf ein geplantes Güterangebot unter der Annahme eines gegebenen Niveaus der gesamtwirtschaftlichen Nachfrage. Bei gleichgerichtetem Investitionsverhalten vieler Einzelunternehmen wirkt die damit einhergehende makroökonomische Nachfrageänderung in einem positiven Rückkoppelungseffekt auf die mikroökonomischen Investitionsentscheidungen zurück. Anfängliche Gewinnerwartungen können durch die tatsächliche Gewinnentwicklung bestätigt und übertroffen werden. Dies ist eine Triebfeder konjunktureller Aufschwungprozesse. Ein analoger Zusammenhang zwischen Investitionszurückhaltung und Nachfrageschwäche besteht in der Rezession.

## 2.1.5 Theorien der Zinsstruktur: Marktsegmentation, Liquiditätspräferenz und Arbitrage

Zinstragende Wertpapiere und Kreditforderungen können über unterschiedliche Fristen laufen. Das Verhältnis zwischen kurz- und langfristigen Zinsen wird als *Zinsstruktur* bezeichnet. Zur Erklärung dieser Relation gibt es drei theoretische Ansätze.

(1) Nach der *Marktsegmentationstheorie* sind die Märkte für Finanzaktiva verschiedener Laufzeit weitgehend voneinander abgeschottet, weil zwischen ihnen keine Substitutionsbe-

|  | Kapitalrisiko | Einkommensrisiko |
|---|---|---|
| Anleger | (a) Laufzeit > Anlageperiode: vorzeitiger Verkauf zu gesunkenem Wert | (c) Laufzeit < Anlageperiode: Wiederanlage zu niedrigeren Zinsen |
| Schuldner | (b) Laufzeit > Finanzierungsperiode: Rückkauf zu höherem Preis oder Hinnahme von Zinsverlust | (d) Laufzeit < Finanzierungsperiode: Anschlussfinanzierung zu höheren Zinsen |

*Tabelle 2-3: Risiken bei Inkongruenz zwischen Fristigkeit von Finanztiteln und Fristigkeit von Anlage- bzw. Verschuldungsbedarf*

ziehungen existieren. Folglich entwickeln sich die Zinssätze auf diesen Märkten unabhängig voneinander; Aussagen zur Zinsstruktur sind damit praktisch nicht möglich. Dieser Ansatz kann zum einen mit institutionellen Marktschranken begründet werden: Bestimmte Anleger- und Schuldnergruppen sind aufgrund von rechtlichen Vorschriften nur in klar abgegrenzten Segmenten des Finanzmarktes tätig. Infolge der Deregulierung und Flexibilisierung auf den Finanzmärkten ist dieses Argument aber kaum noch tragfähig.

Eine andere Begründung setzt an der Unsicherheit von Zins- und Kurserwartungen und der Risikoaversion der Wirtschaftssubjekte an. Wenn ein Akteur für einen bestimmten Zeitraum eine finanzielle Überschuss- oder Defizitposition einnimmt, so wird er dementsprechend Geld in Wertpapieren anlegen bzw. er muss einen Kredit aufnehmen. Stimmt nun die Laufzeit der ihm angebotenen Kontrakte nicht mit seinem persönlichen Zeitfenster als Gläubiger oder Schuldner überein, so treten zwei Arten von Risiken auf (*Tabelle 2-3*).

(a) Das *Kapitalrisiko* eines Anlegers wird dadurch akut, dass er ein Wertpapier vor Ablauf der Fälligkeit verkaufen muss. Zum Zeitpunkt der Veräußerung kann der Preis unter den Kurs zum Erwerbszeitpunkt gesunken sein. Eine attraktive Verzinsung der Anlage kann so durch Kapitalverluste überkompensiert werden.

(b) Für einen Schuldner besteht das Risiko, dass der Preis eines von ihm emittierten Wert- papiers zum Zeitpunkt der Beendigung seiner Defizitposition gestiegen ist. Entweder muss er das Papier teuer zurückkaufen oder hinnehmen, dass die Zinserträge seiner nun verfügbaren Mittel kleiner sind als seine Zinszahlungen auf das weiterlaufende Papier.

(c) Das *Einkommensrisiko* eines Anlegers tritt auf, wenn er – bei einem günstig erscheinen- den hohen Zins – zunächst ein relativ kurzfristiges Papier wählt und nach Laufzeitende möglicherweise nur noch sehr niedrig verzinsliche Titel erwerben kann.

(d) Wählt ein Schuldner (z.B. ein Haushalt bei der Immobilienfinanzierung) zunächst einen günstigen Kredit mit einer nur kurzen Laufzeit, so kann er in Liquiditätsnöte geraten, wenn die Anschlussfinanzierung nur zu sehr hohen Zinsen möglich ist.

Angesichts dieser Risiken könnten Akteure dazu neigen, jeweils nur Finanztitel zu wählen, deren Fristigkeit genau mit ihrer individuellen Anlage- bzw. Finanzierungsperiode übereinstimmt. Damit wären die kurz- und langfristigen Finanzmärkte voneinander entkoppelt; Zinsänderungen auf einem Teilmarkt hätten keinen Effekt auf die Zinsen anderer Teilmärkte. Die *geldpolitische Konsequenz* ist: Die Notenbank könnte mit dem kurzfristigen Zins den Kapitalmarktzins nicht beeinflussen.

Empirisch zeigt sich jedoch, dass sich die Zinsen für Papiere unterschiedlicher Fristigkeit meist in gleicher Richtung bewegen. Dies deutet darauf hin, dass veränderte Zinsdifferenzen doch substanzielle Substitutionsprozesse auslösen, entweder weil die Risikoscheu nicht absolut ist oder die Risiken mit Hilfe von Finanzinnovationen abgefangen werden können. Faktisch kann also die Notenbank doch das *Zinsniveau* beeinflussen, indem sie nur den Zins auf dem kurzfristigen Teilmarkt steuert.

(2) Die *Liquiditätspräferenztheorie* besagt, dass für Papiere mit längerer Laufzeit stets ein höherer Zinssatz gilt. Dies folgt aus der Abneigung der Akteure, sich überhaupt ohne ausreichende Kompensation von Geld als liquidester Vermögensform zu trennen (*Abschnitt 1.1.3*). Hinzu kommt, dass der Kurswert langfristiger Papiere stärker auf Zinsänderungen reagiert und so das Kapitalrisiko der Gläubiger erhöht. Umgekehrt haben Schuldner oft eine Präferenz für eine langfristige Kreditaufnahme, weil dies für sie eine größere Planungssicherheit bedeutet. Damit entsteht eine "strukturelle Schwäche am langen Ende des Finanzmarktes"; die Angebotszurückhaltung der Anleger bei langfristigen Papieren muss mit entsprechend höheren Zinsgeboten der Schuldner überwunden werden.

Diese Konstellation könnte den häufig anzutreffenden ansteigenden Normalverlauf der *Zinsstrukturkurve* erklären; diese Kurve zeigt die zu einem Zeitpunkt herrschenden Zinssätze für Papiere mit unterschiedlicher Laufzeit (*Abbildung 2-7*). Der Liquiditätspräferenzansatz versagt allerdings bei der Erklärung der flachen oder inversen Zinsstruktur, die phasenweise ebenfalls beobachtbar ist; im letztgenannten Fall ist der kurzfristige Zins höher als der langfristige.

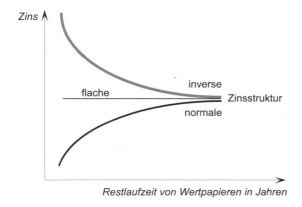

Abbildung 2-7:
*Alternative Formen
der Zinsstrukturkurve*

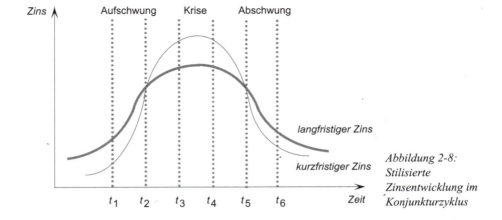

*Abbildung 2-8:*
*Stilisierte*
*Zinsentwicklung im*
*Konjunkturzyklus*

Im Konjunkturzyklus tritt oft eine typische Abfolge der Form der Zinsstrukturkurven auf. In *Abbildung 2-8* sind zur Vereinfachung nur zwei Zinssätze, ein kurz- und ein langfristiger, im Zeitablauf dargestellt; auf das gesamte Laufzeitspektrum bezogen liegt in $t_1$ und $t_6$ eine normale, in $t_2$ und $t_5$ eine flache und in $t_3$ und $t_4$ eine inverse Zinsstruktur vor. Mit dem Konjunkturaufschwung steigen die Zinsen allgemein an, wobei schließlich die kurzfristigen Zinsen die langfristigen übersteigen (können). Ein inverser Zinsverlauf tritt typischerweise bei relativ hohem Zinsniveau auf. Im Abschwung sinkt das Zinsniveau wieder auf breiter Front ab. Die im Konjunkturzyklus relativ stärkere Schwankung der kurzfristigen Zinsen wird in erster Linie vom Kurs der Geldpolitik bestimmt (*Abschnitt 3.2*).

(3) Die *Erwartungstheorie* basiert auf dem *Arbitragezusammenhang zwischen Finanzanlagen mit verschiedener Laufzeit*. Danach sollten Investoren, wenn man jegliche Risiko- und Liquiditätsaspekte vernachlässigt, indifferent sein zwischen z.B. einer Zweijahresanlage zum Zins $i_{2t}$ und zwei aufeinanderfolgenden Anlagen über je ein Jahr zu den Zinssätzen $i_t$ und $i_{t+1}^e$. Der letztgenannte Zins, der für die Wiederanlage der nach einem Jahr freiwerdenden Mittel in Frage kommt, ist allerdings aus heutiger Sicht eine Erwartungsgröße.

$$\left(1+i_{2t}\right)^2 = \left(1+i_t\right)\left(1+i_{t+1}^e\right) \qquad\qquad [2.36]$$

Für einen Anlagezeitraum von $n$ Jahren (mit $i_t^e = i_t$) gilt die Gleichgewichtsbedingung

$$\left(1+i_{nt}\right)^n = \prod_{j=0}^{n-1}\left(1+i_{t+j}^e\right) \qquad\qquad [2.37]$$

Als eine gute Annäherung lässt sich daraus der langfristige Zins als arithmetischer Durchschnitt aus der Summe der kurzfristigen Zinsen berechnen:

$$i_{nt} \approx \frac{1}{n}\sum_{j=0}^{n-1} i_{t+j}^e = \frac{1}{n}\left(i_t + i_{t+1}^e + i_{t+2}^e + \dots + i_{t+n-1}^e\right) \qquad\qquad [2.38]$$

Dieser Arbitrageansatz ist mit dem empirischen Faktum vereinbar, dass sich kurz- und langfristige Zinsen zumeist in gleicher Richtung bewegen (*Abbildung 2-8*). Weiterhin sind alle Formen der Zinsstrukturkurve erklärbar. Es gilt (am Beispiel eines Zwei-Jahres-Horizonts):

$$i^e_{t+1} > i_t \quad \Rightarrow \quad i_{2t} > i_t \quad \text{(\textit{normale Zinsstruktur})}$$

$$i^e_{t+1} = i_t \quad \Rightarrow \quad i_{2t} = i_t \quad \text{(\textit{flache Zinsstruktur})} \qquad [2.39]$$

$$i^e_{t+1} < i_t \quad \Rightarrow \quad i_{2t} < i_t \quad \text{(\textit{inverse Zinsstruktur})}$$

Die Erwartung steigender (fallender) kurzfristiger Zinsen in der Zukunft muss danach aus Arbitragegründen dazu führen, dass bereits heute der langfristige Zins steigt (sinkt). Bei niedrigen Zinsen wird tendenziell ein Ansteigen und bei hohen Zinsen ein Fallen des Zinsniveaus erwartet.

Die besondere Häufigkeit einer normalen Zinsstruktur lässt sich durch eine Kombination der Erwartungs- mit der Liquiditätspräferenztheorie erfassen: Als Bestimmungsfaktor des langfristigen Zinses wird die Reihe der kurzfristigen Zinsen um einen variablen Faktor $\lambda(n)$ ergänzt, der mit der Laufzeit der Wertpapiere wächst. Auch wenn keine Zinssteigerungen in der Zukunft erwartet werden, würde so keine flache, sondern eine normale Zinsstrukturkurve zu beobachten sein.

$$i_{nt} = \frac{1}{n} \sum_{j=0}^{n-1} i^e_{t+j} + \lambda \left( \underset{+}{n} \right) \qquad [2.40]$$

Die oben aufgeführten Gleichgewichtsbedingungen beschreiben nur die *Interdependenz* der Zinssätze. Damit bleiben mögliche *Kausalitätsbeziehungen* zwischen Zinserwartungen, kurz- und langfristigen Zinsen zu klären. Da die Notenbank die Konditionen bestimmt, zu denen sich die Geschäftsbanken bei ihr kurzfristig refinanzieren können, beherrscht sie die Zinsen am kurzen Ende des Finanzmarktes.

Wenn darüber hinaus die Erwartungen über die künftige Entwicklung der kurzfristigen Zinsen exogen wären, würde der langfristige Kapitalmarktzins zu einer endogenen Variablen der Finanzmarktarbitrage, d.h. durch die aktuellen und erwarteten kurzfristigen Zinsen bestimmt. Umgekehrt können aber auch direkte Marktkräfte, z.B. Inflationserwartungen auf den Kapitalmarktzins einwirken und so die Notenbank zur Anpassung der kurzfristigen Zinsen zwingen (*Abschnitt 3.2.2*).

Unabhängig von dieser Frage nach den Kausalitätsbeziehungen zwischen kurz- und langfristigen Zinsen kann die am Markt beobachtbare Zinsstruktur als *Informationsquelle zu den Zinserwartungen* genutzt werden. Am Beispiel der Zwei-Jahres-Beziehung [2.36] lässt sich mit Hilfe der vereinfachten Formel [2.38] die implizite Zinserwartung für die kommende Periode aus den heute realisierten Zinssätzen berechnen:

$$i^e_{t+1} = 2\, i_{2t} - i_t \qquad [2.41]$$

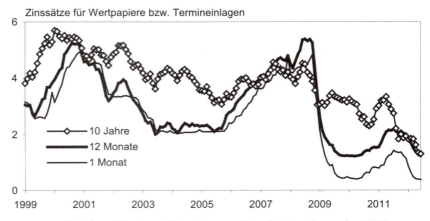

*Abbildung 2-9: Entwicklung kurz- und langfristiger Zinsen der EWU*

Der kontinuierliche Anstieg des Zwölf-Monats-Zinssatzes in 1999/2000 sowie nach 2006 hat die nachhängende Erhöhung des Ein-Monats-Zinses korrekt prognostiziert (*Abbildung 2-9*). Auch in der ersten Jahreshälfte 2002 erwarteten die Wirtschaftssubjekte im Jahresverlauf einen stärker restriktiven Kurs der Europäischen Zentralbank (EZB). Diese Erwartung erfüllte sich jedoch nicht. Zur Jahresmitte begannen die langfristigen Zinsen zu sinken; ab September 2002 signalisierte der fallende Zwölf-Monats-Zins die jeweils nachfolgende Absenkung des Ein-Monats-Zinses.

Zinserwartungen lassen sich am Markt teilweise auch direkt beobachten. Es ist möglich, *Terminzinskontrakte* für Geldanlagen bzw. Kreditaufnahmen in späteren Perioden abzuschließen. Dabei wird in der Gegenwart, also in Periode $t$, der Terminzins $i^T$ für ein Wertpapier z.B. in Periode $t+2$ festgesetzt. Terminkontrakte sind für Wirtschaftssubjekte sinnvoll, die aufgrund ihrer Finanzplanung einen Überschuss oder ein Defizit in einer künftigen Periode erwarten und sich bereits heute einen günstig erscheinenden Zins sichern wollen. Für jede Periode $t+j$ muss dann offensichtlich $i^T_{t+j} = i^e_{t+j}$ gelten: Erwarten Anleger in einem Jahr sinkende Ein-Monats-Zinsen, so werden sie bereits heute Geld per Termin anlegen, wenn noch $i^T > i^e$ ist. Gerade der dadurch entstehende Nachfrageüberschuss nach diesen Ein-Monats-Papieren lässt jedoch den Terminzins auf den erwarteten Zins sinken. Analog zu [2.36] besteht in einem Drei-Jahres-Zeitraum die Arbitragebeziehung

$$\left(1+i_{3t}\right)^3 = \left(1+i_t\right)\left(1+i^T_{t+1}\right)\left(1+i^T_{t+2}\right) \qquad [2.42]$$

Auch wenn nicht für alle künftigen Perioden und Fristen effektive Terminkontrakte vorliegen, lassen sich aus den vorhandenen Daten weit vorausschauende *Terminzinsstrukturkurven* berechnen (*Abbildung 2-10*). Sie zeigen kurzfristige Zinssätze für zukünftige Perioden und verdeutlichen somit ihren erwarteten Zeitpfad. *Verschiebungen* von Terminzinsstrukturkurven im Zeitablauf machen Erwartungsänderungen der Marktakteure sichtbar. So bildete

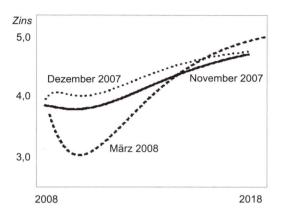

Abbildung 2-10:
*Terminzinsstrukturkurven*
*für Tagesgeld in der EWU*

sich z.B. zwischen Jahresende 2007 und Frühjahr 2008 die Erwartung heraus, dass die kurz-fristigen Zinsen (wegen Finanzmarktkrisen und verschlechterten Konjunkturaussichten) bis etwa 2010 nachgeben würden; langfristig dagegen blieben die Akteure bei ihrer Erwartung höherer Zinsen im kurzfristigen Bereich. Aufgrund der Ausblendung von Risiko und Liqui-ditätspräferenz sollten die Terminzinsstrukturkurven insbesondere im längerfristigen Seg-ment allerdings mit Vorsicht interpretiert werden.

---

**Zusammenfassung**

2.1.1 Vermögensobjekte dienen der Wertaufbewahrung und werfen zumeist einen laufenden Er-trag ab. Sie lassen sich in Finanz- und Realvermögen unterteilen. Auch Produktion ist eine Form der Vermögensanlage; die Unternehmen zahlen als Schuldner über die Kalkulation entsprechender Verkaufspreise auf dem Gütermarkt Dividenden und Zinsen an Eigen-bzw. Fremdkapitalgeber. Ein Vermögensmarktgleichgewicht verlangt die Übereinstimmung der Renditen aller Vermögensformen (unter Berücksichtigung ihrer Fristigkeit, ihres Liqui-ditätsgrades und ihres Risikos). Investitionsprojekte mit hohen Renditen weisen i.d.R. auch höhere Risiken auf. Das Risiko eines Portfolios lässt sich durch Diversifikation verringern.

2.1.2 Der Gegenwartswert von Vermögensobjekten ergibt sich allgemein durch Abzinsung er-warteter künftiger Zahlungen bzw. Ertragsströme. Festverzinsliche Wertpapiere sind han-delbare Kreditforderungen, bei denen der Schuldner fixierte periodische Zinszahlungen und ggf. eine abschließende Tilgung an den jeweiligen Halter des Papiers zahlt. Während ihrer Laufzeit schwankt der Wertpapierkurs invers zu Zinssatzänderungen am Kapital-markt. Bei Aktien sind demgegenüber auch die Dividendenzahlungen variabel. Aktienkurse unterliegen deshalb stärkeren Schwankungen. Die Kursentwicklung kann sich hierbei auch bei rationalen Anlageentscheidungen phasenweise in spekulativen Blasen von dem funda-mentalen Ertragswert lösen (Herdenverhalten).

2.1.3 Um der Entwertung von Bargeld und Geldvermögensforderungen in der Inflation zu entge-hen, werden Vermögensportfolios zugunsten von Sachaktiva umstrukturiert. Der damit einhergehende Kursverfall der Wertpapiere bewirkt eine Zinssteigerung und entschädigt die Geldvermögensbesitzer teilweise für ihren Inflationsverlust. Eine vollständige Realwertsicherung des Finanzvermögens gelingt i.d.R. nicht, weil der Zinsanstieg den gehaltenen Bestand von Wertpapieren entwertet, weil angesichts der relativ größeren Risiken des Sachvermögens die Substitution von Finanz- durch Realaktiva im Ausmaß ungenügend bleibt und weil die Inflation nur ungenau antizipiert werden kann. Infolgedessen kann es zu einer realen Vermögensumverteilung von Geldgläubigern zu Geldschuldnern kommen.

2.1.4 Die Entscheidung zum Kauf einzelner Kapitalgüter folgt aus einer grenzproduktivitätstheoretischen Analyse ihres marginalen Beitrags zum Gewinn. Die Entscheidung über die Kapazität folgt einem vermögenstheoretischen Kalkül: Übersteigt der Vermögenswert von Kapitalanlagen ihren Produktionspreis, ergibt sich ein Anreiz zum vermehrten Kauf dieser Anlagen (Investition). Die Investitionsentscheidung kann dabei anhand des Vergleichs von Vermögenswert und Produktionspreis (Kapitalwertmethode) oder anhand des Vergleichs von realem Finanzmarktzins und erwarteter Ertragsrate neuer Kapitalanlagen (Grenzleistungsfähigkeit des Kapitals) geschehen (Interne-Zinsfuß-Methode). Die einzelwirtschaftliche Investitionsentscheidung ist auf einen optimalen Sachkapitalbestand der Unternehmung gerichtet. Dieser ist u.a. dadurch bestimmt, dass die Grenzleistungsfähigkeit mit der Kapazitätserweiterung sinkt.

2.1.5 Die Zinsstruktur beschreibt die Relation zwischen den kurz- und langfristigen Zinsen. Wenn die Fristigkeit erworbener oder emittierter Wertpapiere nicht deckungsgleich mit den zeitlichen Finanzierungsplänen der Wirtschaftssubjekte ist, treten Kapital- und Einkommensrisiken auf. Dennoch existieren Substitutions- und Arbitragebeziehungen zwischen den Märkten für kurz- und langfristige Papiere. Danach ist der langfristige Zins mit dem erwarteten Pfad der künftigen kurzfristigen Zinsen verbunden. Die Liquiditätspräferenz bewirkt *ceteris paribus* eine Erhöhung des langfristigen Zinssatzes in Relation zum kurzfristigen Zins. Die Zinsstrukturkurve zeigt die zu einem Zeitpunkt bestehenden Zinsen für Papiere mit unterschiedlicher Laufzeit. Die am Markt beobachtbare Zinsstruktur gibt auch Hinweise auf die Zinserwartungen der privaten Wirtschaftssubjekte. Die Terminzinsstrukturkurve zeigt die erwarteten kurzfristigen Zinsen in zukünftigen Perioden.

## 2.2 Theorien der Geldnachfrage

### 2.2.1 Transaktions- und Spekulationskasse: das Zinsänderungsrisiko

Die Geldnachfrage ist ein Bestandteil der Vermögenshaltung. Sie folgt aus einer Portfolioentscheidung zwischen Geld und Wertpapieren, die strikt von der Einkommensverwendung (Sparen oder Konsumieren) zu unterscheiden ist. Gleichwohl sind nicht alle Geldnachfragemotive direkt vermögenswirtschaftlicher Art. Folgende Motive sind zu nennen:

(1) Die *Transaktionskasse* $L_T$ repräsentiert eine gewünschte Geldhaltung, die der Finanzierung laufender Käufe dient. Abzuwägen ist hierbei der Zinsvorteil, der sich bei sofortiger und vollständiger Vermögensanlage jeder Einkommenszahlung ergäbe, und die Annehm-

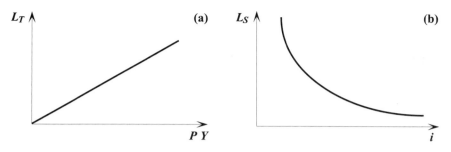

*Abbildung 2-11:*
*Einkommensabhängige Transaktionskasse (a) und zinsabhängige Spekulationskasse (b)*

lichkeit, nicht vor jedem Kauf von Konsumgütern zunächst Teile dieser zinstragenden Anlagen verkaufen zu müssen (Einsparung von Transaktionskosten). Im einfachsten Fall steigt die Transaktionskasse proportional mit dem nominalen Einkommen (*Abbildung 2-11 a*). Anders formuliert: Ein Teil *k* des Realeinkommens wird in Form einer *realen* Transaktionskasse gehalten. Die Geldhaltung erfüllt eine reale Dienstleistung: Das Einkommen wird u.a. für das "Gut" bequemer Zahlungsformen verwendet. Aufgrund von Opportunitätskostenüberlegungen kann der Kassenhaltungskoeffizient *k* negativ auf Zinserhöhungen reagieren.

$$L_T = k\,P\,Y \qquad\qquad [2.43]$$

(2) Die von *Keynes* betonte *Spekulationskasse* $L_S$ ist unmittelbar vermögenswirtschaftlich bestimmt. Wirtschaftssubjekte präferieren grundsätzlich verzinsliche Anlagen, so dass die unverzinsliche Geldhaltung insbesondere bei hohen Marktzinsen gering ist (*Abbildung 2-11 b*). Mit sinkendem Zins nimmt jedoch die Geldhaltung zu, weil erstens die Transaktionskosten des Wertpapierkaufs relativ stärker ins Gewicht fallen. Zweitens drohen beim Erwerb von Bonds Kapitalverluste. Je niedriger der Zins ist, desto eher sind Zinssteigerungen zu erwarten, die beim Wertpapierbestand zu Kurseinbußen führen: Der Gewinn $Q_t$ aus der Haltung eines festverzinslichen Wertpapiers in einer Periode setzt sich aus dem festen Zinseinkommen *E* und der Kursveränderung zusammen. Der Kurs ergibt sich im einfachen Fall unendlicher Laufzeit durch $V = E/i$ [2.7]. Damit ist

$$Q_t = E + \left( \frac{E}{i^e_{t+1}} - \frac{E}{i_t} \right) \qquad\qquad [2.44]$$

Wenn der erwartete Zins über das gegenwärtige Niveau steigt, wird der Klammerausdruck negativ. Kursverluste schmälern dann den Zinsgewinn. Deshalb wird die Bargeldhaltung bei einer Anlageperiode von einem Jahr gegenüber dem Wertpapierkauf präferiert, wenn gilt:

$$i^e_{t+1} > \frac{i_t}{1 - i_t} \quad \Leftrightarrow \quad Q < 0 \qquad\qquad [2.45]$$

Im Falle einer längerfristig geplanten Anlage erzeugt eine Zinssteigerung allerdings nur Buchwertverluste, solange das Papier nicht verkauft wird; zudem profitiert ein Geldvermögensbesitzer in langfristiger Perspektive immer von einer Zinserhöhung (*Box 2-5*).

---

*Box 2-5: Die durchschnittliche Laufzeit eines Wertpapiers*

Die durch Marktzinsänderungen bewirkten Vermögenseffekte bei Bonds werden unter der *Annahme einer fortlaufenden Reinvestition der Zinserträge* genauer untersucht. Die Laufzeit eines Papiers betrage drei Jahre. Zinszahlungen $E$ am Ende jeder Periode werden zum variablen Marktzins $i_t$ wiederangelegt. Die letzte Zinszahlung und die Tilgung $F$ erfolgen am Laufzeitende und werfen deshalb keinen zusätzlichen Zinsertrag ab. Der *Endwert* der Anlage ist dann

$$V_3 = E\left(1+i_t\right)^2 + E\left(1+i_t\right)^1 + \left(E+F\right)\left(1+i_t\right)^0 \qquad [2.46]$$

Der *Gegenwartswert* des Papiers zu Beginn der Anlageperiode ist

$$V_0 = \frac{E}{1+i_t} + \frac{E}{\left(1+i_t\right)^2} + \frac{E+F}{\left(1+i_t\right)^3} = \frac{V_3}{\left(1+i_t\right)^3} \qquad [2.47]$$

End- und Gegenwartswert reagieren gegenläufig auf Marktzinsänderungen: Eine Zinssteigerung erhöht immer den erreichbaren Endwert der Geldanlage, weil wachsende Zinseinkommen dem Vermögen zugeschlagen werden; im Verlauf des Investitionsprozesses sinkt jedoch der aktuelle Wert der Anlage, weil der Gegenwartswert der künftigen Zahlungsströme stärker diskontiert wird. *Abbildung 2-12* verdeutlicht die Wertentwicklung eines Papiers mit einer Laufzeit von drei Jahren und einer festen Verzinsung von 10 %.

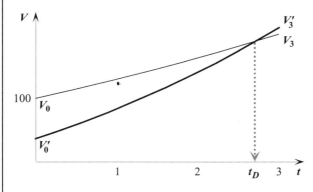

Abbildung 2-12:
Wertentwicklung eines
festverzinslichen Wertpapiers
vor und nach einer
Marktzinserhöhung

Der Pfad $V_0 \rightarrow V_3$, berechnet nach

$$V_3 = V_0 \left(1+i_t\right)^3 \qquad [2.48]$$

zeigt den Vermögenszuwachs von 100 auf 133,10. Wenn unmittelbar nach Emission der Marktzins auf 20 % steigt, fällt der Barwert $V_0'$ auf 78,94; der Endwert $V_3'$ übertrifft jedoch mit 136,40 das ursprüngliche Investitionsprojekt. Geldvermögensbesitzer gewinnen also i.d.R. langfristig bei

Zinssteigerungen und verlieren umgekehrt bei Zinssenkungen. Der Schnittpunkt der beiden Wertentwicklungskurven zeigt den Zeitpunkt $t_D$ an, an dem der Einkommenseffekt der Zinsänderung den Kapitalwerteffekt gerade kompensiert. Dieser Punkt wird als Maß der effektiven bzw. durchschnittlichen Laufzeit eines Papiers angesehen. Diese *Duration* ist zugleich ein Risikomaß, weil sie den Investoren signalisiert, in welchen Zeitspannen Zinsänderungen den Buchwert von Wertpapieranlagen dominieren.

Der gesamte *Cash-Flow* einer Wertpapieranlage setzt sich aus Zins- und Tilgungszahlungen zusammen. Das Schwergewicht dieser Zahlungsströme liegt wegen der Tilgung typischerweise am Ende der Laufzeit und stärkt somit den Diskontierungseffekt; bei Zero-Bonds fällt deshalb die Duration mit der Laufzeit zusammen (bei einer Zinssteigerung bleibt $V_3' = V_3$ ). Die Duration stellt einen gewichteten Durchschnitt der Wartezeiten auf die einzelnen (Zins- und/oder Tilgungs-) *Cash-Flows CF* dar. Sie steigt mit der Laufzeit eines Papiers und der fixierten Anfangsverzinsung, sie fällt mit steigendem Marktzins. Die allgemeine Formel zur Berechnung der Duration ist

$$t_D = \sum_{t=1}^{n} \frac{t\,CF_t}{(1+i)^t} \bigg/ \sum_{t=1}^{n} \frac{CF_t}{(1+i)^t} \qquad\qquad [2.49]$$

Im obigen Beispiel ergibt sich

$$t_D = \left(1\frac{10}{1,1} + 2\frac{10}{1,1^2} + 3\frac{110}{1,1^3}\right)\bigg/\left(\frac{10}{1,1} + \frac{10}{1,1^2} + \frac{110}{1,1^3}\right) \approx 2,7 \qquad [2.50]$$

Erwarten bei einem bestimmten Zins *alle* Akteure eine Zinssteigerung, so würde das Geldvermögen vollständig in der Spekulationskasse gehalten. Nimmt man aber *unterschiedliche* Zinsänderungserwartungen der individuellen Vermögensbesitzer an, so steigt mit sinkenden Zinsen die Zahl derjenigen, die Zinserhöhungen erwarten und deshalb die Kassenhaltung vorziehen. Daraus folgt eine kontinuierlich fallende $L_S$-Kurve; die Spekulationskasse ist eine abnehmende Funktion der Differenz zwischen laufendem und erwartetem Nominalzins:

$$L_S = L_S\left(\underset{-}{i - i^e}\right) \qquad\qquad [2.51]$$

Bei expliziter Modellierung von Risikoaspekten kann auch bereits auf einzelwirtschaftlicher Ebene ein Portfolio gewählt werden, das aus Wertpapieren *und* Kasse besteht; die Annahme unterschiedlicher Zinsänderungserwartungen wird damit entbehrlich (*Box 2-6*).

(3) Weiterhin dient die Geldhaltung allgemein der *Befriedigung des Liquiditätsbedürfnisses*, das insbesondere in Krisenzeiten mit der allgemeinen Unsicherheit auf den Märkten zunimmt. Finanzaktiva werden Realaktiva vorgezogen, kurzfristige Anlagen den langfristigen, bei Zweifeln an der Solidität der Schuldner wird die Bargeldhaltung zulasten verzinslicher Forderungen gestärkt. Diese *Liquiditätspräferenz* lässt sich als Lageparameter der Spekulationskassenfunktion [2.51] erfassen; ihre Erhöhung verlagert die Geldnachfragekurve nach oben und bewirkt so eine Zinssteigerung.

(4) Schließlich tritt vor einer kreditfinanzierten Güternachfragesteigerung durch das Ansammeln von Finanzmitteln eine temporäre Anspannung des Kreditmarktes auf. Dieses *Finanzmotiv* der Geldhaltung, verstehbar als Bestandteil der Transaktionskassenhaltung, bewirkt eine Zinssteigerung, die sich mit der Verausgabung dieser Mittel und der nachfolgenden Spartätigkeit, d.h. Geldvermögensbildung wieder zurückbildet (*Abschnitt 2.3.1*).

Alle Kassenhaltungsmotive lassen sich in einer *integrierten Geldnachfragefunktion* zusammenfassen. Sie wird üblicherweise so formuliert, dass zwar die nominale, jedoch nicht die reale Geldnachfrage auf Preisniveauänderungen reagiert; die Funktion ist homogen vom Grad Eins im Preisniveau (bei einer additiven Verknüpfung von $L_T$- und $L_S$-Kasse entstünde allerdings eine im Preisniveau inhomogene Geldnachfragefunktion, weil die Spekulationskasse nur auf erwartete Zinsänderungen reagiert, die nicht vom Preisniveau abhängen). Ausgedrückt werden soll, dass die Akteure eine *reale* Geldmenge nachfragen.

$$M = P L \left( \underset{+}{Y}, \underset{-}{i} \right) \qquad\qquad [2.52]$$

Die Geldhaltung insgesamt muss sich auf die von der Notenbank angebotene Geldmenge $M$ aufteilen (*Abbildung 2-13*). Damit ist dann ein bestimmtes Zins- und Einkommensniveau verbunden. Gleichung [2.52] beschreibt das "Geldmarktgleichgewicht"; es benennt diejenige Zins-Einkommens-Kombination, bei der die Wirtschaftssubjekte die von der Notenbank emittierte Geldmenge zu halten bereit sind. Mit diesem "Geldmarkt" ist hier nicht der Markt für kurzfristige Kredite innerhalb des Bankensektors gemeint, sondern die Gegenüberstellung von Zentralbankgeldbestand auf der Angebotsseite und gewünschter Geldhaltung aller Wirtschaftssubjekte auf der Nachfrageseite – anders formuliert: die Verbuchung derselben Geldmenge als Passivposten der (Noten-) Bankbilanz und als privates Vermögensaktivum.

Ein konkretes Beispiel für eine Geldnachfragefunktion (mit $\tilde{e}$ für die Eulersche Zahl) ist

$$M = P Y^\theta \tilde{e}^{-\mu i} = P Y^\theta \exp(-\mu i) \qquad\qquad [2.53]$$

Dabei bezeichnet $\theta$ die *Einkommenselastizität* der Geldnachfrage; sie liegt nach empirischen Studien oft bei knapp über Eins. Die *Semizinselastizität* der Geldnachfrage misst, um wie viel Prozent sich die abhängige Variable verändert, wenn die unabhängige Variable um

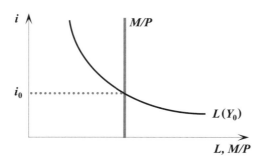

*Abbildung 2-13:*
*Geldangebot und Geldnachfrage*

einen Prozent*punkt* variiert wird. Sie ist gegeben durch $(-\mu)$; die numerischen Schätzungen schwanken in Abhängigkeit vom gewählten Geldbegriff.

---

**Box 2-6: Risikoaversion und Erwartungsunsicherheit**

Das folgende Modell von *Tobin* erklärt eine Spekulationskassenhaltung nicht nur im Marktdurchschnitt, sondern auch im Individualkalkül. Es geht von den Annahmen aus, dass Wirtschaftssubjekte risikoavers sind und der Ertrag von Wertpapieranlagen unsicher ist. Der Nutzen eines Akteurs hängt positiv von der Rendite $r_V$ des Gesamtportfolios ab (wobei Zinserträge und Kapitalwertänderungen zusammengefasst sind) und negativ von der Standardabweichung $\sigma_V$ des Ertrags vom Mittelwert (als Maß des Risikos):

$$U = U\left(\underset{+}{r_V}, \underset{-}{\sigma_V}\right) \qquad [2.54]$$

Das Portfolio besteht aus Wertpapieren $B$ und unverzinslichem Geld $M$. Die Rendite des Gesamtvermögens setzt sich aus den mit den jeweiligen Portfolioanteilen gewichteten Renditen von Wertpapieren und Geld zusammen. Allerdings hat Geld im Modell weder einen Ertrag noch ein Ertragsrisiko. Mit $b := B/V$ ist

$$r_V = \frac{B}{V} r_B + \frac{M}{V} r_M = b\, r_B \qquad [2.55]$$

Das Risiko des Gesamtvermögens ist analog

$$\sigma_V = b\, \sigma_B \quad \Rightarrow \quad b = \frac{\sigma_V}{\sigma_B} \qquad [2.56]$$

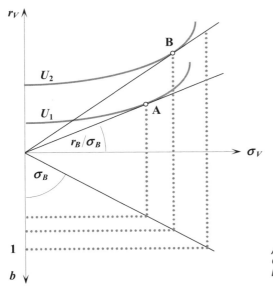

*Abbildung 2-14:*
*Optimale Wertpapierhaltung*
*bei Unsicherheit*

Einsetzen von [2.56] in [2.55] liefert

$$r_V = \frac{\sigma_V}{\sigma_B}\, r_B = \frac{r_B}{\sigma_B}\, \sigma_V \qquad\qquad [2.57]$$

Erwarteter Ertrag und Risiko der Wertpapiere sind gegeben. Ihre Relation bestimmt nach [2.57] die Steigung der Gerade im oberen Teil von *Abbildung 2-14*. Da die Vermögenshalter risikoavers sind, muss ein höheres Ertragsrisiko durch eine steigende Ertragserwartung kompensiert werden; daher haben die Indifferenzkurven einen progressiv ansteigenden Verlauf. Im unteren Abbildungsteil ist das Wertpapierrisiko als Winkel abgetragen; es bestimmt nach [2.56] den Wertpapieranteil des Gesamtvermögens. Das Optimierungskalkül – die Wahl eines nutzenmaximalen Punktes A auf der oberen Geraden – führt i.d.R. zu einem aus Wertpapieren *und* Geld zusammengesetzten Portfolio. Eine Erhöhung der erwarteten Wertpapierrendite steigert den erreichbaren Nutzen (Punkt B) und hat einen größeren Wertpapieranteil *b* zur Folge.

## 2.2.2 Geld im Spektrum aller Vermögensformen: Geldhaltung in quantitätstheoretischer Sicht

Die *Quantitätsgleichung* beschreibt den tautologischen Zusammenhang zwischen den nominalen Umsätzen auf dem Gütermarkt ($PY$) und ihrer technischen Finanzierung durch eine bestimmte Menge von Geldeinheiten $M$ und ihrer Umlaufgeschwindigkeit $U$. Letztere misst, wie häufig eine Geldeinheit innerhalb einer Periode zu Zahlungszwecken eingesetzt wurde. Die Umlaufgeschwindigkeit entspricht logisch dem Kehrwert des Kassenhaltungskoeffizienten $k$ in der Geldnachfragefunktion $L_T = k\,PY$ [2.43].

$$MU \equiv PY \qquad\qquad [2.58]$$

Aus dem vermuteten Zusammenhang zwischen Edelmetallzuströmen aus Amerika und Preissteigerungen in Europa im 16. Jahrhundert entstand schon früh die *Quantitätstheorie*. Sie besteht heute aus folgenden Bausteinen:

- Das Geldangebot ist unabhängig von der Geldnachfrage bestimmbar und von Seiten der Geldpolitik steuerbar.

- Die Umlaufgeschwindigkeit des Geldes ist mehr oder weniger konstant (klassische Variante) oder folgt in einem stabilen Funktionszusammenhang mit anderen Variablen einem vorhersehbaren Trend (neoklassisch-monetaristische Variante).

- Produktion, Beschäftigung und reales Wachstum werden langfristig nicht von monetären Impulsen beeinflusst.

Ist so eine realwirtschaftliche *Neutralität des Geldes* (*Abschnitt 4.1*) gegeben, bestimmt das von der Notenbank kontrollierte *Geldangebot* das Preisniveau.

Während in der klassischen Quantitätstheorie das Geldangebot im Vordergrund stand, nimmt in *Friedmans* Neuformulierung dieser Theorie die *Geldnachfrage* einen zentralen Stellenwert ein. Alle Wirtschaftssubjekte werden als Vermögenshalter betrachtet. Die Vermögensarten werden in fünf Typen unterteilt: Geld, Bonds, Aktien, physische Güter, Humankapital (*Tabelle 2-1*). Die Präferenzen für die mit diesen Vermögensformen verbundenen Nutzenströme und ihre relativen Ertragsraten bestimmen die Zusammensetzung der individuellen Portfolios. Die Erträge dieser Aktiva sind teils pekuniärer Art (Zinsen, Gewinne, Löhne), teils nicht-pekuniärer Art (die von Konsumgütern ausgehenden Nutzenströme, die Annehmlichkeit der Bargeldhaltung durch die Verfügung über das in der Volkswirtschaft liquideste Aktivum).

---

*Inflation is always and everywhere a monetary phenomenon.*

*The quantity theory is [...] an analysis of the factors determining the quantity of money the community wishes to hold.*

Milton Friedman (1963: 17; 1974: 3)

---

Die Summe dieser Erträge wird als *permanentes Einkommen* bezeichnet. Es ist umfassender definiert und im Zeitablauf stabiler als das laufende pekuniäre Markteinkommen. Das permanente Einkommen $Y_p$ ist eine langfristig angelegte Erwartungsgröße: der allgemeine Ertragsstrom des sich nur langsam ändernden realen Gesamtvermögens $V_r$. Vermittelt über den Realzins $r$ gilt die Beziehung

$$V_r = \frac{Y_p}{r} \qquad [2.59]$$

Zwischen allen Vermögensformen bestehen Substitutionsbeziehungen. Die Nachfrage nach jedem einzelnen Aktivum hängt von allen Ertragsraten ab (Preiseffekt) und variiert positiv mit dem Wert des Gesamtvermögens (Vermögensniveaueffekt). Eine Zinssenkung bewirkt so u.a. eine unmittelbare Mehrnachfrage nach langlebigen Konsumgütern, weil ihr unveränderter Nutzenstrom diese Güter nun attraktiver macht als das Halten von Wertpapieren.

Die Geldnachfrage ist Teil der allgemeinen Vermögenshaltung. Wie bei [2.52] wird die Annahme getroffen, dass die nominale Geldnachfrage proportional mit Preisniveaus variiert, d.h. eine reale Geldmenge nachgefragt wird. Im Gleichgewicht muss die nominale Geldnachfrage dem Geldbestand $M$ entsprechen. Die monetaristische Geldnachfragefunktion ist abhängig vom permanenten Einkommen, vom Preisniveau und vom Zins; sie enthält in Erweiterung von $M = P L(Y, i)$ [2.52] auch die Inflationsrate $p$ als Funktionselement:

$$M = P f\left(\underset{+}{Y_p}, \underset{-}{i}, \underset{-}{p}\right) \qquad [2.60]$$

Variationen der Inflationsrate üben einen – im Vergleich zum Preisniveau – konträren Effekt auf die Geldhaltung aus: So ist ein höheres Preis*niveau* mit einer im Niveau ebenfalls vergrößerten Bargeldhaltung verbunden, weil ihre Dienstleistung der Transaktionsfinanzierung sonst eingeschränkt würde; zugleich verringert aber eine zunehmende Preissteigerungs*rate* den Ertrag des Geldes als Vermögenswert und löst folglich eine Substitution zugunsten anderer Aktiva aus (*Abschnitt 2.1.3*). Bei sehr hohen Inflationsraten dominiert dieser Aspekt die Geldhaltung (*Box 2-7*).

Multiplikation von [2.60] mit $Y_p$ und Division durch $f(\cdot)$ ergibt

$$M \frac{Y_p}{f\left(Y_p, i, p\right)} = P Y_p \qquad\qquad [2.61]$$

Der Vergleich zur (Transaktions-) Kassenhaltung $L_T = k P Y$ [2.43] bzw. zur Quantitätsgleichung $M U \equiv P Y$ [2.58] zeigt, dass der Kassenhaltungskoeffizient bzw. die Umlaufgeschwindigkeit durch die Funktion $Y_p / f(\cdot)$ ersetzt wurde. Die Umlaufgeschwindigkeit ist danach keine (technische oder verhaltensmäßig bestimmte) Konstante, sondern als Funktion von wenigen makroökonomischen Variablen abhängig. Diese Funktion war in Europa lange Zeit stabil, d.h. die Umlaufgeschwindigkeit veränderte sich in weitgehend vorhersehbarer Weise. Zuletzt sind jedoch – wie schon in den USA und anderen Ländern – große, unregelmäßige Schwankungen aufgetreten; Geldmengenänderungen hatten keinen klar erkennbaren Zusammenhang mit dem Nominaleinkommen bzw. der Inflation (*Abschnitt 5.2.2*).

Die Vermögenshaltung ist auf eine *reale* Geldnachfrage gerichtet. Eine Erhöhung der nominalen Geldmenge $M$ seitens der Währungsbehörden impliziert einen unerwünschten Zuwachs der nominalen Kassenhaltung in der Volkswirtschaft. Der *Realkasseneffekt* besagt, dass die Wirtschaftssubjekte daraufhin ihren angestrebten realen Kassenbestand wiederherstellen wollen. Sie versuchen, überschüssige Geldmittel abzudisponieren, d.h. sie kaufen Güter oder Wertpapiere. Gesamtwirtschaftlich verschwindet dadurch die überschüssige Geldmenge freilich nicht, sondern sammelt sich bei den Güterverkäufern, die dann ihrerseits Geld anlegen oder ausgeben, um ihre optimale Geldhaltung zu erreichen. Der weitere Verlauf hängt von den Angebotsbedingungen auf Güter- und Arbeitsmärkten ab:

- Bei der von der Quantitätstheorie angenommenen Vollbeschäftigung steigt das Preisniveau. Erst dadurch sinkt nun gesamtwirtschaftlich die reale Kassenhaltung auf den gewünschten Wert. Die Güternachfrage normalisiert sich. Die Preise sind proportional zur Geldmenge gestiegen. Die Geldnachfrage ist das zentrale Bindeglied der quantitätstheoretischen Erklärung der Preis- durch die Geldmengenentwicklung.

- Bei elastischen Angebotsfunktionen bleibt der nominale Geldangebotsüberschuss länger erhalten und es kann zu starken Preissteigerungen bei Vermögensaktiva (*Bubbles*) kommen (*Box 2-3, Abschnitt 5.2.4*).

---

**Box 2-7: Geldnachfrage bei Hyperinflation**

Bei sehr hohen Inflationsraten hängt die Geldnachfrage praktisch nur noch (negativ) von der erwarteten Inflationsrate ab; die übrigen Determinanten wie Output und Preisniveau (Transaktionskasse) sowie Nominalzins (Spekulationskasse) verlieren quantitativ an Bedeutung. Der befürchtete Realwertverlust der Geldhaltung führt zu einer Ökonomisierung der Kassenbestände: Die Kassenhaltung sinkt (d.h. die Umlaufgeschwindigkeit steigt) mit der erwarteten Inflation. Die Geldnachfragefunktion von *Cagan* (1956) lässt sich in Anlehnung an [2.53] formulieren als

$$\frac{M}{P} = \exp\left(-\mu\, p^e\right)$$ 
[2.62]

Differenziert man [2.62] nach der Zeit, erhält man näherungsweise eine Darstellung auf der Ebene von Wachstumsraten bzw. ihrer Veränderung:

$$m - p = -\mu\, \dot{p}^e$$ 
[2.63]

Die Änderung der erwarteten Inflationsrate wird in adaptiver Weise (mit dem Lernkoeffizient $\lambda < 1$) vom Schätzfehler in der laufenden Periode gesteuert, d.h. die Erfahrung einer Unterschätzung der Inflation bewirkt, dass die erwartete Inflationsrate nach oben revidiert wird:

$$\dot{p}^e = \lambda\left(p - p^e\right)$$ 
[2.64]

Aus [2.63] und [2.64] ergibt sich:

$$\dot{p}^e + \frac{\lambda}{1 - \lambda\,\mu}\, p^e = \frac{\lambda}{1 - \lambda\,\mu}\, m$$ 
[2.65]

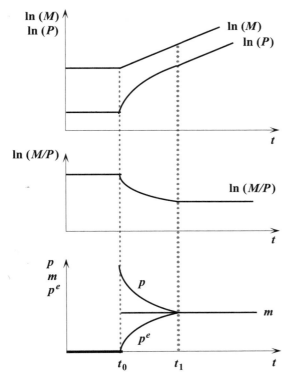

Abbildung 2-15:
Anpassung der realen
Geldnachfrage an eine
höhere Inflationsrate

Differenzialgleichungen des Typs $\dot{x} + a\,x = b$ haben die Lösung $x = b/a$. Der dynamische Prozess konvergiert zu diesem Wert, wenn $a > 0$ gilt. Das bedeutet im vorliegenden Fall $p^e = m$ bei $\lambda\,\mu < 1$.

Bis $t_0$ sei $m = p = 0$ (*Abbildung 2-15*). Danach werde das Geldmengenwachstum auf einen positiven konstanten Wert erhöht. Die Inflationsrate steigt nach $p = m + \mu\,\dot{p}^e$ [2.63] zunächst überproportional, weil die ebenfalls zunehmende Inflationserwartung die gewünschte Realkassenhaltung verringert; dies treibt – neben dem Geldangebotseffekt – Güternachfrage und Preise zusätzlich an.

Jedoch setzt sich die Erfahrung schneller steigender Preise nur schrittweise in höhere Inflationserwartungen um. Wenn $\lambda\,\mu < 1$ gilt, so geht das Überschießen der realisierten Inflation zurück, weil sich der Schätzfehler bei der Inflationserwartung abbaut. Die reale Geldnachfrage sinkt solange, bis schließlich die erwartete Inflationsrate in $t_1$ den neuen konstanten Gleichgewichtswert $p^e = p = m$ erreicht hat.

In der Hyperinflation, bei einer *steigenden* Geldmengenwachstumsrate, wird der Lernkoeffizient $\lambda$ zunehmen. Dadurch wird früher oder später die Konstellation $\lambda\,\mu > 1$ erreicht. Der Inflationsprozess wird dann in erster Linie durch die Inflationserwartungen vorangetrieben. Die immer rascher steigende Umlaufgeschwindigkeit führt zu einer völligen Erosion des monetären Systems (theoretisch selbst dann, wenn sich das Geldmengenwachstum wieder stabilisieren sollte).

---

**Zusammenfassung**

2.2.1 Die (Bar-) Geldnachfrage folgt erstens aus dem Bedürfnis, laufende Transaktionen sofort abwickeln zu können; diese Transaktionskasse ist proportional zum nominalen Einkommen. Das Halten dieser Realkasse stellt eine Form der Einkommensverwendung dar. Zweitens ist trotz positiver Zinsen eine Geldhaltung aus dem Vermögensmotiv sinnvoll, wenn steigende Zinsen erwartet werden. Das bedeutet kurzfristig Kursverluste der Wertpapiere. Langfristig profitieren Wertpapierbesitzer von Zinssteigerungen; die Duration misst, ab welchem Zeitpunkt der Einkommenseffekt einer Zinserhöhung den Kapitalwerteffekt überkompensiert. Unterschiedliche Zinsänderungserwartungen oder eine allgemeine Aversion gegen das Risiko von kurzfristigen Kapitalwertänderungen schlagen sich gesamtwirtschaftlich in einer mit sinkendem Zins zunehmenden Spekulationskasse nieder.

2.2.2 Die traditionelle Quantitätstheorie nimmt eine exogen steuerbare Geldmenge, eine konstante Umlaufgeschwindigkeit und ein nur realwirtschaftlich beeinflussbares Produktionsvolumen an; danach bestimmt das Geldangebot das Preisniveau. Die Neoquantitätstheorie betrachtet die Geldnachfrage als Bestandteil der Gesamtvermögenshaltung. Die Summe der Erträge aus allen Vermögensformen ist das permanente Einkommen. Die reale Geldnachfrage ist eine stabile Funktion der Ertragsraten aller Vermögensobjekte. Bei einer Erhöhung des nominalen Geldangebots streben die Wirtschaftssubjekte wiederum ihre gewünschte Realkassenhaltung an; die Verwendung des überschüssigen Geldes zu Güter- und Wertpapierkäufen lässt die Preise steigen. In einer Hyperinflation ist die Geldnachfrage praktisch nur noch negativ von der erwarteten Inflationsrate abhängig.

## 2.3 Finanzmärkte und Banken

### 2.3.1 Investition und Ersparnis: Wertpapierfinanzierung versus Bankkredit

In jeder Volkswirtschaft gilt das Grundprinzip einer Güterkonkurrenz: Die Menge der zur Verfügung stehenden Güter wird auf den privaten und staatlichen Konsum, die Investition und den Export aufgeteilt. In einer Tauschwirtschaft ohne ungenutzte Güterbestände bildet deshalb ein Konsumverzicht die Voraussetzung zur Investition. Vorstellbar ist, dass die Sparer den Investoren Ressourcen leihen, die dann als Kapitalgüter verwendet werden. In der Geldwirtschaft ist dem güterwirtschaftlichen Konsumverzicht jedoch der Vorgang der *Finanzierung* von Investitionsausgaben vorgelagert, da eben eine Aneignung von Ressourcen nur durch Geldzahlung möglich ist. Der Investor benötigt primär *Geld*, keinen Konsumverzicht (das gleiche Problem stellt sich für die Regierung, wenn sie Staatsausgaben nicht voll durch Steuern deckt, also ein Budgetdefizit durch Kredit finanziert).

> *Owing to the ambiguous nature of the word capital there is a tendency to confuse the supply of finance with the supply of saving.*
>
> Joan Robinson (1951: 14)

> *Das Sparen erzeugt gerade erst Kreditbedarf bei verringertem Umsatz, umgekehrt wird, wenn Sparer frühere Ersparnisse aufzehren, die Liquidität der Banken wie der Unternehmungen gesteigert und zugleich das Unternehmereinkommen.*
>
> Wilhelm Lautenbach (1952: 62)

Sparen verschafft den Unternehmen keine Liquidität. Im Gegenteil: Ändern die Haushalte bei konstantem Einkommen ihre Einkommensverwendung zulasten des Konsums, wird der ansonsten direkt zu den Unternehmen fließende Zahlungsstrom entsprechend schmaler. Dies lässt sich anhand des aus der Volkswirtschaftlichen Gesamtrechnung bekannten Flussdiagramms ersehen, das die Zahlungsströme zwischen Unternehmen, Haushalten und dem Vermögensänderungskonto abbildet (*Abbildung 2-16*). Allerdings bleibt den Unternehmen die Möglichkeit einer den Liquiditätsverlust kompensierenden Kreditaufnahme; dabei erhalten sie liquide Mittel über eine – mit einer Zinsbelastung verbundene – *Verschuldung*, während der Haushaltskonsum direkt die Unternehmens*einkommen* erhöht hätte. Eine Zunahme der Haushaltsersparnis bei konstantem Einkommen führt also zu *keiner* gesamtwirtschaftlichen Geldvermögensbildung, sondern nur zu einer *Umverteilung* des bestehenden Geldvermögens.

Im umgekehrten Fall einer Abnahme der Haushaltsersparnis steht der verringerten Geldvermögensbildung der Haushalte *ceteris paribus*, d.h. bei konstanten Investitionen, eine Zunah-

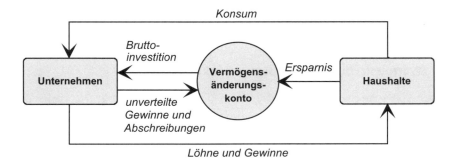

*Abbildung 2-16: Zweipoliger Einkommenskreislauf mit Vermögensänderung*

me der Unternehmenseinkommen und entsprechend eine erhöhte Unternehmensersparnis (unverteilte Gewinne) gegenüber. Im Wirtschaftskreislauf stimmt (in der geschlossenen Wirtschaft ohne Staat) die Summe von Haushaltsersparnis $S_H$, Unternehmensersparnis $Q_U$ und Abschreibungen $D$ stets mit der Bruttoinvestition $I_{brutto}$ überein.

$$S_H + Q_U + D = I_{brutto} \tag{2.66}$$

Der Zusammenhang zwischen Kreditvergabe, Investition und Ersparnis wird im Folgenden näher untersucht. Dabei zeigt sich die primäre Rolle von *Vermögensanlageentscheidungen*, die vermittelt über die Güternachfrage eine Einkommensbildung bewirken; aus der Verwendung dieses Einkommens ergibt sich dann die Geldvermögensbildung (*Abbildung 2-17*).

(1) Sieht man zunächst von der Existenz von Geschäftsbanken ab, so setzt sich das Geldvermögen der Marktakteure aus Bargeld und Wertpapieren (Kreditforderungen) zusammen. Diese entsprechen dem akkumulierten Schuldenbestand der Unternehmen (und des Staates). Mit den früher aufgenommenen Geldmitteln wurde der Aufbau des volkswirtschaftlichen Kapitalstocks finanziert. Der Zinsanspruch der Geldvermögensbesitzer als Gläubiger erzwingt die Kalkulation einer Mindestprofitrate im Produktionsprozess.

Eine Neukreditvergabe basiert auf einer vermögenswirtschaftlichen Portfolioentscheidung und erfolgt grundsätzlich aus dem Geldvermögensbestand – unabhängig davon, ob der Vermögensbesitzer in der laufenden Periode spart oder nicht. Stets muss ein Gläubiger dazu bewegt werden, seinen Vermögensbestand von der Geldhaltung zugunsten von Wertpapieren umzustrukturieren. Da diese Portfolioumschichtung zu einer weniger liquiden Vermögensform eine Einbuße im Liquiditätsgrad der Vermögenshaltung bedeutet, erfordert eine vermehrte Kreditvergabe im allgemeinen einen höheren Zinssatz (*Abschnitt 1.1.3*). Dies ist der Effekt des Finanzierungsmotivs der Geldhaltung.

Die Ausgabe der Finanzmittel durch den Investor bedeutet eine Verwendung von Geld, das bisher als Vermögensaktivum gehalten wurde, zur Finanzierung von Gütermarkttransaktionen. Die somit steigende Kapitalgüternachfrage stellt eine *nominale* Einkommenssteigerung dar, die zunächst bei den Verkäufern der Kapitalgüter anfällt und sich danach (über indu-

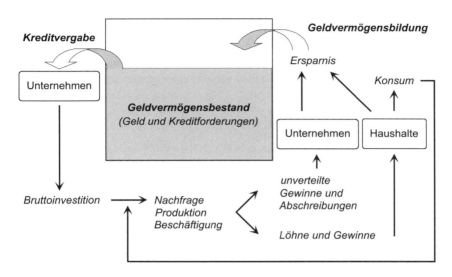

*Abbildung 2-17: Verschuldung, Ausgaben und Ersparnis*

zierte Käufe von Vorprodukten und Konsumausgaben neubeschäftigter Arbeitskräfte) durch die gesamte Wirtschaft (im In- und Ausland) fortsetzt. Der durch die Investition bewirkte Nachfrageschub in der Volkswirtschaft wird also in Abhängigkeit von der Entscheidung der Haushalte über die Aufteilung ihres Einkommens in Konsum und Sparen verstärkt.

Die Angebotsbedingungen auf Güter- und Arbeitsmarkt entscheiden darüber, in welchem Ausmaß die *realen* Investitionsziele (der Ausbau der Sachanlagen) erreicht werden. Wenn es keine Engpässe beim Arbeitsangebot gibt und die Kapazitätsauslastung niedrig ist, so kann die Produktion elastisch auf die Nachfragesteigerung reagieren. Im Falle von Angebotsbeschränkungen wird die Übernachfrage dagegen zu Preissteigerungen führen. In dieser Situation können die realen Investitionen nur dann im gewünschten Ausmaß zunehmen, wenn die Haushalte mehr sparen und dadurch zusätzliche Ressourcen für Investitionszwecke verfügbar machen.

*Unabhängig* vom Ausmaß der Angebotsbeschränkungen und Preissteigerungen implizieren die *nominalen* Investitionsausgaben eine ebenso große volkswirtschaftliche Sparsumme, die nach $S_H + Q_U + D = I_{brutto}$ [2.66] bei Haushalten und/oder Unternehmen anfällt. Knappheitsbedingte Preissteigerungen stellen unmittelbar eine Erhöhung der unverteilten Gewinne dar. Die nominale Gesamtersparnis entspricht einer Geldvermögensbildung, die gemäß der Struktur des Vermögensbestandes wiederum auf Bargeld- und Wertpapierhaltung (Kreditvergabe) verteilt wird. Während die anfängliche Kreditaufnahme zu einer Anspannung des Kapitalmarktes geführt hatte, bewirkt der Rückstrom von Geld zum Kapitalmarkt nun, dass die durch die Kreditnachfrage ausgelöste Zinssteigerung größtenteils wieder ausgeglichen wird (*Box 2-8*).

**Box 2-8:** *Der Finanzierungseffekt auf den Kapitalmarktzins*

Bei einer kreditfinanzierten Nachfrageerhöhung entsteht auf dem Wertpapiermarkt ein Anpassungsproblem dadurch, dass das erhöhte Kreditvolumen in vollem Umfang zusätzliche Wertpapiere auf den Markt bringt, während die zusätzliche Ersparnis jedoch zu einer Nachfrage nach verschiedenen Geldvermögensaktiva führt. Zur Vereinfachung der formalen Zusammenhänge sei angenommen, dass Schuldpapiere mit einer unendlichen Laufzeit ausgegeben werden, die mit einer festen Zinszahlung von 1 € pro Jahr ausgestattet sind. Dies bedeutet im einzelnen:

- Der *Wert* dieser Bonds ist dann gemäß $V = E/i$ [2.7] bestimmt durch

$$Kurs = \frac{Zinszahlung}{Kapitalmarktzins} = \frac{1}{i}\,€ \qquad\qquad [2.67]$$

- Ein bestimmtes *Finanzierungsvolumen* ist damit durch $B/i$ gegeben, wobei $B$ die Anzahl der Forderungsrechte bezeichnet, die einen Anspruch auf einen Zinsbezug von 1 € pro Jahr repräsentieren.

- Zugleich misst $B$ den jährlichen Strom der *Zinszahlungen* $i(B/i)$, die bei dem Finanzierungsvolumen $B/i$ anfallen.

Der gegebene, deshalb zinsunabhängige Bestand an Bonds ist $B_0^s$, die zinsabhängige Nachfrage dieses Bestandes ist $B^d$ (bei höheren Zinsen, d.h. niedrigeren Kursen würden die Akteure mehr Papiere halten wollen); das Marktgleichgewicht ist A (*Abbildung 2-18*). Hinzugefügt wird nun ein zinsabhängiges Neuangebot an Bonds, d.h. eine zinsabhängige Nachfrage nach neuen Krediten, so dass $B_0^s + \Delta B^s$ das gestiegene Gesamtangebot an Bonds darstellt. Dieses wird bei gegebenem Geldvermögen und unveränderter Bereitschaft zur Bondnachfrage nur bei einer Zinssteigerung ins Portefeuille genommen; es tritt also eine Kurssenkung ein. Das neue temporäre Gleichgewicht in D bestimmt das Ausmaß der Kreditaufnahme, das Volumen der kreditfinanzierten Ausgaben und den neuen Wertpapierbestand $B_1^s$.

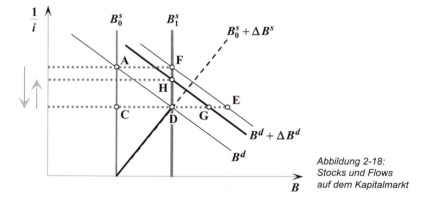

*Abbildung 2-18:*
*Stocks und Flows*
*auf dem Kapitalmarkt*

Am Ende des Multiplikatorprozesses sind freiwillige Ersparnisse in Höhe der erhöhten Investition (bzw. des Budgetdefizits) entstanden: $CD/i = DE/i$. Würden sie in voller Höhe zur Bondnachfrage verwendet, so läge das neue Gleichgewicht in F: Die neue Bondnachfrage $\Delta B^d$ bewirkt eine vollständige Neutralisierung des anfänglichen Kursverfalls. Tatsächlich wird aber ein Teil der Geldvermögensbildung der Kassenhaltung zugeführt; die Rechtsverschiebung der Bond-nachfragekurve fällt deshalb geringer aus (DG < DE) und das endgültige Gleichgewicht ist H: Das zusätzliche Wertpapierangebot $\Delta B^s / i$ entspricht dem Umfang der zusätzlichen Investition $\Delta I$ (bzw. der Erhöhung der Staatsausgaben $\Delta G$ ). Dadurch werden im Multiplikatorprozess zusätzliche Ersparnisse $\Delta S$ im gleichen Umfang erzeugt. Diese werden jedoch nur in Höhe des bisherigen Anteils $\phi$ der Wertpapierhaltung am Gesamtvermögensbestand zum Kauf neuer Papiere $\Delta B^d / i$ verwendet; bei unveränderten Ertragsraten entspricht die Nachfragestruktur der Struktur des gesamten Vermögensbestandes.

$$\Delta I = \frac{\Delta B^s}{i} > \frac{\Delta B^d}{i} = \phi \, \Delta S = \phi \, \Delta I \qquad\qquad [2.68]$$

Wegen $\phi < 1$ liegt ein Überschussangebot an Wertpapieren, anders formuliert: eine Mehrnach-frage nach Geld vor. Steigende Zinsen sind dann notwendig, um die Struktur der Vermögenshal-tung zu ändern und das zusätzliche Wertpapierangebot am Markt abzusetzen. Somit kann die durch die Ersparnis erfolgte Neuanlage von Finanzmitteln am Wertpapiermarkt die ursprüngliche Zinssteigerung nur teilweise kompensieren. Allerdings wird dieser *Finanzierungseffekt* auf den Zins (FH) in der theoretischen Betrachtung oft ignoriert, weil er bei einem großen Geld- und Wertpapierbestand empirisch nicht ins Gewicht fällt; die Finanzierungssalden der Defizit- bzw. Überschusssektoren sind gemessen am gesamten Geldvermögen eher gering.

Der Finanzierungseffekt einer kreditfinanzierten Nachfrageausweitung ist vom *Transaktionskas-seneffekt* zu unterscheiden: Fragen die Wirtschaftssubjekte aufgrund einer Einkommensauswei-tung mehr Kasse nach, so kann dies *bei konstantem Geldangebot* $\overline{M}$ nur zulasten der Speku-lationskasse geschehen. Der Versuch der Akteure, ihren Liquiditätsstatus durch Wertpapierver-käufe zu verbessern, wird den Zins soweit erhöhen, bis sich die geplante Spekulationskasse ge-mäß $L_S = L_S(i)$ [2.51] verringert und dadurch Finanzmittel für den Transaktionskassenbedarf freisetzt. Die gegenläufige Bewegung von (Nominal-) Einkommen und Zins bei *gegebener* Geld-menge zeigt sich auch in der "Geldmarktgleichung" $\overline{M} = P Y^\theta \exp(-\mu i)$ [2.53].

Der Zusammenhang zwischen diesem "Geldmarkt" und dem gesamtwirtschaftlichem Kredit-bzw. Kapitalmarkt der *Abbildung 2.18* wird durch die folgende Überlegung deutlich: Ein Gleich-gewicht zwischen der nachfrageseitigen Einkommensentstehung $Y = C + I$ und der Einkom-mensverwendung $Y = C + S$ bedeutet Gütermarkträumung bei $I = S$. Wenn die Investition durch Bondemission finanziert wird und die Ersparnis in den Bondkauf und die zusätzliche Geld-haltung fließt, so gilt damit

$$\left. \begin{array}{r} \dfrac{\Delta B^s}{i} = I \\[2mm] \dfrac{\Delta B_H^d}{i} + \Delta L = S \end{array} \right\} \quad \Rightarrow \quad \frac{\Delta B^s}{i} = \frac{\Delta B_H^d}{i} + \Delta L \qquad\qquad [2.69]$$

In einem System ohne Geschäftsbanken betreibt die Zentralbank Geldschöpfung durch den An-kauf von Bonds (*Abschnitt 3.1*):

$$\Delta M = \frac{\Delta B_{ZB}^d}{i} \qquad\qquad [2.70]$$

Aus der Addition von [2.69] und [2.70] folgt nach Umstellung und Neuordnung der Terme

$$\underbrace{\frac{\Delta B^s - \left(\Delta B_H^d + \Delta B_{ZB}^d\right)}{i}}_{Bondmarkt} = \underbrace{\Delta L - \Delta M}_{Geldmarkt} \qquad [2.71]$$

Ein Überschussangebot an Bonds impliziert also eine Überschussnachfrage nach Geld. Anders ausgedrückt: Eine Räumung des Bondmarktes (ein Null-Saldo auf der linken Seite von [2.71]) bedeutet zugleich eine Räumung des "Geldmarktes". Im Gleichgewicht gilt dies für die Bestandsänderungen in [2.71] wie für die Bestände

$$\underbrace{\frac{B^s - B^d}{i}}_{Bondmarkt} = \underbrace{L - M}_{Geldmarkt} \qquad [2.72]$$

Methodisch heißt das auch, dass im Rahmen einer gesamtwirtschaftlichen Analyse die Vorgänge im Finanzsektor entweder anhand des Bond- *oder* des "Geldmarktes" untersucht werden können. Dies ist die Schlussfolgerung aus einer allgemeineren Erkenntnis: In einem System von $n$ miteinander verbundenen Märkten (hier: Güter-, Wertpapier- und "Geldmarkt") sind nur $n-1$ Märkte unabhängig voneinander (*Walras'* Gesetz). Die Angebots- und Nachfrageströme auf dem $n$ten Markt ergeben sich indirekt aus der Summe der Transaktionen der übrigen Märkte. Bei der Untersuchung des Gesamtsystems kann demnach ein Markt ausgeblendet werden (dies war traditionellerweise der Wertpapiermarkt).

(2) Der gesamte Vorgang von Finanzierung, Investition und Ersparnis wird durch die Einbeziehung von Geschäftsbanken nicht wesentlich verändert. Unter Berücksichtigung der Vermittlungsaktivitäten der Finanzintermediäre weist das Geldvermögen des Nichtbankensektors ein größeres Spektrum von Anlageformen auf:

- Bargeld und Sichteinlagen bei Banken (Geldmenge *M1*),

- Termin- und Spareinlagen,

- Festverzinsliche Wertpapiere, Aktien und Investmentfonds,

- Sonstige Forderungen (u.a. gegen Bausparkassen und Versicherungen).

Wie im obigen Modell gibt es auch eine direkte Kreditvergabe der Haushalte an die Unternehmen, z.B. über einen Wertpapiererwerb am Kapitalmarkt. Ein Großteil des Kreditgeschäfts läuft jedoch über die Banken. Auch die Bankkreditvergabe wird nicht durch einen unzureichenden Konsumverzicht der Haushalte, sondern durch eine mangelnde Verfügbarkeit von Geld beschränkt, weil erfahrungsgemäß ein Teil der mit der Kreditvergabe entstehenden Depositen bar abgezogen wird. Die Liquiditätslage der Banken bleibt von den Spar- bzw. Konsumentscheidungen der Haushalte praktisch unberührt. Es kommt lediglich zu einer Umstrukturierung von Depositen: Die Sparbeträge werden auf Bankkonten (oder direkt am Kapitalmarkt) angelegt; die Konsumausgaben landen vollständig auf den Bankkonten der Unternehmen und erhöhen so den Geldbestand der Banken.

Banken können Investitionen durch Kreditschöpfung finanzieren, ohne *zuvor* zusätzliche Einlagen in gleicher Höhe einwerben zu müssen. Das Kreditvolumen beträgt ein Vielfaches der Barreserven der Banken; zudem ist diese Relation flexibel (*Abschnitt 1.2.2*). Gleichwohl müssen die Banken im Zuge einer Kreditausweitung oft steigende Zinskosten aufwenden, um sich von der Notenbank oder den Nichtbanken zusätzliche Liquidität zu verschaffen (die dann in Mindestreserve und Bargeldhaltung fließt). Dagegenzurechnen ist, dass dem Banksektor im Zuge der Verausgabung der Investitionsmittel wiederum Einlagen zufließen; es ist sekundär, ob es sich dabei – vom Motiv der Einleger her – um *Spar*depositen handelt.

Im Fall der Bankkreditvergabe wird besonders deutlich, dass der *Kreditgeber nicht spart*, sondern über die Finanzierung einer Investition indirekt einen Einkommensstrom und damit Ersparnisse bei anderen Akteuren erzeugt. Als monetäre Geldausgabe ist die Investition nicht durch die Ersparnis beschränkt. Investiert wird stets *Geld*, das als Bestandsgröße auf dem Kreditwege verfügbar gemacht werden muss. Investition und Ersparnis bilden das Scharnier zwischen Vermögens- und Gütermarkt. Dabei erzeugt die Investition einen Einkommensstrom, aus dem simultan *neue* Ersparnisse gebildet werden.

Auf der anderen Seite verringert eine zusätzliche Haushaltsersparnis den Einkommensstrom und erhöht damit zunächst nur *einzelwirtschaftlich* den Geldvermögensbestand, da der Konsumausfall das Unternehmenseinkommen schmälert und – bei dadurch bewirkten Produktions- und Beschäftigungseinschränkungen – an anderer Stelle zur Verringerung der Haushaltsersparnis führen muss. In der Interaktion zwischen Vermögens- und Gütermarkt ist daher die Investition insoweit in der Führungsrolle.

---

*Wenn die Unternehmungstätigkeit rege ist, wird Vermögen angesammelt, wie immer die Spartätigkeit beschaffen sein mag; wenn die Unternehmungstätigkeit träge ist, verfällt das Vermögen, wie immer sich die Spartätigkeit verhalten mag.*

*The* ex ante *saver has no cash, but it is cash which the ex* ante *investor requires. [...] For 'finance' is essentially a revolving fund. It employs no savings. [...] If there is no change in the liquidity position, the public can save ex ante and ex post and ex anything else until they are blue in the face, without alleviating the problem in the least – unless, indeed, the result of their effort is to lower the scale of activity to what it was before. This means that, in general, the banks hold the key position in the transition from a lower to a higher scale of activity. [...] There will be always exactly enough ex post saving to take up the* ex post *investment and so release the finance which the latter had been previously employing. The investment market can become congested through a shortage of cash. It can never be congested through a shortage of saving.*

John Maynard Keynes (1930: 416, 1937: 219, 222)

---

Der Aufbau von Vermögen bei den Haushalten erfolgt über die Ersparnis. Gleichwohl steuert die Zeitpräferenz, die die Spareigung bestimmt, gesamtwirtschaftlich nicht den Zins. Die Erhöhung des einzelwirtschaftlichen Vermögensbestandes über die Bildung von Ersparnissen muss an anderer Stelle des Wirtschaftskreislaufs zu einem Einkommensausfall und einer entsprechenden Belastung einer Vermögensposition führen. Ein so einzelwirtschaftlich vermehrtes Kreditangebot wird in seiner Wirkung auf den Zins deshalb durch eine Angebotsverringerung eines anderen Gläubigers oder durch eine erhöhte Kreditnachfrage eines Schuldners kompensiert. Umgekehrt führt eine abnehmende Bereitschaft zum Konsumverzicht zu einem Vermögenszufluss bei den Unternehmen, die neben den Haushalten ebenfalls als Vermögensbesitzer agieren. Die Strukturverschiebung zwischen Haushaltsersparnis und (unverteilten) Unternehmensgewinnen ist in Bezug auf Liquiditätsversorgung und Zins grundsätzlich neutral. Die Gesellschaft kann den Zins nur ändern, wenn sie sich entschließt, mehr oder weniger liquide zu sein, nicht aber dadurch, dass sie mehr oder weniger spart.

### 2.3.2 Banken als Finanzmarktakteure: Erosion einer traditionellen Arbeitsteilung?

Vergleicht man den Kreditvergabeprozess über Kapitalmärkte und Banken, so erscheinen die Haushalte stets als die "letzten" Gläubiger. Im ersten Fall erwerben sie direkt Wertpapiere, die von Unternehmen am Finanzmarkt emittiert werden. Die Haushalte nehmen dabei einen Aktivtausch in ihrem Portfolio vor (die Banken fungieren i.d.R. nur als Zahlungsvermittler). Im Fall der Bankkreditvergabe geht die Initiative jedoch von den Banken aus, während die im Prozess der Einkommensbildung entstehenden Ersparnisse als Geldanlagen zu den Banken zurückfließen (die Pfeile im oberen Teil von *Abbildung 2-19* repräsentieren die Richtung von Zentralbankgeldforderungen, jedoch keine kausale oder zeitliche Logik). Die indirekte Gläubigerposition der Haushalte gegenüber den Unternehmen zeigt sich jedoch nicht zuletzt daran, dass die Sicherheit ihrer Bankforderungen im Prinzip von der Bedienung der Unternehmenskredite bei den Banken abhängt.

Die tradierte Aufgabenteilung zwischen Banken und Finanzmärkten ist in jüngerer Zeit verwischt worden: Geschäftsbanken gehen vermehrt dazu über, den Liquiditätsgrad ihrer

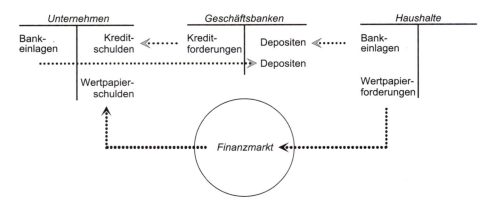

*Abbildung 2-19:*
*Banken und Finanzmärkte als Intermediäre zwischen Unternehmen und Haushalten*

Aktiva durch den Verkauf von Kreditforderungen am Finanzmarkt aufzubessern. Andere Finanzintermediäre verschaffen sich den Kaufpreis durch die Emission von Wertpapieren. Bei der Verwandlung von Krediten in handelbare Wertpapiere (*Verbriefung*) können unterschiedliche Risikoklassen gebildet werden, die dem Risiko der Kredite entsprechen. Diese "synthetischen" Wertpapiere können so auf die Präferenzen der Anleger auf dem (internationalen) Finanzmarkt zugeschnitten werden.

Die *Chancen* dieser Finanzinnovation liegen darin, dass sich der Kreditvergabespielraum der Banken erweitert und die Kreditrisiken auf einen größeren Kreis von Gläubigern verteilt werden. Die *Gefahren* sind einerseits, dass die Anreize zu einer sorgfältigen Prüfung der ursprünglichen Kreditanträge und zu einem *Monitoring* der Kreditschuldner geschwächt werden; zudem kann die Transparenz über die effektive Allokation der Risiken schwinden und die Akteure so zu einem übermäßig riskanten Anlageverhalten verleiten (ohne die Aussicht auf eine Verbriefung hätten die US-Banken in den 2000er Jahren vermutlich niemals so viele sog. *Subprime*-Kredite an einkommensschwache Schuldner vergeben).

Der Übergang des Geschäftsmodells vieler Banken von einem *Originate and Hold* zu *Issue and Trade* (der Kreditforderungen) ist nur ein Element des markanten Wachstums der Bankaktivität. Relativ zum nominalen Produktionsvolumen nehmen die Bankaktiva ständig zu; dieser Trend hat sich im letzten Jahrzehnt noch verstärkt (*Abbildung 2-20*). Dieser Befund lässt sich als Anzeichen einer sinkenden Produktivität der Intermediationsleistung des Banksektors verstehen. Dies ist ein typisches Phänomen der wachsenden Arbeitsteilung in einer Volkswirtschaft: Die Auslagerung und Konzentration bestimmter Tätigkeiten bei jeweils darauf spezialisierten Akteuren geht mit abnehmenden Grenzerträgen einher. Dabei ist das Ausmaß dieser "Umwegproduktion" von den dabei erzielbaren Produktivitätsfortschritten und den anfallenden Transaktionskosten abhängig. Letztere sind im Finanzsektor in der Vergangenheit durch technischen Fortschritt (Computerisierung) und Deregulierung (gelockerte Vorschriften zur Eigenkapital- und Liquiditätshaltung, neue Finanzinstrumente) gesunken. Die Einführung einer Finanztransaktionssteuer könnte insoweit dazu beitragen, das Wachstum des Finanzsektors zu bremsen.

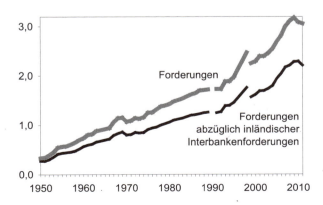

*Abbildung 2-20: Forderungsbestand der Banken in Relation zum nominalen BIP in Deutschland und (ab 1999) der EWU*

Dieses Wachstum hat zur Bildung längerer Intermediationsketten geführt, in denen Banken und andere Finanzinstitute als Gläubiger *und* Schuldner agieren. Dabei wird die Zinsmarge zwischen Finanzierungskosten und (erwarteten) Anlagerenditen zur entscheidenden Steuergröße des Geschäftsvolumens, das bei einer elastischen Geldversorgung durch die Notenbank keine starre Grenze kennt. Zu beobachten ist eine hohe Verschuldungsneigung (*Leverage*) und eine teilweise ausgeprägte Fristentransformation; das erforderliche *Roll-over* der Verbindlichkeiten verlangt stets anlagebereite Geldgeber (i.d.R. andere Banken) und einen flexiblen Geldmarkt. Andernfalls droht bei für sich genommen begrenzten Störungen (d.h. Forderungsausfällen) eine Kettenreaktion von Illiquidität und Insolvenz. Die Zinsmarge schrumpft von beiden Seiten; rasch zeigen sich zudem quantitative Refinanzierungsgrenzen durch die Anlagezurückhaltung anderer Finanzintermediäre. Die hohe Bruttoverschuldung des Banksektors begründet so eine latente systemische Instabilität des Finanzsektors.

---

*The increasing dependence of the banking system on access to funding from financial markets could also mean that central banks are forced to underwrite the entire funding market in times of distress in order to avoid the collapse of the banking system.*

Moritz Schularik / Alan M. Taylor (2009: 11)

---

**Zusammenfassung**

2.3.1 Die Investition ist von der Angebotsseite nicht durch die Ersparnis, sondern durch die Bereitschaft zur Kreditvergabe aus einem zu jedem Zeitpunkt gegebenen Geldvermögensbestand beschränkt. Die Investition erzeugt über den Kreislaufzusammenhang von Ausgaben und Einkommen stets neue Ersparnisse, die zu Neuanlagen am Finanzmarkt führen und damit das Geldvermögen vergrößern. Dies gilt unabhängig vom Auslastungsgrad der Volkswirtschaft auch bei Preissteigerungen. Eine Erhöhung der Spartätigkeit bei gegebenem Einkommen lässt das gesamtwirtschaftliche Geldvermögen unverändert und verbessert weder den Liquiditätsstatus der Unternehmen noch der Banken. Bei Vollauslastung der Kapazitäten ist jedoch ein Konsum-, d.h. Ressourcenverzicht notwendig, um das realwirtschaftliche Ziel einer Investition, den Kapazitätsausbau, zu erreichen.

2.3.2 Die Haushalte sind bei Unternehmensfinanzierung über den Kapitalmarkt direkte Gläubiger, bei Bankkreditfinanzierung indirekte Gläubiger der Investoren. Prinzipiell steht nur Schuldnern mit hoher Reputation die Finanzierung über Anleiheemission offen. Im modernen Bankgeschäft werden jedoch Kreditforderungen gebündelt und zu handelbaren Wertpapieren umgestaltet. Diese Verbriefung erweitert die Kreditvergabemöglichkeiten, birgt jedoch Gefahren im Hinblick auf die Qualität der Kreditschuldner und die Transparenz der Risikoverteilung im Markt. Die Arbeitsteilung zwischen Real- und Finanzsektor und innerhalb des Finanzsektors hat zu längeren Intermediationsketten geführt. Der Finanzmarkt wird dabei zum wichtigen Anlage- und Refinanzierungsort der Geschäftsbanken.

# 2.4 Zinsen und Wechselkurse

## 2.4.1 Gleichgewicht auf dem Devisenmarkt: die Theorie der Zinsparität

In der offenen Volkswirtschaft erweitert sich das Spektrum der Anlagemöglichkeiten für den Geldvermögensbesitzer sowie der Verschuldungsmöglichkeiten für den Kreditnehmer. Zur Wahl stehen nun auch Wertpapiere, die in verschiedenen Währungen denominiert sind. Damit tritt neben den bereits angesprochenen Kriterien bei der Portfolioentscheidung (*Abschnitt 2.1.1*) ein *Währungsrisiko* auf: Zunächst ist (bei der Geldanlage) der Betrag in ausländischer Währung aufzubringen; sodann erfolgen Tilgung und Zins- bzw. Dividendenzahlungen ebenfalls in Auslandswährung. Wenn diese Beträge nicht weiter im Ausland gehalten werden sollen, müssen sie in heimische Währung rückgetauscht werden. Bei der Kalkulation der Rendite einer Auslandsanlage ist deshalb eine *mögliche Wertveränderung der Auslandswährung in Relation zur Inlandswährung* zu berücksichtigen.

Der relative Preis der Währungen drückt sich im *Wechselkurs* aus:

$$E = \frac{x\ Euro}{eine\ Einheit\ Auslandswährung} \qquad [2.73]$$

Eine Erhöhung von $E$ bedeutet eine Abwertung, eine Verringerung eine Aufwertung der Inlandswährung. Diese Definition des Wechselkurses entspricht der sog. *Preisnotierung* (der in diesem Buch gefolgt wird). In der Praxis wird z.T. auch die *Mengennotierung* verwendet, nach der $E$ umgekehrt den Preis der Inlandswährung in Einheiten der Auslandswährung misst. Eine Erhöhung von $E$ zeigt dann eine Aufwertung an.

Betrachtet wird nun die Anlageentscheidung eines Geldvermögensbesitzers, der zwischen Wertpapieren mit gleicher Laufzeit (z.B. ein Jahr) zu wählen hat, die auf verschiedene Währungen lauten. Die Papiere seien vollständig substituierbar und tragen neben möglichen Wechselkursänderungen keine sonstigen Risiken; es bestehen also keinerlei nicht-ertragsorientierten Präferenzen für Aktiva der einen oder anderen Währung. Von Transaktionskosten wird abgesehen. Gewählt wird deshalb das Papier mit der höchsten Rendite.

Bei einer Anlage eines Euro-Betrags im Inland ist die Rendite direkt durch den Inlandszins $i_t$ gegeben. Soll dagegen heimisches Geldvermögen im Ausland (z.B. in den USA) investiert werden, so hängt die Gesamtrendite nicht nur vom Auslandszins, sondern auch von der Wechselkursentwicklung ab: Der anzulegende Euro-Betrag wird zunächst zum heutigen Kurs $E_t$ in Dollar getauscht und dann zum Auslands-, d.h. Dollar-Zins $i_t^A$ am US-Finanzmarkt angelegt (*Abbildung 2-21*). Am Ende der Investitionsperiode erfolgt ein Rücktausch

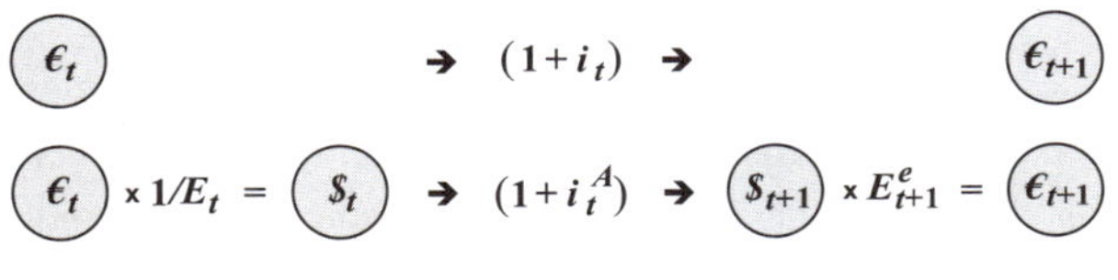

Abbildung 2-21:
Inlands- und
Auslandsanlage
von Finanzaktiva

von Kapital und Zinseinkommen in Euro; der dann vorherrschende Wechselkurs $E_{t+1}^e$ ist jedoch aus heutiger Sicht eine Erwartungsgröße. Die Renditen beider Projekte stimmen demnach überein, d.h. ein Arbitragegleichgewicht ist gegeben, wenn

$$1 + i_t = \frac{1}{E_t} \left( 1 + i_t^A \right) E_{t+1}^e \qquad [2.74]$$

gilt. Daraus folgt die *Theorie der Zinsparität*: Der inländische Zins liegt ungefähr um die erwartete Abwertungsrate (Aufwertungsrate) über (unter) dem Auslandszins:

$$i_t = \frac{E_{t+1}^e}{E_t} i_t^A + \frac{E_{t+1}^e - E_t}{E_t} \approx i_t^A + \frac{E_{t+1}^e}{E_t} - 1 = i_t^A + \hat{e}_{t+1}^e \qquad [2.75]$$

liegt
nahe 1 vernachläßig

Der mit dem Auslandszins $i_t^A$ multiplizierte Term $E_{t+1}^e / E_t$ zeigt die Realwertsicherung der Zinserträge an. Er liegt bei kleinen Wechselkursänderungserwartungen nahe bei Eins und wird daher oft vernachlässigt. Bei *heterogenen* Währungen wird in [2.75] zusätzlich eine *Risikoprämie* eingefügt; sie erfordert zum Ausgleich einen höheren Zins bei Papieren in weniger angesehenen Währungen (dies wirkt analog zu einem höheren $i_t^A$). Das Währungsrisiko kann teilweise durch Absicherungsgeschäfte ausgeschaltet werden (*Box 2-9*).

Die erwartete Veränderungsrate des Wechselkurses $\hat{e}_{t+1}^e$ wirkt wie eine (positive oder negative) Ertragsrate von Finanzinvestitionen. Bei einer erwarteten Abwertung der Inlandswährung ist es vorteilhaft, das Geldvermögen während des Abwertungsprozesses in Auslandswährung zu "parken" und damit vor dem Wertverlust zu schützen. Beim Rücktausch kann dann ein Kursgewinn realisiert werden. Folglich muss den Vermögenshaltern, die ihr Geld im Inland belassen, zur Kompensation ein höherer Inlandszins gezahlt werden. Im Grenzfall sind nicht einmal effektive Kapitalbewegungen notwendig, um Wechselkurs- und Zinsänderungen durchzusetzen; die Bestandspreise auf flexiblen Finanz- und Devisenmärkten passen sich sofort an eine neue Gleichgewichtsbedingung an.

Die Zinsparitätsbedingung [2.75] lässt sich als *Menu of Political Choice* verstehen (*Abbildung 2-22*). Als ZP-Kurve zeigt sie bei gegebenem Auslandszins und einem bestimmten erwarteten Wechselkurs die Menge aller Zins-Wechselkurs-Kombinationen, die ein Devisenmarktgleichgewicht darstellen.

- Wenn in Punkt A der erwartete dem tatsächlichen Wechselkurs entspricht ($E_{t+1}^e = E_0$), ist die Zinsdifferenz zum Ausland gleich Null.

- Aber auch Punkt B bedeutet ein Gleichgewicht, weil hier der Zinsnachteil von Inlandsanlagen ($i_t < i_t^A$) dadurch gerade aufgewogen wird, dass die Kapitalanleger eine Aufwertung der Inlandswährung erwarten ($E_t \rightarrow E_0$). Eine Zinsdifferenz zum Ausland kann also durch eine Auf- oder Abwertungserwartung kompensiert werden.

- Oberhalb von ZP (Punkt C) ist der Inlandszins aus Sicht des Devisenmarktgleichgewichts zu hoch: Dies bedeutet einen Renditevorteil für Anlagen im Inland und zieht folglich Kapitalimporte an. Dies geht mit einer Aufwertungstendenz der Inlandswäh-

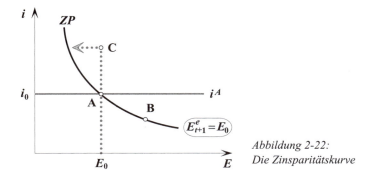

*Abbildung 2-22:*
*Die Zinsparitätskurve*

rung einher, bis die ZP-Linie erreicht ist. Umgekehrt wertet der Wechselkurs unterhalb von *ZP* ab.

Die Zinsparitätsbedingung als Gleichgewichtsbedingung des Vermögensmarktes verlangt eine bestimmte *Kursänderungsrate*, hat aber einen Freiheitsgrad im Hinblick auf das *Kursniveau*. Die Theorie der Zinsparität erlaubt abhängig von der Konstellation auf dem Devisenmarkt unterschiedliche Aussagen:

- In einem System flexibler Wechselkurse, in dem die Zinssätze direkt oder indirekt durch die beteiligten Notenbanken festgelegt werden, bestimmt die Zinsdifferenz und das künftig erwartete Kursniveau $E_{t+1}^e$ den aktuellen Wechselkurs $E_t$. Die Umformulierung von [2.74] zeigt den *Wechselkurs als Vermögenspreis*: Alle für die künftige Entwicklung relevanten Informationen spiegeln sich bereits im heutigen Marktpreis wider; der aktuelle Kurs ist vor allem von seinem erwarteten Wert in der Zukunft abhängig. Neue Informationen können zu sprunghaften Preisänderungen führen (*Abschnitt 2.1.2*). Eine etwaige Zinsdifferenz bewirkt nur eine geringfügige Modifikation des Zusammenhangs $E_{t+1}^e \rightarrow E_t$.

$$E_t = E_{t+1}^e \frac{1+i_t^A}{1+i_t} \qquad\qquad [2.76]$$

- Umgekehrt kann man aus einer gegebenen Zinsdifferenz und dem aktuellen Kassakurs auf die dazu passende Markterwartung über den künftigen Wechselkurs $E_{t+1}^e$ schließen. Damit wird die Zinsparitätsbedingung zu einem Ansatz der Wechselkursprognose.

- Bei fixen Wechselkursen ($E_t = \overline{E}$) impliziert eine beobachtbare Zinsdifferenz, dass die Marktakteure eine spätere Abweichung vom Fixkurs erwarten ($E_{t+1}^e \neq \overline{E}$). Das deutet darauf hin, dass die Kursfixierung nicht glaubwürdig ist. Die Zinsdifferenz wird zu einem Maß der Wahrscheinlichkeit und des Ausmaßes einer Kursänderung.

*Box 2-9: Gedeckte Zinsparität*

Die Gleichgewichtsbedingung [2.74] beschreibt die sog. "ungedeckte" Zinsparität, bei der das Risiko von Wechselkursänderungen von den Anlegern getragen wird. Wenn jedoch ein Währungsterminmarkt für die gewünschten Anlagefristen existiert, so kann ein Anleger bereits heute den Umtausch eines später in ausländischer Währung freiwerdenden Betrages vertraglich und preislich regeln. Wenn z.B. der Auslandszins steigt, so werden inländische Anleger auf dem *Kassamarkt* Devisen nachfragen, damit ausländische Finanzaktiva erwerben und zugleich den Tilgungsbetrag zum *Terminkurs* $E_{t+1}^T$ auf dem *Terminmarkt* verkaufen.

Mit dieser Transaktion sind zwei Preiseffekte verbunden: Die Überschussnachfrage nach Devisen auf dem Kassamarkt bringt eine Abwertung der Inlandswährung mit sich ($E_t$ steigt). Das Überschussangebot an Auslandswährung auf dem Terminmarkt wertet zugleich den Terminkurs der Inlandswährung auf ($E_{t+1}^T$ sinkt). Das Kurssicherungsgeschäft kommt zum Erliegen, wenn der Verlust aus der Differenz zwischen Kassa- und Terminkurs den Zinsvorteil der Auslandsanlage gerade noch kompensiert. Im Gleichgewicht gilt die "gedeckte" Zinsparität

$$i_t - i_t^A = \frac{E_{t+1}^T}{E_t} - 1 \qquad\qquad [2.77]$$

bei der die Zinsdifferenz dem *Swapsatz*, d.h. der rechten Seite von [2.77] entspricht. Da Währungsterminmärkte nur im Bereich relativ kurzer Fristen existieren, ist eine vollständige Absicherung von Auslandsinvestitionen nicht möglich.

## 2.4.2 Störungen der Zinsparität: Abwertungserwartungen, Zinspolitik und *Overshooting*

Die ZP-Kurve gilt sowohl bei flexiblen wie bei festen Wechselkursen, denn auch im letzteren Fall sind Wechselkursänderungserwartungen keineswegs ausgeschlossen. Auf jeder ZP-Kurve ist die Wechselkurserwartung konstant. Ändert sich der erwartete Wechselkurs oder der Auslandszins, so verschiebt sich die ZP-Kurve (*Abbildung 2-23*):

(1) Bei einer in Punkt A auftretenden *Abwertungserwartung* ($E_{t+1}^e = E_1$) verlagert sich die Zinsparitätslinie nach oben auf ZP'. In A ist nun der Inlandszins zu niedrig, um den bestehenden Wechselkurs $E_0$ zu halten. Kapitalexporte bewirken eine Abwertung bis zum neuen Gleichgewicht B. Die Abwertungserwartung wird also direkt realisiert. Will die Geldpolitik jedoch den Kurs $E_0$ verteidigen, so muss der Inlandszins auf $i_1$ erhöht werden, um über die Zinsdifferenz zum unveränderten Auslandszins $i_0^A$ die Anleger für die Abwertungserwartung zu entschädigen (Punkt C). Das mangelnde Vertrauen in die Stabilität des Wechselkurses muss also mit einer Zinsdifferenz zum Ausland bezahlt werden (zur Wirkung einer Abwertungserwartung auf die Zinsstruktur siehe *Box 2-10*).

(2) Ein *Anstieg des Auslandszinses* auf $i_1^A$ (wiederum von A ausgehend) setzt über den Kapitalexport unmittelbar eine Abwertung in Gang. Entscheidend sind nun zwei Randbedingungen des Portfoliogleichgewichts:

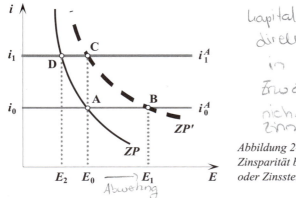

*Handwritten notes:* Kapitalexporte führen direkt zur Abwertung in D. Erwartungen bestätigen nicht sofort Zins muss steigen um für die erwartete Abwertung zu entschädigen

Abwertung

Abbildung 2-23:
*Zinsparität bei Abwertungserwartung oder Zinssteigerung im Ausland*

- Zunächst ist eine *Erwartung über die Dauer der Zinsdifferenz* zu bilden. Geht man im Extremfall davon aus, dass sie permanent anhalten wird, so gäbe es einen ebenfalls permanenten Anreiz zum Kapitalexport. Die Konsequenz wäre eine vollständige Entwertung der Inlandswährung. Daraus folgt, dass Zinsdifferenzen in der Erwartung der Anleger nur für eine bestimmte Zeitdauer bestehen können (es sei denn, der Zinsvorteil der Auslandswährung wird durch eine gleichzeitig aufgetretene Aufwertungserwartung der Inlandswährung z.B. im Ausmaß $E_0 \rightarrow E_2$ neutralisiert; in diesem Fall gilt weiterhin ZP und A bleibt der Gleichgewichtspunkt).

- Zugleich muss im Markt eine *herrschende Meinung über das künftige Niveau des Wechselkurses* bestehen.

Wenn man glaubt, dass die ausländische Zinserhöhung in $t+1$ wieder revidiert wird, der Inlandszins konstant und der allgemein erwartete (Gleichgewichts-) Wechselkurs $E_{t+1}^e$ bei $E_0$ bleibt, so wird der Wechselkurs in $t$ sprunghaft um AB abwerten. Das Ausmaß der Abwertung lässt sich aus dem totalen Differenzial der Zinsparitätsformel [2.75] berechnen:

$$dE_t = E_0 \, di_t^A \qquad\qquad [2.78]$$

Der durch den Zinsvorsprung angetriebene Kapitalexport, d.h. die Abwertung, stoppt in B, weil bei einem Umtausch der Inlandswährung zu einem Kurs oberhalb von B der relative Zinsgewinn der Auslandsanlage den zu erwartenden Kursverlust (Abwertung der Auslandswährung bzw. Aufwertung der Inlandswährung von B nach C) nicht mehr kompensiert.

Während der nun folgenden Periode wertet die Inlandswährung schrittweise auf. Der Zeitablauf dieses Anpassungsprozesses wird in *Abbildung 2-24* beschrieben. Nach der sprunghaften Abwertung A → B tritt zwischen B und C eine kontinuierliche Wiederaufwertung ein. Anleger, die zwischen $t$ und $t+1$ die Auslandsinvestition wählen, können nur noch für kürzere Zeit von der Zinsdifferenz profitieren; deshalb muss der Wechselkurs wegen der zu erwartenden Abwertung der Auslandswährung auch immer näher am Gleichgewichtskurs $E_0$ liegen. Wenn der Auslandszins erwartungsgemäß wieder auf $i_0^A$ abgesenkt wird, hat der

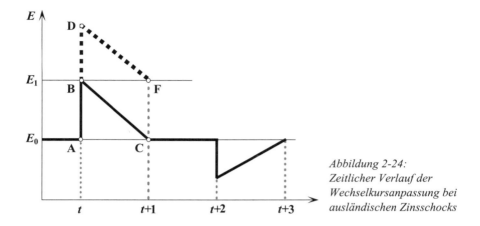

*Abbildung 2-24:*
*Zeitlicher Verlauf der*
*Wechselkursanpassung bei*
*ausländischen Zinsschocks*

Marktkurs gerade den Wert $E_0$ erreicht. Die Bewegung des Wechselkurses zwischen $t+2$ und $t+3$ beschreibt einen analogen Anpassungsprozess bei einer vorübergehenden *Absenkung* des Auslandszinses.

Komplikationen des Anpassungsprozesses ergeben sich dadurch, dass die Dauer der Zinsdifferenz falsch eingeschätzt oder das Niveau des erwarteten Gleichgewichtskurses im Prozessverlauf revidiert wird. In diesem Zusammenhang ist zu betonen, dass die Zinsparität als Gleichgewichtsbedingung des Devisenmarktes gemäß [2.75] nur eine bestimmte *Änderungsrate* des (erwarteten) Wechselkurses verlangt; *das absolute Niveau des Kurses bleibt jedoch unbestimmt.* Gegeben eine bestimmte Zinsdifferenz, so kann die dazu korrespondierende Anpassung des Wechselkurses von B nach C, aber ebenso von D nach F verlaufen – wenn nämlich $E_1$ den neuen Fixpunkt der Wechselkurserwartungen darstellen sollte.

(3) Geldpolitische Maßnahmen können den langfristig erwarteten Wechselkurs verändern und zu einer *überschießenden Anpassungsbewegung des Wechselkurses* führen. Das langfristige Gleichgewichtsniveau des Wechselkurses $E^*$ wird zumeist mit der *Kaufkraftparitätentheorie* erklärt. Nach dem "Gesetz des einheitlichen Preises" auf dem internationalen Gütermarkt müssen die Preise von homogenen Gütern ausgedrückt in einem gemeinsamen Standard gleich sein, weil ansonsten Arbitragegeschäfte lohnend werden (*Box 6-1*). Wenn keine sonstigen Transaktionskosten auftreten, muss $E^*$ damit aus Wettbewerbsgründen dem Verhältnis der Preisniveaus im In- und Ausland entsprechen bzw. sich nach der Differenz der nationalen Inflationsraten entwickeln:

$$E^* = \frac{P}{P^A} \quad \Rightarrow \quad \hat{e}^* = p - p^A \qquad [2.79]$$

Nach quantitätstheoretischer Vorstellung hängen die Preise in den einzelnen Ländern wiederum von der Geldmengenentwicklung ab (*Abschnitt 2.2.2*). Diese bestimmt danach auch den langfristig erwarteten Wechselkurs:

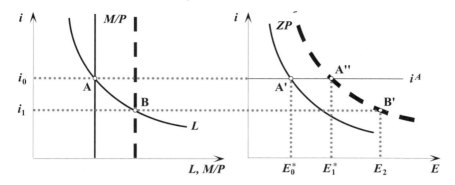

*Abbildung 2-25: Überschießen des Wechselkurses nach Geldmengenerhöhung*

$$E^* = f\left(\frac{M}{M^A}\right) \quad \Rightarrow \quad \hat{e}^* = f\left(m - m^A\right)$$
[2.80]

Kommt es zu einer Erhöhung der nominellen Geldmenge $M$, so wird sich das Preisniveau $P$ bei Rigiditäten im Lohn- und Preisbildungsprozess erst mit einer Verzögerung anpassen. Deshalb steigt nun die reale Geldmenge $M/P$; im "Geldmarkt" geht dies mit einem Absinken des Zinssatzes von $i_0$ auf $i_1$ einher (A → B, *Abbildung 2-25*).

Auf dem Devisenmarkt führt die höhere Geldmenge $M$ nach [2.80] zu einem Anstieg des *langfristig* erwarteten Wechselkurses von $E_0^*$ auf $E_1^*$; die Zinsparitätskurve verschiebt sich nach rechts. Gleichzeitig ist aber *kurzfristig* eine Zinsdifferenz zum Ausland eingetreten. Diese ist gemäß der Zinsparitätsbedingung [2.75] nur bei einer *Aufwertungserwartung* mit einem Finanzmarktgleichgewicht vereinbar. Der über den Kapitalabfluss in Gang gesetzte Abwertungsprozess geht deshalb über den Gleichgewichtswechselkurs $E_1^*$ hinaus und hält solange an, bis bei den Anlegern eine Aufwertungserwartung vorherrscht, die den Zinsnachteil der Inlandswährung kompensiert.

Auf der neuen ZP-Kurve wird so ein temporäres Gleichgewicht B' mit dem Wechselkurs $E_2$ realisiert; dies bedeutet eine überschießende Abwertung im Vergleich zum neuen langfristigen Gleichgewichtskurs $E_1^*$. Die nun einsetzende Preissteigerung auf dem Gütermarkt verringert die reale Geldmenge; dies geht mit einem Wiederanstieg des Inlandszinses einher (B → A). Auf dem Devisenmarkt hat dies eine kontiniuerliche Aufwertung zur Folge, bis in A'' der aktuelle Wechselkurs mit seinem neuen langfristigen Gleichgewichtswert übereinstimmt. Hier entspricht ebenfalls der Inlandszins wieder dem Auslandszins.

Die überschießende Abwertung ist eine Konsequenz von Rigiditäten bei der Lohn- und Preisbildung (steigt das Preisniveau unmittelbar mit der Geldmenge, so bliebe die Zinssenkung aus und der Wechselkurs $E_1^*$ würde unmittelbar realisiert). Dabei liefert die Kaufkraftparität das durch Gütermarktbeziehungen bestimmte Gravitationszentrum der Marktdynamik und prägt die langfristigen Erwartungen der Wirtschaftssubjekte, während die

Zinsparität die kurzfristigen, temporären Finanzmarktgleichgewichte im Verlauf des Anpassungsprozesses steuert.

---

**Box 2-10: Abwertungserwartung und Zinsstruktur**

Die erwartete Abwertung einer Währung geht häufig mit einer inversen Zinsstruktur einher (*Abschnitt 2.1.5*). Die Zinsparitätsbedingung [2.74] für $n$ Perioden ist

$$\left(1+i_t\right)^n = \frac{E_{t+n}^e}{E_t}\left(1+i_t^A\right)^n \qquad [2.81]$$

Dabei bezeichnet $i_t$ den Zins für einperiodige Wertpapiere. Bei einer flachen Zinsstruktur (keine Zinsänderungserwartung) gilt jedoch im Ausgangspunkt $i_t = i_{nt} = i_t^A = i_{nt}^A$. Erwarten die Akteure nun innerhalb der $n$ Perioden eine Abwertung der Inlandswährung ($E_{t+n}^e > E_t$), so ergibt sich bei konstanten Auslandszinsen aus dem totalen Differenzial von [2.81] eine in Prozentpunkten berechnete Änderung des langfristigen Inlandszinses:

$$d\,i_{nt} = \frac{1+i_{nt}}{n}\,\hat{e}_{t+n}^e \qquad [2.82]$$

Sie gilt auch, wenn die erwartete Abwertung bereits in der nächsten Periode erfolgt und der Wechselkurs dann bis zum Rücktausch des Anlagebetrages nach $n$ Perioden konstant bleibt.

Jedoch folgt aus der kurzfristigen Zinsparitätsbedingung, d.h. [2.81] mit $n=1$, bei $\hat{e}_{t+n}^e = \hat{e}_{t+1}^e$ die Änderung des kurzfristigen Inlandszinses mit:

$$d\,i_t = \left(1+i_t\right)\hat{e}_{t+1}^e \qquad [2.83]$$

Offensichtlich steigt der kurzfristige Zins stärker an als der langfristige, d.h. $d\,i_t > d\,i_{nt}$ bei $n>1$, wenn zunächst $i_t = i_{nt}$ galt. Die Erklärung ist: Wenn innerhalb eines Jahres an einer Abwertung z.B. 10 % zu verdienen ist, so muss der Inlandszins für Ein-Jahres-Anlagen um etwa diesen Betrag ansteigen, um die Akteure von der Auslandsinvestition abzuhalten. In den folgenden Jahren gilt dann wieder Zinsgleichheit zum Ausland. Die Kompensation für langfristige Anleger verlangt dagegen einen *pro Jahr* geringeren Zinszuschlag, der aber länger gezahlt wird. War z.B. zunächst $i_t = i_{nt} = 5\,\%$, so folgt aus [2.82] bei einem Zeithorizont von drei Jahren $d\,i_{3t} = [(1+0,05)/3]\,0,1 = 0,035$ mit $i_{3t} = 8,5\,\%$, und aus [2.83] $d\,i_t = (1+0,05)\,0,1 = 0,105$ mit $i_t = 15,5\,\%$. Die inländische Zinsstrukturgleichung ist dann

$$\left(1+0,155\right)\left(1+0,05\right)\left(1+0,05\right) = \left(1+0,085\right)^3 \qquad [2.84]$$

---

**Zusammenfassung**

2.4.1 Die "ungedeckte" Zinsparität stellt eine Differenz zwischen den Zinssätzen in verschiedenen Währungsgebieten her, die der erwarteten Wechselkursänderungsrate entspricht und darüber das Risiko von Vermögensverlusten beim Rücktausch von Auslandsanlagen kompensiert. Bei konstanten Wechselkurserwartungen zeigt die im Zins-Wechselkurs-Diagramm negativ geneigte Zinsparitätskurve die Menge aller Zins-Wechselkurs-Kombinationen, die ein Finanzmarktgleichgewicht darstellen. Existiert ein Währungsterminmarkt, so können sich Geldvermögensbesitzer gegen Wechselkursänderungen absichern, indem sie Devisen per Termin kaufen oder verkaufen. Bei der "gedeckten" Zinsparität entspricht die Zinsdifferenz dem Swapsatz, d.h. der Relation zwischen Termin- und Kassakurs.

2.4.2 Eine Abwertungserwartung wird bei flexiblen Wechselkursen unmittelbar realisiert oder muss durch einen relativ höheren Inlandszins kompensiert werden. Eine Zinssteigerung im Ausland zwingt entweder zu einer inländischen Zinsanpassung oder zu einer Abwertung; dabei wird die Veränderung des Wechselkurses im Zeitablauf von der erwarteten Dauer der Zinsdifferenz und vom Niveau des erwarteten Gleichgewichtskurses beeinflusst. Ist die Preisanpassungsgeschwindigkeit auf dem Devisenmarkt höher als auf dem Gütermarkt, kann eine aktive Geldpolitik zu überschießenden Wechselkursbewegungen führen. Der langfristig gemäß der Kaufkraftparitätentheorie erwartete Wechselkurs verändert sich proportional zur Geldmengenveränderung. Kurzfristig geht jedoch der realisierte Wechselkurs noch über diesen Wert hinaus, um bei zunächst rigiden Preisen eine solche Wechselkursänderungserwartung zu erzeugen, die der Zinsparitätsbedingung genügt.

## Literatur und zitierte Quellen zu Kapitel 2

*Adrian, T. / Shin, H. S.* (2009): Money, Liquidity, and Monetary Policy. American Economic Review, Papers and Proceedings, 99, 600-605.

*Adrian, T. / Shin, H. S.* (2010): The Changing Nature of Financial Intermediation and the Financial Crisis of 2007-09. Federal Reserve Bank of New York, Staff Report 439.

*Belke, A. / Polleit, T.* (2009): Monetary Economics in Globalised Financial Markets. Berlin / Heidelberg, Kap. 2-4.

*Blanchard, O. J. / Illing, G.* (2009): Makroökonomie. 5. Aufl. München. Kap. 14, 15, 18.2., 22.1

*Bofinger, P.* (2001): Monetary Policy – Goals, Institutions, Strategies, and Instruments. Oxford, Kap. 2, 12.3, App. 8.1.

*Bullard, J.* u.a. (2009): Systemic Risk and the Financial Crisis – A Primer. Federal Reserve Bank of St. Louis Review, 91, 403-417.

*Cagan, P.* (1956): The Monetary Dynamics of Hyperinflation. In: *Friedman, M.*, Hg.: Studies in the Quantity Theory of Money. Chicago, 25-117.

*Deutsche Bundesbank* (2011): Konsequenzen für die Geldpolitik aus der Finanzkrise. Monatsbericht März, 55-71.

*Dornbusch, R.* u.a. (1990): Extreme Inflation – Dynamics and Stabilization. Brookings Papers on Economic Activity, 2, 1-64.

*Europäische Zentralbank* (2000): Der Informationsgehalt von Zinssätzen und ihren Derivaten für die Geldpolitik. Monatsbericht Mai, 41-60.

*Europäische Zentralbank* (2002): Ersparnis, Finanzierung und Investitionen im Euro-Währungsgebiet. Monatsbericht August, 71-83.

*Europäische Zentralbank* (2005): Geldnachfrage und Unsicherheit. Monatsbericht Oktober, 61-78.

*Europäische Zentralbank* (2008): Verbriefungen im Euro-Währungsgebiet. Die neuen Zinsstrukturkurven des Euro-Währungsgebiets. Monatsbericht Februar, 89-104, 105-114.

*Europäische Zentralbank* (2011): Das Geldangebot – Verhalten der Banken und Auswirkungen auf die monetäre Analyse. Monatsbericht Oktober, 67-86.

*Europäische Zentralbank* (2012): Die Interaktion der Finanzintermediäre und ihre Bedeutung für die monetäre Analyse. Monatsbericht Januar, 63-79.

*Franke, G. / Krahnen, J. P.* (2009): Instabile Finanzmärkte. Perspektiven der Wirtschaftspolitik, 10, 335-366.

*Friedman, M.* (1963): Inflation – Causes and Consequences. New York.

*Friedman, M.* (1974): A Theoretical Framework for Monetary Analysis. In: *Gordon, R. J.*, Hg.: Milton Friedman's Monetary Framework – A Debate with His Critics. Chicago, 1-62.

*Gischer, H.* u.a. (2012): Geld, Kredit und Banken. 3. Aufl. Berlin u.a., Kap. 1-2, 5-7, 19.

*Horn, G. / Joebges, H.* (2009): Anatomie der Finanzmarktkrise aus keynesianischer Sicht. In: *Chaloupek, G. / Kromphardt, J.*, Hg.: Finanzkrise und Divergenzen in der Wirtschaftsentwicklung als Herausforderungen für die Europäische Währungsunion. Marburg, 23-38.

*Issing, O.* (2011): Einführung in die Geldtheorie. 15. Aufl. München, Kap. II, IV.9-10, V.1-3, VII.7.

*Jarchow, H.-J.* (2010): Grundriss der Geldtheorie. 12. Aufl. Stuttgart, Kap. II, III.1, III.4, V.1.

*Keynes, J. M.* (1930): Vom Gelde. Berlin 1931.

*Keynes, J. M.* (1936): Allgemeine Theorie der Beschäftigung, des Zinses und des Geldes. Berlin 2006.

*Keynes, J. M.* (1937): The 'Ex Ante' Theory of the Rate of Interest. In: *Moggridge, D.*, Hg.: The Collected Writings of John Maynard Keynes, Bd. 14. London / Basingstoke 1987, 215-223.

*Lautenbach, W.* (1952): Zins, Kredit und Produktion. Tübingen.

*Mishkin, F. S. / Eakins, S. G.* (2005): Financial Markets and Institutions. 5. Aufl. Reading u.a., Kap. 3-5, 9-11, 13.

*Robinson, J.* (1951): The Rate of Interest. In: Dies.: The Generalisation of the General Theory and other Essays (1952). London / Basingstoke 1979, 135-164.

*Schularick, M. / Taylor, A. M.* (2010): Credit Booms Gone Bust – Monetary Policy, Leverage Cycles and Financial Crises, 1870-2008. NBER Working Paper 15512, Cambridge.

*Tobin, J.* (1958): Liquidity Preference as a Behaviour Towards Risk. Review of Economic Studies, 25, 65-86.

*Tobin, J.* (1969): Ein allgemeiner Gleichgewichtsansatz zur Geldtheorie. In: *Brunner, K.* u.a., Hg.: Geldtheorie. Köln 1974, 219-234.

*Woodford, M.* (2010): Financial Intermediation and Macroeconomic Analysis. Journal of Economic Perspectives, 24, 4, 21-44.

# Kapitel 3
# Geldpolitische Instrumente und ihre Wirkung

---

**Kapitelüberblick**

Im Folgenden geht es zunächst um die Frage, welche Mittel und Verfahren den Zentralbanken zur Verfügung stehen, um den gesamtwirtschaftlichen Prozess von der monetären Seite zu kontrollieren. Im Kern drehen sich geldpolitische Aktionen stets um die Menge und den Preis des Zentralbankgeldes. Beide Größen sind im allgemeinen nicht unabhängig voneinander. Deshalb wird in diesem Kapitel untersucht, warum Notenbanken eher den Zins als Instrument wählen und die Geldmenge der Nachfrage anpassen. Ansatzpunkt für die Geldpolitik kann der Kapitalmarkt sein, d.h. der Kauf und Verkauf langfristiger Wertpapiere, oder aber der Geldmarkt, auf dem kurzfristige Kredite an die Geschäftsbanken vergeben werden. Die Technik dieser Refinanzierungsgeschäfte wird mit Blick auf die Praxis der EZB näher dargestellt.

Der zweite Teil des Kapitels thematisiert den Wirkungsprozess der Zinspolitik. Er untersucht die verschiedenen Kanäle, durch die Veränderungen der Notenbankzinsen schließlich auf Güter- und Arbeitsmarkt wirken und dabei Produktion, Beschäftigung und Inflation beeinflussen. Da viele Unternehmen auf Bankkredite angewiesen sind, spielen die Geschäftsbanken in diesem Prozess eine große Rolle. Die Geldpolitik versucht, das Kreditgeschäft der Banken durch zinspolitische Anreize zu steuern. Der Transmissionsmechanismus geldpolitischer Entscheidungen ist durch lange, variable Zeitverzögerungen gekennzeichnet. Erwartungs- und Verhaltensänderungen privater Wirtschaftssubjekte können die Absichten der Notenbank durchkreuzen. Die Geldpolitik wird weiter erschwert durch die Tatsache, dass Notenbanken mit zahlreichen Informationsproblemen konfrontiert sind. Zinspolitik bei Unsicherheit bewegt sich auf einem schmalen Grat; der Versuch, inflationäre Überhitzungen der Konjunktur abzubremsen, endet häufig in einer geldpolitisch verursachten Wirtschaftskrise.

---

## 3.1 Das Instrumentarium der Notenbank

### 3.1.1 Offenmarktpolitik am Kapitalmarkt: Geldmengen- oder Zinsfixierung

Geldpolitische Instrumente sollen eine Reihe von Anforderungen erfüllen, die die Schwierigkeit der Aufgaben der Notenbank andeuten:

- Ihre primäre Aufgabe besteht in der Geldversorgung des Marktsystems. Daher ist ein geordnetes Verfahren für den Geldangebotsprozess zu finden. Jedoch darf die Liquiditätsbeschränkung des individuellen Wirtschaftens und damit die Zahlungsmittelfunktion des Zentralbankgeldes nicht aufgehoben werden (*Abschnitt 1.1*).

- Auch größere Geldnachfrageschwankungen und andere Liquiditätsschocks sollten rasch neutralisiert werden können.

- Die Geschäftsbanken sollten über ihren Refinanzierungsbedarf an die Notenbank gebunden sein, damit das Kreditvolumen beeinflusst werden kann.

- Die Instrumente sollten marktkonform sein und keine allokativen Verzerrungen in den Finanzierungsprozessen bewirken.

Ein traditionelles Instrument ist die *Offenmarktpolitik*, der An- und Verkauf von festverzinslichen Wertpapieren am Kapitalmarkt (*Box 3-1* zeigt die analoge Funktionsweise des An- und Verkaufs von Devisen). Dabei wählt die Notenbank das Volumen der Wertpapiertransaktionen und legt so die Geldmenge als Bilanzgegenposten fest (*Tabelle 3-1*).

| Aktiva | Passiva |
|---|---|
| + Δ Wertpapiere | + Δ Geldmenge |
| − Δ Wertpapiere | − Δ Geldmenge |

*Tabelle 3-1:*
*Notenbankbilanz bei expansiver und kontraktiver Offenmarktpolitik*

In Quadrant II von *Abbildung 3-1* ist die aus Transaktions- und Spekulationskasse zusammengesetzte nominale Geldnachfrage $PL$ der Geldmenge $M$ gegenübergestellt (in Abweichung von *Abbildung 2-13* ist die Geldnachfrage hier zur Vereinfachung linear gezeichnet). In Punkt A liegt ein Gleichgewicht vor.

In Quadrant I zeigt die *LM*-Linie alle "Geldmarktgleichgewichte" bei gegebener Geldmenge in einem Zins-Einkommen-Diagramm. Sie hat eine positive Steigung: Bei steigendem Zins sinkt die Spekulationskasse, d.h. die Geldhaltung aus dem Vermögensmotiv; um das konstante Geldangebot zu absorbieren, müsste die Transaktionskasse zunehmen; und dies geschieht bei einem wachsenden Einkommen. Die positive Steigung wird auch aus dem totalen Differenzial der "Geldmarktgleichung" $M = PL(Y, i)$ [2.52] ersichtlich. Dabei wird zunächst ein konstantes Preisniveau und eine konstante Geldmenge unterstellt ($dP = dM = 0$). Bezeichnet man mit $L'_Y > 0$ den partiellen Differenzialquotienten $\partial L / \partial Y$ und mit $L'_i < 0$ den partiellen Differenzialquotienten $\partial L / \partial i$, so ergibt sich die Steigung der *LM*-Linie als:

$$\frac{di}{dY} = -\frac{L'_Y}{L'_i} > 0 \qquad\qquad [3.1]$$

Bei $M$ und $L$ handelt es sich um die angebots- und nachfrageseitige Erfassung *eines* Geldbestandes. Deshalb bestimmt die aggregierte Geldhaltung bei konstantem Geldangebot nicht die Geld*menge*, sondern ihren *Preis*, d.h. den Zinssatz, zu dem die Akteure bereit sind, die von der Notenbank emittierte Geldmenge zu halten. Oberhalb der *LM*-Kurve ist die gewünschte Geldnachfrage kleiner als das Geldangebot. Deshalb werden Wertpapiere gekauft; dabei steigt ihr Kurs und es fällt der Zins. Umgekehrt besteht unterhalb der *LM*-Kurve we-

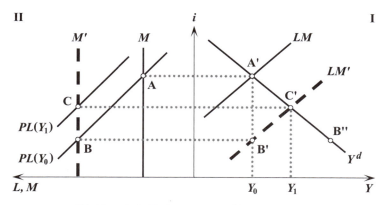

*Abbildung 3-1: Wirkung einer Geldmengenerhöhung*

gen des relativ niedrigen Zinssatzes eine Überschussnachfrage nach Geld. Die Folge sind Wertpapierverkäufe und eine Zinssteigerung.

Die Güternachfragefunktion $Y^d$ weist im Zins-Einkommen-Diagramm eine negative Steigung auf, da insbesondere die Investitionsgüternachfrage invers zinsabhängig ist. Der zu A korrespondierende Punkt A' bestimmt das Nachfrageniveau $Y_0$.

Eine Erhöhung der Geldmenge über Wertpapierkäufe auf $M'$ hat eine Absenkung des Kapitalmarktzinses zur Folge (*Abschnitt 2.1.2*): Auf den Wertpapierbestand sei beim Kurs von 100 € eine feste Verzinsung von z.B. 5 € zu zahlen. Das Kursniveau der Bonds wird nun durch Notenbankkäufe auf 125 € erhöht. Dies bedeutet eine Verringerung der effektiven Rendite von 5 auf 4 % (im Spezialfall einer völlig elastischen Geldnachfragefunktion bleibt der Zinseffekt allerdings aus; *Abschnitt 3.1.3*). Unmittelbar wird so Punkt B erreicht. Die höhere Geldmenge stellt sich im Zins-Einkommen-Diagramm als Verschiebung der *LM*-Kurve zu *LM'* dar. Der zu B korrespondierende Punkt des temporären Gleichgewichts ist B'.

Der gesunkene Zins bewirkt eine Güternachfragesteigerung (B' → B''). Mit dem Einkommen nimmt allerdings auch die Transaktionskassenhaltung zu; dies hat bei konstantem Geldangebot $M'$ eine Übernachfrage nach Geld zur Folge. Die Wirtschaftssubjekte verschaffen sich zusätzliche Liquidität über den Verkauf von Wertpapieren. Damit ist ein leichter Wiederanstieg des Zinses verbunden; über diesen *Crowding-out-Effekt* wird ein Teil der zinsabhängigen Güternachfrage verdrängt (B'' → C'). Praktisch laufen diese Prozesse im Markt simultan als Bewegung B' → C' ab, weil Anpassungen im "Geldmarkt" schneller vor sich gehen als im Gütermarkt; die Wirtschaftssubjekte können sehr rasch zwischen Kassen- und Wertpapierhaltung wechseln. Der Marktprozess vollzieht sich *auf* der *LM*-Kurve. Im I. Quadranten drückt sich die Einkommenssteigerung auf das erhöhte Niveau $Y_1$ als Verschiebung der Geldnachfragekurve nach oben aus. Das neue Gleichgewicht ist hier Punkt C.

*Veränderungen des Preisniveaus* wirken analog zu Geldmengenänderungen, jedoch mit umgekehrtem Vorzeichen. Ein höheres Preisniveau steigert den Transaktionskassenbedarf und

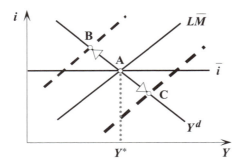

*Abbildung 3-2:*
*Geldnachfragestörungen bei*
*Geldmengen- und Zinsfixierung*

verschiebt bei konstanter Geldmenge die *LM*-Kurve nach oben. Damit geht eine Zinssteigerung einher, die – im wesentlichen über die Investition – Nachfrage und Einkommen verringert (*Realkassen-Zins-Effekt*).

*Schwankungen der Geldnachfrage*, d.h. Verschiebungen der Geldnachfragekurve können bei konstanter Geldmenge $\overline{M}$ zu Zinsausschlägen führen (A → B bzw. A → C, *Abbildung 3-2*). Um die damit verbundenen Güternachfrageschwankungen zu vermeiden, fixieren Notenbanken zumeist nicht die Geldmenge, sondern den Zins: Sie legen den Preis fest, zu dem sie Offenmarktgeschäfte durchführen. Der private Sektor (Banken und Nichtbanken) bestimmt dann über seine Geldnachfrage den Umfang dieser Geschäfte. Bei dieser Geldpolitik ist die *LM*-Kurve horizontal. Damit wird die Geldmenge zu einer endogenen, d.h. vom Markt gesteuerten Größe, die sich den Liquiditätsbedürfnissen der Akteure anpasst. Geldnachfrageschwankungen haben keinen Zinseffekt mehr; der Gütermarkt wird vor Finanzmarktstörungen abgeschirmt. Bei endogener Geldmenge tritt weder ein *Crowding-out*- noch ein Realkassen-Zins-Effekt auf. Wegen $\Delta M = \Delta L$ bleibt Punkt A bestehen.

*Güternachfrageschocks* würden bei fixiertem Zins $\overline{i}$ in beiden Richtungen ungehindert durchwirken (A → B bzw. A → C, *Abbildung 3-3*). Dagegen tritt bei konstanter Geldmenge über die transaktionskassenbedingte Zinsänderung ein automatischer Stabilisierungseffekt auf, der die Einkommenswirkungen abdämpft: Ein expansiver Nachfrageimpuls löst über den Versuch der Akteure, ihre Transaktionskasse zu erhöhen, eine Zinssteigerung aus; dabei

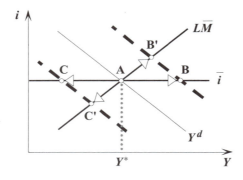

*Abbildung 3-3:*
*Güternachfragestörungen bei*
*Geldmengen- und Zinsfixierung*

wird zinsabhängige Güternachfrage zurückgedrängt (B $\rightarrow$ B'). Umgekehrt zeigt sich bei einem Nachfrageausfall eine überschüssige Geldhaltung, die zu einer Geldanlage am Wertpapiermarkt führt; die so bewirkte Zinssenkung erzeugt eine Nachfragezunahme (C $\rightarrow$ C'). Um solche Stabilisierungseffekte auch bei endogener Geldmenge zu erreichen, müsste die Notenbank zu einer aktiven Zinspolitik übergehen: Der Zins ist bei Störungen so zu variieren, dass ein gesamtwirtschaftliches Gleichgewicht gewahrt bleibt (*Abschnitt 4.3*).

---

**Box 3-1: Offenmarktpolitik am Devisenmarkt**

In der offenen Volkswirtschaft kann neben die inländische eine *ausländische Komponente der Geldschöpfung* treten. Sie wird wirksam, wenn die Notenbank am Devisenmarkt ausländische Währungen ankauft. Hierbei wird die inländische Geldmenge entsprechend erhöht. Die Notenbankbilanz verlängert sich (*Tabelle 3-1* gilt mit der Modifikation "Δ *Wertpapiere*" $\rightarrow$ "Δ *Devisen*"). Ein Devisenverkauf bedeutet eine Geldvernichtung.

Das Ziel von Devisenmarktinterventionen besteht allerdings i.d.R. nicht in der Auslösung der beschriebenen Geldmengeneffekte, sondern in der Beeinflussung der Wechselkursentwicklung (*Box 6-2*). Bei festen Wechselkursen ist die Notenbank verpflichtet, Ungleichgewichte auf dem Devisenmarkt durch eigene Käufe bzw. Verkäufe von Devisen auszugleichen, um eine Übereinstimmung zwischen Angebot und Nachfrage bei konstantem Kurs zu sichern. Wirtschaftssubjekte, die Devisen an die Notenbank verkaufen, gelangen unmittelbar in den Besitz von neu geschaffenem Zentralbankgeld. Die Liquiditätseffekte wirken gesamtwirtschaftlich analog zur Offenmarktpolitik am Kapitalmarkt. Devisenmarktinterventionen haben jedoch über die Veränderung des Wechselkurses einen zusätzlichen Effekt auf Exporte und Importe (*Abschnitt 6.1*).

---

### 3.1.2 Offenmarktgeschäfte am Geldmarkt: Mengen- und Zinstender

In der heutigen geldpolitischen Praxis spielt das Instrument der Offenmarktpolitik am Kapitalmarkt normalerweise kaum noch eine Rolle. Gründe dafür lassen sich aus der *Unterscheidung zwischen Geldversorgung und Kreditversorgung* einer Volkswirtschaft ableiten: Beim ersten Punkt geht es um die Befriedigung des Bedürfnisses zur Geldhaltung bei Banken und privaten Wirtschaftssubjekten; aufgrund des Geldangebotsmonopols kann diese Aufgabe allein von der Notenbank übernommen werden. Das zweite Problem sind die langfristigen Finanzierungsvorgänge, der Aufbau und die Entwicklung von Gläubiger- und Schuldnerpositionen, die auf dem Kapitalmarkt dezentral über den langfristigen Zins gesteuert werden. Geldversorgung und Kreditversorgung beschreiben unterschiedliche ökonomische Vorgänge, die auf unterschiedlichen Märkten ablaufen und deshalb auch geldpolitisch im Prinzip voneinander entkoppelt werden sollten. Dafür sprechen folgende Argumente:

- Würde die Notenbank das laufende Geschäft der Liquiditätsversorgung über den Kapitalmarkt betreiben, könnten Schwankungen in der Geldnachfrage und technische Störungen die *Allokationsfunktion des Kapitalmarktzinses* beeinträchtigen. Auch nur kurzfristig "gemeinte" Aktionen der Notenbank (z.B. eine reichlichere Geldversorgung zum Ausgleich einer saisonal steigenden Geldhaltung) könnten unbeabsichtigte Signale aussenden und so Auswirkungen auf langfristige Investitionsentscheidungen und die Konjunktur haben.

- Da die Notenbank als großer Akteur die Angebots-Nachfrage-Konstellationen auf dem Kapitalmarkt maßgeblich prägt, kann die *Informationsfunktion des Kapitalmarktzinses* gestört werden; Veränderungen der Anlage- und Investitionsneigung oder der Inflationserwartungen werden möglicherweise durch die Zinseffekte der Notenbankaktivität überspielt. Damit wird ein Konflikt zwischen dem Ziel einer möglichst direkten Steuerung zinsabhängiger Güternachfrageentscheidungen und dem Ziel der Gewinnung unverzerrter Informationen zur korrekten Lageeinschätzung deutlich.

- Interveniert die Notenbank direkt am Kapitalmarkt, so geriete der Kapitalmarktzins in die Nähe eines politischen Preises; die Notenbank könnte wegen ihres Einflusses auf die Zinskosten der Staatsverschuldung leicht unter politischen Druck kommen.

Die Versorgung des privaten Sektors mit Zentralbankgeld wird daher über den *Geldmarkt* geregelt. Die Notenbank verfolgt hier eine dreifache Aufgabe:

- Einerseits ist die *Liquidität des Banksektors* aufrechtzuerhalten, so dass seine Funktionsfähigkeit gesichert ist und Bankenzusammenbrüche (die zu panikartigen Krisen führen können) vermieden werden. Die Notenbank kann dabei als *Lender of Last Resort* auftreten (*Box 1-3*).

- Andererseits muss jedoch die *Liquiditätsbeschränkung* aus Effizienzgründen spürbar gehalten werden, so dass die Banken bei der Kreditvergabe aus ihrem Eigeninteresse (an einer späteren Tilgungsfähigkeit der Schuldner) eine Bonitätsprüfung der Projekte durchführen – und damit eine wichtige volkswirtschaftliche Selektionsaufgabe erfüllen (*Abschnitt 1.2.3*).

- Schließlich sind die Refinanzierungskonditionen deutlicher zu variieren, wenn die Notenbank vermittelt über die Reaktionen des Banksystems die *konjunkturelle* Entwicklung beeinflussen will.

Damit rückt der *kurzfristige Zins*, den die Notenbank bei Refinanzierungsgeschäften von den Geschäftsbanken fordert, ins Zentrum der Geldpolitik. Diese Transaktionen am Geldmarkt (die z.T. aber auch als Offenmarktgeschäfte bezeichnet werden) sind das Hauptinstrument der Geldpolitik in vielen Ländern, auch in der EWU. Im wesentlichen handelt es sich dabei um kurzfristige Kredite der Notenbank an die Geschäftsbanken, die zumeist durch die Hinterlegung bzw. Verpfändung von risikolosen Wertpapieren bei der Notenbank abgesichert werden (*Wertpapierpensionsgeschäfte*); teilweise wurden diese Refinanzierungskredite auch in der Form eines Kaufs und späteren Rückkaufs von Wertpapieren durchgeführt.

Die kurze Laufzeit der Kredite (ein bis zwei Wochen) erhöht die Flexibilität der Geldpolitik. Neu geschaffenes Zentralbankgeld ist praktisch mit einer automatischen Verfallszeit versehen, weil bei der Tilgung des Kredits eine Geldvernichtung eintritt. Umfang und Konditionen der Refinanzierungsgeschäfte können so rasch den sich ändernden gesamtwirtschaftlichen Marktbedingungen angepasst werden. Wertpapierpensionsgeschäfte ähneln dem früheren Diskontgeschäft, bei dem die Notenbank von den Geschäftsbanken mit einem Abschlag (dem Diskontsatz) Handelswechsel mit kurzer Laufzeit ankaufte, die dann bei Fälligkeit von den Wechselschuldnern ausgelöst werden mussten. Der Wertpapierpensionssatz hat nun den Diskontsatz in der Rolle des wichtigsten Notenbankzinssatzes abgelöst. Die Stellung einer Sicherheit dient zum einen dazu, fiskalische Kosten für die Regierung als Eigentümerin der Notenbank zu vermeiden, falls eine Geschäftsbank ihren Zentralbankkredit nicht zurückzahlen kann und somit Zentralbankaktiva abgeschrieben werden müssten. Darüber hinaus wird den Geschäftsbanken ein Anreiz zur Haltung relativ risikoloser Wertpapiere gegeben; dies trägt zur finanziellen Solidität ihrer Bilanzen bei.

Zwei Grundtypen dieser Refinanzierungsgeschäfte sind zu unterscheiden (*Abbildung 3-4*):

(a) Im ersten Fall fixiert die Notenbank den Zins und überlässt den Geschäftsbanken die Wahl der Geldmenge (*Festzinstender* oder *Mengentender*); Schwankungen der Geldnachfrage führen so nicht zu Zinsänderungen, vielmehr passt sich die Geldmenge endogen an. Wenn die Notenbank eine Obergrenze für das gesamte Geschäftsvolumen festlegt, so erfolgt bei Überzeichnung eine Quotierung; jede Geschäftsbank erhält nur einen Teil der gewünschten Geldmenge.

(b) Beim zweiten Verfahren setzt die Notenbank eine Obergrenze für das Volumen der Refinanzierungskredite (und zumeist einen Mindestzins) fest. Damit wird gleichsam eine bestimmte Geldmenge versteigert, so dass eine erhöhte Geldnachfrage Zinssteigerungen nach sich zieht. Es gibt verschiedene Varianten des *Zinstenders* (*Box 3-2*).

Wenn keine stabilitätspolitischen Aktionen notwendig sind, kann die Notenbank den Mengentender wählen, d.h. eine elastische Refinanzierung der Geschäftsbanken zu einem festen Zins. Dann zeigt der Übergang zum Zinstender einen Wechsel im Kurs der Geldpolitik, z.B. eine restriktivere Geldversorgung mit steigenden Zinsen an. Jedoch ist der Unterschied zwischen beiden Verfahren in der Praxis nicht gravierend, da einerseits auch beim Mengenten-

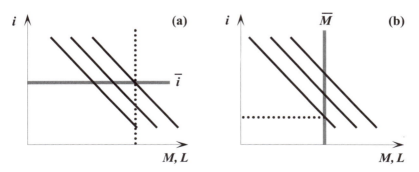

*Abbildung 3-4: Geldnachfrage der Geschäftsbanken beim (a) Mengen- und (b) Zinstender*

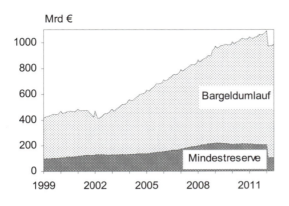

*Abbildung 3-5:*
*Zentralbankgeldbedarf*
*der Geschäftsbanken*
*in der EWU (mit*
*Absenkung des*
*Mindestreservesatzes*
*im Januar 2012)*

der Änderungen des zinspolitischen Kurses durch Neufestsetzung des Zinssatzes durchführ-bar sind und andererseits beim Zinstender das fixierte Zentralbankgeldvolumen so kalkuliert wird, dass die Geschäftsbanken gegenüber ihren Depositenkunden zahlungsfähig bleiben; es gibt also nicht zwangsläufig eine spürbare Verknappung von Zentralbankgeld.

In diesem Zusammenhang ist es für die Notenbank wichtig, den *Zentralbankgeldbedarf der Geschäftsbanken* hinlänglich genau abschätzen zu können (*Abschnitt 1.2.2*). Da die Bar-geldnachfrage phasenweise in unvorhersehbarer Weise schwankt (*Abbildung 3-5*), trägt die Mindestreserveverpflichtung (die auf den *zurückliegenden* Depositenbestand der Geschäfts-banken bezogen wird) zur Stabilisierung des Zentralbankgeldbedarfs bei. Die Festsetzung eines Mindestreservesatzes dient in erster Linie einer besseren Prognose der Zentralbank-geldnachfrage; liquiditätspolitische Ziele werden damit nur noch selten verfolgt (zur Ver-meidung von Wettbewerbsnachteilen gegenüber Banken in anderen Ländern ohne Mindest-reserveverpflichtung wird die Reservehaltung in der EWU verzinst).

---

*Box 3-2: Informations- und Anreizprobleme der Pensionsgeschäfte*

Ein informationsökonomischer Nachteil von Mengentendergeschäften liegt darin, dass die Ge-schäftsbanken zwar ihren quantitativen Zentralbankgeldbedarf (bei *gegebenem* Zins) an die No-tenbank melden, dabei jedoch nicht offen legen, wie dringlich dieser Bedarf ist. Der Grad der Zinselastizität der Geldnachfrage bleibt deshalb für die Notenbank unbekannt. Zudem können die quantitativen Meldungen der einzelnen Banken durch die Erwartung einer Quotierung der Gesamtzuteilung verfälscht sein. Die Banken fragen auch dann mehr Zentralbankgeld als sie ak-tuell benötigen nach, wenn sie eine Zinssteigerung erwarten und sich deshalb zu noch günstigen Konditionen Liquidität verschaffen möchten.

Die EZB wendet oft ein Zinstenderverfahren an, bei dem sie auch Informationen über die *Form* der Geldnachfragekurve erhält. Jede Geschäftsbank kann mehrere, nach der Zinshöhe gestaf-felte Gebote abgeben; kumuliert entsteht daraus eine zinsabhängige Gesamtnachfragekurve (*Abbildung 3-6*). Gebote jenseits der von der Zentralbank festgelegten Gesamtzuteilungsmenge werden nicht berücksichtigt. Das Bestreben der Geschäftsbanken, eine möglichst billige Refinanzierung zu erhalten, ist deshalb mit dem Risiko des Marktausschlusses verbunden. Bietet eine Bank dagegen relativ hohe Zinsen, kann sie eher damit rechnen, Pensionsgeschäfte abschließen zu dürfen. Erst nach Annahme der Kreditnachfragewünsche der Banken gibt die EZB die Zuteilungsmenge bekannt. Sie hat zudem die Wahl zwischen zwei Abrechnungsvarianten des Zinstenders:

- Beim *holländischen* Verfahren werden alle Geschäfte zum marginalen Zinssatz abgerechnet. Dies ist der Zins des letzten noch zum Zuge kommenden Kontrakts. Banken, die aus mangelnder Markteinschätzung zu hohe Gebote abgegeben haben, werden also nicht bestraft. Allerdings lädt dieses Verfahren zum Missbrauch ein, weil Banken so durch die Abgabe beliebig hoher Zinsgebote mit Sicherheit in den Kreis der Kreditnehmer gelangen können. Dadurch wird der Informationsgehalt der Geldnachfragekurve verzerrt.

- Das *amerikanische* Verfahren (das von der EZB angewendet wird) schaltet diese Fehlanreize aus, indem jede Bank stets die Zinssätze ihrer eigenen Gebote zahlen muss. Der durchschnittliche Zinssatz der Pensionsgeschäfte ist damit höher als der von der EZB vorgegebene Mindestzins. Bei einer hohen Geldnachfrage scheuen die Banken das Risiko, bei Geboten zum Mindestzins rationiert zu werden, und bieten entsprechend höhere Zinsen; in diesem Fall kann es zu einer Differenz zwischen dem marginalen Zuteilungssatz und dem Mindestzins kommen.

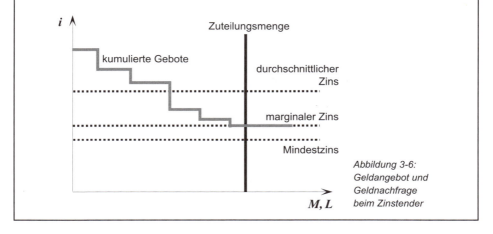

Abbildung 3-6:
Geldangebot und
Geldnachfrage
beim Zinstender

Wertpapierpensionsgeschäfte mit wöchentlicher Dauer stellen normalerweise das Hauptinstrument der Geldpolitik im Euro-Raum dar. Sie werden in kleinem Umfang ergänzt durch Refinanzierungsgeschäfte mit mehrmonatiger Dauer. Zusätzlich können Geschäftsbanken auf eigene Initiative hin über Nacht eine *Spitzenrefinanzierungsfazilität* in Anspruch nehmen. Sie ist für besondere Liquiditätsprobleme einzelner Banken gedacht. Eine Mengenbegrenzung für diesen Kredit ist nicht vorgesehen; allerdings ist der geforderte Zins um ca. einen Prozentpunkt höher als der Pensionssatz. In dieser Konstruktion ist das Ziel erkennbar, einerseits dem Auftreten von Liquiditätskrisen einzelner Banken durch großzügige Refinanzierungsmöglichkeiten vorzubeugen, andererseits jedoch Banken für ein zu sorgloses Liqui-

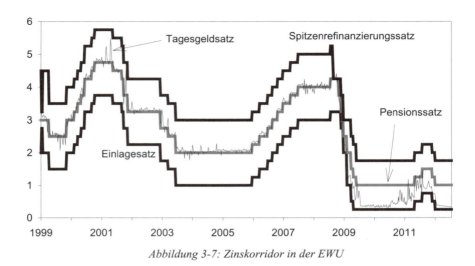

*Abbildung 3-7: Zinskorridor in der EWU*

ditätsmanagement zu strafen. Diese Politik entspricht der berühmten, von *Bagehot* (1873) aufgestellten Regel zur Vermeidung von Bankkrisen: "Raise interest rates, but lend freely" (*Box 1-3*).

Der Spitzenrefinanzierungssatz setzt eine Obergrenze für den Tagesgeldzins, den EONIA (*Euro Overnight Index Average*). Dieser Geldmarktzins regelt den horizontalen Liquiditätsausgleich zwischen einzelnen Geschäftsbanken, die kurzfristig Zentralbankgeld anbieten bzw. nachfragen, und ist somit der zentrale Gradmesser für die Liquiditätsanspannung am Geldmarkt. Er kann nicht über den Spitzenrefinanzierungssatz steigen, weil die Banken sich in diesem Fall bei der Zentralbank fehlende Mittel ausleihen.

Andererseits bietet die EZB den Banken auch eine Anlagemöglichkeit für überschüssige Finanzmittel an. Der Zinssatz bei dieser *Einlagefazilität*, praktisch eine Art Terminkonto, bestimmt eine Untergrenze des Tagesgeldsatzes. Im Interbankenverkehr kann der Zins nicht unter diesen Einlagezins sinken, weil Banken stets die Möglichkeit haben, ihr Geld hier anzulegen, anstatt es zu niedrigerem Zins im Geldmarkt zu verleihen. Mit dem Instrument der Einlagefazilität kann die Notenbank ein unerwünschtes Absinken der Marktzinsen unter ein bestimmtes Niveau verhindern, falls z.B. durch eine starke Verringerung der Geldnachfrage eine Überliquidität im Markt auftritt.

Spitzenrefinanzierungs- und Einlagesatz bestimmen einen Korridor für die Zinsentwicklung am Geldmarkt (*Abbildung 3-7*). Zufallsbedingte Schwankungen des Tagesgeldsatzes um den operativen Leitzins, den Pensionssatz, werden so begrenzt. Als Monopolist für Zentralbankgeld hat die Notenbank einen weitgehenden Einfluss auf die Entwicklungen am Geldmarkt. Alle drei Notenbankzinssätze werden zumeist gleichzeitig und in gleicher Richtung verändert, wenn die Geldpolitik einen Anlass zur Kursveränderung sieht.

### 3.1.3 Unkonventionelle Geldpolitik:
### Geldmarktsteuerung in der Liquiditätsfalle

Im Falle einer anhaltend schwachen Wirtschaftsaktivität wird die Notenbank das Geldangebot erhöhen und möglichst niedrige Zinsen anstreben. Dabei setzt der Null-Zins eine Grenze für die Geldpolitik. Im Rahmen privater Schuldkontrakte ist dies evident, da ein Geldvermögensbesitzer nicht dazu gezwungen werden kann, Kredit zu vergeben und dabei noch eine Zinszahlung an den Schuldner zu leisten. Die Notenbank könnte dagegen durchaus negative Zinsen für ihre Refinanzierungsgeschäfte festsetzen, also die Banken subventionieren. Dies würde jedoch ihre Bilanz in Mitleidenschaft ziehen; fortlaufende Verluste zehren ihr Eigenkapital auf und müssten von der Regierung ausgeglichen werden. Deshalb besteht eine Null-Zins-Grenze auch für die Notenbank.

Um den effektiven Geldmarktzins möglichst weit zu drücken, kann das Korridorkonzept modifiziert werden: Im Zuge einer Verlagerung des Korridors nach unten wird der geldpolitische Leitzins $i^*$ auf das Niveau des Einlagezinssatzes abgesenkt (im Prinzip könnten beide Zinsen auf Null gesetzt werden); diese Konstellation wird als *Floor-System* bezeichnet (*Abbildung 3-8*). Wenn die Notenbank das Geldangebot bei $M > M_0$ hält, kann auch der im Geldmarkt bestimmte Tagesgeldzins nicht über $i^*$ steigen. Praktisch wird der Interbankengeldmarkt ausgeschaltet, wenn die Banken zu diesem Zinssatz bei der Notenbank eine unbegrenzte Refinanzierungs- *und* Anlagemöglichkeit erhalten; allerdings ist dies mit dem Nachteil verbunden, dass der Geldmarktzins nicht länger über Schwankungen der Liquiditätspräferenz im Markt informiert.

Jedoch kann die Notenbank den Geschäftsbanken keine beliebig große Zentralbankgeldmenge "aufdrängen"; das Volumen der Refinanzierungskredite wird von der Nachfrageseite bestimmt. Bei einer gegebenen Geldnachfragefunktion sind die Banken bei einem Zins von $i^*$ indifferent gegenüber einer Geldmenge $M > M_0$. Größere Beträge werden kaum nachgefragt, es sei denn, es liegt ein Ungleichgewicht innerhalb des Banksektors zwischen Instituten mit Liquiditätsüberschüssen und -defiziten vor.

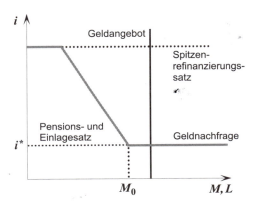

*Abbildung 3-8: Geldmarkt im Floor-System*

Um einen weiter expansiven Einfluss auf die monetären Rahmenbedingungen auszuüben, kann die Notenbank zusätzliche Geldschöpfung über traditionelle Offenmarktpolitik, d.h. den Ankauf von Wertpapieren am Kapitalmarkt betreiben. Durch die steigenden Guthaben der Wertpapierverkäufer wachsen die Zentralbankgeldbestände der Geschäftsbanken, die dann als Überschussreserven in die Einlagefazilität der Notenbank zurückfließen (in *Abbildung 3.8* verschiebt sich die Geldangebotslinie mit den Wertpapierkäufen nach rechts, unabhängig davon, ob das zusätzliche geschaffene Zentralbankgeld vom Publikum oder den Geschäftsbanken gehalten wird). Auf diesem Weg kann der Kapitalmarktzins gesenkt werden, auch wenn das Instrument des kurzfristigen Zinssatzes (d.h. die Beeinflussung des Kapitalmarktzinses über die Relation der Zinsstruktur) nicht länger verfügbar ist.

Im Extremfall, in der *Liquiditätsfalle* auf dem Kapitalmarkt, ist aber auch kein Effekt auf den langfristigen Zins mehr zu erreichen: Der Zinseffekt von Wertpapierkäufen der Notenbank beruht darauf, dass sie den Altbesitzern der Papiere höhere Preise bieten muss, damit diese zum Verkauf bereit sind. Bei einer reichlichen Liquiditätsausstattung der Wirtschaftssubjekte kann der Zinssatz jedoch so niedrig sein, dass sich eine Anlage überschüssiger Finanzmittel nicht lohnt, entweder angesichts von Transaktionskosten oder weil eine Zinssteigerung erwartet wird. Da eine Geldanlage als unvorteilhaft erscheint, werden freiwerdende Beträge bar gehalten. Wertpapierkäufe der Notenbank haben keine Kurssteigerung auf dem Kapitalmarkt zur Folge, weil das Publikum zwischen Geld und Wertpapieren indifferent geworden ist und die Papiere bereitwillig, d.h. ohne höhere Preisforderungen verkauft. Eine expansive Geldpolitik hat demnach keine Wirkung mehr auf den Zins.

In *Abbildung 3-9* (II) hat die Geldnachfragekurve $PL(Y_0)$ der Nichtbanken einen geknickten Verlauf. Bei Zinssätzen $i \leq i_0$ sind die privaten Vermögenshalter zu keiner Wertpapierneuanlage mehr bereit. Auch die im Bestand gehaltenen Papiere werden bei einer zusätzlichen Nachfrage sofort verkauft, weil die Kurse auf einem Höchststand gesehen werden. Eine durch Notenbankkäufe um den Betrag AB gestiegene Geldmenge wird zusätzlich bar gehalten. Im Gütermarktdiagramm (I) verschiebt sich die *LM*-Kurve zwar in A' nach rechts;

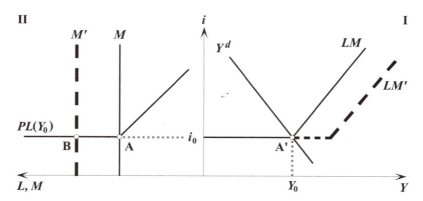

*Abbildung 3-9: Wirkungslosigkeit der Geldpolitik in der Liquiditätsfalle am Kapitalmarkt*

ohne eine Zinssenkung ändert sich die Güternachfrage jedoch nicht. Daher bleibt A' als Gleichgewichtspunkt erhalten. Das Einkommen kann unter diesen Bedingungen scheinbar nur noch durch direkte Nachfrageimpulse der Fiskalpolitik gesteigert werden.

Die Politik eines *Quantitative Easing*, d.h. die massive Ausdehnung der Zentralbankgeldmenge über Geld- und Kapitalmarkt, ist jedoch keineswegs wirkungslos, selbst wenn ein unmittelbarer Effekt auf die Güternachfrage ausbleibt: Stagnationsphasen können mit gesteigerter Unsicherheit auf den Finanzmärkten einhergehen, die aus drohenden Forderungsausfällen, fallenden Vermögenspreisen oder Bankrotten resultiert. In diesem Fall trägt ein reichliches Geldangebot zur Vermeidung einer panikartigen Liquiditätspräferenz bei, die die Zinsen von der Nachfrageseite erhöhen könnte. Somit wird die Variation der Zentralbankgeldmenge neben der Zinspolitik zu einem zweiten Instrument der Notenbank. Sie behält dabei die Kontrolle über das Zinsniveau am Geldmarkt, das auch bei reichlicher Geldmengenversorgung durch Variationen des Einlagesatzes angehoben werden könnte.

Die Notenbank kann private Akteure zusätzlich dadurch unterstützen, dass sie ihnen Wertpapiere abkauft, die mit höheren Ausfallrisiken behaftet sind. Auch die Qualitätsstandards der bei den Pensionsgeschäften zu hinterlegenden Wertpapiere können abgesenkt werden. Mit diesem *Qualitative Easing* werden private Vermögensbilanzen entlastet; allerdings entsteht in der Notenbankbilanz möglicherweise ein Abschreibungsbedarf, der bei Überschreiten des Eigenkapitals vom Staatshaushalt zu übernehmen ist.

In den Finanzkrisen nach 2008 hat die EZB (wie auch andere Zentralbanken) ihre Bilanz erheblich ausgeweitet (*Abbildung 3-10*). Bei den als Mengentendern durchgeführten Pensionsgeschäften wurde eine Vollzuteilung gewährt; zusätzlich wurden längerfristige Refinanzierungskredite angeboten und später auch Staatsanleihen aus überschuldeten Ländern angekauft. Das auf diesem Wege zusätzlich geschaffene Zentralbankgeld ist praktisch vollständig als (Termin-) Einlage zur EZB zurückgeflossen. Daran zeigt sich zum einen die hohe Liquiditätspräferenz des Banksektors (die Kosten seiner Geldhaltung bestehen in der Differenz zwischen Refinanzierungs- und Einlagezins). Zum anderen wurden Liquiditätsüber-

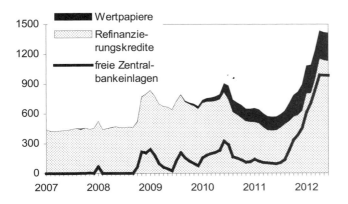

*Abbildung 3-10: Liquiditätszuführung und -abschöpfung durch die EZB (Mrd €)*

schüsse und -defizite zwischen einzelnen Banken nicht wie üblich direkt über den Geldmarkt ausgeglichen. Das wechselseitige Vertrauen der Banken untereinander war gering. Sie zogen es vor, ihre Liquiditätsreserve bei der EZB zu halten anstatt (zu höheren Zinsen) auf dem Geldmarkt anzulegen (*Box 6-6*). Die EZB übernahm so selbst die Funktion des Interbankenmarktes. Über lange Zeit war die Liquiditätsversorgung so reichlich, dass der Geldmarktzins deutlich unter dem eigentlichen Leitzins, nahe beim Einlagezins, lag (*Abbildung 3-7*); jedoch war damit kein formelles Bekenntnis zu einem *Floor*-System verbunden.

---

**Zusammenfassung**

3.1.1 Offenmarktpolitik ist der An- und Verkauf von Wertpapieren am Kapitalmarkt durch die Notenbank. Dadurch werden Geldmenge und Kapitalmarktzins verändert. Bei konstanter Geldmenge treten Zinsänderungen durch Variationen der Geldnachfrage auf. Der Transaktionskassenbedarf steigt mit dem Preisniveau (Realkassen-Zins-Effekt) oder mit dem Realeinkommen; derartig bewirkte Zinssteigerungen verdrängen zinsabhängige Güternachfrage (*Crowding-out*-Effekt) und führen zu einer Einkommenssenkung. Güternachfragestörungen werden bei konstanter Geldmenge durch Zinseffekte gebremst, Geldnachfragestörungen haben Einkommensschwankungen zur Folge. Fixiert die Notenbank statt der Geldmenge den Zins, gibt es keinen Realkassen-Zins- und keinen *Crowding-out*-Effekt. Bei endogener Geldmenge wird das Einkommen nur von Güternachfragestörungen, jedoch nicht von Geldnachfragestörungen berührt.

3.1.2 Um die allokative Funktion des Kapitalmarktes bei der Kreditversorgung möglichst nicht zu stören, steuern Notenbanken die Geldversorgung der Volkswirtschaft zumeist nicht mittels der Offenmarktpolitik, sondern über kurzfristige Refinanzierungskredite an den Banksektor am Geldmarkt. Beim Mengentender ist der kurzfristige Zins als primäres Instrument der Notenbank vorgegeben, während die Zentralbankgeldmenge sich der Geldnachfrage anpasst. Beim Zinstender konkurrieren die Banken mit eigenen Zinsgeboten um ein von der Notenbank bestimmtes Volumen an Zentralbankgeldkrediten; dieses wird i.d.R. so kalkuliert, dass keine Liquiditätsengpässe im Privatsektor auftreten. Die Mindestreserveverpflichtung dient der besseren Prognostizierbarkeit der Geldnachfrage. Banken können in Sonderfällen kurzfristig weitere, mengenmäßig unbegrenzte Kredite zu erhöhten Zinsen erhalten. Zusätzlich gibt es für überschüssige Liquidität eine Einlagemöglichkeit bei der Notenbank. Der hier gebotene Zins setzt in der EWU die Untergrenze, der Zins für Spitzenrefinanzierung die Obergrenze für das Zinsspektrum im Geldmarkt.

3.1.3 Das Ziel möglichst niedriger Zinsen im Geldmarkt kann im *Floor*-System dadurch erreicht werden, dass der Leitzins auf den Einlagezins abgesenkt wird. Über expansive Offenmarktpolitik am Kapitalmarkt kann dann die Geldmenge weiter erhöht werden (*Quantitative Easing*). Im Spezialfall einer Liquiditätsfalle, d.h. einer völlig zinselastischen Geldnachfrage der Nichtbanken bleibt jedoch der Einfluss auf den Kapitalmarktzins aus. Durch den Ankauf riskanter Wertpapiere kann die Notenbank private Vermögensbilanzen entlasten (*Qualitative Easing*).

## 3.2 Transmissionsmechanismen der Geldpolitik

### 3.2.1 Die Wirkung von Zinsänderungen: Zins-, Wechselkurs-, Kredit-, Bilanz- und Vermögenskanal

Obwohl die Notenbank üblicherweise direkt nur die kurzfristigen Zinsen kontrolliert, hat sie vermittelt über preis- und erwartungstheoretische Beziehungen einen maßgeblichen Einfluss auf die langfristigen Zinsen und die Konjunktur. Die Wirkungsbeziehungen zwischen einigen wichtigen Variablen auf den Finanz-, Güter- und Arbeitsmärkten sind in *Abbildung 3-11* illustriert (die Vorzeichen geben jeweils die Richtung des partiellen Wirkungszusammenhangs zwischen einzelnen Größen an, ein "+" steht für eine gleichgerichtete, ein "–" für eine gegenläufige Bewegung). Im Hinblick auf die Wirkungszusammenhänge der Geldpolitik lassen sich mehrere "Kanäle" unterscheiden.

(1) Der *Zinskanal* beschreibt den Effekt von Änderungen der Notenbankzinsen auf die Investitionstätigkeit, vermittelt über den Kapitalmarktzins. Nach der Theorie der Zinsstruktur (*Abschnitt 2.1.5*) kann man annehmen, dass Änderungen der Notenbankzinsen einen gleichgerichteten Einfluss auf die Kapitalmarktzinsen haben (wenn in der Zukunft nicht mit einem weiteren Kurswechsel in der Zinspolitik gerechnet wird). Der langfristige Zins bzw. der Wertpapierkurs stellt danach das zentrale Scharnier im Transmissionsprozess zwischen Geldpolitik und Markt dar. Allerdings beeinflusst die Notenbank direkt nur den nominalen Kapitalmarktzins, während die Investition vom Realzins abhängig ist (*Abschnitt 2.1.4*).

Bei unveränderten Inflations- und Ertragserwartungen wird eine Zinssenkung durch die Notenbank im Regelfall eine Zunahme der Investition (und möglicherweise auch der kreditfi-

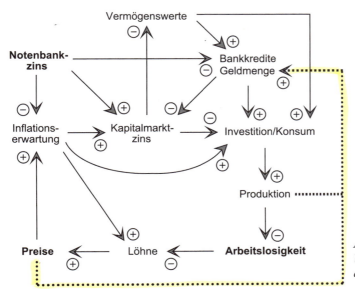

*Abbildung 3-11: Wirkungswege der Zinspolitik*

nanzierten Konsumausgaben) bewirken. Die Steigerung der Güternachfrage wird mit einer Produktionssteigerung beantwortet, wenn die Kapazitätsauslastung dies zulässt und zusätzliche Arbeitskräfte verfügbar sind (wird die Nachfrageerhöhung nicht als dauerhaft gesehen und drohen erhebliche Kosten bei einer späteren Produktionseinschränkung, z.B. Abfindungszahlungen bei Entlassungen von Arbeitskräften, kann der Produktions- und Beschäftigungseffekt geringer ausfallen).

Eine sinkende Arbeitslosigkeit verbessert die Marktposition der Arbeitnehmer und wird daher tendenziell den Lohndruck verstärken; die Unternehmen werden versuchen, steigende Lohnkosten in den Preisen weiterzugeben. Eine expansive Geldpolitik hat somit einen Abbau von Arbeitslosigkeit und einen Preisanstieg zur Folge (das Vorzeichen z.B. der Preisänderung ergibt sich aus dem mathematischen Produkt aller Vorzeichen auf dem Weg von der Notenbankzinsänderung über den Kapitalmarkt bis zu den Preisen). Dies ist zumindest dann zu erwarten, wenn im Ausgangspunkt ein hoher Beschäftigungs- und Kapazitätsauslastungsgrad bestand (dies wird genauer in *Abschnitt 4.3* untersucht).

(2) Der *Wechselkurskanal* ist dem Zinskanal nachgeordnet. Ein Veränderung der Zinsen berührt das Verhältnis der Ertragsraten auf den internationalen Finanzmärkten und hat zumeist Wechselkursanpassungen zur Folge. Eine Senkung der Inlandszinsen bewirkt i.d.R. eine Abwertung, die ihrerseits die Exportnachfrage verstärkt (*Abschnitte 2.4.2, 6.2.2*). Die sich daran anschließenden Effekte auf Produktion, Arbeitslosigkeit, Löhne, Preise usw. entsprechen denjenigen im Fall der Investitionsnachfrage.

(3) Der *Bankkreditkanal* beschreibt die über das Aktivgeschäft der Banken laufende Wirkung von Notenbankentscheidungen auf die Güternachfrage, insbesondere die private Investition; auch Konsumentenkredite sind hier einzuordnen. Dieser Transmissionsweg muss eigens thematisiert werden, weil Wertpapier- und Bankkreditfinanzierung aus der Sicht der Schuldner keine vollständigen Substitute sind (*Abschnitt 2.3.2*). Zinssenkungen stärken auf preistheoretischem Wege den Anreiz der Banken zur Kreditvergabe (sie bleiben jedoch wirkungslos, wenn zu hohe Risiken oder eine schwache Kreditnachfrage einer Ausweitung des Kreditangebots im Wege stehen). Zins- und Kreditkanal unterscheiden sich auch im Hinblick auf die Art der ökonomischen Anpassung nach einem zinspolitischen Impuls:

- Die Änderung des Kapitalmarktzinses signalisiert eine neue Struktur der Ertragsraten auf dem Vermögensmarkt. Damit ist komparativ-statisch ein neues Portfoliogleichgewicht zwischen Geld, Finanz- und Sachaktiva verbunden. Der monetäre Störimpuls durch die Notenbank führt zu einer *Vermögensbestandsanpassung*. Akteure fragen aufgrund eines Zinssignals z.B. verstärkt Realaktiva nach, auch wenn sie den Kapitalmarkt nicht zu Fremdfinanzierungszwecken benötigen.

- Im Gegensatz zu diesem *Money View* betrachtet der *Credit View* den Übergang zwischen verschiedenen Portfoliogleichgewichten. Die *Stromgröße* der Kreditvergabe, d.h. die Zwischenfinanzierung durch Finanzintermediäre erleichtert den Aufbau einer Sachvermögensposition.

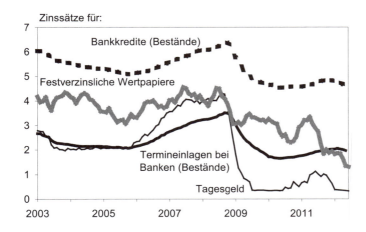

*Abbildung 3-12:*
*Zinsentwicklung*
*in der EWU*

Die Aktivität der Geschäftsbanken erzeugt einen *Feedback* zum Kapitalmarkt: Eine Zinssenkung bei den Refinanzierungskrediten der Notenbank führt dazu, dass auch den Depositenkunden eine niedrigere Verzinsung geboten wird. Diese legen dann ihr Geld vermehrt in langfristigen Wertpapieren an, wodurch auch deren Verzinsung sinkt. Der Wettbewerb im Finanzsektor sorgt somit tendenziell dafür, dass sich eine Zinssenkungstendenz sowohl bei den Bankeinlagen als auch auf dem Kapitalmarkt zeigt (*Abbildung 3-12*).

Bankkredite und Geldmenge entwickeln sich im Transmissionsprozess tendenziell gleichgerichtet (*Tabelle 3-2*). Die Produktions- und Preisentwicklung erzeugt einen Transaktionskassenbedarf, der sich an die Geschäftsbanken richtet (*Abbildung 3-11*). Dies bringt ein zusätzliches Moment in die Angebots-Nachfrage-Konstellation auf dem Geldmarkt ein. Jedoch ist die damit verbundene Liquiditätsanspannung von Seiten der Notenbank vorhersehbar und kann im Rahmen ihrer Refinanzierungsgeschäfte berücksichtigt werden. Der zinspolitische Kurs wird dadurch nicht grundsätzlich gestört. Die Geldmenge spielt daher im Transmissionsmechanismus der Geldpolitik direkt keine aktive Rolle (*Box 3-3*).

Eine geldpolitische Restriktion geht mit einer preis- und mengenmäßigen Einschränkung der Refinanzierungsmöglichkeiten der Banken einher. Dies lässt sich am Tagesgeldsatz, dem Gradmesser für den Liquiditätsstatus auf dem Interbankenmarkt, ablesen. Die Banken versuchen dann, sich über höhere Zinsgebote durch zusätzliche Einlagen aus dem Publikum zu refinanzieren; dadurch steigt auch der Zins für Termineinlagen (*Abbildung 3-12*). Die Bankbilanzen weisen typischerweise zwei Merkmale auf:

- *Fristeninkongruenz*, d.h. auf der Aktivseite überwiegen langfristige und auf der Passivseite kurzfristige Posten;

- der Grad der *Zinsbindung* ist auf der Aktivseite höher als auf der Passivseite.

Bei steigenden Notenbankzinsen geraten die Banken deshalb leicht in eine Profitabilitätsklemme. Das Publikum kann für seine (kurzfristigen) Bankdeposits eine höhere Verzinsung verlangen. Infolge des hohen Bestandes an langfristigen, zinsgebundenen Forderungen

| Mrd € | 2007 | 2008 | 2009 | 2010 | 2011 |
|---|---|---|---|---|---|
| 1 Kredite an inländische Nichtbanken | 14521 | 15570 | 16021 | 16640 | 16654 |
|   - Unternehmen und Privatpersonen | 12067 | 12989 | 13122 | 13384 | 13451 |
|   - Öffentliche Haushalte | 2454 | 2581 | 2899 | 3256 | 3203 |
| 2 Nettoforderungen an das Ausland | 636 | 436 | 556 | 620 | 927 |
| 3 Längerfristige Verbindlichkeiten (Geldkapital) und sonstige Posten | 6500 | 6601 | 7233 | 7720 | 7840 |
| 4 Geldmenge M3 [=1+2-3] | 8657 | 9405 | 9344 | 9540 | 9741 |
|   Geldmenge M2 | 7360 | 8041 | 8208 | 8409 | 8591 |
|     Geldmenge M1 | 3841 | 3991 | 4498 | 4702 | 4786 |
|       Bargeldumlauf | 626 | 711 | 757 | 794 | 843 |
|       Sichteinlagen | 3215 | 3280 | 3741 | 3908 | 3943 |
|     Einlagen < 2 Jahre, < 3 Mon. Kf. | 3519 | 4050 | 3710 | 3707 | 3805 |
|   Repogeschäfte, Geldmarktpapiere, Schuldverschreibungen < 2 Jahre | 1297 | 1364 | 1136 | 1131 | 1150 |

*Tabelle 3-2: Kredit- und Geldbestände im Bilanzzusammenhang in der EWU*

können die Banken diese wachsende Zinsbelastung nicht sofort in vollem Umfang überwälzen. Der einzige Ausweg ist dann eine deutlich erhöhte Zinsforderung bei neuen Kreditverträgen. Dadurch wird die Kreditnachfrage zurückgedrängt. Der Versuch von Kreditnehmern, auf den Kapitalmarkt auszuweichen, und die Liquiditätsbeschaffung der Banken durch Wertpapierverkäufe übertragen die Zinssteigerung vom Banksektor auf den Kapitalmarkt.

(4) Der *Bilanzkanal* verstärkt die Wirkung der Geldpolitik im Bankkreditkanal durch einen Rückwirkungseffekt vom Kapitalmarkt: Die Bankkreditvergabe ist häufig an die Stellung von Sicherheiten gebunden (Immobilien, Aktien, festverzinsliche Wertpapiere usw.). Damit wird das Vermögen potenzieller Schuldner zu einer Restriktion für ihre Kreditaufnahme. Da Zinsvariationen den Wert dieses Vermögens (invers) verändern, wirkt die Geldpolitik über den Zinskanal auch auf die Bankkreditvergabe; dieser Mechanismus wird als *finanzieller Akzelerator* bezeichnet.

(5) Der *Vermögenskanal* beschreibt den Zusammenhang zwischen Geldpolitik, dem Wert privater Vermögensportfolios und vermögensabhängiger Güternachfrage. Der erste Schritt dieses Zusammenhangs entspricht dem im Bilanzkanal angesprochenen inversen Effekt zwischen Zinsänderungen und Vermögenswerten. Der zweite Schritt bezieht sich auf die Beobachtung, dass insbesondere die Konsumausgaben neben dem Einkommen auch von der Höhe des Vermögens abhängen. Wenn also eine Politik niedriger Zinsen Immobilienwerte und

Aktienkurse antreibt, so könnte dies einen zusätzlichen Expansionseffekt über die Konsumgüternachfrage mit sich bringen.

---

*Box 3-3: Die Geldmenge im Transmissionsprozess*

Offenmarktpolitik kann so durchgeführt werden, dass die Notenbank eine gewünschte Geldmenge strikt vorgibt und über den dann endogen im Markt bestimmten Zins den gesamtwirtschaftlichen Prozess zu steuern versucht (*Abschnitt 3.1.1*). Ältere Lehrmeinungen betonten, dass Veränderungen der Geldmenge aber auch direkt einen Ausgangspunkt gesamtwirtschaftlicher Prozesse bilden können. Die Grundidee war dabei das Gedankenexperiment einer Geldangebotserhöhung, die *nicht* über eine Markttransaktion (wie ein Offenmarktgeschäft) verläuft, sondern über eine einseitige Zuteilung von Geld an die Bevölkerung (z.B. durch einen Abwurf vom Hubschrauber).

Der unmittelbare Effekt ist eine Vermögenssteigerung im privaten Sektor. Haushalte und Unternehmen werden das "Geschenk des Himmels" dazu nutzen, Konsum- und Vermögensgüter zu erwerben; letzteres bewirkt über Kurssteigerungen eine Zinssenkung, wodurch die Güternachfrage weiter steigt. Schließlich wird diese Geldmengenerhöhung – Vollauslastung und Vollbeschäftigung vorausgesetzt – zu einer allgemeinen Erhöhung des Preisniveaus führen, so dass die *reale* Geldmenge $M/P$ wieder den ursprünglichen Wert erreicht (*Abschnitt 2.2.2*).

Derartige Geldgeschenke gibt es realiter jedoch nicht. Der bilanztechnische Gegenposten zur Geldschöpfung durch die Zentralbank ist stets ein Erwerb von Vermögensaktiva; Offenmarktgeschäfte sind demnach vermögenstheoretisch neutral. Gleichwohl kann der Geldbestand im Zuge des Transmissionsprozesses stark zunehmen, wenn die Notenbank die Geldmenge völlig elastisch der Nachfrage anpasst. Auch in diesem Fall tritt eine Portfolioanpassung auf, bei der die Wirtschaftssubjekte verstärkt Wertpapiere, Aktien und Immobilien erwerben.

Die dadurch ausgelöste Absenkung der Renditen dieser Aktiva ist im Rahmen des Zinskanals – im Hinblick auf die Investitionsförderung – gerade beabsichtigt. Dabei können sich jedoch auch Vermögenspreisblasen herausbilden, d.h. spekulative Übertreibungen der Marktbewertung bestimmter Aktiva (*Box 2-3*), die über ihren Vermögenseffekt in den privaten Bilanzen die Güternachfrage in schwer kontrollierbarer Weise beeinflussen. Die Geldpolitik steht damit vor der Frage, ob sie offensichtlichen Fehlentwicklungen auf den Vermögensmärkten schon frühzeitig begegnen soll (*Abschnitt 5.2.4*).

---

## 3.2.2 Markt- und Erwartungskanäle:
### Wirkungen auf Zinsstruktur und Konjunktur

Alle Wirkungskanäle der Geldpolitik sind mehr oder weniger gleichzeitig aktiv. Allgemein verläuft die Transmission geldpolitischer Impulse zum einen über direkte Preis-, d.h. Zinseffekte, also über von Notenbankoperationen angestoßene Marktvorgänge, zum anderen indirekt über Erwartungseffekte im privaten Sektor, die von zinspolitischen Entscheidungen ausgelöst werden und Verhaltensänderungen bewirken. Die im vorstehenden Abschnitt behandelten Marktkanäle des Transmissionsprozesses berühren alle Märkte einer Volkswirtschaft. Der *Zeitbedarf von zinspolitischen Aktionen* bis zu Lohn- und Preiseffekten ist oft recht lang (1-2 Jahre). Demgegenüber können Notenbankentscheidungen über Erwartungsänderungen sehr viel schneller zu Marktreaktionen führen.

Eine geldpolitische Lockerung kann bei einer Übernachfrage auf Güter- und Arbeitsmärkten zu Preissteigerungen führen. Diese werden sich wiederum in (veränderten) Inflationserwartungen niederschlagen. Damit sind mehrere Wirkungen verbunden (*Abbildung 3-11*):

(1) Um sich vor inflationsbedingten Realeinkommensverlusten zu schützen, werden die Arbeitnehmer versuchen, *höhere Nominallöhne* durchzusetzen. Diese Rückwirkung von der Preis- auf die Lohninflation treibt den Inflationsprozess weiter an.

(2) Im Hinblick auf die *Investition* treten zwei gegenläufige Effekte auf:

- Unmittelbar kommt es nach Maßgabe der Investitionsfunktion $I = f(r)$ [2.26] über den sinkenden Realzins zu einer Stimulierung der Investitionstätigkeit.

- Andererseits kann der nominale Kapitalmarktzins nach dem *Fisher-Theorem* infolge von Portfolioreaktionen der Geldvermögensbesitzer steigen (*Abschnitt 2.1.3*).

Die Nettowirkung veränderter Notenbankzinsen auf den nominalen *und* realen Kapitalmarktzins ist damit vom Vorzeichen her nicht eindeutig. Eine Zinssenkung am kurzen Ende des Marktes führt einerseits über den Substitutionseffekt zwischen kurz- und langfristigen Wertpapieren auch zu einem niedrigeren Kapitalmarktzins. Andererseits können Inflationserwartungen entstehen, die für sich genommen den Kapitalmarktzins erhöhen. Dominiert dieser Effekt, so mündet eine expansive Zinspolitik in einer steileren Zinsstruktur.

Eine geldpolitische Restriktion führt oft zu einer Abflachung oder Inversion der Zinsstruktur, weil die Marktakteure später wieder sinkende Notenbankzinsen erwarten und verringerte Inflationserwartungen den Kapitalmarktzins schon in der laufenden Periode nach unten drücken. Wenn die Notenbank diese Zinssenkung am langen Ende des Marktes als Ausdruck einer immer noch zu reichlichen Liquiditätsausstattung missverstehen und den Restriktionskurs verschärfen würde, so wäre dies ein Steuerungsfehler der Geldpolitik; die Notenbank muss folglich stets die Erwartungen der Marktakteure im Blick haben.

Wenn sich Inflationserwartungen als Folge bereits realisierter Preissteigerungen ändern, spricht man von *extrapolativer* oder *adaptiver* Erwartungsbildung (*Box 3-4*). Man kann jedoch annehmen, dass Wirtschaftssubjekte ein regelmäßiges Muster der makroökonomischen Effekte zinspolitischer Aktionen im Laufe der Zeit erkennen und verstehen lernen. In diesem Fall *rationaler* Erwartungen kann schon die Ankündigung oder die bloße Vermutung einer zinspolitischen Entscheidung zu veränderten Inflationserwartungen führen, indem die Wirtschaftssubjekte das Ergebnis des Marktprozesses antizipieren und bereits vorausschauend Anpassungen im Nominallohn wie im Nominalzins durchsetzen. Aus diesem Grund müssen Notenbanken großen Wert darauf legen, dass das Grundmuster ihrer Politik in der Öffentlichkeit richtig verstanden wird und ihre Entscheidungen keine unnötigen Irritationen im Markt auslösen (*Box 5-8*).

*Box 3-4: Typen der Erwartungsbildung*

Bei unvollkommener Information und in die Zukunft gerichteten Entscheidungen sind die Marktteilnehmer stets zur Bildung von Erwartungen über für sie relevante Größen gezwungen. Es lassen sich mehrere Typen der Erwartungsbildung unterscheiden:

(1) Bei *extrapolativen* Erwartungen wird nach Kenntnis des Wertes einer Variablen $x_t$ in der Periode $t-1$ dieser Wert auch für die Periode $t$ erwartet, also in die Zukunft fortgeschrieben. Die Plausibilität der Schätzung erhöht sich dabei durch die Berücksichtigung früherer Werte, weil so auch der Trend der Variablen zumindest rudimentär erfasst werden kann; weit zurückliegende Werte haben allerdings kaum noch Aussagekraft ( $0 \leq \eta \leq 1$ ).

$$x_t^e = x_{t-1} + \eta \left( x_{t-1} - x_{t-2} \right)$$ [3.2]

(2) Bei *adaptiven* Erwartungen lernen die Individuen aus früheren Erwartungsfehlern. Basis ist hier die Erwartungsgröße in der Vorperiode, korrigiert um den damaligen Erwartungsfehler.

$$x_t^e = x_{t-1}^e + \lambda \left( x_{t-1} - x_{t-1}^e \right)$$ [3.3]

Dabei stellt $\lambda$ den Lernkoeffizienten mit folgenden Extremwerten dar: Bei $\lambda = 0$ findet kein Lernprozess statt; bei $\lambda = 1$ ergibt sich wieder Fall (1) mit $\eta = 0$ (so dass extrapolative Erwartungen auch als Ergebnis eines speziellen Lernprozesses interpretierbar sind). Häufig verwendet man daher die einfache Formel

$$x_t^e = x_{t-1}$$ [3.4]

Das adaptive Lernverfahren ist nicht sehr effizient: Zwar konvergiert der Erwartungswert bei einer einmaligen Änderung der Variablen früher oder später mit dem realisierten Wert; wenn sich die Variable jedoch fortlaufend ändert, hinkt die Erwartung immer hinter der faktischen Entwicklung her.

(3) *Rationale* Erwartungen weisen keinerlei systematische Erwartungsfehler auf. Die Akteure nutzen alle im Verhältnis zu ihren Kosten ertragreich scheinenden Informationen über Wirtschaft und Wirtschaftspolitik, ziehen Konsequenzen aus Fehleinschätzungen in der Vergangenheit und lernen insoweit alles, was für die ökonomische Entwicklung relevant ist. Sie können so zwar einmal, aber nicht immer wieder von der Wirtschaftspolitik getäuscht werden. Dabei läuft ein Wettbewerb der Erwartungen ab: Akteure mit systematisch falschen Prognosen erfahren ökonomische Nachteile, die anderen gewinnen, und die richtigen Erwartungsmuster setzen sich schließlich durch. Bleiben unvorhersehbare Ereignisse (*Schocks*) aus, so ist die Erwartung korrekt.

$$x_t^e = x_t$$ [3.5]

*Kritisch* ist anzumerken, dass rationale Erwartungsbildung nur die Antizipation regelmäßiger Ereignisse erlaubt. Faktisch gilt stets

$$x_t = x_t^e + \varepsilon_t$$ [3.6]

wobei $\varepsilon_t$ eine Störgröße mit einem Erwartungswert von Null bezeichnet. Rationale Erwartungen erlauben keine vollständige Voraussicht.

Bei häufig auftretenden unvorhersehbaren Störungen und Politikentscheidungen legt daher das Kosten-Nutzen-Kalkül der Informationsbeschaffung auch die Anwendung einfacherer, mechanischer Erwartungsbildungsverfahren wie die Fortschreibung der heutigen Werte ökonomischer Variablen in die nähere Zukunft – Formel [3.4] – nahe. Die generelle Aussage, alle Wirtschaftssubjekte würden sich auf *ein* wirtschaftstheoretisches Modell einigen und im Markt würden sich einheitliche, auf dieser Theorie aufbauende Erwartungen für alle ökonomischen Variablen durchsetzen, ist in einem evolutorischen Marktsystem wenig realistisch.

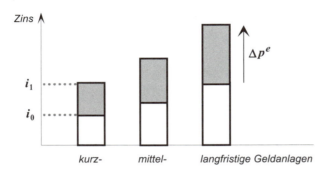

*Abbildung 3-13:*
*Zinsstruktur*
*bei veränderten*
*Inflationserwartungen*

Auftretende Inflationserwartungen begrenzen nicht nur den Einfluss der Notenbank auf den nominalen Kapitalmarktzins, sie wirken ihrerseits auch auf die kurzfristigen Zinsen zurück: Erwarten die Wirtschaftssubjekte eine höhere Inflation, kommt die bestehende Zinsstruktur in Bewegung (*Abbildung 3-13*). Unmittelbar steigt zunächst der langfristige Nominalzins. Aber auch die geforderten Renditen für mittel- und kurzfristige Anlagen werden sich über den Substitutionszusammenhang entsprechend anpassen, selbst wenn sie wegen ihrer kürzeren Laufzeit von der Inflation schwächer betroffen sind. Dabei müssen die Geschäftsbanken im Prinzip auch die Zinsen für kurzfristige Termineinlagen anheben ($i_0 \rightarrow i_1$). Sie können dies jedoch im Interesse ihrer Geschäftsgewinne vermeiden, wenn eine Refinanzierung zu unverändert niedrigen Zinsen bei der Notenbank möglich ist.

Das Niveau der kurzfristigen Zinsen ist demnach von *zwei* Seiten bestimmt: zum einen durch Marktkräfte, die über den Substitutionszusammenhang der Zinsstruktur von den langfristigen Zinsen her wirken, zum anderen durch die Zinspolitik der Notenbank. Diese kann stets ein politisch erwünschtes Zinsniveau durchsetzen, läuft dabei jedoch Gefahr, dass der Notenbankzins den Kontakt zum Markt verliert: Wenn etwa Inflationserwartungen generell die Zinsen hochziehen, kann das Festhalten der Notenbank am gegebenen Pensionssatz von den Marktakteuren als Signal verstanden werden, dass die Geldpolitik die Inflationsgefahren ignoriert; dies wird dann die Inflationserwartungen bestätigen und verstärken.

Entscheidet sich die Notenbank zu einer zinspolitischen Inflationsbekämpfung, so kann dies in eine Wirtschaftskrise münden. Ein solcher Prozess hat im Realzins-Einkommen-Diagramm (*Abbildung 3-14*) etwa den folgenden Verlauf:

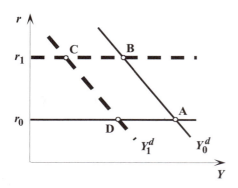

*Abbildung 3-14:*
*Stilisierter Verlauf einer*
*geldpolitisch verursachten Krise*

- Eine Realzinssteigerung von $r_0$ auf $r_1$ drängt die Investitionsnachfrage zurück (A →
  B). Die Nachfrageabschwächung begrenzt den Spielraum zur Überwälzung von Kostensteigerungen in die Preise. Die Gewinnmargen der Unternehmen geraten unter Druck,
  weil die Nominallöhne als Reflex auf die vorangegangene Phase einer kräftigen Arbeitsnachfrage noch unvermindert weiter ansteigen. Die Lohnpolitik reagiert in den zumeist
  nur jährlich stattfindenden Tarifverhandlungen später als die Investoren auf Veränderungen der makroökonomischen Rahmenbedingungen.

- Die Ertragserwartungen der Investoren werden zum einen wegen der gesunkenen laufenden Erträge der Unternehmen negativ berührt. Zum anderen signalisiert die zinspolitische Kursänderung den Marktakteuren, dass die Notenbank die Konjunktur bremsen
  möchte. Dies lässt mittelfristig eine Nachfrageabschwächung erwarten; die Rentabilität
  von Investitionsprojekten ist demnach vorsichtiger zu kalkulieren. Dies erhöht auch die
  Risiken der Kreditvergabe aus Sicht der Banken. All diese Faktoren bewirken eine Verschiebung der Nachfragekurve von $Y_0^d$ zu $Y_1^d$ (B → C).

- Unternehmen und Haushalte strukturieren ihre Ausgabenpläne um. Angesichts attraktiver Zinssätze werden Finanzanlagen gegenüber Sachinvestitionen bzw. Konsumgüter
  bevorzugt. Mit dem Güternachfragerückgang lässt dann die Preis- und Lohninflation
  nach und die Unternehmensgewinne sinken weiter. Die *Gewinndeflation* zeigt den kreis-
  lauftheoretischen Zusammenhang zwischen Ausgaben und Einnahmen der Unternehmen
  an: Aus der Summe vieler marginaler Entscheidungen gegen den Kapitalgüterkauf ergibt sich der massive Gewinneinbruch in der Krise.

- Die Rückkehr zu einem normalen Kurs der Geldpolitik, d.h. eine Zinssenkung von $r_1$
  auf $r_0$, vermag nur den ersten Schritt zur Konjunkturerholung einzuleiten (C → D); eine
  Erholung der Ertragserwartungen (D → A) gelingt oft erst nach weiteren Impulsen der
  Nachfragepolitik oder des Exports.

Die Notenbankzinsen sind ein machtvolles Instrument der Geldpolitik. Praktisch allen größeren Wirtschaftskrisen ging eine Phase zinspolitischer Restriktion – meist mit dem Ziel der
Inflationsbekämpfung – voraus. Am Beispiel von vier Ländern ist dies in *Abbildung 3-15*

gezeigt, in der dem Pfad der kurzfristigen Zinsen das reale Wirtschaftswachstum gegenübergestellt wird. Die Zinspolitik beeinflusst das reale Wirtschaftsgeschehen mit einer Zeitverzögerung, deren Ausmaß im Vergleich zwischen verschiedenen Ländern und Zeiträumen schwankt. Obwohl die Güternachfrage gemäß einer einfachen Investitionsfunktion in erster Linie vom langfristigen Realzins abhängt, zeigt sich eine gute Prognoseeigenschaft des kurzfristigen Nominalzinses für die konjunkturelle Entwicklung. Eine Erklärung dieses statistischen Zusammenhangs ist in der *Signalwirkung* der kurzfristigen Zinsen zu suchen: Ihre Veränderung gibt den Wirtschaftssubjekten Informationen über Verhalten und Ziele der Notenbank. Darüber werden Risikoeinschätzungen und Erwartungen im Marktsektor beeinflusst, die ihrerseits eine wesentliche Determinante der Investitions- und Konsumneigung sind.

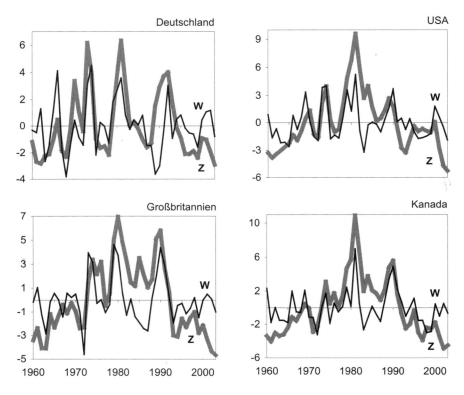

*Abbildung 3-15: Abweichung vom Trend des Drei-Monats-Zinssatzes (Z) und*
*negative Abweichung vom Trend des realen Wirtschaftswachstums im Folgejahr (W)*
*Zur optischen Verdeutlichung des Gleichlaufs zwischen Zinsen und Wachstum sind die Werte der*
*Wachstumsreihe mit dem umgekehrten Vorzeichen dargestellt; die oberen Wendepunkte markie-*
*ren demnach den Tiefpunkt einer Rezession; beide Zeitreihen sind trendbereinigt, um die zykli-*
*sche Konjunkturbewegung klarer hervortreten zu lassen; die Zeitreihen sind um ein Jahr gegen-*
*einander verschoben, d.h. gezeigt ist jeweils der Zins eines Jahres t und das Wirtschaftswachs-*
*tum im Jahr t +1.*

Der Effekt von geldpolitischen Entscheidungen auf Anlagepräferenzen und Verhaltensmuster im privaten Sektor lässt sich auch als ein weiterer Transmissionsmechanismus verstehen: der *Risikoneigungskanal*. So werden die Anleger z.B. bei anhaltend niedrigen bzw. sinkenden Zinsen nicht nur nach Objekten und Projekten mit höheren erwarteten Renditen suchen (dies ist ein üblicher Portfolioeffekt bei gegebenen Präferenzen), sondern möglicherweise auch ihre Risikoeinschätzungen revidieren. Gerade vor dem Hintergrund eines scheinbar stabilen makroökonomischen Umfelds kann eine Politik niedriger Zinsen bei den privaten Akteuren einen zu optimistischen Ausblick auf die Marktentwicklung erzeugen und sie dazu bewegen, auch riskantere Investitionen auf den Finanz- und Gütermärkten zu verfolgen.

Eine mechanische Steuerung der individuellen Risikopräferenzen durch geldpolitische Aktionen ist jedoch nicht möglich. Ein übermäßig risikofreudiges Anlageverhalten der Wirtschaftssubjekte ist nicht primär auf den Kurs der Zinspolitik zurückzuführen. Vielmehr ist durch Deregulierung einerseits und staatliche Absicherung andererseits der *Zusammenhang von Gewinn und Haftung* geschwächt worden; der Anreiz zu höherem Risiko ist gegeben, wenn die Erträge aus Investitionsprojekten privatisiert, Verluste jedoch auf die Allgemeinheit abgewälzt werden können. Der Risikoneigungskanal verweist insoweit auf ungelöste ordnungspolitische Probleme.

### 3.2.3 Geldpolitik unter Unsicherheit: Zinsglättung im Konjunkturverlauf

Die Zinsentwicklung am Geldmarkt (*Abbildung 3-7*) zeigt gewisse Regelmäßigkeiten:

- Die Notenbankzinsen bleiben häufig für längere Zeit unverändert. Die Zentralbank agiert hier passiv; das Geldangebot wird flexibel der Geldnachfrage angepasst.

- Wenn die Liquiditätsbedingungen am Geldmarkt neuen gesamtwirtschaftlichen Rahmendaten angeglichen werden müssen, erfolgen Zinsänderungen, die jedoch zumeist in kleinen Schritten vorgenommen werden.

- Das Vorzeichen dieser Zinsänderungen folgt offenbar keinem Zufallsmuster. Vielmehr geht der Prozess über längere Zeit in eine Richtung und Richtungswechsel treten nur selten auf. Daraus entsteht eine Art wellenförmiger Bewegung. Formal ausgedrückt: Die Zinsentwicklung weist ein relativ hohes Maß an Trägheit auf, d.h. eine heutige Zinsänderung ist scheinbar zu einem großen Teil durch den früheren Zinsschritt (mit $\sigma < 1$) und durch einen zufälligen, nicht systematischen Einfluss $\delta_t$ bestimmt:

$$\Delta i_t = \sigma \, \Delta i_{t-1} + \delta_t \qquad\qquad\qquad [3.7]$$

Zur Erklärung dieses Entwicklungsmusters bieten sich mehrere Überlegungen an:

(1) Ein erstes Argument für nur langsame, kleine Zinsschritte lässt sich unter Zuhilfenahme der Theorie der Zinsstruktur entwickeln (*Abschnitt 2.1.5*). Es wird angenommen, dass der Notenbank der zu jedem Zeitpunkt optimale kurzfristige Zins $i_t^*$ bekannt ist. Fällt dieser z.B. in $t'$ von $i_0^*$ auf $i_1^*$, so kann es sinnvoll sein, sich nur schrittweise auf diesen Zielwert

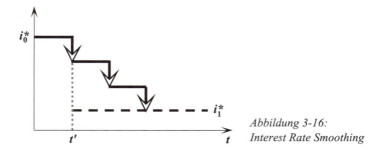

*Abbildung 3-16:*
*Interest Rate Smoothing*

zuzubewegen (*Abbildung 3-16*). Wenn nämlich die Notenbank die jeweiligen Zinsschritte mit der Ankündigung begleitet, in naher Zukunft weitere Zinssenkungen vorzunehmen, so werden darüber die Zinsänderungserwartungen der privaten Wirtschaftssubjekte beeinflusst. Nach der Arbitragetheorie der Zinsstruktur ist der langfristige Zinssatz durch den kurzfristigen Zins und die erwartete Reihe künftiger kurzfristiger Zinsen bestimmt. Die Notenbank kann folglich mit einer Politik der Glättung von erforderlichen Zinssprüngen (*Interest Rate Smoothing*) eine besonders gute Steuerung der Güternachfrage erreichen; sie erzielt mit nur kleinen Zinsänderungen eine große Hebelwirkung auf den langfristigen Zins, wenn ihr eine Beeinflussung der Zinsänderungserwartungen gelingt.

*Kritisch* ist einzuwenden, dass die zur Erwartungssteuerung nötige Transparenz zuweilen nicht gegeben ist, weil die Notenbanken Richtung und Stärke künftiger Zinsschritte offen lassen. Zudem unterliegt eine gezielte Strategie der Zinsglättung dem Risiko des "too little and too late": Die erwünschte Beeinflussung des Kapitalmarktzinses kann misslingen und die durchgesetzte Veränderung der kurzfristigen Zinsen kann zu schwach sein, um eine drohende Störung (etwa einen Nachfrageausfall) abzuwehren. Schlimmer noch: Gerade die Erwartung weiterer Zinssenkungen seitens der Notenbank kann potenzielle Kreditnehmer und Investoren dazu bewegen, geplante Projekte noch eine Zeitlang hinauszuschieben, um sie später zu noch günstigeren Konditionen finanzieren zu können.

(2) Häufige Richtungswechsel der Zinspolitik verringern die Planungssicherheit im Privatsektor und können auch Zweifel an der Kompetenz der Notenbank aufkommen lassen. Große und im Vorzeichen unerwartete Zinsschritte führen zu ebensolchen Umbewertungen von Vermögenswerten; im Finanzsektor ist dies mit ungeplanten Gewinnen und Verlusten verbunden. Aus diesem Grund ist ein gewisser Druck auf die Notenbank denkbar, im Interesse der Finanzmarktstabilität nur kleine, vorhersehbare Zinsschritte vorzunehmen.

---

*I often witnessed central bankers sorely tempted to deliver the policy that the markets expected or demanded. [...] It is just as important for a central bank to be independent of markets as it is to be independent of politics.*

Alan S. Blinder (1997: 15)

(3) Wenn die Störungen und Informationssignale aus der Wirtschaft selbst in einem wellenförmigen Muster auftreten, so ist klar, dass eine darauf reagierende Zinspolitik ein ebensolches Bild zeigt. Der Konjunkturverlauf ist typischerweise durch Beschäftigungs- und Inflationszyklen gekennzeichnet, die eine entsprechend gegenläufige, d.h. stabilisierende Zinspolitik erforderlich machen. Jedoch weisen Untersuchungen darauf hin, dass auch nach Ausschaltung der konjunkturellen Einflüsse die Zinspolitik träge bleibt, d.h. nur langsam auf neue Informationen reagiert.

(4) Schließlich ist denkbar, dass das Ausmaß gesamtwirtschaftlicher Störungen zunächst unterschätzt wird; dies führt dann dazu, dass die Notenbank ihre Zinsreaktionen schrittweise verstärkt, wenn sie ein vollständigeres Bild über die Tragweite der Störimpulse erhält. Notenbanken müssen ihre Entscheidungen unter der Bedingung gesamtwirtschaftlicher Unsicherheit fällen. Informationsdefizite bestehen in mehrfacher Hinsicht:

- Daten zur Wirtschaftslage, Identifikation und Charakter von Störungen: Dies lässt sich als *additive Unsicherheit* bezeichnen. Es können zusätzliche Faktoren auftreten, die die Kosten- und Nachfrageentwicklung in einer Volkswirtschaft bestimmen (oder bestehende Triebkräfte auf der Angebots- bzw. Nachfrageseite der Märkte entfallen). Zuverlässige Informationen über viele Makrovariablen sind nur zeitverzögert verfügbar. In diesem Zusammenhang ist auch zu berücksichtigen, dass sich zurückliegende geldpolitische Entscheidungen aufgrund von Wirkungsverzögerungen noch nicht in den vorliegenden Daten widerspiegeln (*Pipeline-Effekt*).

- Spezifikation und Quantifizierung von Modellparametern: Diese *Parameter-* oder *multiplikative Unsicherheit* bezieht sich z.B. auf den Grad der Einkommensabhängigkeit des Konsums, der Zinsabhängigkeit der Investition oder der Wechselkursabhängigkeit des Außenhandels. Je nach unterstellter Höhe etwa der Zinselastizität der Güternachfrage haben Zinsänderungen einen multiplikativ anderen Einfluss auf die gesamtwirtschaftliche Entwicklung.

- Grenzen des Wissens über Funktionszusammenhänge, Existenz konkurrierender theoretischer Modelle: Diese *Modellunsicherheit* besagt, dass in der Volkswirtschaftslehre oft keine einheitliche Meinung über makroökonomische Funktionsmechanismen existiert. Notenbanken müssen sich dann bei der Deutung ökonomischer Phänomene zwischen alternativen theoretischen Modellen entscheiden oder Maßnahmen ergreifen, die vor dem Hintergrund verschiedener Theorien die gewünschte Wirkung erwarten lassen (Wahl modellrobuster Strategien).

- Mangelnde Information über die Marktreaktion auf Notenbankentscheidungen: Aus Sicht der Notenbank besteht *strategische Unsicherheit*, weil die Wirkungen der Zinspolitik auch von möglichen Verhaltensänderungen der Wirtschaftssubjekte abhängen.

Bei allgemeiner Unsicherheit wurde empfohlen, Zinspolitik nach dem *Brainard-Prinzip* zu betreiben: vorsichtig und mit kleiner Dosierung, um weitreichende Steuerungsfehler auszuschließen. Auch häufige Richtungswechsel der Zinspolitik sind danach zu vermeiden, weil dies die Märkte verunsichern und destabilisieren könnte (und möglicherweise den Eindruck einer orientierungslosen und wenig professionellen Geldpolitik erzeugt).

Zu bedenken ist jedoch das *Gegenargument*, dass in bestimmten Situationen erst eine kräftige wirtschaftspolitische Intervention auch klare Reaktionen der Marktakteure auslöst; die politischen Entscheidungsträger gewinnen dabei Informationen über Funktionszusammenhänge, die sie bei einem gradualistischen Kurs nicht erhalten hätten.

Die *Unsicherheit über gesamtwirtschaftliche Funktionsbeziehungen und Prozessabläufe* ist die plausibelste Erklärung für das beobachtbare wellenförmige Muster kleiner Zinsänderungen. Die Notenbanken wissen, dass sich Rahmenbedingungen, Parameter und Multiplikatoren der Zinspolitik im Konjunkturverlauf aus exogenen oder endogenen Gründen quantitativ ändern können. Wegen der Unsicherheiten der Konjunkturdiagnose und der nur groben Kalkulierbarkeit der Zinswirkungen erhöht die Notenbank ihre Zinsen zumeist nur in kleinen Schritten. Der Effekt der Zinspolitik auf die Entwicklung des Einkommens $Y_t$ – erfasst durch den Parameter $\beta$ – ist daher zunächst nur schwach und kann sich gegenüber den endogenen Triebkräften der Konjunktur – erfasst durch $\theta$ – nicht durchsetzen; $\varepsilon_t$ bezeichnet irreguläre Schocks.

$$\Delta Y_t = \theta \Delta Y_{t-1} - \beta \Delta i_{t-1} + \varepsilon_t \qquad [3.8]$$

Die makroökonomische Aktivität ist von autoregressiven Momenten geprägt, die auf einer *positiven* Rückkoppelung zwischen einzelnen Makrovariablen beruhen (z.B. Ertragserwartungen → Investitionen → realisierte Gewinne → Ertragserwartungen → usw.). Im Konjunkturverlauf dominiert der Koeffizient $\theta$ über lange Zeit den zinspolitischen $\beta$-Effekt (langsam steigende Zinsen können eine kräftige Investitionsneigung zunächst nicht beeinträchtigen). Zufällige, marginale Ereignisse im Bereich von Markt oder Politik leiten jedoch früher oder später einen Regimewechsel ein (anhaltende Zinssteigerungen lassen die Risi-

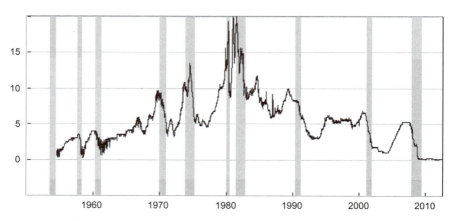

*Abbildung 3-17: Federal Funds Rate und Rezessionsphasen in den USA*
(http://research.stlouisfed.org/fred2/graph/?id=FF#)

ken von Investitionsprojekten deutlicher werden). Wenn so $\theta$ plötzlich sinkt und $\beta$ steigt, markiert dies den Konjunktureinbruch (*Abbildung 3-17*).

Diese Parameter sind im Zeitablauf nicht konstant, sondern selbst Funktionen der ökonomischen Entwicklung und unterliegen Strukturbrüchen. Die Zinspolitik wirkt zeitverzögert und in nicht-linearer Weise auf die Konjunktur. Die Stabilisierungsaufgabe der Notenbank gleicht damit einer Balance auf des Messers Schneide: Zinspolitische Entscheidungen sind auf der einen Seite mit dem Risiko der Wirkungslosigkeit, auf der anderen mit dem Risiko der Übersteuerung konfrontiert.

---

**Zusammenfassung**

3.2.1 Der Übertragungsweg zinspolitischer Entscheidungen auf die Güternachfrage vollzieht sich über den Kapitalmarktzins (Zinskanal), über zinspolitisch bewirkte Devisenkursänderungen (Wechselkurskanal), über die Veränderung der Bankkredite (Kreditkanal) und über die zinsbedingte Veränderung von Vermögenswerten; letztere fungieren bei der Bankkreditvergabe als Sicherheit (Bilanzkanal) und beeinflussen die Konsumnachfrage (Vermögenskanal). Die Steuerung über den Kreditkanal läuft über die preis- und mengenmäßige Variation der Refinanzierungsmöglichkeiten der Banken. Bankkredite und Geldmenge entwickeln sich im Transmissionsprozess tendenziell gleichgerichtet; jedoch spielt die Geldmenge im Transmissionsmechanismus der Geldpolitik nur eine passive Rolle.

3.2.2 Die durch die Marktkanäle verlaufende geldpolitische Wirkung auf die Makrovariablen kann durch adaptive oder rationale Erwartungseffekte beschleunigt werden. Inflationserwartungen wirken positiv auf den Nominallohn und den langfristigen Nominalzins. Die über den Arbitragezusammenhang laufende Steuerung des Kapitalmarktzinses durch den Notenbankzins wird somit teilweise neutralisiert. Inflationserwartungen wirken auch über den Substitutionszusammenhang der Zinsstruktur auf die kurzfristigen Zinsen zurück; dieser Marktdruck kann zur Anpassung der Notenbankzinsen zwingen. Eine restriktive Geldpolitik beginnt mit einer Liquiditätsverknappung auf dem Geldmarkt und setzt sich über Portfolioanpassungen im Bankensektor auf dem Kapitalmarkt fort. Ein weiterer Vermittlungsschritt besteht in einer Umstrukturierung der Unternehmensportfolios von Sach- zu Finanzaktiva; dieser Rückgang der Investitionsneigung ist eine Folge steigender Zinsen und sinkender Ertragserwartungen angesichts des Signals der Notenbank, die Aufrechterhaltung von Konjunktur und Beschäftigung als geldpolitisches Ziel hinter die Wiederherstellung der Währungsstabilität zurückzustellen. Der Notenbankzins ist ein guter Prognoseindikator für das reale Inlandsprodukt.

3.2.3 Zinspolitische Entscheidungen werden unter der Bedingung gesamtwirtschaftlicher Unsicherheit gefällt. Informationsprobleme bestehen im Hinblick auf Daten, Quantifizierung und Art makroökonomischer Funktionsbeziehungen sowie im Hinblick auf die Reaktion der Marktakteure auf Notenbankentscheidungen. Deshalb werden Notenbankzinsen nach dem *Brainard-Prinzip* zumeist nur in kleinen Schritten verändert, um ihre Wirkung abwarten und eine Übersteuerung vermeiden zu können. Eine Politik der Zinsglättung betreibt über längere Zeit kleine Zinsschritte in einer Richtung und vermeidet häufige Richtungswechsel;

u.U. kann dabei über Zinsänderungserwartungen der Kapitalmarktzins besser gesteuert werden. Zinspolitik wirkt zeitverzögert und in nicht-linearer Weise auf die Konjunktur. Zinsänderungen bleiben oft lange ohne erkennbare Wirkung; sie lösen jedoch schließlich nicht vorhersehbare Konjunkturumschwünge aus.

## Literatur und zitierte Quellen zu Kapitel 3

*Bagehot, W.* (1873): Lombard Street – A Description of the Money Market. Westport 1979.

*Belke, A. / Polleit, T.* (2009): Monetary Economics in Globalised Financial Markets. Berlin / Heidelberg, Kap. 7.

*Blinder, A. S.* (1997): What Central Bankers Could Learn from Academics – and Vice Versa. Journal of Economic Perspectives, 11, 2, 3-19.

*Bofinger, P.* (2001): Monetary Policy – Goals, Institutions, Strategies, and Instruments. Oxford, Kap. 4, 10.

*Borio, C. / Disyatat, P.* (2009): Unconventional Monetary Policies – An Appraisal. BIS Working Paper 292, Basel.

*Borio, C. / Zhu, H.* (2008): Capital Regulation, Risk-Taking and Monetary Policy – A Missing Link in the Transmission Mechanism? BIS Working Paper 268, Basel.

*Disyatat, P.* (2008): Monetary Policy Implementation – Misconceptions and Their Consequences. BIS Working Papers 269, Basel.

*Dow, S. C.* (2004): Uncertainty and Monetary Policy. Oxford Economic Papers, 56, 539-561.

*Europäische Zentralbank* (2001): Geldpolitik bei Unsicherheit. Monatsbericht Januar, 47-61.

*Europäische Zentralbank* (2008): Die Analyse des Euro-Geldmarkts aus geldpolitischer Sicht. Monatsbericht Februar, 71-87. Zusammenhang zwischen Investitionstätigkeit und Finanzlage der Unternehmen im Euro-Währungsgebiet. Monatsbericht April, 65-77. Die Rolle der Banken im geldpolitischen Transmissionsprozess. Monatsbericht August, 93-108.

*Europäische Zentralbank* (2009): Die Bedeutung der Erwartungen für die Durchführung der Geldpolitik. Monatsbericht Mai, 79-96. Geldpolitik und Kreditangebot im Euro-Währungsgebiet. Monatsbericht Oktober, 69-88.

*Europäische Zentralbank* (2010): Die geldpolitische Transmission im Euro-Währungsgebiet ein Jahrzehnt nach der Einführung des Euro. Monatsbericht Mai, 95-109. Die Reaktion der EZB auf die Finanzkrise. Monatsbericht Oktober, 63-79.

*Gischer, H.* u.a. (2012): Geld, Kredit und Banken. 3. Aufl. Berlin u.a., Kap. 13, 15, 22.

*Goodhart, C. A. E.* (1999): Central Bankers and Uncertainty. Bank of England Quarterly Bulletin, 39, 4, 102-121.

*Görgens, E.* u.a. (2008): Europäische Geldpolitik – Theorie, Empirie, Praxis. 5. Aufl. Stuttgart, Kap. III.3-4, IV.

*Jarchow, H.-J.* (2010): Grundriss der Geldtheorie. 12. Aufl. Stuttgart, Kap. IV.3.

*Jarchow, H.-J.* (2010): Grundriss der Geldpolitik. 9. Aufl. Stuttgart, Kap. I.3, III, IV.3.

*Keister, T.* u.a. (2008): Divorcing Money from Monetary Policy. Federal Reserve Bank of New York, Economic Policy Review, September, 41-56.

*Sachverständigenrat* (2008): Die Finanzkrise meistern – Wachstumskräfte stärken. Jahresgutachten 2008/09. Wiesbaden, Kap. 3.

# Kapitel 4
# Geldpolitik und Realwirtschaft

---

**Kapitelüberblick**

Angesichts des großen Stellenwerts der Nachrichten über geldpolitische Entscheidungen in den Medien ist es überraschend, dass der herrschenden ökonomischen Theorie zufolge Aktionen der Geldpolitik letztlich "neutral" sind. Damit ist gemeint, dass sie lediglich auf die Nominalgrößen, d.h. die Preise wirken, nicht jedoch auf Wachstum, Produktion und Beschäftigung. In diesem Kapitel werden die Effekte geldpolitischer Aktivitäten auf dem Güter- und Arbeitsmarkt genauer betrachtet. Diese Analyse wird im Rahmen eines einfachen Makromodells durchgeführt: Dieses geht auf der Angebotsseite von der *Phillips*-Kurve aus, betont die Abhängigkeit der Güternachfrage vom Realzins und beschreibt das Verhalten der Notenbank durch eine einfache Zinsregel.

Im Vordergrund dieses Kapitels stehen die Beziehungen zwischen Arbeitslosigkeit und Inflation. Eine Volkswirtschaft wird häufig von Angebots- und Nachfragestörungen betroffen, z.B. Ölpreissteigerungen oder Änderungen der Investitionsneigung. Es wird dann untersucht, wie die Notenbank mit ihrer Zinspolitik dazu beitragen kann, die Konsequenzen solcher Störungen abzudämpfen und eine Rückkehr zum Ausgangsgleichgewicht zu befördern.

Kurz- und mittelfristig haben solche Störungen, wie auch Impulse der Geldpolitik selbst, nicht nur Preis-, sondern auch Beschäftigungswirkungen. Besonders umstritten ist in Wissenschaft und Öffentlichkeit aber die Frage, ob Geldpolitik nicht auch langfristige Wirkungen auf den Wachstums- und Beschäftigungsspielraum hat. Diese Frage wird hier bejaht. Es lässt sich zeigen, dass strukturelle Arbeitslosigkeit nicht nur auf Marktrigiditäten zurückzuführen ist, sondern auch Spätfolge einer zu lange tolerierten konjunkturellen Unterbeschäftigung sein kann. Die Geldpolitik sollte sich deshalb nicht nur um die Bekämpfung von Inflationstendenzen kümmern; es besteht zum einen auch die Gefahr, dass Unterbeschäftigung und Investitionsschwäche das Arbeits- und Produktionspotenzial einer Volkswirtschaft verringern; zum anderen kann bei flexiblen Löhnen und Preisen eine Deflation auftreten, die dann mit geldpolitischen Mitteln nur schwer zu bekämpfen ist.

---

## 4.1 Das Postulat der Neutralität des Geldes

Die Redeweise von einer "Neutralität des Geldes" gehört zu den zentralen Bestandteilen der Theorie der Geldpolitik. Sie ist gleichwohl in mehrfacher Hinsicht missverständlich und verwirrend. Gemeint ist damit keineswegs, dass Geld letztlich unwichtig sei – obwohl dies von berühmten Ökonomen scheinbar immer wieder behauptet wurde. Tatsächlich spielt es

sogar eine große Rolle, ob eine Ökonomie Geld verwendet oder nicht: Der Ablauf einer arbeitsteiligen Wirtschaft ohne Geld wäre außerordentlich ineffizient und mit massiven Wohl-
fahrtseinbußen verbunden (*Abschnitt 1.1.1*). In *qualitativer* Hinsicht ist demnach Geld
durchaus nicht neutral. Seine Existenz stellt überhaupt erst die Kohärenz einer Marktwirtschaft her und begründet eine besondere Wirtschaftsordnung, in der die individuelle Interes-
senverfolgung die Form monetärer Investitionskalküle annimmt.

> *There cannot, in short, be intrinsically a more insignificant thing, in the economy of society, than*
> *money.*
>
> John Stuart Mill (1871: 488)

Die Neutralitätsthese behauptet vielmehr, dass die nominelle *Quantität* des Geldes für das
reale Wirtschaftsgeschehen bedeutungslos ist. Diese Quantität ist durch die Zahlen- bzw.
Zahlungssumme der umlaufenden Zahlungsmittel bestimmt. Die so gemessene Geldmenge
kann auf zwei Wegen verändert werden, die strikt unterschieden werden müssen.

(1) Der erste Fall ist eine *reine Maßstabsänderung*, die vor allem bei Währungsreformen
vorgenommen wird (z.B. Ersetzung von 1000 alten Francs durch 10 neue Francs). Dabei
wird der Wertstandard monetärer Kontrakte – meist zu einem Stichtag – neu definiert. Es
ist offensichtlich, dass eine solche Operation realwirtschaftlich neutral ist. Da alle nominalen Werte proportional angepasst werden, bleiben die *relativen* Preise, d.h. die güterwirtschaftlichen Tauschverhältnisse unverändert. Zwar ändert sich rechnerisch das Preisniveau,
aber eben im gleichen Verhältnis wie die Geldmenge, so dass die *reale* Geldmenge $M/P$
unberührt bleibt. Es gibt ebenfalls keinen Grund zur Änderung von Zins und Inflationsrate.
Nachfrage, Produktion und Beschäftigung werden durch die Wertstandardänderung nicht
betroffen.

> *It is indeed evident that money is nothing but the representation of labour and commodities, and*
> *serves only as a method of rating and estimating them. Where the coin is in greater plenty, as a*
> *greater quantity of it is required to represent the same quantity of goods, it can have no effect,*
> *either good or bad [...] any more than it would make an alteration on a merchant's book, if, in-*
> *stead of the Arabian method, which requires few characters, he should make use of the Roman,*
> *which requires a great many.*
>
> David Hume (1752: 32)

(2) Umstritten ist dagegen der Fall einer *expansiven (oder kontraktiven) Geldpolitik*. Auch
hier verändert sich die Geldmenge um einen bestimmten Faktor, so dass – bei Vollbeschäftigung und flexiblen Preisen – das Preisniveau letztlich um den gleichen Prozentsatz variiert:
Wird die Geldmenge in $t_0$ auf $M'$ erhöht, so ergibt sich über die Verschiebung der *LM*-Kur-
ve eine monetär bedingte Nachfragesteigerung auf das Einkommen $Y_1$ (A → B, *Abbildung*

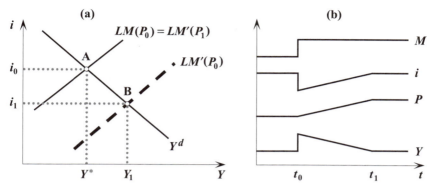

*Abbildung 4-1: Geldmengenerhöhung bei Vollbeschäftigung (mit $P_0 < P_1$ )*

*4-1 a*). Damit ist jedoch das Vollbeschäftigungsniveau $Y^*$ überschritten und es kommt aufgrund des Nachfrageüberschusses auf Güter- und Arbeitsmarkt zu Preissteigerungen. Das Preisniveau erhöhe sich von $P_0$ auf $P_1$. Hält die Notenbank das erhöhte Geldangebot $M'$ nun konstant, tritt über den erhöhten Transaktionskassenbedarf wieder eine Zinssteigerung ein. Dadurch wird die Nachfrage auf das alte Niveau zurückgedrängt (B → A). Das zeitliche Verlaufsdiagramm der betroffenen Variablen (*Abbildung 4-1 b*) zeigt, dass sich im Gleichgewicht in $t_1$ nur das Preisniveau an die erhöhte Geldmenge angepasst hat, während Zins und Einkommen wieder zu ihren Ausgangswerten zurückgekehrt sind.

Wenn die Wirtschaftssubjekte den Ablauf dieses Prozesses verstehen, so können sie sein Ergebnis auch antizipieren. Bei derartigen *rationalen Erwartungen (Box 3-4)* würden dann alle Arbeitnehmer und Produzenten versuchen, sofort nach der Geldmengenänderung entsprechend höhere Lohn- und Preisforderungen am Markt durchzusetzen. Da das *nominale* Nachfragevolumen im gleichen Ausmaß wie die Geldmengenerhöhung zunimmt, können die Preissteigerungen auch ohne Einschränkungen durchgesetzt werden. Im Modell bleibt dann das reale Aktivitätsniveau konstant.

In der Realität ist eine solche sprunghafte Anpassung des Preisniveaus an eine veränderte Geldmenge (bzw. der Inflationsrate an ein verändertes Geldmengenwachstum) ohne jegliche reale Effekte aber nie zu beobachten. Es gibt mehrere Möglichkeiten, dies zu erklären:

- Geldpolitische Kurswechsel könnten so überraschend vorgenommen werden, dass sich die Marktakteure nicht darauf einstellen können. Dieses Argument trifft aber zumindest mit Blick auf die heutige Geldpolitik kaum zu; Entscheidungen der Notenbank werden angekündigt, breit diskutiert und kommentiert, und werden von den Finanzmarktakteuren häufig sogar korrekt prognostiziert.

- Es gibt mikroökonomisch-institutionell bedingte Einschränkungen einer vollständigen Lohn- und Preisflexibilität. Löhne und Preise sind oft vertraglich für bestimmte Zeitspannen fixiert und Anpassungen sind mit Preisänderungskosten (*Menu Costs*) i.w.S.

verbunden. Dies ist kein Beleg für Marktfehler oder -versagen; vielmehr ist der Grad der Lohn- und Preisrigidität oft von den beteiligten Marktparteien frei gewählt, um Transaktionskosten gering zu halten. Wenn die Wirtschaftssubjekte flexiblere Möglichkeiten zur Anpassung an veränderte Preiserwartungen wünschen, so könnten sie grundsätzlich bestehende institutionelle Arrangements dahingehend umgestalten (allerdings können auch nicht effiziente, wirtschaftspolitisch verordnete Regulierungen der Preisflexibilität im Wege stehen).

- Denkbar ist schließlich, dass Marktakteure *keine* unbedingte Preissteigerungserwartung an die Geldmengenerhöhung knüpfen (und deshalb ihre individuelle Lohn- und Preisgestaltung nicht ändern). Möglicherweise existieren unterschiedliche Meinungen in Bezug auf den gegebenen Ausgangspunkt einer geldpolitischen Expansion: Nur im obigen Modell ist Vollbeschäftigung eindeutig als Punktwert definiert, faktisch kann es auch bei hohem Auslastungsgrad der Wirtschaft Erwartungen eines weiteren realen Expansionsspielraums geben. Zudem können auf *einzelnen* Märkten im Zuge einer expansiven Geldpolitik reale Mengeneffekte auftreten, selbst wenn auf der hoch aggregierten makroökonomischen Ebene Preiseffekte vorherrschen.

Die Fälle einer Währungsreform und einer Änderung des Expansionsgrades der Geldpolitik sind demnach grundverschieden. Wesentlich ist nicht der Unterschied im Hinblick auf die Größenordnung der jeweilig bewirkten Geldmengenänderung, sondern die regulative Ausschaltung eines Marktprozesses im ersten Fall. Es gibt keinen Anreiz, von der vorgeschriebenen Umstellung jedes einzelnen Preises abzuweichen. Umgekehrt könnte eine Variation der Geldmenge um $x$ % im Zuge einer graduellen Kursänderung der Geldpolitik nur dann einer Währungsreform gleichen, wenn alle Wirtschaftssubjekte freiwillig überein kämen, gleichzeitig jeden Lohn und Preis um $x$ % zu verändern.

Eine solche Vereinbarung kommt aber nicht zustande, weil viele einzelne Akteure nicht zu Unrecht darauf setzen, im Zuge einer geldpolitischen Expansion zumindest eine Zeitlang von einer individuell gewählten Strategie eher zu profitieren; der Beschluss, alle Preise im Gleichschritt zu verändern, käme einer Wettbewerbsbeschränkung gleich. Die Vorstellung, alle Wirtschaftssubjekte würden gleichzeitig ihre *individuellen* Preise um einen einheitlichen Prozentsatz anpassen, nur weil sie erwarten, dass das *allgemeine* Preisniveau später einmal um diesen Prozentsatz höher sein wird, weist keine solide mikrotheoretische Grundlage auf.

Nach einer Entscheidung zu einer Änderung des geldpolitischen Kurses bleibt somit der Wirtschaftsprozess nicht wie im Fall der Währungsreform "für einen Moment" stehen, um eine realwirtschaftliche neutrale Preisanpassung auf allen Ebenen durchzuführen – vielmehr entwickelt sich eine Kette von Anpassungsvorgängen in der gesamten Volkswirtschaft (*Abschnitt 3.2*). Dabei verschieben sich Angebot-Nachfrage-Konstellationen keineswegs auf allen Märkten in gleicher Weise; auch die *Struktur* von Einkommen, Produktion und Beschäftigung, sowie die Einkommens- und Vermögensverteilung ändern sich. Die *relativen* Preise

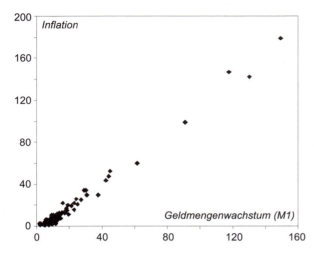

*Abbildung 4-2:*
*Quantitätstheoretische*
*Evidenz für mehr als*
*100 Industrie- und*
*Entwicklungsländer,*
*1970-1999*
*(De Grauwe 2009: 211)*

geraten in Bewegung. Selbst wenn am Ende des Anpassungsprozesses das Preisniveau im gleichen Ausmaß wie die Geldmenge zugenommen hat und im Durchschnitt (wieder) Vollbeschäftigung herrscht, so ist das reale, strukturelle Bild der Wirtschaft schließlich ein anderes als am Ausgangspunkt. Eben deshalb wäre es auf Seiten der einzelnen Akteure auch wenig rational zu erwarten, dass die geldpolitische Aktivität letztlich nur Konsequenzen für makroökonomisch-nominale Größen haben wird.

Selbst auf makroökonomischer Ebene sind die Erfahrungen, die Wirtschaftssubjekte mit Geldmengenänderungen machen konnten, nicht ganz eindeutig. Einerseits ist über viele Jahre und Länder betrachtet das Geldmengenwachstum hoch korreliert mit der Inflation (*Abbildung 4-2*). Dies spricht für die Quantitätstheorie und die realwirtschaftliche Neutralität des Geldes: Man kann nicht erwarten, dass ein jährliches Geldmengenwachstum von 50 % ein ebensolches reales Wachstum hervorbringen könnte. Andererseits sieht das Bild im Bereich moderaten Geldmengenwachstums nicht so klar aus: Der Zusammenhang zwischen Geldmengen- und Preisentwicklung ist weniger stringent, es zeigt sich sogar ein mindestens ebenso klarer Zusammenhang zwischen Geldmengen- und Wirtschaftswachstum (in *Abbildung 4-3* wurden in Anlehnung an die stilisierten Fakten des Transmissionsmechanismus Zeitverzögerungen zwischen den Makrovariablen berücksichtigt, allerdings hat dies kaum einen Einfluss auf die Art der gezeigten Beziehungen).

Eine weitgehend parallele Bewegung von Geldmenge, Output und Preisen entspricht dem üblichen Muster des Konjunkturzyklus. Kurz- und mittelfristig kann demnach von einer realwirtschaftlichen Neutralität des Geldes und der Geldpolitik nicht die Rede sein. Es wird im weiteren Verlauf dieses Kapitels zu untersuchen sein, ob die Notenbank nicht eine aktive Rolle bei der Stabilisierung der gesamtwirtschaftlichen Entwicklung einnehmen kann. Abschließend wird dann auch die Frage der langfristigen Neutralität noch einmal aufgegriffen. Als vorläufiges Resümee lässt sich festhalten, dass der Neutralitätsthese eher ein *normativer*

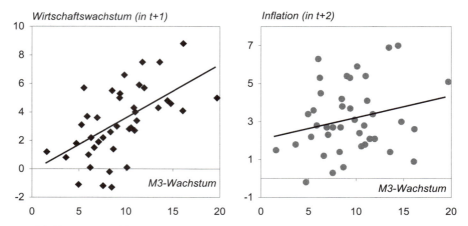

*Abbildung 4-3: Geldmengenwachstum, reales Wirtschaftswachstum (ein Jahr verzögert) und Inflation (zwei Jahre verzögert) in der Bundesrepublik Deutschland, 1956-1996*

als ein *positiver* Charakter zukommt. Sie beschreibt weniger den unmittelbaren Zusammenhang zwischen monetärer und realer Sphäre, sondern eher eine Wunschvorstellung. Operationen der Notenbank oder Instabilitäten auf den Finanzmärkten sollen den Ablauf auf Güter- und Arbeitsmärkten nicht in unnötiger Weise beeinträchtigen.

---

*I find the [standard monetary neutrality] proposition baffling. Taken seriously, monetary neutrality means that central bankers are irrelevant: real magnitudes – which are what ultimately matter to people – go their own way, independently of what the central banker does. Central bankers are important insofar as money is not neutral and does have real effects. Neutrality propositions give little if any guide to effective central bank behaviour under such circumstances. Perhaps they offer comfort to central bankers by implying that all mistakes will average out in that mythical long run in which Keynes assured us 'we are all dead'.*

Milton Friedman (2002: 366)

---

**Zusammenfassung**

4.1   Die These einer Neutralität des Geldes besagt, dass Änderungen der Geldmenge nur die Nominalgrößen, also Löhne und Güterpreise, berühren, hingegen keine Auswirkungen auf Wachstum, Produktion und Beschäftigung haben. Bei einer Währungsreform ist diese These erfüllt, weil der Wertstandard aller Nominalkontrakte zu einem Zeitpunkt umgestellt wird. Ein Kurswechsel der Geldpolitik geht dagegen mit graduellen Geldmengeneffekten einher, die sowohl im Transmissionsmechanismus auf den Finanzmärkten wie auch auf Güter- und Arbeitsmärkten mit Allokationseffekten verbunden sind. Während des Anpassungsprozesses sind z.T. erhebliche Realeffekte zu beobachten, selbst wenn sich unter bestimmten Bedingungen schließlich im Aggregat das Neutralitätsergebnis einstellt.

# 4.2 Das makroökonomische Standardmodell

## 4.2.1 Lohn- und Preissetzung: verteilungspolitische Determinanten des Arbeitsmarktgleichgewichts

Im Folgenden wird der Einfluss der Geldpolitik auf die Realwirtschaft untersucht. Zu diesem Zweck wird ein einfaches Modell entwickelt, anhand dessen die makroökonomischen Wirkungen der Geldpolitik illustriert werden können. Ein Hauptproblem der Geldpolitik ist die Inflation. Ihr Ausgangspunkt ist die Lohn- und Preissetzung der Gewerkschaften und Unternehmen. Diese beiden Themenkreise werden deshalb zunächst betrachtet.

(1) Die Präferenzen der Arbeitnehmer spiegeln sich in einer *Arbeitsangebotsfunktion* $N^s$ wider. Sie drückt aus, dass die Wirtschaftssubjekte in Erwartung eines steigenden Realeinkommens bereit sind, auf den Freizeitnutzen zu verzichten und im Rahmen von Lohnarbeitsverträgen ihre Arbeitskraft anzubieten. Man kann annehmen, dass diese Arbeitsangebotsfunktion eine positive Steigung aufweist, wenn bei höheren Reallöhnen eine Substitution von Freizeit zu Arbeitszeit lohnend wird (*Abbildung 4-4*; je nach Stärke des Einkommenseffektes einer Lohnerhöhung sind allerdings auch andere Verläufe der Arbeitsangebotsfunktion denkbar).

Die Funktion $N^s$ ist die Grundlage einer individuellen Arbeitsangebotsentscheidung. Sie bildet ein (hypothetisches) Mengenanpassungsverhalten ab, d.h. die Bereitschaft *aller* Wirtschaftssubjekte zu unterschiedlichen Arbeitsmengen $N$ bei alternativ vorgegebenen Reallöhnen, lässt jedoch das Muster der Lohnbildung selbst ungeklärt. Diese Funktion hat kaum eine direkte Marktrelevanz, da die Unternehmen in erster Linie mit *ihren Beschäftigten* verhandeln müssen (unabhängig davon, ob diese durch Gewerkschaften vertreten werden oder nicht). Auch Informations- und Transaktionskosten verhindern, dass alle potentiell an einem Arbeitsplatz interessierten Personen an den Lohnverhandlungen beteiligt werden können.

In der Praxis werden die Lohnforderungen zumeist von den Beschäftigten oder ihren Interessenvertretern (Gewerkschaften) erhoben. Dabei spielen Marktmacht und Anspruchsverhalten eine Rolle. Bei einem hohen Beschäftigungsgrad ist die Marktstellung der Arbeitneh-

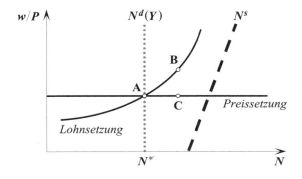

Abbildung 4-4:
Lohn- und Preissetzung
in Abhängigkeit vom
Beschäftigungsgrad

mer besser, weil ihre Arbeitsplätze sicherer erscheinen; infolgedessen werden auch die Ansprüche auf höhere Einkommen mit dem Beschäftigungsgrad zunehmen. Die Kurve der *Lohnsetzungsfunktion*

$$\left(\frac{w}{P}\right)^{*}_{Gew} = f\left(\frac{N}{N^{s}}\right) \quad \text{mit} \quad f' > 0, f'' > 0 \tag{4.1}$$

die den gewünschten Reallohn aus Sicht der Gewerkschaften zeigt, hat demnach einen ansteigenden Verlauf. Formal ähnelt sie der oben beschriebenen Arbeitsangebotsfunktion, sie drückt jedoch eine andere Marktlogik aus: Dort geht es um hypothetische Mengenreaktionen bei unterschiedlichen Preisen, hier um Preiseffekte von Mengenrelationen, nämlich gewünschte Reallohnänderungen bei steigendem Beschäftigungsgrad.

Die Lohnsetzungsfunktion spiegelt *reale* Einkommensziele wider; die Unternehmen als Verhandlungspartner können im Tarifvertrag jedoch keinen Reallohn zusichern, weil sie individuell keine Kontrolle über das gesamtwirtschaftliche Preisniveau haben. Man verhandelt deshalb über den Nominallohn – mit Blick auf den gewünschten Reallohn, so dass die Lohnpolitik eine Erwartung über ein bestimmtes Preisniveau bilden muss. Die Lohnsetzungsfunktion ist somit präziser wie folgt zu notieren:

$$w^{*} = P^{e}\left(\frac{w}{P}\right)^{*}_{Gew} = P^{e} f\left(\frac{N}{N^{s}}\right) \tag{4.2}$$

(2) Die *Preissetzung* der Unternehmen hängt von den Produktionskosten ab. Vor dem Hintergrund der jeweilig herrschenden produktionstheoretischen Beziehungen sind diese Kosten durch die technologische Leistungsfähigkeit des Produktionsprozesses (d.h. vor allem die Arbeitsproduktivität) und durch den ausgehandelten Nominallohn bestimmt. Es ist angenommen, dass die Unternehmen in einem normalen Bereich der Kapazitätsauslastung produzieren, in dem sich die physische Knappheit des Kapitalstocks noch nicht bemerkbar macht. Die durchschnittliche Arbeitsproduktivität $a = Y/N$ ist dann konstant, ebenso die Stückkosten.

Unter den Bedingungen der Marktform der monopolistischen Konkurrenz praktizieren die Unternehmen eine *Aufschlagskalkulation*. Dabei wird der Angebotspreis durch einen Gewinnaufschlag auf die Lohnstückkosten gebildet. Über diesen *Mark-up* sind die restlichen variablen sowie die fixen Kosten (einschließlich des Zinsendienstes für Eigen- und Fremdkapital) zu decken; er hängt somit auch von den Verteilungsansprüchen der Vermögensbesitzer und dem Wettbewerbsgrad ab.

$$P = (1+k)\frac{W}{Y} = (1+k)\frac{wN}{Y} = (1+k)\frac{w}{Y/N} = (1+k)\frac{w}{a} \tag{4.3}$$

Das Preisniveau $P$ ist somit nicht abhängig von der Ausbringungsmenge, sondern vom Aufschlagssatz $k$ und von den Lohnstückkosten; letztere entsprechen der Relation von gesamtwirtschaftlicher Lohnsumme $W$ und gesamtwirtschaftlicher Produktionsmenge $Y$, d.h. der Relation von Nominallohn $w$ und durchschnittlicher Arbeitsproduktivität $a$. Daraus folgt, dass der aus Unternehmenssicht maximal tolerierbare Reallohn unabhängig vom Beschäftigungsgrad ist.

$$\left(\frac{w}{P}\right)^{*}_{Unt} = \frac{a}{1+k} \qquad [4.4]$$

Setzt man den von Gewerkschaftsseite geforderten Lohn $w^*$ aus [4.2] in die Gleichung der unternehmerischen Preisbildung [4.3] ein, so wird deutlich, dass die Angebotspreise auch vom erwarteten Preisniveau abhängen und bei jederzeit flexiblen, nach $f(N/N^s)$ variierenden Löhnen mit dem Beschäftigungsniveau ansteigen.

$$P^* = \frac{1+k}{a} P^e f\left(\frac{N}{N^s}\right) \qquad [4.5]$$

(3) Das *Gleichgewicht am Arbeitsmarkt* ist durch den Schnittpunkt der Lohn- und Preissetzungskurven bestimmt (Punkt A, *Abbildung 4-4*). Aus Sicht der Arbeitnehmer erfordert ein Gleichgewicht die Bedingung $P^e = P^*$, weil ansonsten beim festgesetzten Lohn $w^*$ die Hoffnung auf den erwünschten Reallohn enttäuscht wird. Die Einsetzung dieser Bedingung in [4.5] führt zum gleichgewichtigen Beschäftigungsniveau $N^*$ bei

$$f\left(\frac{N}{N^s}\right) = \frac{a}{1+k} \qquad [4.6]$$

*Vollbeschäftigung* ist das Beschäftigungsniveau $N^*$, bei dem die realen Einkommensziele der Lohnabhängigen und Unternehmen übereinstimmen. Da der Aufschlagssatz $k$ auch alle variablen Kosten außer den Löhnen enthält, würde sich $N^*$ z.B. bei einer Ölpreissteigerung verringern.

Das *tatsächliche* Produktions- und Beschäftigungsniveau wird nicht unmittelbar durch die Lohn- und Preissetzungsfunktionen, sondern durch die Güternachfrage und die Produktionsfunktion $Y = aN$ bestimmt. Die daraus abgeleitete Beschäftigungslinie $N^d(Y)$ ist als Vertikale gezeichnet (*Abbildung 4-4*), also unabhängig vom Reallohn. Dies lässt sich wie folgt begründen: Einerseits ist zu vermuten, dass bei sinkendem Reallohn und deshalb steigendem Stückgewinn der Investitionsanreiz und somit die Investitionsnachfrage zunehmen. Andererseits geht die Konsumnachfrage aus Lohneinkommen mit sinkendem Reallohn zurück, was durch einen zunehmenden Konsum aus Gewinneinkommen zumeist nicht kompensiert wird. Weil das Vorzeichen der Reaktion der gesamten Güternachfrage auf Reallohnänderungen in der kurzen Frist unklar ist, wird es hier gleich Null gesetzt.

Wenn $N^d(Y)$ zufällig bei $N^*$ liegt, so besteht trotz dieser Gleichgewichtskonstellation Arbeitslosigkeit, gemessen durch die Differenz $N^s - N^*$. Diese Arbeitskräfte sind überschüssig, sie werden zur Produktion des gegebenen Nachfragevolumens nicht benötigt. Diese Personen sind *unfreiwillig* arbeitslos, wenn die Arbeitsangebotsfunktion ihre Präferenzen korrekt wiedergibt. Zugleich kann man jedoch die bestehende Arbeitslosigkeit als *freiwillig* ansehen, weil die Arbeitsanbieter *als Gruppe* (d.h. Beschäftigte und Arbeitslose) durch ihr lohnpolitisches Verhalten im Punkt A eine Akzeptanz dieser Konstellation ausdrücken. Die Existenz von Arbeitslosigkeit ist mit einem Gleichgewicht *institutionell* dadurch vereinbar, dass die Nichtbeschäftigten von den Lohnverhandlungen ausgegrenzt bleiben.

Jedoch stellen die Arbeitslosen eine potentielle Konkurrenz für die Beschäftigten dar und beeinflussen daher indirekt die Lohnverhandlungen. Unternehmen haben den Anreiz, gut bezahlte Beschäftigte zu entlassen und durch bislang arbeitslose Personen zu ersetzen, die zu niedrigeren Löhnen arbeiten wollen. Insbesondere bei hoher Arbeitslosigkeit müssen die Beschäftigten damit rechnen, dass die Unternehmen auf diese Weise bei der laufenden Personalfluktuation (*Labour Turnover*) ihre Lohnkosten senken wollen. Die Einschätzung der potenziellen Konkurrenz durch die Arbeitslosen wird daher Steigung und Lage der Lohnsetzungskurve bestimmen.

Streng genommen stellt die Absenkung des Gehalts bei der Ersetzung eines Beschäftigten durch eine bislang arbeitslose Person einen Bruch der bestehenden Tarifvereinbarung dar, in der das Unternehmen der Belegschaft als ganze für die Vertragsdauer einen bestimmten Lohn zugesichert hat. Tarifverträge belassen den Unternehmen i.d.R. das Recht zur Anpassung der Beschäftigungsmenge an sich ändernde Marktbedingungen, weil eine vertragliche Lohn- *und* Beschäftigungsfixierung bei Absatzrückgängen via Konkurs die Plätze aller Beschäftigten gefährden kann. Neueinstellungen müssen aber zumeist zu den periodisch fixierten Löhnen vorgenommen werden.

Der ausgehandelte Lohn $w^*$ wird zumeist für die Dauer der Laufzeit des Tarifvertrages fixiert, so dass die Angebotspreise insoweit ebenfalls starr sind. Produktionssteigerungen, die durch eine gestiegene Güternachfrage ausgelöst werden und mit einer entsprechenden Verlagerung der Beschäftigungslinie $N^d$ einhergehen, sind bei konstantem Lohnsatz auch zu konstanten Preisen möglich. In einem Preisniveau-Output-Diagramm verläuft die gesamtwirtschaftliche Angebotsfunktion somit horizontal.

Die Unternehmen befinden sich in einer verhandlungstheoretisch günstigeren Position, weil sie prinzipiell die Ergebnisse der Lohnverhandlung mit ihrer Preispolitik in ihrem Sinne korrigieren können. Zu jedem Nominallohn wird der Angebotspreis so festgelegt, dass Gewinnlage und Reallohn unverändert bleiben. Dies gilt auch außerhalb des Gleichgewichts: Im Bereich $N > N^*$ (*Abbildung 4-4*) wird der durch die Lohnsetzungskurve angestrebte Reallohn faktisch nicht realisiert. Verläuft die Beschäftigungslinie $N^d(Y)$ vertikal durch BC, so streben die Arbeitnehmer Punkt B an, realisieren jedoch nach der unternehmerischen Preisanpassung Punkt C. Die Enttäuschung der Reallohnerwartungen auf Seiten der Beschäftigten wird dann lohnpolitische Reaktionen, d.h. weiter steigende Nominallohnforderungen nach sich ziehen. Eine Lohn-Preis-Spirale ist die Folge (*Abschnitt 4.3.1*).

### 4.2.2 Die *Phillips*-Kurve: Wahl zwischen Arbeitslosigkeit und Inflation?

Der Beschäftigungsgrad wird nun durch die Arbeitslosenquoten

$$u = \frac{N^s - N}{N^s} \quad \text{und} \quad u^* = \frac{N^s - N^*}{N^s} \qquad [4.7]$$

ausgedrückt. Zumeist ist wegen $N^s > N^*$ (wie in *Abbildung 4-4*) $u^* > 0$ : Denn auch bei makroökonomischer Vollbeschäftigung i.S. von Gleichung [4.6] gibt es Arbeitslosigkeit aus mikroökonomischen, institutionellen und strukturellen Gründen, z.B. Friktionen und Sucharbeitslosigkeit beim Wechsel zwischen Beschäftigungsverhältnissen oder ein *Mismatch* zwischen den Qualifikationsanforderungen vorhandener Arbeitsplätze und dem Qualifikationsprofil verfügbarer Arbeitskräfte. Stellenweise können die Unternehmen freie, eigentlich zur Produktion benötigte Arbeitsplätze nicht besetzen, weil sich die passenden Arbeitskräfte nicht finden. Insgesamt wird $u^*$ als *strukturelle* (zuweilen auch als *natürliche*) Arbeitslosenquote bezeichnet.

Vor diesem Hintergrund lässt sich die Preissetzungsgleichung [4.5], vereinfacht in Wachstumsraten geschrieben, in einen Zusammenhang zwischen Inflationsrate $p$ und Arbeitslosenquote $u$ überführen. Das ist die Gleichung der *Phillips-Kurve* (*Abbildung 4-5*):

$$p = p^e + \phi\left(u^* - u\right) \qquad [4.8]$$

- Bei einem Nachfrageüberschuss am Arbeitsmarkt, also bei $u < u^*$, streben die Arbeitnehmer höhere Reallöhne an. Da ihr einziger Aktionsparameter jedoch der Nominallohn ist, tritt eine Lohninflation auf, d.h. eine *anhaltende* Zunahme der Nominallöhne.

- Der Parameter $\phi > 0$ misst die Reaktion der Nominallohnveränderungen auf Nachfrage- und Angebotsüberschüsse am Arbeitsmarkt und gibt insoweit den Konkurrenzgrad zwischen Beschäftigten und Arbeitslosen wieder: $\phi$ ist groß, wenn bei $u < u^*$ ein Nachfra­geüberschuss massive Lohnsteigerungen nach sich zieht; $\phi$ ist klein, wenn eine beste­hende Unterbeschäftigung $u > u^*$ nur wenig Lohnzurückhaltung bewirkt, z.B. weil die Beschäftigten ihre individuellen Arbeitsplätze für relativ sicher halten. Der Parameter

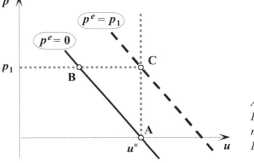

*Abbildung 4-5:*
*Phillips-Kurve*
*mit alternativen*
*Inflationserwartungen*

$\phi$ kann somit als Maßgröße für Flexibilität und Konkurrenz am Arbeitsmarkt angesehen werden.

- Eben weil die Lohnabhängigen – unabhängig vom Beschäftigungsgrad – stets auf den Reallohn achten, erhöhen sie jede Nominallohnforderung um die von ihnen erwartete Inflationsrate $p^e$. Zunächst, von A ausgehend, ist dies $p^e = 0$.

- Die Unternehmen verteidigen einen konstanten Gewinnaufschlag auf die Produktionskosten. Deshalb werden Nominallohnsteigerungen, die nach $P = (1 + k)\, w/a$ [4.3] die Lohnstückkosten erhöhen (d.h. die das Wachstum der Arbeitsproduktivität übersteigen), vollständig in die Güterpreise überwälzt. Die Entwicklung der Güterpreise hängt damit unmittelbar von der Entwicklung der Nominallöhne ab. Empirisch zeigt sich allerdings, dass der Zusammenhang zwischen Lohnstückkosten und Inflation nicht so streng ist (*Abbildung 4-6*); dies weist auf variable Nicht-Lohnkosten bzw. Gewinnmargen hin.

- Bei einer konjunkturell sinkenden Arbeitslosigkeit steigen zwischen A und B Löhne und Preise, jedoch nicht der Reallohn. Die Wahrnehmung der falschen Inflationserwartung $p^e < p_1$ wird zu einer Anpassung der Lohnforderungen führen, so dass die *Phillips*-Kurve dann durch C verläuft (dieser dynamische Prozess wird in *Abschnitt 4.3.1* genauer untersucht). Die erwartete Inflationsrate ist ein Lageparameter der *Phillips*-Kurve.

- Die Arbeitslosenquote $u^*$ wird auch als NAIRU (*Non Accelerating Inflation Rate of Unemployment*) bezeichnet; dies bringt zum Ausdruck, dass bei einer Arbeitslosigkeit in dieser Höhe ein makroökonomisches Gleichgewicht vorliegt und die Lohninflation von den Knappheitsverhältnissen am Arbeitsmarkt her auf einem konstanten Wert verharrt. Jeder Punkt auf der Senkrechten $u = u^*$ ist ein Arbeitsmarktgleichgewicht, unabhängig von der Höhe der Inflationsrate. Die Gleichgewichtsbedingung $u = u^*$ bedeutet nach [4.8] zugleich auch $p = p^e$: Wenn sich die Inflationserwartungen erfüllen, besteht Vollbeschäftigung.

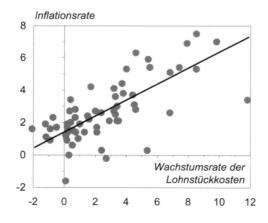

*Abbildung 4-6:*
*Inflation und Lohnstückkosten*
*in Deutschland, 1951-2010*

### 4.2.3 Güterangebot und Güternachfrage: Interdependenzen zwischen Output und Inflation

Die *Phillips*-Kurven-Gleichung lässt sich auch als *Angebotsfunktion* für den aggregierten Gütermarkt einer Volkswirtschaft verstehen. Nimmt man eine einfache lineare Produktionsfunktion an, bei der Produktionsmenge und Arbeitsinput proportional zusammenhängen (Sachkapital ist kein knapper Faktor), so besteht ein inverser Zusammenhang zwischen Arbeitslosenquote und Output. Deshalb kann man als Indikator einer Überschussnachfrage auf dem Arbeits- bzw. Gütermarkt anstelle der Differenz zwischen NAIRU und Arbeitslosenquote auch die Relation zwischen dem tatsächlichen und dem vollbeschäftigungskonformen Output $Y^*$ verwenden. Alle Variablen mit Ausnahme der Inflationsraten und Zinssätze sind im Folgenden als Logarithmen notiert (*Box 4-1*).

---

*Box 4-1: Rechnen mit Logarithmen*

In der modernen Makrotheorie wird häufig mit logarithmisch formulierten Modellen gearbeitet. Auf diese Weise können auch nicht-lineare Beziehungen in einfacher mathematischer Form behandelt werden. Die natürlichen Logarithmen einer Variablen $X$ werden hier mit $x$ bezeichnet, d.h. die Notation ist $\ln X = x$. Dabei gelten folgende Rechenregeln:

$$\ln\left(X \cdot Z\right) = x + z$$
$$\ln\left(X / Z\right) = x - z$$
$$\ln X^{\alpha} = \alpha x$$
$$\ln \tilde{e}^{\phi} = \phi \quad \text{mit} \quad \tilde{e} = \text{Eulersche Zahl} \tag{4.9}$$
$$\ln 1 = 0$$
$$\ln\left(X_t / X_{t-1}\right) = x_t - x_{t-1} \approx \text{Wachstumsrate von } X$$
$$\ln\left(1 + r\right) \approx r \quad \text{für kleine } r$$

---

$$p = p^e + \alpha\left(y - y^*\right) + \varepsilon^s \tag{4.10}$$

Der Parameter $\alpha$ hat eine analoge Bedeutung zu $\phi$ in [4.8]; er misst den Grad der Steigung der Angebotsfunktion. Hinzugefügt ist eine Störvariable $\varepsilon^s$, die exogene Preisschocks erfasst (z.B. autonome Lohn- und Preissteigerungen mit Umverteilungszielsetzungen, Ölpreis- oder Steuererhöhungen). Diese (und die im weiteren folgenden) Störvariablen haben alle die gleichen formalen Eigenschaften von *White Noise*:

- Ihr erwarteter Mittelwert ist gleich Null, d.h. die Summe der Störungen addiert sich mit der Zeit auf Null. Man kann ihr Auftreten nicht quantitativ prognostizieren.

- Ihre Varianz, d.h. die quadrierte Standardabweichung vom Mittelwert ist endlich; ihr Auftreten bewirkt keine chaotische Sprengung der Systembeziehungen.

Die *Güternachfrage* reagiert positiv auf autonome (Staats-) Ausgaben *g*. Die Investitionstätigkeit sollte im Prinzip durch den negativen Einfluss des realen *langfristigen* Kapitalmarktzinses erfasst werden. Da der nominale Kapitalmarktzins sich zumeist gleichgerichtet mit dem kurzfristigen Zins ändert, stellt *i* hier jedoch den kurzfristigen Zins dar, der von der Notenbank direkt kontrolliert wird; empirisch zeigt sich zudem, dass die Güternachfrage auch direkt von der Entwicklung der kurzfristigen Zinsen abhängt (*Abschnitt 3.2.2*).

$$y = g - \beta\left(i - p\right) + \varepsilon^d \qquad\qquad [4.11]$$

Der Realzins $r_t = i_t - p_{t+1}^e$ ist formal korrekt mit Blick auf die für die künftige(n) Periode(n) erwartete Inflationsrate definiert. Zur Vereinfachung wird statt dessen jedoch hier die laufende Inflationsrate verwendet; die Annahme $p_{t+1}^e = p_t$ lässt sich auch mit der in der Praxis verbreiteten adaptiven Erwartungsbildung rechtfertigen (*Box 3-4*). Die Semizinselastizität der Investitionsnachfrage, d.h. die prozentuale Änderung der Investition bei einer Variation des Zinssatzes um einen Prozentpunkt, ist mit $-\beta$ angegeben. Die Störvariable $\varepsilon^d$ bildet Präferenz- und Erwartungsänderungen der Marktakteure, zufällige Nachfrageschwankungen u.ä. ab.

Eine *Geldmarktgleichung* der Art $M/P = L(Y, i)$ [2.52] kann im Folgenden unberücksichtigt bleiben, weil die Notenbank die Geldmenge an die Geldnachfrage anpasst und statt dessen den Zins als Instrument einsetzt. Die Geldmenge taucht weder in der Angebots- noch in der Nachfragegleichung auf und hat folglich keinen direkten Einfluss auf die beiden endogenen Makrovariablen *p* und *y*. *Nach* Lösung des Modells könnte man die gleichgewichtige, gewünschte Geldmenge aus der Geldnachfragegleichung ablesen. Jedoch ist diese Variable in dem hier betrachteten einfachen Modell ohne Interesse. Dieses Modell kann durch Zeitverzögerungen zwischen den einzelnen Variablen oder alternative Erwartungshypothesen modifiziert werden (*Box 4-2*).

---

*Box 4-2: Die neukeynesianische Variante des Standardmodells*

Die Gleichungen [4.10] und [4.11] stellen nur das Grundgerüst eines makroökonomischen Angebot-Nachfrage-Modells dar. Dieses kann u.a. im Hinblick auf *Lag*-Strukturen und Erwartungsbildung modifiziert werden. Die neukeynesianische Modellvariante baut auf dem Postulat einer *Mikrofundierung* auf, d.h. gesamtwirtschaftliche Angebots- und Nachfragefunktionen werden aus Optimierungskalkülen repräsentativer Unternehmen und Haushalte abgeleitet.

- Auf der Angebotsseite wird dabei angenommen, dass Firmen bei monopolistischer Konkurrenz ihre Preise bei temporär ungünstigen Marktkonstellationen und aufgrund von Anpassungskosten i.w.S. nur in größeren, unbekannten Abständen ändern können. Unter diesen Marktbedingungen ist denkbar, dass die Unternehmen bei einer Neufestsetzung von Preisen bereits die *künftig erwartete* Inflationsrate in die Kalkulation eingehen lassen; damit soll erreicht werden, dass der Preis des angebotenen Gutes in der jeweilig folgenden Periode besser mit der allgemeinen Preisentwicklung Schritt hält. Der Angebotspreis entspricht dann dem

Gegenwartswert der Reihe der künftigen Grenzkosten. In der Angebotsfunktion [4.10] wird deshalb $p^e$ durch die *erwartete Inflationsrate der kommenden Periode* ersetzt.

• Die Nachfragefunktion wird aus dem intertemporalen Konsumplan des Haushalts entwickelt. Der Wunsch einer Glättung des Konsums im Zeitablauf führt dazu, dass die Erwartung eines höheren Zukunftseinkommen bereits heute die Konsumnachfrage erhöht. Dieser Effekt wird durch einen steigenden Realzins gebremst; er wirkt der Zeitpräferenz entgegen und gibt einen preislichen Anreiz für eine vermehrte Ersparnis. Aus dieser Überlegung folgt, dass das *erwartete Einkommen der nächsten Periode* als zusätzliches Element auf der rechten Seite der Gleichung [4.11] einzufügen ist. Die Investitionsnachfrage wird dabei nicht explizit berücksichtigt; unterstellt wird, dass sie über perfekte Finanzmärkte durch die Sparentscheidungen der Haushalte bestimmt wird. Die Berücksichtigung des erwarteten Zukunftseinkommens wäre allerdings auch bei traditioneller Interpretation der Nachfragefunktion vertretbar: Da die Investitionsentscheidung neben dem Zins auch von den Absatz- und Ertragserwartungen abhängt, könnten diese durch das erwartete Zukunftseinkommen abgebildet werden.

Die neukeynesianische Modellierung des Makrosystems betont die Bedeutung von Zukunftserwartungen. Die jeweils für die kommende Periode erwarteten Werte von Nachfrage und Inflation haben danach einen zentralen Einfluss auf ihre heutigen Werte. Selbst wenn man die theoretischen Argumente für eine solche Modellkonstruktion akzeptiert, so ist dagegenzuhalten, dass sie empirisch nicht gut bestätigt werden kann. Beobachtet wird vielmehr umgekehrt, dass *vergangene* Werte zentraler Makrovariablen einen großen Einfluss auf ihre aktuellen Werte haben. Dieser Aspekt wird in der folgenden modelltheoretischen Analyse stärker berücksichtigt.

Angebots- und Nachfragefunktionen werden nun in einem Diagramm betrachtet, das den aggregierten Gütermarkt der Volkswirtschaft zeigt (*Abbildung 4-7*). Punkt A stellt ein makroökonomisches Gleichgewicht bei Vollbeschäftigung und Preisstabilität dar. Die Angebotsfunktion $y^s$ weist eine positive Steigung auf. Entlang dieser Angebotskurve wird die Inflation von einer steigenden Kapazitätsauslastung bzw. einem steigenden Beschäftigungsgrad angetrieben; auf der Kurve gilt die Logik $\Delta y \rightarrow \Delta p$. Die vertikale Position der Angebotskurve hängt von den Inflationserwartungen $p^e$ sowie von den Preisschocks $\varepsilon^s$ ab.

Die Nachfragekurve [4.11] hat im Inflation-Output-Diagramm ebenfalls eine positive Steigung ($1/\beta$), jedenfalls solange der Zinssatz eine konstante Größe bleibt. Die Güternachfra-

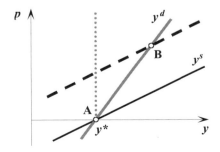

*Abbildung 4-7:*
*Angebots- und Nachfragefunktion*
*bei konstantem Nominalzins*

ge würde demnach mit der Inflation *zunehmen*; dies ist eine Konsequenz der Investitionsreaktion auf den sinkenden Realzins. Es ist unmittelbar ersichtlich, dass das so entstehende makroökonomische System *dynamisch instabil* ist. Ein Angebotsschock verschiebt die $y^s$-Kurve nach oben und erzeugt in B eine höhere Inflationsrate bei gestiegenem Output. Jede Angebotskurve gilt jedoch nur bei *gegebener* Inflationserwartung.

Die anfängliche Konstellation $p^e = 0$ in A wird aber durch die *Erfahrung* steigender Preise in B unterminiert. Als Reaktion darauf würden sich vermutlich die Inflationserwartungen ebenfalls erhöhen, womit sich $y^s$ weiter nach oben verlagert. Die positive Koppelung von Inflation und Nachfrage kann die Volkswirtschaft so immer weiter vom Gleichgewicht wegführen. Deshalb besteht ein *Bedarf an Stabilitätspolitik*. Im Folgenden wird untersucht, wie eine Zinspolitik angelegt werden könnte, um diese Stabilisierung zu ermöglichen.

## 4.2.4 Der Ansatzpunkt der Geldpolitik: die zinspolitische Reaktionsfunktion

Wenn die Notenbank mit Hilfe der kurzfristigen Zinsen eine Orientierungs- und Stabilisierungsfunktion ausüben will, so muss einerseits ein bestimmtes *Zinsniveau* gewählt werden, das im Gleichgewicht realisiert werden soll, andererseits ist eine Handlungsvorschrift zu finden, die *Zinsreaktionen* im Ungleichgewicht beschreibt. Schon vor über hundert Jahren hat *Wicksell* gefordert, die Zinspolitik an der Preisentwicklung auszurichten.

> *Bei unveränderten Preisen würde auch der Zinssatz der Banken unverändert bleiben, bei steigenden Preisen müsste der Bankzins erhöht, bei fallenden Preisen erniedrigt, und jedes Mal auf dem so erreichten Stande erhalten werden, bis eine weitere Bewegung der Preise eine neue Veränderung der Zinssätze in dieser oder jener Richtung verlangt.*
>
> Knut Wicksell (1898: 224)

Ausgehend von diesem Gedanken lässt sich eine Regel für die Gestaltung der Notenbankzinsen in der Form einer *Reaktionsfunktion* formulieren, die aus zwei Elementen besteht:

$$i = \underbrace{r^* + p}_{Basiselement} + \underbrace{\gamma(p - p^*)}_{Stabilisierungselement} \qquad [4.12]$$

(1) Die Grundlage für die Wahl eines nominalen Zinssatzes $i$ durch die Notenbank ist ein kurzfristiger Realzins $r^*$, der aufgrund von empirischen Erfahrungen oder theoretischen Überlegungen mit einem langfristigen Gleichgewicht auf Güter- und Arbeitsmarkt vereinbar ist. In einem gesamtwirtschaftlichen Gleichgewicht müssen einige allgemeine Bedingungen erfüllt sein, aus denen sich im obigen Modell der gleichgewichtige Realzins bestimmen lässt:

- Güter- und Arbeitsmarkt sind geräumt: $y = y^*$.

- Es treten keine Störungen auf: $\varepsilon^s = \varepsilon^d = 0$.

- Erwartete und angestrebte Größen stimmen mit den realisierten Werten überein, d.h. es gilt hier $p^e = p^* = p$.

- Die Staatsausgaben sind auf einem Niveau, das den politischen Präferenzen entspricht und langfristig aufrechterhalten werden kann (Prinzip der Nachhaltigkeit; *Abschnitt 5.4.4*): Dies lässt sich mit $g = g^*$ ausdrücken.

Unter diesen Bedingungen folgt aus den Gleichungen [4.10], [4.11] und [4.12]:

$$r^* = \frac{g^* - y^*}{\beta} \qquad [4.13]$$

Die Logik dieser Realzinsbestimmung ist: Je größer die langfristige *autonome* Nachfrage in Relation zum Gleichgewichtsoutput ist, desto höher muss der Realzins sein, um die *zinsabhängige* Nachfrage so zu beschränken, dass ein Gütermarktgleichgewicht bei gegebenen Angebotsmöglichkeiten gesichert ist.

Der gewählte Nominalzins $i$ in [4.12] ergibt sich dann aus der Summe von $r^*$ und der laufenden Inflationsrate $p$. Wenn die Notenbank die laufende Inflationsrate zum Zeitpunkt ihrer Zinsentscheidung beobachten kann, steuert sie faktisch mit dem Notenbankzins den kurzfristigen Marktrealzins $r = i - p$.

(2) Ein realer Gleichgewichtszins ist theoretisch mit beliebigen Inflationsraten vereinbar – wenn nur der Nominalzins entsprechend angepasst wird. Will die Geldpolitik einen bestimmten Zielwert für die Inflation $p^*$ erreichen, so muss sie bei $p \neq p^*$ stabilisierend in den makroökonomischen Prozess eingreifen und von der Nachfrageseite her versuchen, die Inflationsrate zu senken bzw. zu erhöhen. Damit wird die Größe des Reaktionskoeffizienten $\gamma$ in [4.12] wichtig.

- Bei $\gamma = 0$ würde lediglich der Nominalzins an eine veränderte Inflationsrate angepasst. Der Realzins bleibt konstant; die Verletzung des Inflationsziels würde hingenommen.

- Grundsätzlich sollte deshalb $\gamma > 0$ sein. In diesem Fall steigt der Realzins bei $p > p^*$ und die Inflation wird über einen Güternachfragerückgang gebremst. Zur Kontrolle der Inflation ist demnach eine *überproportionale Reaktion des Nominalzinses auf Inflationsänderungen* notwendig, d.h. $di/dp > 1$ in [4.12]. Das ist das *Taylor-Prinzip*.

Nach Einsetzen der Zinsregel [4.12] in die Nachfragefunktion [4.11] ergibt sich nun unter Berücksichtigung von [4.13]

$$y = y^* - \beta\,\gamma\left(p - p^*\right) + g - g^* + \varepsilon^d \qquad [4.14]$$

Diese Funktion lässt sich weiter vereinfachen:

- Das vollbeschäftigungskonforme Outputniveau wird auf $y^* = 0$ normiert. Alternativ zu dieser Normierung kann man $y$ als *Outputlücke*, d.h. als Abweichung des Outputs vom Gleichgewichtswert verstehen.

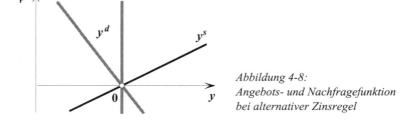

*Abbildung 4-8:*
*Angebots- und Nachfragefunktion*
*bei alternativer Zinsregel*

- Obwohl in der geldpolitischen Praxis zumeist ein Inflationsziel von ca. 2 % angestrebt wird (*Abschnitt 5.1*), kann hier zunächst zur Vereinfachung $p^* = 0$ gesetzt werden.

- Die Differenz ($g - g^*$) beschreibt eine außergewöhnlich starke Nachfrageaktivität insbesondere des Staates. Wenn diese nach keinem besonderen Muster auftritt, kann man derartige Nachfrageimpulse dem Schockterm $\varepsilon^d$ zuordnen und $g = g^*$ setzen.

Damit reduziert sich [4.14] auf

$$y = -\beta\gamma p + \varepsilon^d \qquad\qquad\qquad [4.15]$$

Die Nachfragekurve $y^d$ ist demnach in einem Inflation-Output-Diagramm (*Abbildung 4-8*) im Fall $\gamma = 0$ eine Vertikale, hat dagegen bei $\gamma > 0$ eine negative Steigung. In diesem Fall einer stabilisierenden Zinspolitik erzeugt die Geldpolitik bei zunehmender Inflation einen die Nachfrage beschränkenden Realzinseffekt. Damit gilt bei einer Bewegung entlang der Nachfragekurve die Logik $\Delta p \rightarrow -\Delta y$: Eine steigende Inflationsrate veranlasst die Notenbank zu einer überproportionalen Zinserhöhung, die auf dem Weg einer Investitionseinschränkung restriktiv auf die Einkommensbildung wirkt. Im folgenden *Abschnitt 4.3* wird gezeigt, dass das Marktsystem auf diese Weise bei auftretenden Angebots- und Nachfragestörungen stabilisiert werden kann.

---

**Zusammenfassung**

4.2.1 Die Arbeitsangebotsfunktion zeigt die Bereitschaft zur Beschäftigung bei alternativen Reallöhnen. Die Lohnsetzungsfunktion beschreibt umgekehrt die Lohnforderungen der aktiven Arbeitskräfte bei unterschiedlichem Beschäftigungsgrad. Sie richten sich auf einen erwünschten Reallohn; es kann jedoch nur über den Nominallohn verhandelt werden, wobei ein erwartetes Preisniveau unterstellt wird. Die Preissetzung ergibt sich aus Arbeitsproduktivität und Nominallohn. Der Schnittpunkt von Lohn- und Preissetzungsfunktion bestimmt das Arbeitsmarktgleichgewicht. Auch hier besteht zumeist eine gewisse Arbeitslosigkeit; die nicht beschäftigten Arbeitsanbieter sind von den Lohnverhandlungen ausgeschlossen.

4.2.2 Wenn die Unternehmen die über das Produktivitätswachstum hinausgehenden Nominallohnsteigerungen in die Güterpreise überwälzen, ergibt sich ein inverser Zusammenhang zwischen Arbeitslosigkeit und Inflationsrate: die *Phillips*-Kurve. Sie gilt nur bei konstanten

Inflationserwartungen; mit steigenden Inflationserwartungen verschiebt sie sich nach oben. Ein Gleichgewicht verlangt die Übereinstimmung von erwarteter und tatsächlicher Inflationsrate. Dies ist nur möglich, wenn die konjunkturelle gleich der strukturellen Arbeitslosenquote (der NAIRU) ist. Unter diesen Bedingungen gibt es nur kurzfristig eine Wahl zwischen Inflation und Beschäftigung.

4.2.3 Das makroökonomische Standardmodell besteht aus einer Güterangebots- und einer Güternachfragefunktion. Erstere ist aus der *Phillips*-Kurve entwickelt. Hier hängt die Inflationsrate von einer autonomen Komponente, insbesondere den Inflationserwartungen, und einer outputabhängigen Komponente ab; diese drückt den mit dem Beschäftigungsgrad wachsenden Lohndruck aus. Die Güternachfrage hängt neben autonomen Größen, insbesondere den Staatsausgaben, vom Realzins ab. Eine Geldmarktgleichung kann weggelassen werden, wenn die Geldmenge endogen ist und nicht selbst ein unmittelbares Argument in der Angebots- und Nachfragefunktion darstellt. Da die Inflation mit der Produktion und die Nachfrage mit der Inflation zunimmt, ist dieses Gütermarktsystem ohne eine korrigierende Zinspolitik dynamisch instabil.

4.2.4 Eine stabilisierende Zinspolitik kann die Form einer Reaktionsfunktion annehmen, die aus zwei Komponenten besteht. Die Notenbank setzt den kurzfristigen Geldmarktzins zunächst so, dass unter Berücksichtigung der laufenden Inflationsrate ein gleichgewichtiger Realzins erreicht wird. Das ist der Zins, bei dem der Güter- und Arbeitsmarkt langfristig geräumt ist; die Höhe dieses Zinses muss theoretisch oder aus empirischer Erfahrung ermittelt werden. Darüber hinaus muss der Notenbankzins auf Abweichungen der Inflation von ihrem Zielwert reagieren. Dabei sind aus stabilitätspolitischen Gründen überproportionale Nominalzinsänderungen notwendig (*Taylor*-Prinzip); eine unerwünschte Inflation wird so über einen steigenden Realzins bekämpft.

## 4.3 Dynamische Prozesse bei gesamtwirtschaftlichen Störungen

### 4.3.1 Monetäre Nachfrageexpansion bei Vollbeschäftigung: Lohnanpassung mit adaptiven Erwartungen

Im Folgenden werden dynamische Anpassungsprozesse von Output und Inflation untersucht, die nach Angebots- oder Nachfragestörungen auftreten können. Dabei gilt weiterhin $g = g^*$ und $y^* = p^* = 0$. Für den Verlauf der makroökonomischen Anpassungsprozesse ist die *Art der Erwartungsbildung* im privaten Sektor bedeutsam (*Box 3-4*). Es wird unterstellt, dass die Akteure angesichts der hohen Informationskosten strikt rationaler Erwartungsbildung einer keineswegs irrationalen und empirisch sinnvollen Faustregel folgen: Weil sich die Inflation selten in großen Sprüngen verändert, gehen sie davon aus, dass die Inflationsrate der laufenden Periode in etwa derjenigen der Vorperiode entspricht (quasi-rationale Begründung adaptiver Erwartungen). Mit der so begründeten Annahme $p_t^e = p_{t-1}$ ist die Angebotsfunktion $p = p^e + \alpha(y - y^*)$ [4.10] gegeben durch

$$p_t = p_{t-1} + \alpha y_t \qquad [4.16]$$

Nachfrage- und Angebotsschocks werden zunächst ausgeblendet. Das erste Untersuchungsthema ist der Fall einer geldpolitischen Nachfrageexpansion. Die oben vorgestellte Zinsregel [4.12] lässt der Notenbank kaum einen diskretionären Entscheidungs- und Handlungsspielraum: Der gleichgewichtige Realzins $r^*$ ist in der Praxis schwierig zu bestimmen (*Abschnitt 5.3.2*) – eine Abweichung von einem als richtig eingeschätzten Realzins ist jedoch schwer zu begründen. Der Reaktionskoeffizient $\gamma$ bietet größere Freiheiten, ist aber formal an Änderungen der Inflation gekoppelt. Um die Auswirkungen rein diskretionärer Zinsänderungen zu prüfen, wird deshalb eine Variable $\delta_t$ in die Zinsgleichung eingefügt, die eine Abweichung des Zinssatzes von der Basisregel darstellt.

Mit dieser Modifikation ergibt sich folgende Zinsregel:

$$i_t = r^* + (1 + \gamma)\, p_t + \delta_t \tag{4.17}$$

Durch Einsetzen dieser Zinsregel und der Realzinsbestimmung $r^* = g/\beta$ [4.13] in die Nachfragefunktion $y = g - \beta(i - p)$ [4.11] verändert sich diese zu

$$y_t = -\beta\gamma\, p_t - \beta\,\delta_t \tag{4.18}$$

*Abbildung 4-9* zeigt die Güternachfragefunktion in ihrer Abhängigkeit vom Realzins (a) und – vermittelt über die Zinsreaktion der Notenbank – von der Inflationsrate (b). Wenn die Notenbank mit einer einmaligen Zinssenkung ($\delta_t < 0$) eine Beschäftigungsförderung anstrebt und den Realzins von $r^*$ auf $r_1$ senkt, nimmt die Güternachfrage zu (A' → B' bzw. 0 → B). Im Inflation-Output-Diagramm verschiebt sich die Nachfragekurve [4.18] nach rechts zu $y_1^d$. Zugleich ist angenommen, dass die Notenbank an ihrer Regel festhält, mit $\gamma > 0$ auf steigende Inflation zu reagieren. Deshalb wird der Zinssatz schrittweise wieder angehoben.

Die anfängliche Zinssenkung erzeugt auf dem Güter- und Arbeitsmarkt eine Übernachfrage. Zur Vereinfachung ist angenommen, dass die Unternehmen bei noch nicht voll ausgelasteten Kapazitäten Spielraum für eine Produktionssteigerung haben und dass der Gewinnaufschlag auf die Produktionskosten konstant bleibt. Mit dem Beschäftigungsgrad wächst jedoch der Lohndruck. Die damit verbundene Kostensteigerung wird in Preissteigerungen weitergegeben. Die *erwartete* Inflationsrate ist' allerdings noch gleich Null. Der Schnittpunkt von $y_1^d$ mit der unveränderten Angebotsfunktion $y_0^s$ zeigt ein temporäres Gleichgewicht C mit einer auf $p_1$ gestiegenen Inflationsrate.

Wird die Inflationsrate $p_1$ allgemein registriert, ändert sich die Geschäftsgrundlage des Lohnbildungsprozesses. Bei adaptiven Erwartungen wird von nun an $p_1$ erwartet und in einen neuen Tarifvertrag eingebracht. Damit wird das zweite, unabhängig vom Beschäftigungsgrad wirkende Inflationselement aktiv. Die geforderten Nominallohnsteigerungen liegen nun allgemein im Niveau höher. Die Angebotsfunktion [4.16] verschiebt sich um den Betrag der ab jetzt erwarteten Inflationsrate 0D nach oben und verläuft als $y_1^s$ durch DE. Die Angebotskurve bewegt sich im dynamischen Prozess stets in die Gleichgewichtslage, in der bei $p^e = p$ Vollbeschäftigung besteht, also hier bei $y = y^* = 0$. Sie orientiert sich an

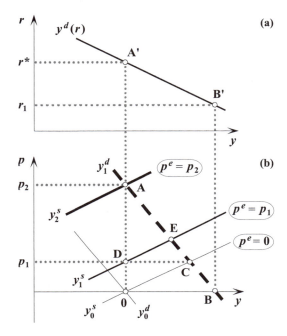

Abbildung 4-9:
Expansive Geldpolitik
bei adaptiven Erwartungen

demjenigen Outputniveau, das die Knappheitskomponente der Lohnentwicklung bei Null hält; sie hat deshalb ihren Bezugspunkt auf der Vollbeschäftigungslinie. Im Anpassungsprozess verläuft sie hier (bei adaptiven Erwartungen) stets durch den Punkt der vorherigen Inflationsrate. Aus jedem temporären Gleichgewicht findet sich daher die neue Lage der Angebotskurve durch eine Horizontale zur $y^*$-Linie.

Der zusätzliche, erwartungsbedingte Kostendruck führt zu einer nun angebotsseitigen Erhöhung der Inflationsrate. Bleibt die Notenbank bei ihrem durch die Zinsregel [4.17] beschriebenen Kurs, so wird sie den (Real-) Zins erhöhen. Damit kommt es entlang der Nachfragekurve $y_1^d$ zu einem Nachfragerückgang. Das neue temporäre Gleichgewicht ist E. Abermals ist hier die Inflation höher als erwartet, was eine erneute Anpassung der Lohnpolitik nach sich zieht. Die Angebotsfunktion verschiebt sich in den folgenden Perioden bei immer wieder enttäuschten Inflationserwartungen schrittweise nach oben. Der Prozess setzt sich entlang der Nachfragefunktion $y_1^d$ fort, bis A erreicht ist. Hier ist der Anpassungsprozess abgeschlossen. Im neuen Gleichgewicht ist das alte Outputniveau wiederhergestellt, jedoch bei einer nun positiven Inflationsrate $p^e = p_2$.

Auch der Realzins hat in A wieder sein Ausgangsniveau $r^*$ erreicht. Deshalb muss der Nominalzins entsprechend stärker erhöht worden sein, nämlich auf $i = r^* + p_2$, um diesen Realzins durchzusetzen (*Abbildung 4-10*). Wegen $\gamma > 0$ steigt der Nominalzins nach $t_0$, dem Zeitpunkt der diskretionären Zinssenkung, schneller als die Inflationsrate. Die Stabilität des Anpassungsprozesses zum Gleichgewicht hängt von dieser Bedingung ab (*Box 4-3*). Unter-

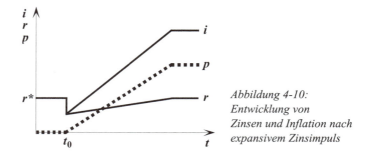

Abbildung 4-10:
Entwicklung von
Zinsen und Inflation nach
expansivem Zinsimpuls

nimmt die Notenbank nach Abschluss des Anpassungsprozesses in A nichts, um zur ursprünglichen Zielinflation $p^* = 0$ zurückzukehren, so gilt nun faktisch $p^* = p_2$.

Das Ergebnis der anfänglichen Realzinssenkung durch die Notenbank ist eine nur temporäre Mehrbeschäftigung, jedoch eine dauerhaft (d.h. bis zu einer geldpolitischen Korrektur bestehende) höhere Inflationsrate. Die Geldpolitik kann die Beschäftigung über das Arbeitsmarktgleichgewicht bei $y^*$ hinaus nur erhöhen, solange eine unveränderte Inflationserwartung besteht. Jede Angebotskurve gilt nur bei gegebener Inflationserwartung. Wenn es jedoch bei einer Übernachfrage zu einer Änderung der Inflation kommt, werden falsche Inflationserwartungen früher oder später korrigiert.

Die vertikale Verbindungslinie aller Gleichgewichtspunkte 0, D, A, ... (*Abbildung 4-9*) wird als *langfristige Angebotskurve* bezeichnet (im Inflation-Arbeitslosigkeit-Diagramm der *Abbildung 4-5* entspricht dies einer *langfristig vertikalen Phillips-Kurve*). Langfristig besteht so keine Wahl zwischen Arbeitslosigkeit und Inflation, sondern nur zwischen wenig oder viel Inflation. Der Versuch, Produktion und Beschäftigung dauerhaft über dem Gleichgewichtsniveau $y^*$ zu halten, führt zu einer sich ständig beschleunigenden Inflation; $y^*$ stellt somit das inflationsstabile Outputniveau dar, es korrespondiert zur NAIRU (*Abschnitt 4.2.2*). Jeder Punkt auf der Vertikalen kann ein langfristiges Gleichgewicht darstellen, das durch die Bedingung $p^e = p$ bestimmt ist.

Sowohl *Keynes* (1936: 245) als auch *Friedman* (1968) betonten, dass eine Nachfrageexpansion bei Vollbeschäftigung nur zu einer Lohn- und Preisinflation führt. Dennoch verteidigten die Keynesianer lange Zeit gegen die Monetaristen die These auch anhaltender Beschäftigungseffekte expansiver Makropolitik. Ihre Argumente waren:

- die praktische Unschärfe des gleichgewichtigen Beschäftigungsgrades, d.h. die empirisch schwierige Unterscheidung zwischen konjunktureller und struktureller Arbeitslosigkeit (*Abschnitt 4.4.1*), und

- die früher oft nicht vollständige Reaktion der Nominallöhne auf Preissteigerungen. Dies wird als *Geldillusion* bezeichnet: Die Arbeitnehmer registrieren nicht, dass Nominallohnsteigerungen in realer Rechnung durch Preissteigerungen wieder z.T. entwertet werden; sie verwechseln also den Nominal- mit dem Reallohn. Die Inflationserfahrung hat diesen Mangel an ökonomischer Rationalität weitgehend beseitigt: Inflationserwartungen gehen heute zumeist in die Lohnforderungen ein.

---

**Box 4-3: Die Stabilität des Anpassungsprozesses**

Die Frage, unter welchen Bedingungen der in *Abbildung 4-9* illustrierte makroökonomische Prozess zu einem gesamtwirtschaftlichen Gleichgewicht konvergiert, lässt sich auch analytisch untersuchen. Zu diesem Zweck wird das oben verwendete Makromodell

$$y_t = g - \beta\left(i_t - p_t\right)$$
$$p_t = p_{t-1} + \alpha\, y_t \qquad\qquad\qquad\qquad\qquad\qquad\qquad\qquad [4.19]$$
$$i_t = r^* + p_t + \gamma\left(p_t - p^*\right) + \delta_t$$

mit $r^* = g/\beta$ auf eine Differenzengleichung für die Inflationsrate reduziert:

$$p_t - \frac{1}{1+\alpha\beta\gamma}\,p_{t-1} = \frac{\alpha\beta}{1+\alpha\beta\gamma}\left(\gamma\, p^* - \delta_t\right) \qquad\qquad [4.20]$$

Nach der in *Box 2-3* vorgestellten allgemeinen Lösungsgleichung [2.18] ergibt sich unter der Annahme, $\delta_t = \delta$ sei eine einmalige, dann beibehaltene Änderung des seitens der Notenbank angestrebten Zinsniveaus, der Gleichgewichtswert

$$p_t = p^* - \frac{\delta}{\gamma} \qquad\qquad\qquad\qquad\qquad\qquad\qquad\qquad [4.21]$$

Mit diesem Wert für die Inflationsrate erhält man aus [4.19] auch den Gleichgewichtswert für den Output $y_t = 0$. Die Stabilitätsbedingung lautet für die Gleichung [4.20]

$$\frac{1}{1+\alpha\beta\gamma} < 1 \quad\Rightarrow\quad \gamma > 0 \qquad\qquad\qquad\qquad [4.22]$$

---

## 4.3.2 Rationale Erwartungen: realwirtschaftliche Wirkungslosigkeit der Geldpolitik?

Die eingangs dieses Kapitels gestellte Frage nach der *Neutralität des Geldes* wird nun nochmals aufgegriffen. Betrachtet man den oben geschilderten Prozess einer expansiven Geldpolitik, so ist zu vermuten, dass die Wirtschaftssubjekte das Muster einer solchen makroökonomischen Entwicklung erkennen und entsprechende Schlüsse für ihr Marktverhalten ziehen. Damit könnte der Inflationsprozess bei *rationalen Erwartungen* einen anderen Verlauf nehmen. Eine anfängliche Zinssenkung löst hier direkt (höhere) Inflationserwartungen aus, weil die Wirtschaftssubjekte das Marktergebnis des ablaufenden Prozesses antizipieren:

Es sei angenommen, dass die Akteure die volkswirtschaftliche Lage richtig einschätzen können und auf der Grundlage der oben skizzierten theoretischen Wirkungszusammenhänge den Marktprozess gedanklich simulieren. Die Löhne werden dann unmittelbar infolge der gestiegenen Inflationserwartungen erhöht (und nicht wie bei adaptiven Erwartungen zunächst infolge des temporären Nachfrageüberschusses am Arbeitsmarkt). Eine direkte Überwälzung dieser Lohnsteigerung in die Preise schließt sich an. Mit der wahrgenommenen Zinssenkung $\delta_t < 0$ verschiebt sich die Angebotsfunktion sofort nach oben in die Position $y_2^s$, da die Inflationsrate $p_2$ erwartet wird (*Abbildung 4-9*). Die Notenbank muss nun auf die sprunghaft gestiegene Inflationsrate mit einer überproportionalen Zinserhöhung reagieren, damit das Nachfrageniveau stabilisiert werden kann. Dann bleibt jeglicher Mengeneffekt aus und die Produktion verharrt bei $y^*$. Es kommt zu einem direkten Übergang $0 \to A$.

Dieses Ergebnis lässt sich auch analytisch anhand des obigen Modells demonstrieren. Um möglichst allgemeine Lösungen zu erzielen, wird die Normierung $y^* = p^* = 0$ aufgehoben und Marktstörungen, d.h. Angebots- und Nachfrageschocks, werden wieder berücksichtigt. Neben die Angebotsfunktion [4.10] tritt eine Nachfragegleichung, die sich aus der Funktion $y = g - \beta(i - p) + \varepsilon^d$ [4.11], der Zinsregel $i = r^* + p + \gamma(p - p^*) + \delta$ und der Realzinsdefinition $r^* = (g^* - y^*)/\beta$ [4.13] ergibt:

$$p = p^e + \alpha\left(y - y^*\right) + \varepsilon^s$$
$$y = y^* - \beta\gamma\left(p - p^*\right) - \beta\delta + \varepsilon^d \tag{4.23}$$

In den beiden Gleichungen gibt es drei Unbekannte, da neben $y$ und $p$ auch $p^e$ als Variable auftritt. Will man die Inflationserwartung $p^e$ nicht als bloßen Parameter behandeln, muss sie endogen bestimmt werden. Eine Möglichkeit besteht wie erwähnt in der Hypothese adaptiver Erwartungen mit $p_t^e = p_{t-1}$.

Rationale Erwartungen bedeuten, dass die Marktakteure die Funktionsweise des makroökonomischen Systems verstehen (*Box 3-4*). Sie entwickeln eine Vorstellung über die Marktmechanismen einer Volkswirtschaft, d.h. sie legen ihren Erwartungen, Entscheidungen und Handlungen – mehr oder weniger explizit – eine ökonomische Theorie zugrunde. Wenn dabei die obigen Gleichungen (und ihr ökonomischer Hintergrund) als zutreffende Beschreibung des makroökonomischen Geschehens angesehen werden, so dienen sie auch als Muster der Erwartungsbildung. Die Struktur des theoretischen Modells prägt die Struktur der Erwartungen. Es handelt sich gleichsam um eine Verdopplung der ökonomischen Funktionsbeziehungen in einen wirklichen und einen vorgestellten Prozessablauf. Die *erwarteten* Marktbeziehungen werden so zu eigenständigen prozessbeeinflussenden Faktoren; formal wirken deshalb die "Erwartungsversionen" der obigen Gleichungen

$$p^e = p^e + \alpha\left(y^e - y^*\right)$$
$$y^e = y^* - \beta\gamma\left(p^e - p^*\right) - \beta\delta^e \tag{4.24}$$

bei der Lösung des Modells mit. Angenommen ist hier, dass die Werte für das Gütermarktgleichgewicht und das Inflationsziel der Notenbank den Marktakteuren bekannt sind. Die

Störgrößen $\varepsilon^s$ und $\varepsilon^d$ symbolisieren unsystematische, nicht antizipierbare Ereignisse, die auch mit rationalen Erwartungen nicht prognostiziert werden können; ihr Erwartungswert ist gleich Null. Die Antizipierbarkeit des diskretionären Politikeffekts $\delta$ bleibe zunächst offen. Informationsstand für die Erwartungsbildung einer Variable $x_t$ ist im allgemeinen das am Ende der Periode $t-1$ verfügbare Wissen.

Die Lösung des Erwartungssystems [4.24]

$$y^e = y^*$$

$$p^e = p^* - \frac{\delta^e}{\gamma} \tag{4.25}$$

bestätigt das Gütermarktgleichgewicht $y^*$ und zeigt, dass die Wirtschaftssubjekte ihre Inflationserwartung grundsätzlich am Inflationsziel der Notenbank orientieren – vorauszusetzen ist dabei die Glaubwürdigkeit dieses Ziels (*Abschnitt 5.4.2*). Mit [4.25] kann man nun das Gleichungssystem [4.23] lösen. Zum einen sieht man, dass Preise und Output von Schocks betroffen sind, die durch Geldpolitik prinzipiell stabilisiert werden können (dies wird in den folgenden *Abschnitten 4.3.4* und *4.3.5* genauer gezeigt):

$$p = p^* - \frac{\delta^e/\gamma + \alpha\beta\delta}{1+\alpha\beta\gamma} + \frac{\varepsilon^s + \alpha\varepsilon^d}{1+\alpha\beta\gamma}$$

$$y = y^* + \frac{\beta\left(\delta^e - \delta\right)}{1+\alpha\beta\gamma} + \frac{\varepsilon^d - \beta\gamma\varepsilon^s}{1+\alpha\beta\gamma} \tag{4.26}$$

Zum anderen zeigt sich ein markanter Unterschied zum Fall adaptiver Erwartungen: Dort war das Ergebnis, dass die Nachfragepolitik *kurzfristig* entlang einer gegebenen Angebotskurve Produktion und Beschäftigung erhöht, während *langfristig* die Gleichgewichtsarbeitslosigkeit nicht unterschritten werden kann. Bei rationalen Erwartungen hängen die Effekte der Makropolitik dagegen nicht von der Fristigkeit der Instrumentenwirkung ab, sondern davon, ob eine solche Politik erwartet wird oder nicht. Die Beschäftigung kann nur durch eine *überraschende* Zinspolitik, d.h. bei $\delta^e = 0$, gesteigert werden, nicht jedoch bei $\delta^e = \delta$. In diesem letztgenannten Fall steigt die Inflationsrate nach [4.26] sofort auf $p = p^* - \delta/\gamma$. Der Preis- bzw. Inflationseffekt kann sogar bereits *vor* der Durchführung einer expansiven Politik – als bloßer Erwartungseffekt – eintreten: aufgrund der Vermutung, dass die Wirtschaftspolitik einen expansiven Kurs einschlagen *könnte*.

Die Schlussfolgerung des Konzepts rationaler Erwartungen ist, dass *jegliche systematische und daher vorhersehbare* Makropolitik auch kurzfristig realwirtschaftlich wirkungslos bleibt. Produktion und Beschäftigung könnten allein durch nach dem Zufallsprinzip ausgewählte nachfragepolitische Aktionen beeinflusst werden; aber für solche Aktionen gibt es kaum eine Begründung.

Gegen das vorstehende Modell und seine Schlussfolgerung einer realwirtschaftlichen Neutralität der Geldpolitik lassen sich einige *kritische Punkte* einwenden:

- Wenn die Geldpolitik selbst mit einer *Unsicherheit über das richtige Modell* einer Volkswirtschaft konfrontiert ist (*Abschnitt 3.2.3*), so wird dies auch für die Marktakteure gelten. Sie können deshalb die Konsequenzen von Notenbankentscheidungen nicht eindeutig antizipieren und können allgemein nicht davon ausgehen, dass die Marktmeinungen zu einem einheitlichen Modell konvergieren.

- Auch im Hinblick auf die Daten besteht Unsicherheit: Es ist häufig unklar, ob die Konstellation der Volkswirtschaft noch reale Expansionsspielräume zulässt oder nicht, m.a.W. ob man sich diesseits oder jenseits von $y^*$ befindet. Deshalb neigen die Wirtschaftssubjekte zu einer adaptiven Erwartungsbildung; sie warten häufig die *Erfahrungen* von wirtschaftspolitischen Aktionen ab, um dann angemessen reagieren zu können.

- Aus mikroökonomisch gut nachvollziehbaren Gründen sind viele *Löhne und Preise relativ rigide*, d.h. für bestimmte Zeitspannen festgeschrieben (Tarifverträge erhöhen die Planungssicherheit im Produktionsprozess). Eine sofortige Anpassung ist demnach nicht möglich, selbst wenn sie erwünscht wäre.

- Der Nachweis einer auch kurzfristigen Wirkungslosigkeit expansiver Geldpolitik bei Vollbeschäftigung ist nicht sonderlich wertvoll, weil in einer solchen Situation ohnehin keine Beschäftigungsförderung angezeigt ist. Es bleibt zu untersuchen, ob die Geldpolitik zur Überwindung allgemeiner Unterbeschäftigung hilfreich ist (*Abschnitt 4.5.2*).

### 4.3.3 Der Fall der Disinflation: temporär unvermeidliche Beschäftigungsverluste

Die vorangehende Schilderung expansiver Geldpolitik hat gezeigt, dass es in einer Volkswirtschaft zu einem Güter- und Arbeitsmarktgleichgewicht bei hoher Inflation kommen kann (z.B. Punkt A in *Abbildung 4-9*). In einem solchen Fall muss grundsätzlich $p = p^e = p^* > 0$ gelten, d.h.

- die laufende Inflationsrate wird von den Marktakteuren auch erwartet und ist in den Lohnverhandlungen berücksichtigt; und

- sie stimmt mit dem Inflationsziel der Notenbank überein, die damit keine Veranlassung zu einem Kurswechsel in ihrer Zinspolitik hat.

Mit der Zinsregel $i = r^* + p + \gamma(p - p^*)$ [4.12], der Normierung $y^* = 0$ und der Realzinsdefinition $r^* = g/\beta$ [4.13] erhält man bei Vernachlässigung von Schocks die Angebots- und Nachfragegleichungen

$$p = p^e + \alpha y$$
$$y = \beta \gamma p^* - \beta \gamma p \qquad\qquad [4.27]$$

Der Ausgangspunkt der folgenden Untersuchung ist das Gleichgewicht in Punkt A mit der Inflationsrate $p_0$ (*Abbildung 4-11 b*); im Realzins-Output-Diagramm entspricht dies dem Punkt A' (*Abbildung 4-11 a*). Nun sei angenommen, dass die Notenbank ihr Inflationsziel

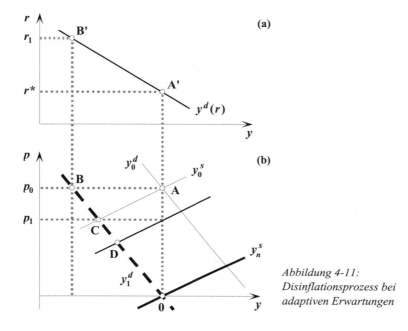

Abbildung 4-11:
Disinflationsprozess bei
adaptiven Erwartungen

von $p^* = p_0$ auf $p^* = 0$ absenkt. Gemäß der Zinsregel [4.12] bedeutet dies bei *noch kon-stanter* Inflationsrate $p_0$ eine Anhebung des kurzfristigen Zinses; der Realzins steigt auf $r_1$, wodurch ein kontraktiver Impuls ausgelöst wird (A → B).

$$\Delta i = \gamma\left[-\Delta p^*\right] = \gamma\left[-\left(0 - p_0\right)\right] = \gamma\, p_0 = \Delta r \qquad [4.28]$$

Weil das Inflationsziel auf den neuen Wert $p^* = 0$ verringert wurde, verschiebt sich die Nachfragekurve aus [4.27] nach unten in die Position $y_1^d$. Der nun folgende Prozessverlauf hängt wiederum von der Erwartungsbildung und der Lohn- und Preissetzung ab.

(1) Im ersten Szenario sind *adaptive Erwartungen* angenommen. Die Angebotsfunktion bleibt zunächst unverändert in der Position $y_0^s$. Der Schnittpunkt C mit der neuen Nachfra-gefunktion zeigt ein erstes temporäres Gleichgewicht an. Es ist durch Unterbeschäftigung gekennzeichnet. Dies ist die Folge eines zinsbedingten Nachfragerückgangs. Bei noch un-veränderter Inflationsrate ist die Nominalzinserhöhung gleichbedeutend mit einer Realzins-steigerung, die insbesondere die Investitionstätigkeit bremst. Erst infolge der allgemeinen Unterauslastung der Wirtschaft lässt der Lohn- und Preisauftrieb etwas nach. Weil die Infla-tionsrate dabei auf $p_1$ sinkt, nimmt die Notenbank gemäß ihrer Reaktionsfunktion den No-minalzins wieder ein Stückweit zurück. Jedoch ist der daraus resultierende Realzins $r < r_1$ in C noch höher als der Gleichgewichtsrealzins $r^*$.

In den Folgeperioden passen sich die Inflationserwartungen analog zum Fall expansiver Geldpolitik (*Abbildung 4-9*) schrittweise der effektiven Inflation an; dabei verschiebt sich

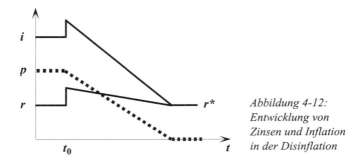

Abbildung 4-12:
Entwicklung von
Zinsen und Inflation
in der Disinflation

die Angebotsfunktion nach unten, bis über C, D, ... die seitens der Geldpolitik angestrebte Position 0 erreicht ist (*Abbildung 4-11 b*). Dieser Anpassungsprozess wird nachfrageseitig durch weiter nachgebende Realzinsen unterstützt, da die Notenbank gemäß ihrer Zinsregel bei einem Inflationsrückgang die Nominalzinsen überproportional absenkt.

*Disinflation* ist ein Prozess sinkender, aber noch positiver Inflationsraten. Das Verlaufsdiagramm von Zinsen und Inflation (*Abbildung 4-12*) zeigt, dass der Nominalzins zunächst erhöht wird, im Disinflationsprozess jedoch auf ein niedrigeres Niveau sinkt. Er fällt in dem hier gewählten Beispiel schließlich mit dem Realzins zusammen, weil die Inflationsrate auf den Zielwert Null gedrückt wird. Der Realzins kehrt nach einer primären Erhöhung auf seinen Gleichgewichtswert zurück. Betrachtet man diesen Verlauf analytisch, so ist von den Änderungsgrößen in der Zinsregel [4.12] auszugehen:

$$\Delta i = \Delta p + \gamma \left( \Delta p - \Delta p^* \right)$$  [4.29]

Erwartete, gewünschte und tatsächliche Inflationsrate ändern sich schließlich um den gleichen Betrag:

$$\Delta p^e = \Delta p^* = \Delta p = 0 - p_0$$  [4.30]

Setzt man [4.30] in [4.29] ein, ergibt sich, dass der Nominalzins insgesamt (ungeachtet seiner temporären Erhöhung zu Beginn) mit der Inflationsrate sinkt:

$$\Delta i = -p_0$$  [4.31]

Damit ist der Realzins am Ende des Prozesses unverändert:

$$\Delta r = \Delta i - \Delta p = -p_0 - \left( 0 - p_0 \right) = 0$$  [4.32]

Ein Risiko der Disinflationspolitik liegt in möglichen *Rückwirkungen auf die Investitionsneigung*: Die Investitionstätigkeit wird nicht nur durch den zwischenzeitlich höheren Realzins gebremst, sondern zusätzlich auch durch niedrigere Ertragserwartungen. Sie können aus der schlechteren Kapazitätsauslastung resultieren oder aus der Einschätzung, dass es schwierig sein könnte, die Kostenentwicklung im gleichen Ausmaß wie die Absatzpreisentwicklung zu dämpfen. In diesem Fall käme es im Disinflationsprozess zu einer zusätzlichen Linksverlagerung der Nachfragekurve, d.h. zu einem kontraktiven Nachfrageschock, der von der Geldpolitik mit niedrigeren Zinsen beantwortet werden sollte.

Disinflation ist zumeist ein langwieriger Prozess, der temporär mit Produktions- und Beschäftigungsverlusten einhergeht. Damit ist zu fragen, ob diese Mengeneffekte während der Disinflationsphase nicht bei rationalen Erwartungen, flexiblen Löhnen und Preisen sowie einer Kooperationsbereitschaft auf Seiten der Lohnpolitik vermieden werden können.

(2) Im zweiten Szenario ist deshalb angenommen, dass der Kurswechsel der Notenbank *angekündigt* wird und *glaubhaft* ist; ferner bilden die Wirtschaftssubjekte *rationale Erwartungen* und es besteht *vollständige Lohn- und Preisflexibilität*. In diesem Fall können die Marktakteure bei $p^* = 0$ aus der Erwartungsversion des Gleichungssystems [4.27]

$$p^e = p^e + \alpha\, y^e$$
$$y^e = 0 - \beta\, \gamma\, p^e \tag{4.33}$$

leicht errechnen, dass das neue Marktgleichgewicht bei $y = p = 0$ liegen wird. Es erscheint sinnvoll, dass sich die Wirtschaftssubjekte auf diese Werte einstellen. Würden die Gewerkschaften Lohnforderungen mit einer Inflationserwartung $p^e > 0$ anmelden und durchsetzen, so würde dies nach der bekannten Reaktionsfunktion der Notenbank Realzinssteigerungen (in Relation zu $r^*$) und Beschäftigungsverluste mit sich bringen.

Wenn die Lage der Nachfragekurve $y_1^d$ bekannt ist und Vollbeschäftigung bei $y^* = 0$ angestrebt wird, so sollten die Akteure auf der Angebotsseite der Ökonomie Lohn- und Preissetzung unter der Annahme $p^e = 0$ durchführen; die Angebotskurve liegt dabei in der Position $y_n^s$. Das Ziel des Inflationsabbaus könnte dann ohne Produktions- und Beschäftigungsverluste erreicht werden. Es käme zu einem direkten Übergang von Punkt A zu Punkt 0 (*Abbildung 4-11 b*).

Ganz analog zu der Kritik rationaler Erwartungen im Fall einer expansiven Geldpolitik (*Abschnitt 4.3.2*) kann man allerdings auch hier Zweifel daran haben, dass ein Inflationsabbau ohne jegliche Mengeneffekte gelingen wird; er ist auch empirisch nicht zu beobachten. Neben den oben bereits angeführten Argumenten sind folgende Punkte zu betonen:

- Die makroökonomische Anpassung wird durch *Struktureffekte* erschwert. Faktisch muss eine allgemeine Nachfragerestriktion nicht alle Branchen gleichermaßen treffen; es kann also für einzelne Unternehmen und Gewerkschaften sinnvoll sein, die Entwicklung in ihrem Markt abzuwarten. Zudem ist bei einem Nachfragerückgang mit einer individuellen Preissenkung möglicherweise nur wenig zu gewinnen, weil dem preisbedingten Mehrabsatz der sinkende Stückgewinn gegenüberzustellen ist.

- *Geldwertstabilität ist ein "öffentliches Gut"*, von dem niemand ausgeschlossen werden kann. Jede einzelne Gewerkschaft erzielt deshalb (relative) Realeinkommensgewinne für ihre Mitglieder, wenn sie an ihren Lohnforderungen festhält, während die Lohnzu-

rückhaltung der übrigen Gewerkschaften zum Inflationsabbau beiträgt. Da diese jedoch
ebenso denken, kommt es nicht zu einem allgemeinen oder nur zu einem langsamen
Rückgang der Lohninflation.

- In gleicher Weise wirkt eine *mangelnde Glaubwürdigkeit der Antiinflationspolitik*.
  Zweifeln einzelne Arbeitnehmer bzw. Gewerkschaften an der Entschlossenheit der Notenbank oder an der sofortigen inflationsdämpfenden Wirkung einer restriktiven Geldpolitik, so werden sie aus Angst vor Realeinkommensverlusten ihre Lohnforderungen
  nicht senken. Die *durchschnittliche* Lohnsteigerungsrate geht dann nicht ausreichend
  zurück und die Inflation sinkt langsamer als angekündigt. Die Lohnpolitik sieht sich so
  in ihrer zögernden Haltung bestätigt. Adaptive Erwartungsbildung kann als Ausdruck
  eines gewissen Misstrauens gegenüber der Geldpolitik angesichts einer vorangegangenen Inflationsphase gesehen werden. Die Notenbank muss dann dem Markt die Ernst-
  haftigkeit ihres Kurswechsels durch eine Nachfrageeinschränkung demonstrieren.

- Gerade bei der Signalisierung einer geldpolitischen Entscheidung zugunsten einer niedrigeren Zielinflationsrate zeigt sich ein fundamentales *Kommunikationsproblem*: Da im
  neuen Gleichgewicht der Nominalzins ebenfalls niedriger ist (*Abbildung 4-12*), müsste
  die Notenbank den Zins senken, wenn sie einen direkten Übergang ohne Produktions-
  einschränkungen in dieses Gleichgewicht beabsichtigt. *Zinssenkung* und Ankündigung
  einer *Inflationsbekämpfung* erscheinen aber in der Öffentlichkeit wenig konsistent. Im
  Interesse der Glaubwürdigkeit müsste anfangs eher eine Zinserhöhung vorgenommen
  werden. Damit ist jedoch gerade bei einer erwünschten angebotsseitigen Inflationssen-
  kung ein positiver Realzinseffekt verbunden, der das Entstehen von Arbeitslosigkeit un-
  ausweichlich macht.

### 4.3.4 Angebotsschocks: von Preisniveauänderungen zur Inflation

Ein Angebotsschock besteht typischerweise in der Erhöhung eines volkswirtschaftlich bedeutsamen Faktorpreises, also z.B. des Lohnsatzes (bedingt durch Umverteilungsbestrebungen oder Inflationserwartungen), in einer Erhöhung der Gewinnmargen oder der Umsatz-
steuer; technologische Störungen (z.B. unvorhergesehene Produktivitätsverluste) haben
ebenfalls Kostensteigerungen zur Folge. Störungen können auch kombiniert auftreten. So
bewirken Preiserhöhungen bei Importöl neben ihrem Preiseffekt i.d.R. auch eine Nachfragerestriktion, weil mit dem steigenden Importwert Einkommen an das Ausland transferiert
wird (von derartigen "Doppelstörungen" wird allerdings im Folgenden abstrahiert).

Auch wenn eine Preiserhöhung prozentual kalkuliert und durchgesetzt wird, so handelt es
sich doch stets um einen *Preisniveauschub*, der für sich genommen die *Inflationsrate* rechnerisch nur für eine kurze Zeit berührt (ihre monatliche Kalkulation basiert zumeist auf einem Vorjahresvergleich). Im Prinzip bleibt jedoch die Entwicklung der Inflationsrate unbe-
einflusst – unabhängig davon, ob zuvor (a) Preisniveaustabilität bestand oder (b) eine bestimmte Inflation vorherrschte (*Abbildung 4-13*).

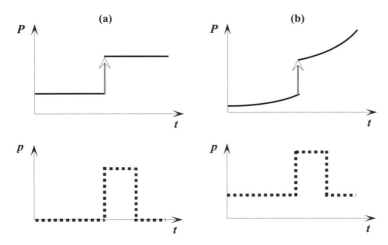

*Abbildung 4-13: Preisniveau- (oben) und Inflationswirkungen (unten) von Angebotsschocks*

Ausgangspunkt der folgenden Untersuchung ist das Makrosystem [4.27], das durch die Vereinfachung $p^* = 0$ und die Hinzufügung eines Angebotsschocks modifiziert wurde: $\varepsilon^s$ bezeichnet eine einmalige Preissteigerung um den Betrag 0A, die die Angebotsfunktion von $y_0^s$ nach $y_1^s$ verschiebt (*Abbildung 4-14*).

$$p = p^e + \alpha\,y + \varepsilon^s$$
$$y = -\beta\,\gamma\,p \qquad\qquad [4.34]$$

Der nun folgende Anpassungsprozess hängt insbesondere vom Verhalten der Geldpolitik und der Art der Erwartungsbildung ab.

(1) Würde die Notenbank stets einen konstanten Realzins anstreben und nicht mit überproportionalen Nominalzinsanhebungen auf die Inflation reagieren ($\gamma = 0$), so verliefe die Nachfragekurve vertikal durch $y^* = 0$. Der Angebotsschock führt unmittelbar zu Punkt A. Handelt es sich um eine einmalige Preissteigerung, so könnte die Inflationsrate (bei einem anhaltend höheren Preisniveau) insoweit in der nächsten Periode auf den Ausgangswert zurückkehren; mit $y_0^s$ gilt wieder Punkt 0. Produktion und Beschäftigung blieben unverändert.

Dieses Ergebnis wird bestätigt, wenn man *rationale Erwartungen* annimmt. In diesem Fall würden die Wirtschaftssubjekte aus den Gleichungen [4.34] für jede Periode $y^e = p^e = 0$ ableiten; die Erfahrung eines unsystematisch auftretenden Preisschocks ändert daran nichts. Da annahmegemäß $\varepsilon^s$ einen Erwartungswert von Null hat, ist auch für die dem Schock nachfolgende Periode $p^e = 0$ die beste Schätzung.

Anders ist dies bei *adaptiven Erwartungen*, d.h. $p_t^e = p_{t-1}$. Die Erfahrung der zunächst auf $p_1$ gestiegenen Inflationsrate wird hier die Inflationserwartungen der Lohnbezieher für die auf den ursprünglichen Preisschock folgende Periode verändern. Das adaptive Muster der

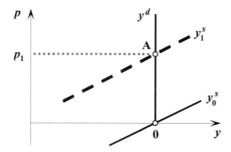

Abbildung 4-14:
Permanenter Inflationsschock
bei passiver Zinspolitik

Erwartungsbildung bedeutet $p_{t+1}^e = p_t = p_1 = \varepsilon_t^s$. Deshalb bleibt die Angebotsfunktion dann in der Position $y_1^s$. Dies gilt auch für alle weiteren Perioden: Der rein erwartungsbedingte Lohndruck wird in die Preise überwälzt, Inflationserwartung und tatsächliche Inflation stimmen damit überein. Ein temporärer Preisschock mündet so in eine anhaltend höhere Inflationsrate. Nimmt die Notenbank dies hin und praktiziert eine monetäre Alimentierung der erwartungsbedingt expansiven Lohnpolitik, so hat sie faktisch ihr Inflationsziel verändert. Es gilt dann $p^* = p_1 > 0$. Im weiteren ist Punkt A das neue Gleichgewicht.

(2) Verfolgt die Notenbank einen Stabilisierungskurs mit überproportionalen Zinsreaktionen auf die Inflation ($\gamma > 0$), so ist die Güternachfragekurve aufgrund dieser regelgebundenen Zinspolitik negativ geneigt (*Abbildung 4-15*). Der Angebotsschock 0A kann nicht voll auf die Preise durchwirken, weil die Notenbank die angebotsseitige Preissteigerung über eine restriktive Nachfragepolitik bekämpft. Statt Punkt A wird B erreicht. Die geldpolitisch durchgesetzte Realzinssteigerung erzeugt Arbeitslosigkeit. Der Lohn- und Preisdruck lässt infolge der Unterbeschäftigung nach; dabei gehen die Gewerkschaften bei adaptiven Erwartungen noch von $p_t^e = 0$ aus (die Angebotsfunktion liegt aufgrund des Schocks, nicht aufgrund von Inflationserwartungen bei $y_1^s$). Das auslastungsbedingt nachlassende Lohnwachstum bewirkt einen Abzug CD von dem schockbedingten Inflationsimpuls 0A = BD. Die effektive Inflationsrate ist damit $p_2 = BC$.

In den folgenden Perioden wird die Inflation wiederum primär von der Lohnpolitik geprägt, während der ursprüngliche Angebotsschock annahmegemäß keine Rolle mehr spielt. Das inflationsbestimmende Moment ist nun die erfahrene Preissteigerung $p_2$; sie bewirkt eine Verlagerung der Angebotskurve auf $y_2^s$. Bei gegebener Nachfragekurve führt dies jedoch zu der – im Vergleich zur Erwartung – niedrigeren Inflationsrate $p_3$. Die Zunahme des Outputs in Relation zu Punkt B erklärt sich durch die Realzinssenkung: Die Notenbank honoriert den angebotsseitig sinkenden Inflationsdruck gemäß ihrer Zinsregel [4.12] mit einer überproportionalen Absenkung des Nominalzinses. Die Nachfrage nimmt entlang $y^d$ zu.

Die wiederholte Erfahrung einer Überschätzung der Inflation durch die Gewerkschaften bewirkt im Folgenden eine immer weitere Zurücknahme der Lohnsteigerungsrate, wobei sich die Angebotskurve entsprechend nach unten verlagert. Diese Bewegung endet im Ausgangs-

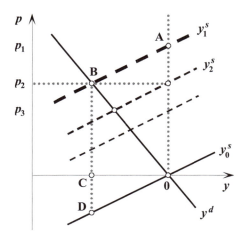

Abbildung 4-15:
Zinspolitische Stabilisierung
nach einem Angebotsschock
mit adaptiven Erwartungen

punkt bei Vollbeschäftigung und Preisstabilität (d.h. bei der angestrebten Inflationsrate von Null). Die Geldpolitik konnte durch ihren Stabilisierungskurs den Inflationsschub nicht nur anfänglich dämpfen, sondern schließlich auch vollständig abbauen, allerdings auf Kosten einer zwischenzeitlichen Erhöhung der Arbeitslosigkeit.

Angebotsschocks schlagen sich in Kostensteigerungen oder -senkungen nieder, die in der laufenden Periode die Angebotspreise verändern. Die Zinspolitik kann einen Angebotsschock nicht direkt, sondern nur über eine Outputveränderung bekämpfen. Ein positiver Angebotsschock zeigt sich so in Preissteigerungen, gefolgt von einem Rückgang von Produktion und Beschäftigung. Diese *Stagflation* ist dadurch geprägt, dass der nachfragebedingte Output- und Beschäftigungseffekt die Lohn- und Preisinflation abdämpft (Bewegung *entlang* der Angebotskurve), während daraufhin nachlassende Inflationserwartungen und überproportional nachgebende Nominalzinsen zu einer langsamen Nachfrageerholung führen (*Verschiebung* der Angebotskurve).

### 4.3.5 Autonome Nachfrageveränderungen: einmalige und seriell korrelierte Störungen

Marktbedingte Störungen $\varepsilon^d$ auf der Nachfrageseite können z.B. durch Schwankungen der Investitions- oder Konsumneigung hervorgerufen werden. Sieht man von Angebotsschocks und diskretionären Zinsimpulsen ab, so ist das Makrosystem gegeben durch

$$p = p^e + \alpha\, y$$
$$y = -\beta\, \gamma\, p + \varepsilon^d$$

[4.35]

(1) Zunächst ist wieder eine passive Zinspolitik unterstellt, die lediglich auf einen konstanten Realzins abzielt, d.h. den Nominalzins ggf. im Ausmaß der Inflation erhöht. Mit $\gamma = 0$ in [4.35] ist die Nachfragekurve vertikal. Ein positiver Nachfrageschock verschiebt diese

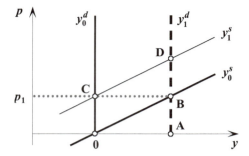

*Abbildung 4-16:*
*Positiver Nachfrageschock*
*mit passiver Zinspolitik*

Kurve um den Betrag 0A nach rechts in die Position $y_1^d$ . Bei der Bewegung auf der gegebenen Angebotskurve $y_0^s$ kommt es wegen der Übernachfrage zu knappheitsbedingten Lohn- und Preissteigerungen. Damit wird Punkt B realisiert (*Abbildung 4-16*).

Handelt es sich um einen einmaligen Schock, so bewegt sich die Nachfragekurve in der Folgeperiode wieder zurück nach $y_0^d$ ; Damit könnte das Marktsystem wieder zum Ausgangspunkt zurückkehren. Jedoch kann die zwischenzeitlich auf $p_1$ gestiegene Inflationsrate in die (adaptiven) Erwartungen eingehen und die Lohnpolitik der Folgeperiode prägen. Damit verschiebt sich die Angebotsfunktion nach oben auf $y_1^s$. Hält die Geldpolitik die Nachfragekurve in der Position $y_0^d$ , wird die Konstellation C realisiert. Dies ist das neue Gleichgewicht, wenn die Notenbank die Verletzung des Inflationszieles nun toleriert.

(2) Bei stabilisierender Zinspolitik ( $\gamma > 0$ ) ist die Nachfragekurve negativ geneigt (*Abbildung 4-17*). Die Preissteigerungen lösen im Gegensatz zum obigen Fall eine Realzinserhöhung aus. Dies wirkt dem primären Nachfrageimpuls entgegen und dämpft den Preisanstieg; erreicht wird Punkt B'. Die Inflationsrate $p_1$ prägt nun die Lohn- und Preisbildung in der nächsten Periode, so dass die Angebotskurve bei $y_1^s$ liegt. Bildet sich der Nachfrageschock nun wieder vollständig zurück, ergibt sich der Schnittpunkt C als weiteres temporäres Gleichgewicht. Von hier aus setzt dann in den Folgeperioden nach dem Muster des oben beschriebenen Disinflationsprozesses (*Abbildung 4-15*) eine Anpassung zum Ausgangspunkt 0 ein.

Gerade Nachfrageschocks treten oft nicht nach einem rein zufälligen Muster auf; sie sind häufig *zeitlich korreliert* und bilden damit einen konjunkturellen Prozess. Dies bedeutet, dass eine für sich genommen zufällige Nachfrageveränderung auch in der (bzw. den) folgenden Periode(n) systematische Spuren hinterlässt. So kann eine Verbesserung der unternehmerischen Ertragseinschätzungen über die nachfolgende Investitions- und Beschäftigungssteigerung allgemein optimistische Erwartungen in der Wirtschaft nach sich ziehen und dabei auch die Konsumneigung stärken.

Die Nachfragestörung setzt sich dann in den Folgeperioden fort; sie schwächt sich i.d.R. dabei ab, jedoch können stets neue, rein zufallsverteilte Schocks hinzukommen (*Box 4-4*). Seriell korrelierte Schocks lassen sich vereinfachend mit Hilfe einer über mehrere Perioden in

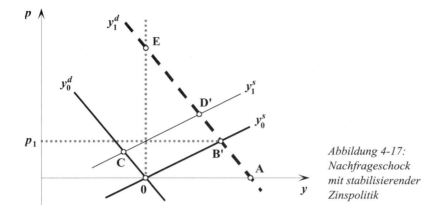

*Abbildung 4-17:*
*Nachfrageschock*
*mit stabilisierender*
*Zinspolitik*

der Position $y_1^d$ verharrenden Nachfragekurve illustrieren. Wiederum hängt der Marktprozess nach Auftreten solcher Störungen vom Kurs der Notenbank ab (dabei sind stets adaptive Erwartungen unterstellt):

(1) Bei passiver Zinspolitik und vertikaler Nachfragekurve (*Abbildung 4-16*) reproduziert sich der Nachfrageüberschuss in jeder Periode aufs Neue. Die Angebotskurve verschiebt sich fortlaufend wegen der in jeder Vorperiode erfahrenen Inflation nach oben (stets gilt $p_t > p_{t-1}^e$) und treibt gerade dadurch den Prozess der Preissteigerung weiter an. Über die Punkte A, B, D, ... entwickelt sich eine akzelerierende Inflation. Zur Stabilisierung ist hier ein Kurswechsel der Geldpolitik nötig.

(2) Auch bei stabilisierender Zinspolitik und negativ geneigter Nachfragekurve (*Abbildung 4-17*) hält der Nachfrageüberschuss für einige Zeit an, wird jedoch schrittweise abgebaut. Die Verlagerung der Angebotskurve verläuft über die Punkte B', D', ... und endet in E. Hier kommt der Inflationsprozess zu einem Stillstand, weil die Übernachfrage auf dem Arbeitsmarkt nicht länger besteht. Normalisiert sich die Nachfrageentwicklung nach einer Aufschwungphase, so gilt wieder die Nachfragekurve $y_0^d$. Ausgehend z.B. von Punkt E (*Abbildung 4-17*) setzt dann ein Prozess sinkender Inflationsraten ein, der i.d.R. mit Unterauslastung und Arbeitslosigkeit verbunden ist. Die Anpassung zum alten Gleichgewichtspunkt 0 verläuft analog zum Fall einer Disinflationspolitik (*Abbildung 4-15*).

Wenn sich jedoch der serielle Schock als eine *dauerhaft* erhöhte autonome Nachfrage entpuppt, so ist die anhaltend höhere Inflationsrate in E der Preis für die Fehldiagnose seitens der Notenbank. Trotz der überproportionalen Zinsreaktion auf die Preissteigerungen konvergiert die Ökonomie zu einer höheren Inflationsrate. Zeitgleich zur Nachfrageerhöhung hätte der Gleichgewichtszins $r^* = g/\beta$ [4.13] entsprechend heraufgesetzt werden müssen, um die Entstehung der Übernachfrage und die inflatorische Fehlentwicklung zu verhindern.

Box 4-4: Persistenz und Random Walk

(1) Die Entwicklung einer Variablen gemäß dem Muster

$$x_t = \lambda x_{t-1} + \omega_t \qquad\qquad [4.36]$$

mit $\lambda < 1$ wird als *autoregressiver Prozess erster Ordnung* bezeichnet, kurz: AR(1), weil $x_t$ von seinem Wert in $t-1$ abhängt (wenn auch frühere Perioden eine Rolle spielen, handelt es sich entsprechend um einen Prozess höherer Ordnung). Die Bewegung von $x_t$ zeigt damit *Persistenz*: Die Realisierung $x_t > 0$ in einer Periode zieht in der Folgeperiode einen vom Vorzeichen her gleichgerichteten, wenn auch quantitativ kleineren Effekt $x_{t+1} > 0$ nach sich. Nach unendlich vielen Perioden wäre $x_t$ dann wieder gleich Null (*Abbildung 4-18*). Jedoch kann dieses regelmäßige Muster jederzeit durch neue exogene Impulse $\omega_t$ modifiziert werden, die ihrerseits rein zufallsverteilt sind (*White Noise*). Der Erwartungswert von $\omega_t$ ist stets Null. Die beste Schätzung der Variablen $x_t$, d.h. ihr Erwartungswert, ist daher von ihrem Vergangenheitswert bestimmt:

$$x_t^e = \lambda x_{t-1} \qquad\qquad [4.37]$$

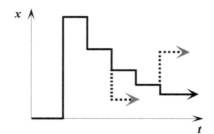

Abbildung 4-18:
Autoregressiver Prozeß einer Variablen
mit potenziellen White-Noise-Störungen

Aus einer sinngemäßen Anwendung des in *Box 2-3* gezeigten Lösungsverfahrens folgt für die Differenzengleichung [4.36] die Lösung

$$x_t = \sum_{j=0}^{\infty} \lambda^j \omega_{t-j} \qquad\qquad [4.38]$$

In *jeder* Periode bestimmen somit alle bislang aufgetretenen Schocks $\omega_t$ den aktuellen Wert von $x_t$. In langfristiger Perspektive ist die Varianz von $x_t$ durch die Varianz des Schockterms $\omega_t$ bestimmt; da letztere als endlich unterstellt ist, kann die Bewegung von $x_t$ nicht explodieren.

$$\text{var}(x_t) = \frac{1}{1-\lambda^2} \, \text{var}(\omega_t) \qquad\qquad [4.39]$$

(2) Tritt in [4.36] der Spezialfall $\lambda = 1$ auf, so bezeichnet man die Bewegung von $x_t$ als *Random Walk*. Die Besonderheit eines solchen Prozesses ist, dass er keinen stabilen Gleichgewichtswert aufweist. Der beste Erwartungswert der betreffenden Variablen ist nach [4.37] der Wert der Vorperiode. Sie kann im Zeitablauf jedoch wegen der Störungen $\omega_t$ jeden beliebigen Wert erreichen; ihre Varianz nimmt dabei immer weiter zu.

**Zusammenfassung**

4.3.1 Eine von der Zinsregel abweichende expansive Geldpolitik hat zunächst positive Mengeneffekte. Es kommt dabei zu Preissteigerungen, weil die Unternehmen im Wettbewerb um zusätzliche Arbeitskräfte höhere Nominallöhne zugestehen, die dann in höheren Preisen auf die Endnachfrager überwälzt werden. Mit der Zeit passen sich die Inflationserwartungen an die realisierte Inflation an. Die Angebotskurve verschiebt sich dabei nach oben. Um eine akzelerierende Inflation zu verhindern, müssen die Zinsen überproportional zur Inflation erhöht werden. Dadurch wird die Nachfrage wieder auf das Ausgangsniveau verringert. Im neuen Gleichgewicht ist nur die Inflation höher als zu Beginn. Langfristig ist die Angebots- bzw. *Phillips*-Kurve vertikal. Eine wirtschaftspolitische Wahl zwischen Beschäftigung (jenseits dieses Gleichgewichts) und Geldwertstabilität besteht insoweit nicht.

4.3.2 Bei rationalen Erwartungen versuchen die Wirtschaftssubjekte, die beste Schätzung für einen künftigen Wert zu erreichen, indem sie alle ihnen zugänglichen Informationen nutzen, aus ihren Erfahrungen in den Marktprozessen lernen und nicht andauernd systematischen Erwartungsfehlern erliegen. Problematisch ist die Annahme, dass sich bei allen Marktakteuren der Glaube an eine einzige Wirtschaftstheorie durchsetzt und eindeutige Erwartungen über die Gleichgewichtswerte aller wichtigen volkswirtschaftlichen Variablen gebildet werden. Unter diesen Bedingungen hätte die Geldpolitik auch kurzfristig keinen realwirtschaftlichen Einfluss. Mittels Inflation lässt sich das unterstellte Vollbeschäftigungsniveau nicht überschreiten. Abweichungen vom Gleichgewicht treten nur bei unerwarteten Aktionen der Wirtschaftspolitik sowie bei exogenen Störungen auf, die auch mit rationalen Erwartungen nicht antizipiert werden können.

4.3.3 Eine zinspolitische Inflationsbekämpfung ist hypothetisch nur bei rationalen Erwartungen ohne volkswirtschaftliche Kosten möglich. Faktisch werden im Anpassungsprozess Beschäftigungsverluste eintreten, da Lohn- und Preissteigerungen nicht sofort entsprechend reduziert werden. Erstens können nominell fixierte Verträge nicht umgehend revidiert werden. Zweitens folgt aus dem Charakter der Geldwertstabilität als öffentlichem Gut der Anreiz, die Lohn- und Preiszurückhaltung jeweils der anderen Marktakteure abzuwarten, um individuell höhere Realeinkommen zu erzielen. Drittens ist möglich, dass die Marktakteure einem angekündigten wirtschaftspolitischen Kurswechsel bzw. seiner inflationsdämpfenden Wirkung misstrauen. Die Zinssignale der Notenbank sind widersprüchlich, da eine niedrigere Zielinflationsrate letztlich auch einen niedrigeren Nominalzins, die aktive Inflationsbekämpfung zunächst jedoch einen höheren Nominalzins verlangt. Inflationserwartungen können zumeist nur über die Erfahrung tatsächlicher Fortschritte bei der Geldwertstabilisierung abgebaut werden.

4.3.4 Angebotsschocks sind unvorhersehbare Kostenänderungen, die unmittelbar auf das Preisniveau wirken und in der laufenden Periode die Inflationsrate verändern. Bei adaptiven, d.h. jeweils an der vergangenen Erfahrung ausgerichteten Erwartungen und neutraler Zinspolitik bleibt die Inflationsrate auch langfristig höher; das Beschäftigungsniveau wird nicht berührt. Eine stabilisierende Geldpolitik dagegen bekämpft den Inflationsimpuls über einen höheren Realzins, der Arbeitslosigkeit und damit eine niedrigere Lohninflation bewirkt. Langfristig wird wieder Vollbeschäftigung bei der gewählten Zielinflationsrate erreicht.

4.3.5 Nachfrageschocks haben einen temporären Mengeneffekt zur Folge. Bei adaptiver Erwartung und neutraler Zinspolitik ergibt sich jedoch ein anhaltender Inflationseffekt, während eine stabilisierende Zinspolitik über kompensierende Nachfrageveränderungen die ursprüngliche Inflationsrate wieder herstellt. Schocks treten auch in seriell korrelierter Form auf; hierbei setzt sich eine Störung über mehrere Perioden fort, schwächt sich dabei jedoch ab. In diesen Fällen verliert eine bloß neutrale Zinspolitik phasenweise die Kontrolle über die Inflation. Eine exogen angetriebene Nachfrageexpansion muss dann über Realzinssteigerungen stabilisiert werden.

## 4.4 Langfristige Folgen der Inflationsbekämpfung

### 4.4.1 Vertikale und horizontale Verschiebungen der *Phillips*-Kurve: die variable NAIRU

Grundsätzlich wäre zu erwarten, dass Output und Inflation nach möglichen Schocks letztlich wieder zu ihren Gleichgewichts- bzw. Zielwerten $y^*$, $u^*$ und $p^*$ zurückkehren. Dies gilt auch im Fall anhaltender, d.h. seriell korrelierter Störungen – zumindest dann, wenn eine stabilitätsorientierte Geldpolitik betrieben wird. Die empirischen Fakten lassen sich jedoch nur schwer mit diesem theoretischen Bild vereinbaren (*Abbildung 4-19*). Die sehr hohe Inflation insbesondere in den 1970er Jahren kann man noch mit kräftigen (Öl-) Preisschocks und einem relativ niedrigen Stellenwert des Ziels der Geldwertstabilität (oder einer hohen Zielinflationsrate) erklären. Unmittelbar weniger verständlich sind die ausgeprägten Veränderungen der Arbeitslosenquote und ihr überzyklischer Anstieg in Deutschland.

Stellt man Inflation und Arbeitslosigkeit in einem Diagramm dar, so lässt sich die *Phillips*-Kurven-Konstellation eines Landes über die Zeit verfolgen (*Abbildung 4-20*). Nach der Theorie der *Phillips*-Kurve (*Abschnitt 4.2.2*) sollten aus der Punkteschar der jährlichen Werte der Arbeitslosen- und Inflationsraten drei typische Bewegungen deutlich werden:

- Liegen die Punkte auf einer gedachten Linie mit negativer Steigung, so handelt es sich um globale Nachfrageschwankungen bei *gegebenen* Inflationserwartungen, also Bewegungen *auf* einer Angebotsfunktion.

- Je schneller sich die Inflationserwartungen anpassen, desto eher sollte sich das Bild einer vertikalen (langfristigen) *Phillips*-Kurve zeigen. Die Arbeitslosenquote schwankt dabei nur wenig um ihren Gleichgewichtswert, die NAIRU $u^*$.

- Unabhängig von der Art und Stärke makropolitischer Interventionen und gesamtwirtschaftlicher Störungen prognostiziert das Modell letztendlich stets eine Rückkehr zum ursprünglichen Vollbeschäftigungsgleichgewicht.

Ein Blick auf die Daten bestätigt diese Voraussagen nur sehr eingeschränkt. Im Fall der USA ist zwar in den 1960er Jahren ein *Trade-off* zwischen Arbeitslosigkeit und Inflation erkennbar, jedoch scheint es insgesamt praktisch keinen Fixpunkt für die Arbeitslosenquote

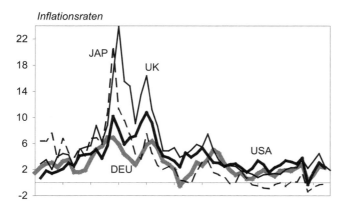

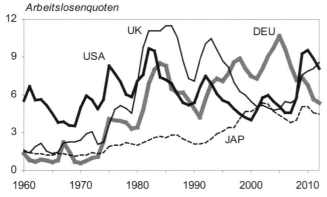

*Abbildung 4-19:*
*Entwicklung von*
*Inflation und*
*Arbeitslosigkeit*

zu geben. In Deutschland deutet das Bild phasenweise (aufgrund der vorherrschenden vertikalen Bewegungen) auf einen bestimmten $u^*$-Wert hin; irritierend ist allerdings, dass dieser Wert einer makroökonomisch gleichgewichtigen Arbeitslosigkeit (d.h. die strukturelle Arbeitslosigkeit) offenbar langfristig angestiegen ist.

Ein Anstieg der strukturellen Arbeitslosenquote kann mehrere Ursachen haben. Im Zuge der technologischen Entwicklung nimmt die notwendige Spezialisierung des Wissens zu und Beschäftigte, die im Wettbewerbsprozess freigesetzt werden, müssen damit oft eine Entwertung ihres Humankapitals hinnehmen und können deshalb weniger leicht an andere Arbeitsplätze wechseln. Dies zeigt sich dann als strukturelle Arbeitslosigkeit infolge eines *Mismatch* der angebotenen und nachgefragten Qualifikationen. Denkbar ist auch, dass Arbeitslose sich bei fortwährend schwacher Wirtschaftslage immer weniger um einen Arbeitsplatz bemühen, wenn ihnen großzügige Sozialleistungen geboten werden.

Bei länger anhaltenden Rezessionen werden konjunkturell Arbeitslose vom technologischen und sozialen Lernprozess im Betrieb ausgeschlossen und verlieren mit der Dauer ihrer Nichtbeschäftigung ihr Humankapital, ihre Qualifikation i.w.S. Hinzu kommt, dass eine Konjunkturschwäche oft mit Branchenkrisen einhergeht, wobei die spezifische Qualifikati-

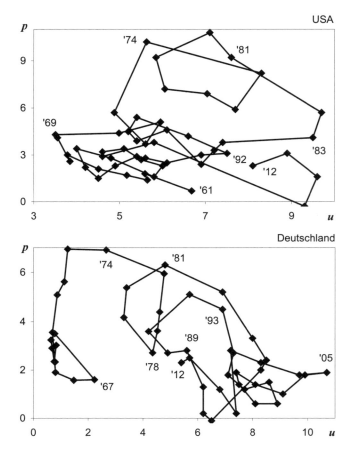

*Abbildung 4-20: Entwicklung der Phillips-Kurven-Konstellation, 1961-2012*

on der dort freigesetzten Arbeitskräfte entwertet wird. Der Selektionsprozess am Arbeitsmarkt verschärft die Spaltung zwischen Beschäftigten und Arbeitslosen, da Unternehmen bei Einstellungen die vermutete Qualität der Bewerber auch an der Dauer ihrer Arbeitslosigkeit messen. Die Wiederbeschäftigungswahrscheinlichkeit von Langfristarbeitslosen wird damit weiter verringert. Die wiederholten Enttäuschungen bei Bewerbungen kann schließlich auch dazu führen, dass Arbeitslose ihre Jobsuche entmutigt aufgeben. Praktisch werden so *konjunkturell* Arbeitslose durch den Zeitablauf tendenziell zu *strukturell* Arbeitslosen.

Mit einer variablen NAIRU erweitert sich das Spektrum möglicher gesamtwirtschaftlicher Störungen. *Abbildung 4-21* fasst die Bewegungsform makroökonomischer Prozesse im *Phillips*-Kurven-Diagramm analytisch zusammen. Ausgangspunkt sei A mit der NAIRU $u_0^*$ und der Inflationserwartung $p^e = 0$.

• Veränderungen der gesamtwirtschaftlichen Nachfrage zeigen sich im einfachsten Fall als Bewegungen *auf* einer *Phillips*-Kurve (A → B oder A → C). Dabei ist die Inflationserwartung konstant.

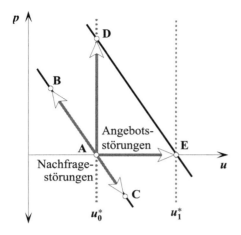

*Abbildung 4-21:*
*Bewegungen auf*
*und Verschiebungen*
*der Phillips-Kurve*

- Preisliche Angebotsstörungen wie z.B. verteilungskampfbedingte Lohn- und Preisschübe (auch erhöhte Inflationserwartungen lassen sich hierunter subsumieren) bewirken eine vertikale Verschiebung der *Phillips*-Kurve (A → D).

- Mengenmäßige Angebotsstörungen wie z.B. eine Erhöhung der strukturellen Arbeitslosenquote (d.h. eine Verringerung des marktfähigen Arbeitspotenzials) verschieben die *Phillips*-Kurve horizontal nach rechts (A → E).

Der typische Konjunkturprozess verläuft danach zunächst über steigende Inflationsraten bei Vollbeschäftigung (A → B → D), gefolgt von einer auf Inflationsbekämpfung gerichteten Geldpolitik (D → E). Das traditionelle Modell des Disinflationsprozesses leitet nun über die Rückbildung der Inflationserwartungen, d.h. über eine Verschiebung der *Phillips*-Kurve nach unten, eine Rückkehr zum Ausgangspunkt A ab. Wenn aber Arbeitslose einem marktendogenen Dequalifikationsprozess unterliegen, sinken ihre Wiederbeschäftigungschancen und sie fallen schließlich aus dem Markt heraus. Da von ihnen dann keine wirksame Lohnkonkurrenz mehr ausgeht, ist die NAIRU von $u_0^*$ auf $u_1^*$ gestiegen. Das neue Marktgleichgewicht ist der Punkt E. Die vertikale *Phillips*-Kurve hat sich nach rechts verschoben.

> *High unemployment is even worse than we thought, because it raises the NAIRU, and lower unemployment is even better than we thought because it reduces the NAIRU.*
>
> Joseph E. Stiglitz (1997: 8)

> *The long-run aggregate supply curve may be vertical, but its location is endogenous to macroeconomic policy. [...] Any unemployment rate can be the neutral rate, if only it persists long enough.*
>
> Robert M. Solow (1998: 11, 13)

### 4.4.2 Das Hysteresis-Problem:
### die Konjunkturabhängigkeit der strukturellen Arbeitslosenquote

Das Arbeitsmarktgleichgewicht kann nicht länger als Gravitationszentrum, als realer Anker für konjunkturelle Beschäftigungsänderungen angesehen werden, wenn sich das *marktfähige* Arbeitspotenzial während der fortlaufenden Anpassungsprozesse qualitativ und quantitativ verändert und damit in letzter Konsequenz nicht unabhängig von der Arbeitsnachfrage definierbar ist. In diesem Fall weist der Arbeitsmarkt als dynamisches System *Hysteresis-Eigenschaften* auf. Der Begriff stammt aus der Physik und bezeichnet das Fortdauern einer Wirkung nach Wegfall der Ursache: Nach einer Störung tendiert das System nicht zu seinem ursprünglichen, langfristigen Gleichgewichtswert zurück; vielmehr ändert sich dieser Referenzpunkt selbst in Abhängigkeit von der Störung. Man spricht deshalb auch von einem *pfadabhängigen Gleichgewicht.*

Die gleichgewichtige Arbeitslosenquote hängt somit nicht allein von mikroökonomischen, strukturellen Faktoren ab; sie wird vielmehr zu einer endogenen Variable im Konjunkturprozess. Die Bewegung der NAIRU $u_t^*$ lässt sich schematisch nach folgender Bestimmungsgleichung modellieren:

$$u_t^* = u_{t-1}^* + \theta\left(u_{t-1} - u_{t-1}^*\right) = \left(1-\theta\right)u_{t-1}^* + \theta u_{t-1} \qquad [4.40]$$

Wenn die realisierte Arbeitslosenquote $u_{t-1}$ in der Vorperiode größer als $u_{t-1}^*$ war, so haben weitere Arbeitslose infolge der oben beschriebenen Mechanismen teilweise ihre Marktfähigkeit verloren. Konjunkturelle, nachfragebedingte Unterbeschäftigung hat sich zu struktureller Arbeitslosigkeit verfestigt. Umgekehrt zeigt die Logik von [4.40], dass $u_t^*$ sinkt, wenn zuvor $u_{t-1} < u_{t-1}^*$ war. Das Ausmaß dieser Transformation zwischen makro- und mikroökonomischer Arbeitslosigkeit wird durch den Hysteresis-Parameter $\theta$ gemessen:

- Im Fall $\theta = 0$ gilt wieder der traditionelle Ansatz, nach dem $u^*$ unabhängig von der laufenden Beschäftigungsentwicklung ist.

- Bei $0 < \theta \leq 1$ ist die NAIRU *indeterminiert*: Sie hängt von ihrer eigenen Vergangenheit und der tatsächlichen Arbeitslosenquote ab. Jeder $u_t^*$-Wert spiegelt – wie [4.40] zeigt – die zurückliegende Geschichte früherer Arbeitslosenraten wider, wobei der Parameter $\theta$ als Gewichtungsfaktor fungiert. Im Extremfall $\theta = 1$ passt sich das Arbeitspotenzial innerhalb einer Periode an die Beschäftigung an und das Arbeitsmarktgleichgewicht entspricht der Konstellation der Vorperiode ($u_t^* = u_{t-1}$). Oft wird nur dieser Extremfall als Hysteresis bezeichnet. Bei $0 < \theta < 1$ spricht man statt dessen von Persistenz (*Box 4-4*).

Wenn die inflationsstabile Arbeitslosenquote $u_t^*$ im allgemeinen Fall $0 < \theta \leq 1$ zu einer endogenen Größe in der Interaktion der Makromärkte wird, so hat dies *Konsequenzen für die Lohn- und Preisdynamik.* In der *Phillips*-Kurven-Gleichung $p = p^e + \phi(u^* - u)$ [4.8] führt die Substitution von $u_t^*$ aus [4.40] zu

$$p_t - p_t^e = \phi(1-\theta)\left(u_{t-1}^* - u_t\right) + \phi\theta\left(u_{t-1} - u_t\right) \qquad [4.41]$$

Wie bisher nimmt danach die Lohnsteigerungsrate zu, wenn die Arbeitslosenquote unter die strukturelle Gleichgewichtsrate der Vorperiode sinkt (wobei die Lohnsteigerungen auf dem Wege der *Mark-up*-Preisbildung auf den Gütermarkt überwälzt werden). Zugleich tritt aber infolge des Hysteresis-Effektes ein weiterer, den Inflationsdruck erhöhender Faktor bei einer bloßen Verringerung der laufenden Arbeitslosenquote gegenüber der Vorperiode auf.

Die Lohnforderungen der Beschäftigten werden durch die Drohung der Arbeitslosigkeit in Schranken gehalten. Das Risiko der Beschäftigten ist dabei, dass ihr Unternehmen bei zu hohen Löhnen im Wettbewerb nicht bestehen kann und sie auf dem Arbeitsmarkt weniger leicht andere Arbeitsplätze finden oder dass sie durch andere Arbeitslose ersetzt werden. Wenn sich aber nun der *marktfähige* Teil der Arbeitslosen infolge von Dequalifikationsprozessen verringert, so lässt der disziplinierende Konkurrenzdruck nach. Die langfristig Arbeitslosen haben faktisch kaum noch einen Einfluss auf die Lohnbildung. Mit steigendem $\theta$ werden die Lohnforderungen immer weniger vom bestehenden Unterbeschäftigungs*niveau* (in Relation zur strukturellen Rate $u_{t-1}^*$) beeinflusst; schließlich schlägt sich nur noch eine *Änderung* der makroökonomischen Aktivität, die zu einer entsprechenden *Veränderung* der Arbeitslosenquote führt, in der Lohnpolitik nieder. Bei $\theta = 1$ gilt dann

$$p_t - p_t^e = \phi\left(u_{t-1} - u_t\right) \qquad [4.42]$$

Dies bedeutet, dass nicht ein hohes *Niveau*, sondern erst eine weitere *Zunahme* der Arbeitslosenquote eine Verminderung der Lohninflation bewirkt, weil erst dies den Beschäftigten eine Veränderung der Marktbedingungen, d.h. ein höheres Arbeitsmarktrisiko signalisiert; umgekehrt wird sich die Inflation – auch bei einem noch hohen Unterbeschäftigungsniveau – beschleunigen, wenn die Arbeitslosenquote sinkt. Die wirtschaftspolitische Implikation ist, dass eine immerhin denkbare Strategie, mit nachfragepolitischen Mitteln Arbeitslosigkeit als Versicherung gegen eine Lohn- und Preisinflation aufrechtzuerhalten, langfristig an Effektivität verliert. Der Lohndruck kann nur durch konjunkturelle, nicht durch strukturelle Arbeitslosigkeit gebremst werden.

Die Interaktion zwischen Lohn- und Geldpolitik lässt sich an einer Variante des makroökonomischen Standardmodells studieren. Wie bisher ist die Angebotsfunktion ein Spiegelbild der *Phillips*-Kurve (mit adaptiven Erwartungen); die Zinsregel $i = r^* + p + \gamma(p - p^*)$ ist in die Güternachfragefunktion integriert. Das gleichgewichtige Outputniveau $y_t^*$ (bislang auf Null normiert) wird zu einer Variablen. Sie steht für das Arbeitsmarktgleichgewicht; und dieses ist nun von einer variablen NAIRU geprägt. Deshalb wird die Hysteresis-These $u_t^* = u_{t-1}^* + \theta(u_{t-1} - u_{t-1}^*)$ [4.40] sinngemäß auf $y_t^*$ übertragen.

Im allgemeinen Gleichgewicht müssten alle Variablen stationäre Werte erreicht haben. Die Bedingung $p_t = p_{t-1}$ impliziert in der ersten Gleichung von [4.43], dass $y_t = y_t^*$ gilt. Die gleiche Aussage ergibt sich mit $y_t^* = y_{t-1}^*$ aus der dritten Gleichung (sie liefert also keine

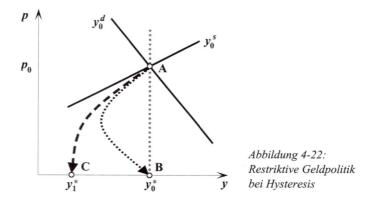

*Abbildung 4-22:*
*Restriktive Geldpolitik*
*bei Hysteresis*

zusätzliche Information). Auch der Gleichgewichtsrealzins $r_t^* = (g - y_t^*)/\beta$ [4.13] wird mit $y_t^*$ zu einer Variablen. Damit ergibt sich aus der zweiten Gleichung, dass die Inflationsrate durch das Inflationsziel $p^*$ bestimmt ist. *Output und Beschäftigung sind jedoch indeterminiert.* Das Gleichgewichtsniveau $y_t^*$ ist deshalb mit jedem beliebigen $y_t$ vereinbar. Das makroökonomische System hat damit keinen "Anker" für das realwirtschaftliche Aktivitätsniveau.

$$p_t = p_{t-1} + \alpha\left(y_t - y_t^*\right)$$
$$y_t = g_t - \beta\left[r_t^* + \gamma\left(p_t - p^*\right)\right]$$
$$y_t^* = y_{t-1}^* + \theta\left(y_{t-1} - y_{t-1}^*\right)$$
[4.43]

Während im Fall ohne Hysteresis ein am Arbeitsmarkt definiertes Vollbeschäftigungsgleichgewicht, das unabhängig von der makroökonomischen Marktinteraktion und insoweit exogen vorgegeben ist, ein Gravitationszentrum für die Marktdynamik darstellt, ist hier jedes Marktgleichgewicht *labil*: Bei einer Störung wandert die ursprüngliche Inflation-Output-Konstellation in eine neue, wiederum nur temporäre Ruhelage.

Eine Inflationsbekämpfung würde ohne Hysteresis schließlich wieder beim ursprünglichen Outputniveau $y_0^*$ enden (A → B, *Abbildung 4-22*). Wenn jedoch ein Teil der konjunkturellen zur strukturellen Arbeitslosigkeit wird, ergibt sich vom Arbeitsmarkt her eine fortlaufende Einschränkung der Produktionsmöglichkeiten. Da somit das gleichgewichtige Outputniveau im Verlauf des Anpassungsprozesses verringert wird, kann die Notenbank – damit eine Übernachfrage vermieden wird – die Zinsen nicht so rasch senken. Wenn das Inflationsziel $p = 0$ erreicht ist, wird ein neues Outputgleichgewicht $y_1^* < y_0^*$ realisiert.

Infolge der endogenen Veränderung des marktfähigen Arbeitspotenzials *kann* eine monetäre Nachfragerestriktion realwirtschaftlich nicht neutral bleiben. Der Erfolg bei der Inflationsbekämpfung wurde mit einer höheren Normalarbeitslosigkeit erkauft. Die NAIRU gibt somit nicht länger den realwirtschaftlichen Anker des makroökonomischen Systems ab, son-

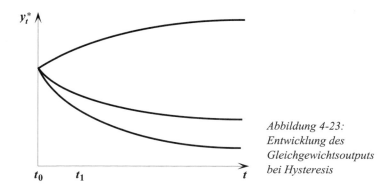

Abbildung 4-23:
Entwicklung des
Gleichgewichtsoutputs
bei Hysteresis

dern sie wird selbst zu einer abhängigen Größe, deren Entwicklung von der faktischen Bewegung der Arbeitslosenquote bestimmt wird. Dies lässt sich auch anhand einer Modellsimulation des Systems [4.43] demonstrieren (*Abbildung 4-23*). Die drei Gleichungen wurden in eine Differenzengleichung zweiter Ordnung für $y_t^*$ überführt (als Parameterwerte wurden $\alpha = 0,5$, $\beta = 2$ und $\gamma = 0,5$ gesetzt; der Prozess ist unabhängig vom $\theta$-Wert, solange dieser Parameter größer als Null ist). Ausgehend von einem gleichen Startpunkt in $t_0$ wurden für $t_1$ unterschiedliche Outputniveaus gewählt. In der Folge tendiert $y_t^*$ zu verschiedenen Grenzwerten, obwohl alle übrigen Modellparameter konstant gehalten wurden.

Die Logik der NAIRU-Gleichung $u_t^* = (1-\theta)u_{t-1}^* + \theta u_{t-1}$ [4.40] beschreibt in gleicher Weise eine endogene *Erhöhung* wie einen *Abbau* der strukturellen Arbeitslosigkeit. Die formale Mechanik des Hysteresis-Phänomens wirkt in beiden Richtungen. In der Praxis verlangt die Nutzung des Hysteresis-Effektes in expansiver Richtung – in Umkehrung des bisher betrachteten Szenarios – eine *Erhöhung* der Leistungsfähigkeit des Arbeitspotenzials, erfordert somit eine *(Re-) Qualifizierung* der Arbeitslosen. Ist dies möglich, so ergäbe sich prinzipiell die Chance, mittels Nachfragepolitik auch strukturelle Arbeitslosigkeit bekämpfen zu können (*Abschnitt 4.5.2*).

### 4.4.3  Unterauslastung und Wachstumsspielräume: das Problem des Kapitalmangels

Wirtschaftsprozesse, die in *historischer Zeit* ablaufen, sind oft durch zumindest partielle Irreversibilitäten gekennzeichnet, so dass bestimmte Variablen nach einer Störung nicht zu ihrem Ausgangspunkt zurückkehren, sondern in einem neuen (temporären) Gleichgewichtswert verharren. In traditionellen Modellen wurden demgegenüber Allokationsprozesse unter der fiktiven Annahme vollständiger (und kostenloser) Reversibilität analysiert. Dieses Wirtschaften in *logischer* Zeit baut auf der fragwürdigen Annahme auf, dass auf der Zeitachse eine Bewegung in *beiden* Richtungen möglich ist. In einer evolutorischen Ökonomie verändern wirtschaftliche Handlungen das Umfeld, das die Bedingungen für diese Handlungen abgegeben hatte; ihre Revision führt deshalb nicht zum "Status quo ante" zurück.

Hysteresis ist kein auf den Arbeitsmarkt beschränktes Phänomen. Neben einer marktendogenen Entwertung des *Humankapitals* kann aufgrund ganz ähnlicher Mechanismen auch eine Verringerung bzw. Vernichtung von *Sachkapital* eintreten. Die für die Güter- und Arbeitsmarktentwicklung einer Volkswirtschaft wichtigste makroökonomische Variable ist die Investition. Einzelwirtschaftliche Investitionsentscheidungen beeinflussen die weiteren Optionen der betreffenden Firma und darüber hinaus auch das wirtschaftliche Umfeld anderer Akteure sowie der Volkswirtschaft insgesamt.

Realinvestitionen sind auch aus einzelwirtschaftlicher Sicht Vermögensanlagen mit geringer Reversibilität: Investiertes Sachkapital kann i.d.R. nur mit hohen Verlusten demontiert und wiederverkauft werden (*Sunk Costs*). Sobald die Unternehmen auf Störungen oder veränderte Marktbedingungen nicht nur mit kurzfristigen Verhaltensanpassungen, sondern mit einer Revision ihrer langfristigen Erwartungen sowie einer entsprechenden Investitions- und Kapazitätsplanung reagieren, ergeben sich Konsequenzen für den langfristigen Entwicklungspfad der Ökonomie. Im Verlauf einer tiefen und langanhaltenden Wirtschaftskrise steigt so der Kapazitätsauslastungsgrad wieder an, wenn und weil sich das Produktionspotenzial an eine dauerhaft als niedriger eingeschätzte Nachfrage anpasst. Der Gütermarkt ist damit geräumt; auf dem Arbeitsmarkt erscheint die nach Normalisierung des Konjunkturgeschehens anhaltende Unterbeschäftigung als *Kapitalmangelarbeitslosigkeit*. Es fehlen nun die Arbeitsplätze, um alle Arbeitsuchenden beschäftigen zu können.

Eine Entwertung und Vernichtung von Sachkapital in der Krise, gefolgt von einer Periode schwachen Wachstums, kann somit zu einer Kapitalmangel- oder Stagnationsarbeitslosigkeit führen. Die Verringerung der Kapitalbildung kann auch das Produktivitätswachstum und darüber den Spielraum der Reallohnentwicklung einengen. Gelingt die Reintegration der Arbeitslosen nicht rasch, so folgt im Laufe der Zeit auch eine Entwertung und Vernichtung von Humankapital. Auf diese Weise ist der Wirtschaftsprozess in langfristiger Perspektive durch eine tendenzielle "Vollbeschäftigung der (marktfähigen) Ressourcen" gekennzeichnet, indem die Dynamik auf der Nachfrageseite entsprechende Anpassungen auf der Angebotsseite des Arbeits- und Gütermarktes nach sich zieht. Die Ressourcenausstattung einer Volkswirtschaft wird zu einer partiell endogenen Größe, die vor allem von der Nachfragedynamik bestimmt wird.

Die Entwicklung des Produktionspotenzials folgt mit einer gewissen Verzögerung dem Wachstum des Bruttoinlandsprodukts (*Abbildung 4-24*). Der (zeitverzögerte) Zusammenhang zwischen beiden Kurven wird durch den Einkommens- und Kapazitätseffekt der Investitionstätigkeit hergestellt. Ein Wachstumsrückgang (wie in den Zeiten der Wirtschaftskrise 1981/82 und 1992/93) bewirkt eine nachfolgende Einschränkung der Angebotsmöglichkeiten, so dass ein späterer Aufschwung entsprechend früher durch Gütermarktengpässe und Preissteigerungen gebremst werden kann.

Das *Konzept einer potenzialorientierten Wirtschaftspolitik* strebt eine Verstetigung der Nachfrageentwicklung entlang des möglichen bzw. erwünschten Wachstumspfades an. Ein

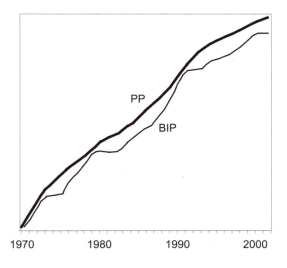

*Abbildung 4-24:*
*Produktionspotenzial (bei*
*Kapazitätsauslastung wie 1970)*
*und Bruttoinlandsprodukt*
*in (West-) Deutschland*
*(logarithmischer Maßstab)*

Verfehlen dieses Zielwertes hat für die Volkswirtschaft aber nicht nur kurzfristige Kosten, sondern auch langfristige Nachteile aufgrund einer endogenen Einschränkung der Wachstumsmöglichkeiten. Eine schematische Trennung zwischen Konjunktur- und Wachstumspolitik und ihren Aufgabenbereichen ist nicht sinnvoll. Angebots- und Nachfrageseite der Volkswirtschaft sind voneinander abhängig, Struktur- und Niveauprobleme interdependent. Arbeits- und Produktionspotenzial lassen sich in letzter Konsequenz nicht unabhängig von der gesamtwirtschaftlichen Nachfrage und ihren Determinanten bestimmen.

Das *Phillips*-Kurven-Problem erscheint nun in einem neuen Licht: Es geht nicht länger um eine kurzfristige Wahl zwischen unterschiedlichen Arbeitslosen- und Inflationsraten bei gegebenen Angebotsbedingungen; vielmehr hat die Geldpolitik zu berücksichtigen, dass eine kurzfristige Hinnahme von Unterbeschäftigung (etwa im Rahmen einer nachfrageseitigen Inflationsbekämpfung) negative Rückwirkungen auf die Angebotsseite der Volkswirtschaft haben kann. Infolgedessen wird die Bewahrung von Vollbeschäftigung zu einem wichtigen Ziel der Wirtschaftspolitik. Ein Verlust der Vollbeschäftigung heute begrenzt die Wachstumsspielräume von morgen.

### 4.4.4 Nichtneutralität der Geldpolitik: Opferrate und alternative Disinflationsstrategien

Die Wirkungswege möglicher Realeffekte der Geldpolitik werden in *Abbildung 4-25* zusammenfassend illustriert: Nur innerhalb des schattierten Rechtecks gilt eine *strikte Neutralität der Geldpolitik*: Die Bedingung dafür ist, dass eine monetäre Restriktion unmittelbar (rational) in korrekte Inflationserwartungen umgesetzt wird und dabei Löhne und Preise vollständig flexibel sind. Aus der Zinsregel $i = r^* + p + \gamma(p - p^*)$ und der Realzinsdefinition $r = i - p$ folgt, dass der Realzins dann konstant bleibt, wenn die tatsächliche Inflations-

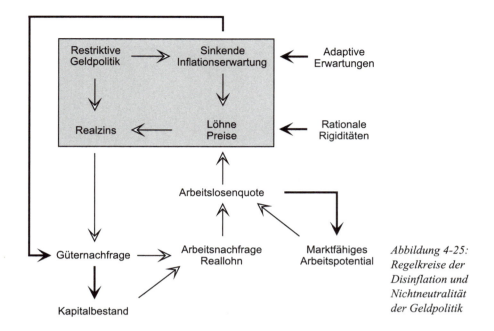

*Abbildung 4-25:*
*Regelkreise der*
*Disinflation und*
*Nichtneutralität*
*der Geldpolitik*

änderung mit der Änderung des Inflationsziels übereinstimmt. Wenn sich die realen Komponenten der Güternachfrage im Gleichgewicht nicht ändern, gilt dabei $\Delta r^* = 0$:

$$\Delta r = \Delta r^* + \gamma\left(\Delta p - \Delta p^*\right) = 0 \qquad\qquad [4.44]$$

Wären diese Bedingungen erfüllt, so werden Produktion und Beschäftigung durch die Anpassung der Nominalgrößen nicht berührt. Faktisch ist aber aufgrund adaptiver Erwartungsbildung, einzelwirtschaftlich sinnvoller Preisrigiditäten und möglicher Rückwirkungen der Inflationsänderung auf die Ertragserwartungen zumindest eine *kurzfristige Nichtneutralität* in Form von vorübergehenden Nachfrage-, Output- und Beschäftigungsverlusten unvermeidlich (*Abschnitt 4.3.3*). Treten Hysteresiseffekte hinzu (angedeutet durch die Rückwirkungen einer schwachen Güternachfrage auf den Kapitalbestand und der Arbeitslosenquote auf das Arbeitspotenzial), sind diese Verluste mehr oder weniger dauerhaft. Die Angebotsmöglichkeiten der Volkswirtschaft haben sich verringert; damit liegt eine *langfristige Nichtneutralität* der Geldpolitik vor.

Die *Opferrate* misst die Summe der Prozentpunkte an zusätzlicher Arbeitslosigkeit in Relation zum erreichten Inflationsabbau *während* des Anpassungsprozesses (*Box 4-5*). Sie ist eine Maßgröße für die volkswirtschaftlichen Kosten eines Disinflationsprozesses. Diese hängen neben den bereits genannten Faktoren (*Abschnitt 4.3.3*) von folgenden Punkten ab:

- Ein *flexibler Arbeitsmarkt* (bewegliche Löhne und Lohnstrukturen, keine Verteilungskämpfe, niedrige institutionell-rechtliche Hürden bei Einstellungs- und Entlassungsent-

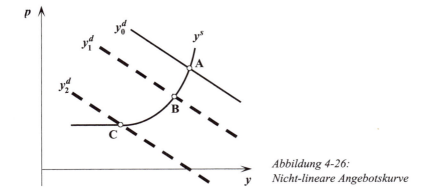

Abbildung 4-26:
Nicht-lineare Angebotskurve

scheidungen, geringes Niveau sozialstaatlicher Leistungen) gilt als günstiges Umfeld für eine volkswirtschaftlich nicht zu teure Disinflationspolitik.

- *Rigide Inflationserwartungen* führen zu einer nur langsamen Verlagerung der Angebotsfunktion nach unten, so dass eine geldpolitisch bewirkte Unterbeschäftigung länger durchgehalten werden muss.

- *Hysteresis-Effekte* beschränken die Angebotsmöglichkeiten, so dass nach Abschluss des Disinflationsprozesses eine höhere strukturelle Arbeitslosenquote oder ein niedrigerer Kapitalstock verbleibt.

- Die Angebotskurve und die ihr zugrundeliegende *Phillips*-Kurve können einen *nicht-linearen Verlauf* aufweisen, so dass Löhne und Preise ab einem bestimmten Schwellenwert nicht mehr auf eine Unterauslastung reagieren (*Abbildung 4-26*). Die Bewegung von relativen Löhnen und Preisen vollzieht sich dann bei einer positiven, strukturell bestimmten Inflationsrate. Eine restriktive Nachfragepolitik mit dem Ziel eines schrittweisen Inflationsabbaus hat dann einen immer größeren Outputverlust zur Folge.

Eine Inflationsbekämpfung geht deshalb realistischerweise mit negativen Mengeneffekten einher. Die Stabilisierungspolitik kann dann *zwei alternative Strategien* verfolgen, die sich durch die zeitliche Dosierung des Instrumenteneinsatzes und damit durch Art und Dauer des Anpassungsprozesses unterscheiden; das stabilitätspolitische Ziel sei in beiden Fällen die Verringerung der Inflationsrate von $p_0$ auf $p_1$ (*Abbildung 4-27*):

(1) Bei der *Schocktherapie* wird von der Konstellation A ausgehend die Zinsregel direkt auf das neue Inflationsziel ausgerichtet. Die Nachfragekurve verschiebt sich damit unmittelbar um die Differenz ($p_0 - p_1$) nach unten. Der Anpassungspfad verläuft dann über B nach einer Verlagerung der Angebotsfunktion auf $y_1^s$ zum neuen Gleichgewicht C. Dieser Weg ist mit zunächst sehr großen Produktions- und Beschäftigungsverlusten verbunden, führt aber auch zu einer raschen Reduktion der Inflationsrate. Dies wird als *Cold-Turkey*-Therapie bezeichnet: ein plötzlicher und vollständiger Entzug der "Inflationsdroge", der den Stabilisierungswillen der Notenbank unterstreichen soll.

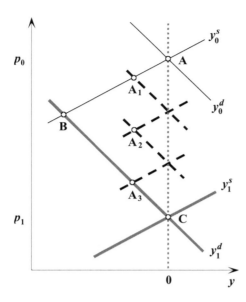

*Abbildung 4-27:*
*Schocktherapie versus Gradualismus*
*bei der Inflationsbekämpfung*

(2) Eine *gradualistische* Strategie besteht in einer schrittweisen Verringerung der gesamtwirtschaftlichen Nachfrage. Während des in diesem Fall über $A_1$, $A_2$ usw. verlaufenden Anpassungsprozesses ist die Arbeitslosigkeit in jeder Periode geringer, bleibt aber über einen längeren Zeitraum bestehen; entsprechend dauert es auch länger, bis die angestrebte Inflationsrate erreicht ist. Eine Entscheidung zwischen diesen Strategien sollte folgende Punkte berücksichtigen:

- Die Rigidität der Löhne und Preise beruht teilweise auf der *Existenz nominal fixierter Verträge* mit mittelfristiger Laufzeit. Bei sehr hohen Inflationsraten ist jedoch zu beobachten, dass die Verbreitung derartiger Kontrakte aus Angst der Vertragspartner vor Inflationsverlusten zurückgeht. In diesen Fällen (auch bei einer drohenden Hyperinflation) ist eine scharfe monetäre Restriktion ohne große Realeffekte möglich und geboten.

- Im Hinblick auf die *Glaubwürdigkeit der Inflationsbekämpfung* hat der gradualistische Weg den Nachteil, dass die Notenbank in den Augen der Marktakteure offenbar vor dem anfänglich starken Anstieg der Arbeitslosigkeit zurückschreckt. Dies kann so gedeutet werden, dass das wirtschaftspolitische Interesse an mehr Geldwertstabilität generell unter beschäftigungspolitischem Vorbehalt steht; der Prozess des Abbaus der Inflationserwartungen wird dabei möglicherweise gebremst.

- Die Disinflation hat Auswirkungen auf die *Angebotsseite der Volkswirtschaft* und damit auf die langfristige Entwicklung. Nachfragebedingte Unterbeschäftigung kann sich zu struktureller Arbeitslosigkeit verfestigen. Die Ertragserwartungen der Investoren werden in einer Phase sinkender Inflationsraten oft negativ berührt; die Sachkapitalbildung bleibt somit gering. Es ist abzuwägen, ob die langfristigen Verluste beim Human- und

Sachkapitalbestand bei einer kurzen und tiefen Wirtschaftskrise größer oder kleiner zu veranschlagen sind als im Falle einer schwächeren, aber länger anhaltenden Rezession.

---

*Box 4-5: Das Rätsel der großen Streuung der Opferrate*

Die Opferrate wird folgendermaßen berechnet: Betrachtet wird ein Disinflationsprozess in einer Volkswirtschaft über $n$ Jahre, ausgehend von der Inflationsrate $p_{max}$ und endend mit der Inflationsrate $p_{min}$. Für jedes Jahr wird die Differenz der jeweiligen Arbeitslosenquote $u_i$ zur Arbeitslosenquote vor Beginn der Disinflation $u_0$ gemessen (wenn die Entwicklung der Arbeitslosigkeit z.B. ein Jahr hinter der Entwicklung der Inflationsrate herhinkt, ist die zeitversetzte Reihe der Arbeitslosendaten zu verwenden).

$$\Omega = \frac{\sum_{i=1}^{n}(u_i - u_0)}{p_{max} - p_{min}} \qquad [4.45]$$

Die Opferrate $\Omega$ drückt aus, wie teuer ein Prozentpunkt Inflationsabbau ist, gemessen in Prozentpunkten zusätzlicher Arbeitslosigkeit. Empirisch zeigt sich für ausgewählte Disinflationsphasen in den 1980er und 1990er Jahren das in *Abbildung 4-28* festgehaltene Resultat. Eine Besonderheit ist die *negative* Opferrate der Niederlande in den 1990er Jahren: Der Inflationsabbau ging mit einer *Verringerung* der Arbeitslosigkeit einher. Erklärbar ist dies u.a. durch den Gewinn an preislicher Wettbewerbsfähigkeit in Relation zum Ausland (*Abschnitt 6.1*); die niedrigere Inflation im Vergleich zum EU-Durchschnitt war günstig für die Exportwirtschaft.

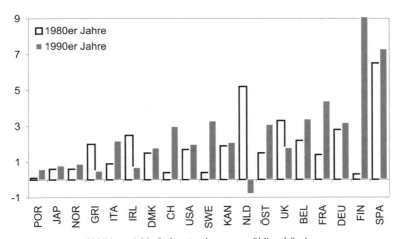

*Abbildung 4-28: Opferraten in ausgewählten Ländern*

---

Auffällig ist generell, dass Länder mit nicht gerade ausgeprägter Stabilitätskultur wie Portugal und Griechenland niedrige Opferraten aufwiesen, während Deutschland relativ schlecht abschneidet. Empirisch ist auch feststellbar, dass der Abbau einer im Niveau hohen Inflation leichter ist als die Verringerung einer bereits im Ausgangspunkt relativ niedrigen Inflation. Der Durchschnitt über alle Länder zeigt, dass die Opferrate in den 1990er Jahren, als die Inflationsrate nur um 4,1 % zurückgeführt wurde, höher als in den 1980er Jahren war:

$$\Omega_{80er} = \frac{17,9}{9,6} = 1,9 \quad < \quad \Omega_{90er} = \frac{10,0}{4,1} = 2,4 \qquad\qquad [4.46]$$

Bei einer nicht-linearen *Phillips*- bzw. Angebotskurve (*Abbildung 4-26*) entspricht der Inflationsabbau A → B dem Intervall B → C, jedoch ist der Output- und Beschäftigungsverlust beim zweiten Schritt deutlich höher. In einem Land mit traditionell niedriger Inflation ist die *Phillips*-Kurve gerade im unteren Segment relativ stabil; es treten kaum noch Verlagerungen auf. Die Erfahrung eines hohen Grades an Preisstabilität fördert die Verbreitung von Kontrakten mit fixen Nominalpreisen.

## Zusammenfassung

4.4.1 Nachfrageveränderungen führen bei gegebener Inflationserwartung zu Bewegungen auf einer *Phillips*-Kurve; Angebotsstörungen wie autonome Lohn- oder Preisschübe und steigende Inflationserwartungen bewirken eine vertikale, Veränderungen der strukturellen Arbeitslosigkeit eine horizontale Verschiebung der *Phillips*-Kurve. Eine Erhöhung der strukturellen Arbeitslosenquote kann auf mikroökonomischen, technologischen oder angebotsseitigen Ursachen beruhen, kann aber auch die Spätfolge eines konjunkturellen Nachfragerückgangs sein: Die hierbei entstandene Unterbeschäftigung wird schrittweise in strukturelle Arbeitslosigkeit transformiert, weil die Arbeitslosen aufgrund vielfältiger Dequalifikationsprozesse ihre Marktfähigkeit verlieren und damit nicht mehr zum ökonomischen Arbeitsangebot rechnen.

4.4.2 Wenn die strukturelle Arbeitslosigkeit von der Konjunktur abhängt, so führt das Zusammenspiel von outputabhängigen Lohn- und Preisänderungen einerseits und regelgebundener Zinspolitik andererseits nach Störungen nicht mehr zum vorherigen Vollbeschäftigungsgleichgewicht zurück. Ein Nachfragerückgang bewirkt so eine höhere Gleichgewichtsarbeitslosigkeit. Der reale Anker der konjunkturellen Lohn- und Preisdynamik ist nicht exogen bzw. durch mikroökonomische Faktoren bestimmt, sondern selbst ein Ergebnis des makroökonomischen Prozesses. Das Marktsystem weist dann Hysteresis-Eigenschaften auf: Seine Gleichgewichtspunkte sind nicht unabhängig von Störungen und den dadurch bewirkten Anpassungen. Es können labile, multiple Gleichgewichte auftreten: Aufgrund einer Anpassung des marktfähigen Arbeitspotenzials an die jeweilig vom Gütermarkt bestimmte Arbeitsnachfrage gibt es mehrere inflationsstabile Produktions- und Beschäftigungsgleichgewichte.

4.4.3 Neben dem Humankapital hängen auch die durch das Sachkapital gegebenen Angebotsmöglichkeiten einer Volkswirtschaft langfristig von der Entwicklung der Nachfrage ab. Brachliegende Kapazitäten werden abgebaut, Kapazitätsengpässe induzieren Erweiterungsinvestitionen. Als Spätfolge einer konjunkturellen Krise kann sich so ein (Sach-) Kapitalmangel herausbilden. Die Interdependenz zwischen der Ressourcenausstattung auf der Angebotsseite und der Entwicklung der gesamtwirtschaftlichen Nachfrage macht eine

strikte Grenzziehung zwischen den Aufgabenbereichen der Wachstums- und Konjunkturpolitik unmöglich.

4.4.4 Bei der Wahl zwischen einer schnellen und einer graduellen Antiinflationspolitik sind die
Kosten der Inflationsbekämpfung im Hinblick auf die Glaubwürdigkeit der Stabilitätsorien-
tierung der Notenbank und die langfristige Beeinträchtigung der Angebotsmöglichkeiten
der Volkswirtschaft abzuwägen. Die Opferrate misst die volkswirtschaftlichen Kosten einer
Disinflation, d.h. wie viele Prozentpunkte zusätzlicher Arbeitslosigkeit vorübergehend oder
dauerhaft entstehen, wenn die Inflationsrate um einen Prozentpunkt verringert wird. Bei einer nicht-linearen *Phillips*-Kurve ist die Verringerung einer bereits niedrigen Inflation mit
hohen Outputverlusten verbunden.

# 4.5 Geldpolitik bei Arbeitslosigkeit

## 4.5.1 Von der Unterbeschäftigung zur Deflation: das Problem der Null-Zins-Grenze

Ein negativer Nachfrageschock bedeutet, dass sich in den Unternehmen das Beschäftigungsvolumen verringert. Bestand zuvor Vollbeschäftigung bei $N^*$, so bestimmt die von der Güternachfrage abhängige Beschäftigungslinie $N^d(Y)$ bei zunächst unverändertem Reallohn
nun den Punkt B (*Abbildung 4-29*). Wahrscheinlich wird die Lohn- und Preisbildung auf
den entstandenen Beschäftigungsrückgang auf $N_0$ zunächst nicht reagieren. Die Unternehmen erzielen unveränderte Stückgewinne; der Reallohn ist prinzipiell mit Vollbeschäftigung
vereinbar. Die Beschäftigten wären aufgrund der nun höheren Konkurrenz durch Arbeitslose zwar prinzipiell bereit, zu einem niedrigeren Reallohn zu arbeiten (Punkt C), aber es wird
einige Zeit dauern, bis dies zu einer Änderung des lohnpolitischen Kurses führt. Kurzfristig
aber ist es naheliegend, dass die Beteiligten auf eine Normalisierung der Güternachfrage
warten.

Im Gütermarkt bedeutet dies, dass die Inflationsrate unverändert beim Ausgangs- und Zielwert $p_0 = p^*$ bleibt, während der Output unter den Gleichgewichtswert $y^* = 0$ sinkt

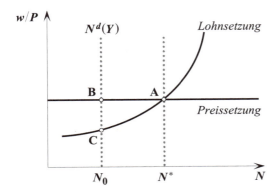

*Abbildung 4-29:*
*Arbeitsmarkt nach*
*Nachfragerückgang*

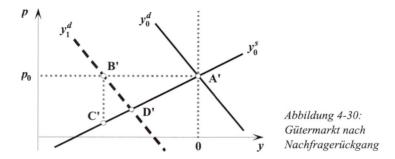

*Abbildung 4-30:*
*Gütermarkt nach*
*Nachfragerückgang*

(Punkt B' in *Abbildung 4-30*). Bildet sich die Nachfragestörung zurück, so verschiebt sich die Nachfragefunktion wieder in die Position $y_0^d$ ; in Punkt A' wird Vollbeschäftigung wiederhergestellt. Hält die Nachfrageschwäche an, so wird die Lohnpolitik auf einen zurückhaltenden Kurs einschwenken; die geforderte Nominallohnwachstumsrate wird verringert. Zu vermuten ist dann, dass auch die Preissteigerungsrate sinkt. Aus diesem Grund ist unbestimmt, ob sich der Reallohn tatsächlich auf das den Gewerkschaften ausreichende Niveau erniedrigt; denkbar ist auch ein Ergebnis *zwischen* den Punkten B und C (*Abbildung 4-29*).

Die Auswirkung einer Reallohnänderung auf die Güternachfrage ist unbestimmt. Wenn die realen Verdienste der beschäftigten Arbeitnehmer sinken, so geht auch die Konsumnachfrage zurück. Dieser zusätzliche Nachfrageausfall wird durch den vermehrten Konsum aus den erhöhten Gewinneinkommen i.d.R. nicht kompensiert. Allerdings können die steigenden Stückgewinne einen positiven Effekt auf die Investitionsneigung haben. Gesamtwirtschaftlich wichtig ist jedoch der Rückgang der Inflationsrate, der die Notenbank bei der wie üblich unterstellten Reaktionsfunktion zu einer Zinssenkung bewegt. Damit nimmt die Güternachfrage entlang der Nachfragefunktion $y_1^d$ wieder zu; es wird nicht Punkt C', sondern D' erreicht (*Abbildung 4-30*). Auch hier herrscht noch konjunkturelle Unterbeschäftigung, wobei die Inflationsrate unter den Ausgangswert $p_0$ gesunken ist.

Im weiteren Verlauf sind mehrere Szenarien denkbar:

- Die Notenbank könnte sich bei anhaltender Nachfrageschwäche zu einer zusätzlichen diskretionären Zinssenkung entschließen. Dabei würde sich die Nachfragekurve nach rechts in Richtung Vollbeschäftigung verschieben (der Prozess verläuft analog zu dem in *Abschnitt 4.3.1* bzw. *Abbildung 4-9* beschriebenen Fall).

- Behält die Geldpolitik dagegen ihren Kurs bei, bleibt die Kurve $y_1^d$ stabil. Es kommt aufgrund der gesunkenen Inflationsrate zu einer entsprechenden Absenkung der Inflationserwartungen. Die Angebotskurve $y_0^s$ verlagert sich schrittweise nach unten. Auch dabei nähert man sich der Vollbeschäftigung (dieser Prozess verläuft analog zu dem in *Abschnitt 4.3.3* bzw. *Abbildung 4-11* beschriebenen Fall).

Im zweiten Szenario besteht das Risiko, dass das Marktsystem (bei weiter anhaltender Nachfrageschwäche) in das Regime der *Deflation*, d.h. negativer Inflationsraten gelangt.

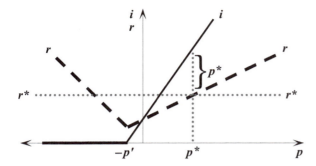

*Abbildung 4-31:*
*Realzins mit Null-Grenze*
*des Nominalzinses*

Die *Gefahr kumulativer Instabilität* ist hier besonders hoch, weil die Notenbank ab einer bestimmten Rate der Deflation die Kontrolle über den Realzins verliert: Mit der allgemeinen Zinsregel $i = r^* + p + \gamma(p - p^*)$ kann der angestrebte Realzins bei *positiven* Inflationsraten immer durch entsprechend höhere Nominalzinsen durchgesetzt werden; bei $p = p^*$ wird so $r^*$ realisiert (*Abbildung 4-31*). Wegen der Null-Zins-Grenze der Geldpolitik (*Abschnitt 3.1.3*) kann der Realzins kann nur bis zu einer kritischen Rate der Inflation $p'$ abgesenkt werden, die sich aus der Zinsregel mit $i = 0$ berechnen lässt (im obigen Beispiel ist $p' < 0$ ):

$$ p' = \frac{\gamma}{1+\gamma} p^* - \frac{1}{1+\gamma} r^* \qquad\qquad [4.47] $$

Jenseits von $p'$ steigt der Realzins parallel mit der Deflationsrate an. Die Anpassung des Nominalzinses an Veränderungen des Geldwertes, die in der Inflation (u.U. mit Hilfe der Geldpolitik) gelingt (*Abschnitt 2.1.3*), versagt im Fall der Deflation. Ein Deflationsprozess kann bei Unterbeschäftigung außer Kontrolle geraten.

Im folgenden Beispiel ist angenommen, dass nach einem Nachfragerückgang und einer Anpassung der Lohnpolitik die Position D erreicht wurde (*Abbildung 4-32*). Die Erfahrung der hier auf Null gesunkenen Inflation verschiebt dann die Angebotskurve nach $y_1^s$. Die nach der Zinsregel weitergeführte überproportionale Nominalzinssenkung bewirkt bei nun absolut fallenden Preisen eine Zunahme der Nachfrage bis zu Punkt E. Hier ist die kritische Rate der Deflation erreicht, der Nominalzins wird Null.

Die anhaltende Deflation hat deshalb ab hier einen *Anstieg* des Realzinses zur Folge, die Nachfragekurve knickt in E ab und erhält eine *positive* Steigung. Ein wachsendes Überschussangebot auf Güter- und Arbeitsmärkten beschleunigt den Verfall des allgemeinen Preisniveaus, und der damit steigende Realzins erzeugt einen weiteren Nachfragerückgang. Die Ökonomie befindet sich in der Deflationsfalle, aus der es allein mit zinspolitischen Mitteln keinen Ausweg gibt. Die Deflation geht mit *Erwartungs- und Verhaltensänderungen* der Akteure im Prozessverlauf einher. Daraus kann sich (wie in der Weltwirtschaftskrise der frühen 1930er Jahre) ein depressiver Zirkel entwickeln:

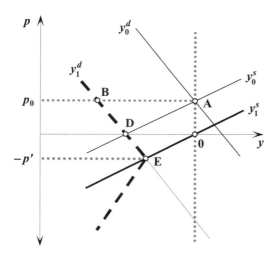

*Abbildung 4-32:*
*Übergang in die Deflation bei*
*anhaltender Unterbeschäftigung*

- Laufende Investitions- und Produktionsprozesse, die auf der Erwartung konstanter Preise basierten, werden aufgrund der fallenden Preise unrentabel. Die Unternehmen machen Verluste und ihre reale Schuldenlast steigt.

- Demzufolge treten Schwierigkeiten bei der Rückzahlung fälliger Schulden auf. Bei Bankrotten der Schuldner erleiden die Gläubiger Vermögensverluste, die ihre deflationsbedingten Realkassengewinne übersteigen können – mit entsprechenden Konsequenzen für ihren vermögensabhängigen Konsum. Unterbrechungen in Zahlungskreisläufen und Kreditketten bewirken Liquiditätskrisen und Bankzusammenbrüche mit nachfolgenden negativen Multiplikatoreffekten auf dem Gütermarkt.

- Die Verschuldungsneigung geht zurück und Planungen für *neue* Investitionsprojekte werden zurückgestellt. Die Investitionstätigkeit kommt nicht nur wegen steigender Realzinsen, sondern auch wegen der deflationsbedingten Abnahme der unternehmerischen Ertragserwartungen zum Erliegen. Ein fortlaufender Preisverfall bedeutet, dass die zukünftigen Verkaufserträge relativ hinter den heutigen Kosten bei der Erstellung von Produktionsanlagen zurückbleiben. Eine Rentabilität der Projekte wäre u.U. nur bei einem *negativen* realen Zinssatz gewährleistet.

- Der langfristige Nominalzins bleibt oft positiv, weil die steigende Kreditnachfrage zur Bedienung von Altschulden auf eine erhöhte Liquiditätspräferenz der Vermögensbesitzer trifft. Die Geldhaltung entwickelt sich zur dominanten Investitionsstrategie, weil diese nun eine *pekuniäre* Ertragsrate in Höhe der Deflationsrate abwirft. Da der Wert des Geldes in Relation zu den Gütern steigt, führt die Deflation somit zu einer "Flucht aus den Gütern ins Geld". Die Folge ist ein Anstieg des realen Finanzmarktzinses, was in Verbindung mit der deflationsbedingt sinkenden oder negativen Ertragsrate auf Sachkapital einen kontraktiven Effekt auf die gesamte Wirtschaftsaktivität ausübt.

- Da die Unternehmen Geldvorschüsse im laufenden Produktionsprozess wiederum in *Geld* zurückzuerstatten haben, werden sie – wenn die Deflation in ihre Erwartungen eingeht – Produktion und Beschäftigung verringern. Damit wird der Konsum aus Lohneinkommen weiter sinken.

> *Die Deflation [...] bedeutet Verarmung für die Arbeiterschaft und das Unternehmertum, indem sie die Unternehmer in ihrem Streben, sich Verluste zu ersparen, zur Einschränkung der Produktion führt; sie ist daher vernichtend für den Arbeitsmarkt.*
>
> John Maynard Keynes (1923: 39)

Die geldpolitische Schlussfolgerung ist, die Entstehung von Deflationserwartungen und anhaltende Preissenkungen unbedingt zu vermeiden. Die Notenbank sollte mit aktiven Realzinssenkungen rechtzeitig die Nachfrage stabilisieren. Auch die *Wahl der Zielinflationsrate* ist wichtig: Der maximale Spielraum für eine Senkung des Nominalzinses ist – von einem Gleichgewicht ausgehend – durch die Summe $(r^* + p^*)$ gegeben (*Abbildung 4-31*). Je höher demnach $p^*$ angesetzt wird, desto später wird die kritische Inflations- bzw. Deflationsrate $p'$ erreicht, ab der die Zinspolitik an ihre Grenzen stößt. Ist dagegen bereits eine Stagnation oder Deflation eingetreten, so wird die Ankündigung eines höheren Inflationsziels möglicherweise wenig bewirken:

- Ihre Glaubwürdigkeit ist gering, da die Notenbank schon die anhaltende Verletzung des bisherigen Inflationsziels nicht verhindern konnte.

- Erwarten die Marktakteure jedoch tatsächlich eine höhere Inflation, so kann der *Fisher-Effekt* auf den Nominalzins die erwünschte Wirtschaftserholung behindern.

Eine Steigerung der Bankkreditvergabe ist nur schwer zu erreichen, weil bei fallenden Preisen die Ertragsaussichten der Unternehmen gering sind und die Banken die hohen Risiken von Forderungsausfällen berücksichtigen müssen. Zinspolitik reicht daher in einer tiefen Deflation nicht mehr aus und sollte durch eine *direkte Offenmarktpolitik mit langfristigen Wertpapieren* ergänzt werden, die ein positives Geldmengenwachstum anstrebt. Dadurch kann die Notenbank versuchen, die Liquiditätsausstattung der Wirtschaftssubjekte so zu erhöhen, dass sie aus portfoliotheoretischen Gründen zur Güternachfrage motiviert werden (*Abschnitte 2.2.2, 3.1.3*). Sinnvoll ist eine Verknüpfung dieser Offenmarktpolitik mit einem *Deficit Spending*. In Extremfällen können einseitige Geldtransfers der Notenbank an öffentliche und private Wirtschaftssubjekte durchgeführt werden (*Money Rain*). Im Vergleich zu Offenmarktgeschäften tritt dabei ein Vermögenszuwachs der Wirtschaftssubjekte ein. Auch bei vorherrschenden Deflationserwartungen ist dann mit einer Zunahme der Güternachfrage zu rechnen.

Die *Lohnpolitik* sollte auch bei anhaltender Unterbeschäftigung keine allgemeinen absoluten Lohnsenkungen zulassen. Die Rigidität der Nominallöhne nach unten stellt keine Marktunvollkommenheit, sondern eine makroökonomische Stabilitätsbedingung der Geldwirtschaft

dar. In der Vergangenheit sank bei steigender Arbeitslosigkeit in den entwickelten Industrie-
ländern oft nur die Wachstumsrate der Nominallöhne, nicht ihr Niveau. Die gegenwärtigen
Tendenzen einer Arbeitsmarktflexibilisierung, einer Erosion der Gewerkschaften sowie der
Übergang zu betriebsbezogenen Lohnabschlüssen können jedoch dazu führen, dass sich die
Reaktion der Löhne auf Änderungen im Beschäftigungsgrad – in beiden Richtungen – wie-
der verstärken wird.

### 4.5.2 Nachfragepolitik bei struktureller Arbeitslosigkeit: der Verlauf der langfristigen *Phillips*-Kurve

Es war ein zentrales Ergebnis der *Phillips*-Kurven-Diskussion (*Abschnitt 4.3.1*), dass strukturelle Arbeitslosigkeit nicht mit expansiver Nachfragepolitik, sondern allenfalls mit Maßnahmen zur Arbeitsmarktflexibilisierung zu bekämpfen sei. Die Begründung war, dass in
dieser Konstellation eine Nachfragesteigerung ein Arbeitsmarktungleichgewicht mit der
Folge von Lohn- und Preissteigerungen hervorrufen muss: Die Besetzung insbesondere
technisch hochwertiger Arbeitsplätze mit nicht einschlägig qualifizierten Arbeitskräften bedeutet einen Produktivitätsverlust, der sich in einer Kosten- bzw. Preisniveauerhöhung nie-
derschlägt. Aufgrund dieser Problemlage der Unternehmen steigt die Marktmacht der besser
qualifizierten Beschäftigten; sie können u.a. über Abwanderungsdrohungen Lohnsteigerungen durchsetzen, die tendenziell in die Absatzpreise überwälzt werden.

Die durch die strukturelle Arbeitslosenquote bestimmte NAIRU kann jedoch von der makroökonomischen Nachfrageentwicklung selbst abhängig sein (*Abschnitte 4.4.1, 4.4.2*). Eine
zu einem bestimmten Zeitpunkt konstatierte gleichgewichtige Arbeitslosigkeit muss somit
nicht auf originär mikroökonomischen Faktoren beruhen, sondern kann auch die Spätfolge
eines konjunkturellen Beschäftigungseinbruchs sein. Eine Abgrenzung der strukturell Arbeitslosen von den marktfähigen Arbeitskräften ist unabhängig vom Stand der gesamtwirtschaftlichen Nachfrage kaum möglich, da sich praktisch jedes Niveau konjunktureller Unterbeschäftigung mit der Zeit in strukturelle Arbeitslosigkeit verwandelt, wenn eine Nachfrageerholung ausbleibt.

Noch unbestimmter wird die Kategorie struktureller Arbeitslosigkeit, wenn man die *Annahme homogener Arbeitskräfte* fallen lässt. Faktisch lassen sich auch unter den Beschäftigten
(trotz einheitlichem Lohn) Unterschiede im Hinblick auf Qualifikation und Leistungsfähigkeit finden. Probleme des *Matching* von Arbeitsplatzanforderungen und Qualifikationspro-
filen treten somit prinzipiell auch bei Vollbeschäftigung auf. Die Redeweise von einer
strukturellen Arbeitslosigkeit weist so im Kern auf mikroökonomische, betriebsinterne *Effizienzprobleme* hin, die sich im Zuge einer Beschäftigungssteigerung zeigen können. Dies
kann jedoch kein grundsätzliches Argument gegen eine expansive Nachfragepolitik sein, da
die Alternative – z.B. ein arbeitsmarktpolitisches Qualifikationsprogramm gegen strukturelle Arbeitslosigkeit – zwar den Substitutionsprozess zwischen Beschäftigten und Arbeitslosen fördert, direkt jedoch das Beschäftigungsvolumen nicht erhöht.

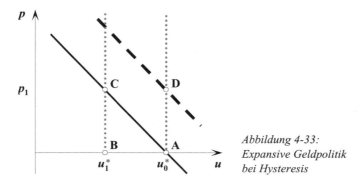

Abbildung 4-33:
Expansive Geldpolitik
bei Hysteresis

Eine wirtschaftspolitisch oder marktendogen bewirkte Nachfragesteigerung, die auf ein quantitativ ausreichendes und strukturell richtig qualifiziertes Arbeitsangebot trifft, stellt eine Ausnahmekonstellation dar. Faktisch werden sich am Arbeitsmarkt immer partielle Angebotsbeschränkungen zeigen. Diese lassen sich jedoch gerade – und vielleicht nur – im Prozess der Wiederbeschäftigung auflösen. Der Hysteresis-Effekt kann auch in expansiver Richtung wirken. Mittels einer Nachfrageexpansion kann auch eine Verringerung der (partiell endogenen) strukturellen Arbeitslosenquote gelingen, indem die Neu- oder Wiederbeschäftigten verlorengegangene und neue Kenntnisse und Fähigkeiten schrittweise "on the job" (wieder-) erwerben. Eine z.B. von Preisstabilität bei hoher struktureller Arbeitslosigkeit ausgehende Nachfrageexpansion (Bewegung A $\rightarrow$ C in *Abbildung 4-33*) setzt zwei Marktprozesse in Gang:

- Zum einen kommt es neben knappheitsbedingten auch zu erwartungsbedingten Preissteigerungen (A $\rightarrow$ D).

- Zum anderen stellen die Unternehmen bei Übernachfrage auch solche Arbeitskräfte ein, die sie ansonsten als ungeeignet abgelehnt hätten ("strukturell" Arbeitslose). Mit einer vollständigen Requalifikation während ihrer Beschäftigung könnten diese Arbeitskräfte wieder in das marktfähige Arbeitspotenzial integriert werden, wodurch die NAIRU von $u_0^*$ auf $u_1^*$ sinkt (A $\rightarrow$ B).

Das sich im Markt durchsetzende Ergebnis hängt von der relativen Stärke und Geschwindigkeit beider Prozessfaktoren ab. Das Szenario einer akzelerierenden Inflation ohne Beschäftigungsgewinne stellt einen Spezialfall dar. Ebenso ist eine endogene Erweiterung des Arbeitspotenzials möglich, wobei ein *dauerhaft* größeres Output- und Beschäftigungsniveau bei einer zwar höheren, aber *nicht* akzelerierenden Inflationsrate erreicht wird (faktisch handelt es sich um die Umkehrung des in *Abbildung 4-22* illustrierten Falles einer restriktiven Nachfragepolitik bei Hysteresis). Das keynesianische Konzept einer Beschäftigungspolitik entlang einer links geneigten *Phillips*-Kurve wird damit bei einer variablen NAIRU bestätigt: Die anfängliche Überbeschäftigung wandelt sich zur Vollbeschäftigung und Punkt C stellt ein makroökonomisches Gleichgewicht (bei positiver, erwarteter Inflation) dar.

Vergleicht man die hierbei auftretenden Wohlfahrtsgewinne und -verluste, so spricht bei einer niedrigen Inflationsrate und hoher Arbeitslosigkeit im Ausgangspunkt einiges für den Einsatz einer expansiven Geldpolitik. Die Wirtschaftspolitik kann *parallel zur Nachfrageexpansion* dazu beitragen, die Realisierung dieses günstigen Szenarios zu fördern:

- Die Beschäftigung von "strukturell" Arbeitslosen hat gesamtwirtschaftlich positive externe Effekte (eine niedrigere NAIRU). Deshalb könnte man den Unternehmen ein Teil der Kosten ersetzen, die mit der Einstellung und Ausbildung von Arbeitslosen anfallen.

- Ein Stabilitäts- und Beschäftigungspakt könnte auf einkommenspolitischem Wege den Lohn- und Preisauftrieb bremsen, indem sich die Gewerkschaften als Gegenleistung zur expansiven Geldpolitik eine Zeitlang eine besondere Lohnzurückhaltung auferlegen.

- Schließlich könnten staatliche Weiterbildungs- und Umschulungsmaßnahmen dafür sorgen, dass die individuellen Wiederbeschäftigungschancen der Arbeitslosen steigen.

Die Rückverwandlung von "strukturell" Arbeitslosen in ein beschäftigungsfähiges Arbeitspotenzial ist schwierig, aber nicht unmöglich. Empirisch hat sich gezeigt, dass bei anhaltendem Wirtschaftswachstum auch eine verfestigte Arbeitslosigkeit von der Nachfrageseite wieder aufgelöst werden kann (*Box 4-6*). Wenn man aber die Arbeitslosen nicht ökonomisch reaktivieren kann, so wirkt der Hysteresis-Effekt asymmetrisch: Einem endogenen Anstieg der strukturellen Arbeitslosenquote bei Unterbeschäftigung steht nicht in gleicher Weise ein aus dem Marktmechanismus resultierender Reintegrationsprozess der Arbeitslosen gegenüber. Daraus ergibt sich eine Neubewertung des stabilitätspolitischen Ziels der Vollbeschäftigung: Die Kosten von Arbeitslosigkeit bestehen nicht nur in einem kurzfristigen Verzicht auf Realeinkommen, sondern auch in der Gefahr der Herausbildung einer höheren strukturellen Arbeitslosigkeit, wodurch sich die langfristigen Wachstums- und Beschäftigungsmöglichkeiten der Volkswirtschaft vermindern.

---

*Box 4-6: Das britische "Beschäftigungswunder"*

In den 1970er Jahren wurde Großbritannien wie die übrigen Länder der westlichen Welt von Ölpreis- und Lohnschocks betroffen. Sie hatten eine sehr starke Zunahme der Inflation zur Folge. Der allgemeine Zustand der englischen Volkswirtschaft galt damals als schlecht: Die "britische Krankheit" wies folgende Merkmale auf: ein wenig kooperatives gesellschaftliches Klima, ein schwaches Produktivitätswachstum und eine wenig effiziente Organisationsstruktur der Gewerkschaftsbewegung. Die Unternehmen mussten mit einer Vielzahl konkurrierender Einzelgewerkschaften verhandeln. Die Lohnpolitik zeigte wenig gesamtwirtschaftliche Verantwortung und die Streikbelastung war hoch.

Nach einem Regierungswechsel wurden in den 1980er Jahren grundlegende angebotspolitische Reformen durchgesetzt. Der Einfluss des Staates auf das Wirtschaftsgeschehen wurde begrenzt, Märkte wurden dereguliert, staatliche Dienste privatisiert. Die bislang starke Stellung der Gewerkschaften wurde gesetzlich beschränkt, die sozialen Unterstützungszahlungen wurden relativ zu den Markteinkommen abgesenkt. Die gesamtwirtschaftliche Entwicklung blieb jedoch unbefriedigend. Wie auch in Deutschland war der Prozess der Disinflation mit einer deutlichen Zunahme der Arbeitslosigkeit verbunden (*Abbildung 4-34*).

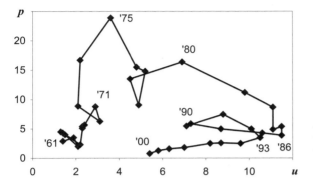

*Abbildung 4-34:*
*Phillips-Kurven-*
*Konstellation in*
*Großbritannien,*
*1961-2000*

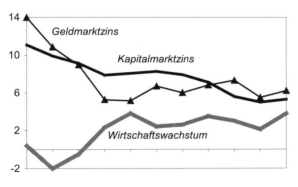

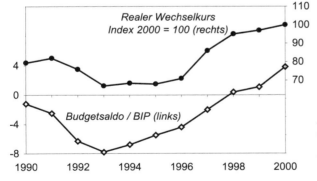

*Abbildung 4-35:*
*Zinsen, Wachstum*
*Wechselkurs und*
*Budgetpolitik in*
*Großbritannien*

Nach einer tiefen Wirtschaftskrise ging die Wirtschaftspolitik zu Beginn der 1990er Jahre zu einer Nachfrageförderung über (*Abbildung 4-35*): Die Zinsen wurden kräftig gesenkt, das Budgetdefizit erreichte einen Wert von 8 %; die Exportnachfrage profitierte von einer realen Abwertung der Währung (zu den Wirkungsmechanismen der Wechselkurspolitik siehe *Abschnitt 6.2*). Die auf über 10 % gestiegene Arbeitslosigkeit konnte so nach 1993 halbiert werden. Bemerkenswert ist, dass die Inflation dabei sogar weiter zurückgeführt werden konnte (*Abbildung 4-34*) – das Ergebnis einer nun zurückhaltenden Lohnpolitik. Das Beispiel der Wirtschaftsentwicklung in Großbritannien zeigt die hohe Erfolgswirksamkeit eines kombinierten Einsatzes von Nachfrage- und Angebotspolitik. Beide Politikansätze stellen keineswegs eine Alternative dar, sondern können sich in sinnvoller Weise ergänzen.

---

**Zusammenfassung**

4.5.1 Bei Unterbeschäftigung und flexiblen Löhnen und Preisen kann eine Deflation eintreten. Eine Null-Untergrenze für den Nominalzins bedeutet bei anhaltender Deflation einen endogenen Anstieg des Realzinses und führt zu einer kumulativ instabilen Entwicklung. In der Deflation verstärkt sich die Vermögensumverteilung von Schuldnern zu Gläubigern. Schuldner werden zahlungsunfähig, Kreditketten brechen zusammen; die zunehmende Geldhaltung als in der Deflation profitabelste Investitionsstrategie kann die Wirtschaft über eine Liquiditätskrise in den Zusammenbruch treiben. In der Deflation sollte die Notenbank das Geldmengenwachstum über eine Offenmarktpolitik in langfristigen Titeln fördern und dadurch eine expansive Fiskalpolitik unterstützen. Die Lohnpolitik sollte keine absoluten Lohnkürzungen zulassen.

4.5.2 Auch bei struktureller Arbeitslosigkeit kann eine expansive Nachfragepolitik zu einer dauerhaften Beschäftigungssteigerung führen, wenn eine Flexibilität des Arbeitsmarktes gesichert ist und zusätzliches Arbeitspotenzial im Produktionsprozess qualifiziert wird. Temporär entstehen jedoch Effizienzverluste in den Unternehmen, die einen Kosten- und Preisdruck bewirken. Für die Arbeitsmarktpolitik ergibt sich die Aufgabe, der Dequalifizierung der Arbeitslosen entgegenzuwirken und sich an den unternehmerischen Kosten der Wiedereingliederung von Arbeitslosen in das Beschäftigungssystem zu beteiligen. Oft ist der Hysteresis-Effekt jedoch asymmetrisch; die Wiedereingliederung von strukturell Arbeitslosen misslingt. Der Stellenwert des Vollbeschäftigungsziels nimmt damit zu, weil seine Verletzung auch langfristige Kosten mit sich bringt.

---

Literatur und zitierte Quellen zu Kapitel 4

*Ball, L.* (1991): The Genesis of Inflation and the Costs of Disinflation. Journal of Money, Credit, and Banking, 23, 439-452.

*Ball, L.* (1997): Disinflation and the NAIRU. In: *Romer, C. D. / Romer, D. H.*, Hg.: Reducing Inflation – Motivation and Strategy. Chicago, 167-185.

*Ball, L.* (1999): Aggregate Demand and Long-Run Unemployment. Brookings Papers on Economic Activity, 2, 189-251.

*Blanchard, O. J.* (1991): Wage Bargaining and Unemployment Persistence. Journal of Money, Credit, and Banking, 23, 277-292.

*Blanchard, O. J. / Illing, G.* (2009): Makroökonomie. 5. Aufl. München. Kap. 6, 8-9, 23, 28.

*Bofinger, P.* (2001): Monetary Policy – Goals, Institutions, Strategies, and Instruments. Oxford, Kap. 5.

*Bofinger, P.* u.a. (2004): Das BMW-Modell – Neukeynesianische monetäre Makroökonomie für die Lehre. Wirtschaftswissenschaftliches Studium, 33, 574-581.

*Carlin, W. / Soskice, D.* (2006): Macroeconomics – Imperfections, Institutions and Policies. Oxford, Kap. 2.6, 3, 4.

*De Grauwe, P.* (2009): Economics of Monetary Union. 8. Aufl. Oxford.

*De Grauwe, P. / Costa Storti, C.* (2007): Monetäre Politik und reale Ökonomie. In: *Schettkat, R. / Langkau, J.*, Hg.: Aufschwung für Deutschland. Bonn, 49-80.

*De Long, J. B.* (1999): Should We Fear Deflation? Brookings Papers on Economic Activity, 225-252.

*Europäische Zentralbank* (2008): Produktivitätsentwicklung und Geldpolitik. Monatsbericht Januar, 67-80.

*Europäische Zentralbank* (2010): Die "Große Inflation" – Lehren für die Geldpolitik. Monatsbericht Mai, 111-124.

*Europäische Zentralbank* (2011): Entwicklung des Produktionspotenzials. Monatsbericht Januar, 79-92.

*Fischer, S.* (1985): The Problem of Disinflation. Zeitschrift für Wirtschafts- und Sozialwissenschaften, 105, 123-131.

*Franz, W.* (1996): Theoretische Ansätze zur Erklärung der Arbeitslosigkeit. In: *Gahlen, B.* u.a., Hg.: Arbeitslosigkeit und Möglichkeiten ihrer Überwindung. Tübingen, 3-45.

*Friedman, M.* (1968): Die Rolle der Geldpolitik. In: Ders.: Die optimale Geldmenge und andere Essays. Frankfurt 1976, 135-156.

*Friedman, M.* (2002): Comment on Gaspar and Issing. Australian Economic Papers, 41, 366-368.

*Galbraith, J. K.* (1997): Time to Ditch the NAIRU. Journal of Economic Perspectives, 11, 1, 93-108.

*Goodfriend, M. / King, R. G.* (2005): The Incredible Volcker Disinflation. Journal of Monetary Economics, 52, 981-1015.

*Horn, G. / Tober, S.* (2007): Wie stark kann die deutsche Wirtschaft wachsen? Zu den Irrungen und Wirrungen der Potenzialberechnung. IMK-Report 17.

*Hume, D.* (1752): Of Money. In: Writings in Economics. Madison 1970.

*Issing, O.* (2011): Einführung in die Geldtheorie. 15. Aufl. München, Kap. VII.1-3, 10-12.

*Jarchow, H.-J.* (2010): Grundriss der Geldtheorie. 12. Aufl. Stuttgart, Kap. V.2-3.

*Keynes, J. M.* (1923): Ein Traktat über Währungsreform. München / Leipzig 1924.

*Keynes, J. M.* (1936): Allgemeine Theorie der Beschäftigung, des Zinses und des Geldes. Berlin 2009.

*Lucas, R. E.* (1996): Monetary Neutrality. Journal of Political Economy, 104, 661-682.

*Mankiw, N. G.* (2001): The Inexorable and Mysterious Tradeoff Between Inflation and Unemployment. Economic Journal, 111, C45-C61.

*Mill, J. S.* (1871): Principles of Political Economy. 7. Aufl., Fairfield 1987.

*Romer, D.* (2000): Keynesian Macroeconomics Without the LM Curve. Journal of Economic Perspectives, 14, 2, 149-169.

*Sachverständigenrat* (2005): Die Chance nutzen – Reformen mutig voranbringen. Jahresgutachten 2005/06. Stuttgart, Kap. 3.VI.

*Schettkat, R. / Sun, R.* (2009): Monetary Policy and European Unemployment. Oxford Review of Economic Policy, 25, 1, 94-108.

*Solow, R. M.* (1998): How Cautious Must the Fed Be? In: *Solow, R. M. / Taylor, J. B.*, Hg.: Inflation, Unemployment, and Monetary Policy. Cambridge / London 1999, 1-28.

*Stiglitz, J. E.* (1997): Reflections on the Natural Rate Hypothesis. Journal of Economic Perspectives, 11, 1, 3-10.

*Tobin, J.* (1972): Inflation und Arbeitslosigkeit. In: *Nowotny, E.*, Hg.: Löhne, Preise, Beschäftigung. Frankfurt 1974, 213-241.

*Webster, D.* (2005): Long-Term Unemployment, the Invention of "Hysteresis" and the Misdiagnosis of Structural Unemployment in the UK. Cambridge Journal of Economics, 29, 975–995.

*Wicksell, K.* (1898): Geldzins und Güterpreise – Eine Studie über die den Tauschwert des Geldes bestimmenden Ursachen. München 2006.

*Woodford, M.* (2009): Convergence in Macroeconomics – Elements of the New Synthesis. American Economic Journal: Macroeconomics, 1, 267-279.

# Kapitel 5
# Strategien der Geldpolitik

**Kapitelüberblick**

Nachdem im vorangegangenen Kapitel die gesamtwirtschaftlichen Wirkungen zinspolitischer Impulse behandelt wurden, geht es nun um die Frage, welche Politikkonzeption eine Notenbank verfolgen kann. Die Grundlage einer jeden Politikkonzeption ist die Wahl und Bewertung der Ziele. Bei diesen Entscheidungen ist die Notenbank jedoch nicht völlig frei; als Institution ist sie in den Prozess der wirtschaftspolitischen Willensbildung in einer Demokratie eingebunden. Der Grad der politischen Unabhängigkeit einer Notenbank hat Auswirkungen auf den relativen Stellenwert der Ziele Geldwertstabilität und Vollbeschäftigung.

Die Notenbank ist für die Geldschöpfung verantwortlich und die Geldmenge hat eine große Bedeutung insbesondere für die Preisentwicklung. Der geldpolitische Kurs kann daher vorrangig am "Zwischenziel" eines stabilitätsorientierten Geldmengenwachstums orientiert werden. Eine Reihe von Problemen hat jedoch dazu geführt, dass Geldmengenpolitik kaum noch angewendet und zunehmend durch Strategien der Zinspolitik ersetzt wird. Hierbei versucht die Notenbank, mit ihren zinspolitischen Entscheidungen direkt auf eine Stabilisierung der Preise und des Outputs hinzuwirken. Dabei lassen sich zwei Typen der Zinspolitik unterscheiden: Im ersten Fall wird eine einfache Daumenregel praktiziert, die eine quantitative Reaktion des Zinses auf Gütermarktungleichgewichte vorschreibt; im zweiten Fall werden optimale Zinsentscheidungen aus Zielfunktionen und modelltheoretisch gestützten Inflationsprognosen berechnet.

Geldpolitik steht im Spannungsfeld wirtschaftlicher und politischer Interessen. Die Notenbank muss an ihrer Glaubwürdigkeit und Reputation arbeiten, damit die Gewerkschaften aus Furcht vor inflationsbedingten Reallohneinbußen nicht zu expansiver Lohnpolitik verleitet werden, die dann selbst wieder Inflationsdruck verursacht. Andererseits kann die Finanzpolitik an Inflation interessiert sein, um die Lasten einer hohen Staatsverschuldung real zu verringern. Dem steht der Wunsch der Geldvermögensbesitzer nach einem stabilen Geldwert gegenüber.

## 5.1 Ziele und Zielkonflikte der Geldpolitik

### 5.1.1 Geldwertstabilität:
### ökonomische Vorteile und Probleme der Operationalisierung

Geldwertstabilität ist das "natürliche" Ziel einer Notenbank. Als (zumeist) staatliche Institution ist sie für die Qualität des von ihr emittierten Geldes verantwortlich; und die Erwartung der stabilen Kaufkraft einer Währung ist die wichtigste Bedingung für ihre allgemeine Ak-

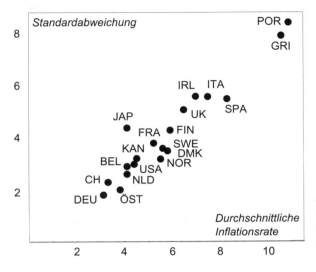

Abbildung 5-1:
Höhe und Variabilität
der Inflation, 1961-2002
(Issing 2011: 251)

zeptanz als Zahlungsmittel (*Abschnitt 1.1*). Inflation bringt *volkswirtschaftliche Nachteile* mit sich, gleich ob die Wirtschaftsakteure eine (veränderte) Inflationsrate antizipieren und in ihren Entscheidungen berücksichtigen konnten oder nicht:

(1) Kosten unerwarteter Inflation:

- Die Allokation der Ressourcen verliert an Effizienz, weil die Informations- und Lenkungsfunktion der Preise beeinträchtigt wird. Es besteht ein Zusammenhang zwischen Höhe und Variabilität der Inflation (*Abbildung 5-1*). Die Irrtümer über relative Preise werden also mit steigender Inflation größer.

- Es gibt Marktvereinbarungen, die relativ langfristige Preisbindungen beinhalten, jedoch keiner oder nur einer unvollständigen Indexierung unterliegen (z.B. Mietverträge). Kommt es zu Inflationsveränderungen, so treten hier Allokationsverzerrungen und Einkommensverteilungseffekte auf.

- Wird in den Tarifverträgen die Inflation unterschätzt, tritt eine Einkommensumverteilung von den Löhnen zu den Gewinnen ein; Versuche einer Rückverteilung erzeugen einen inflationären Lohnkostendruck in den Folgeperioden. Inflationsbedingte Einkommensverluste der Arbeitnehmer tragen den Verteilungskampf in die Betriebe, gefährden die Kooperation im Produktionsbereich und bringen so Planungsunsicherheit und Produktivitätsverluste mit sich.

- Eine ungenügende Berücksichtigung der Inflation in Kreditverträgen bedeutet eine Vermögensumverteilung von Gläubigern zu Schuldnern. Die Bereitschaft zu langfristigen Verträgen lässt daraufhin von Seiten der Kreditgeber nach. Probleme der Kreditintermediation, d.h. der Unternehmensfinanzierung aus der inländischen Geldvermögensbildung, sind die Folge.

> *Wir fassen dahin zusammen, dass Inflation das Vermögen in einer Weise neu verteilt, die sehr schädlich ist für den Rentier, sehr vorteilhaft für den Unternehmer und wahrscheinlich [...] vorteilhaft für den Lohnempfänger. Ihre augenfällige Wirkung ist ihre Ungerechtigkeit gegenüber denen, die in gutem Glauben ihre Ersparnisse lieber Geldverschreibungen als Sachgütern anvertraut haben. [...] Die Inflation [...] bedeutet Ungerechtigkeit [...] insbesondere gegenüber den Rentiers; und ist daher ungünstig für den Spartrieb. [...] Der individualistische Kapitalismus von heute, gerade weil er das Sparen dem individuellen Rentier und die Produktion dem individuellen Arbeitgeber überlässt, baut auf der Voraussetzung eines stabilen Maßstabs des Wertes auf und kann nicht erfolgreich sein – vielleicht nicht einmal fortexistieren – ohne einen solchen.*
>
> John Maynard Keynes (1923: 30, 39f)

(2) Kosten erwarteter Inflation:

- Die Transaktionskosten nehmen zu. Es entsteht ein zusätzlicher Aufwand für häufige Preisänderungen (*Menu Costs*).

- Die Inflation stellt eine Steuer auf Bargeld dar. Um diesen Verlust zu begrenzen, wird die Bargeldhaltung verringert; dann werden aber häufigere Bankbesuche notwendig ("Schuhlederkosten").

- Die Besteuerung von inflationsbedingten Scheingewinnen greift in die Substanz der Unternehmen ein. Selbst wenn der Nominalzins mit der Inflation steigt (*Abschnitt 2.1.3*), bringt die Besteuerung der Zinszahlungen eine Benachteiligung der Geldvermögensbesitzer mit sich (*Tabelle 5-1*). Der Nominalzins müsste demnach über den *Fisher*-Effekt hinaus steigen, um diese Benachteiligung zu kompensieren.

| | | | |
|---|---|---|---|
| Inflationsrate: $p$ | 0 | 4 | |
| Realzins: $r$ | 2 | 2 | |
| Nominalzins: $i = r + p$ | 2 | 6 | |
| Nominalzins nach Steuern: $i(1-t)$ | 1,5 | 4,5 | |
| Realzins nach Steuern: $i(1-t) - p$ | 1,5 | 0,5 | |

*Tabelle 5-1: Zinsbesteuerung mit $t = 25\%$ bei Geldwertstabilität und Inflation*

Aufgrund der vielfältigen Allokations- und Effizienzprobleme kann eine hohe Inflationsrate über *mikroökonomische* Kanäle das Wachstum der Volkswirtschaft behindern; im Bereich niedriger Inflation ist dieser Effekt allerdings nicht nachweisbar. *Abbildung 5-2* zeigt dies am Vergleich von Griechenland und Deutschland; Quervergleiche zwischen beiden Ländern sind problematisch; die im Durchschnitt höhere Wachstumsrate Griechenlands im Vergleich zur Bundesrepublik dürfte kaum auf die ebenfalls höhere Inflation zurückzuführen sein, sondern ist vielmehr das typische Merkmal aufholender Volkswirtschaften.

Es gibt jedoch auch eine *makroökonomische* Erklärung für eine empirisch aufgetretene negative Beziehung zwischen Inflation und Wachstum: Hohe Preissteigerungsraten könnten die Geldpolitik immer wieder zu Restriktionsmaßnahmen veranlasst haben; diese begrenzen

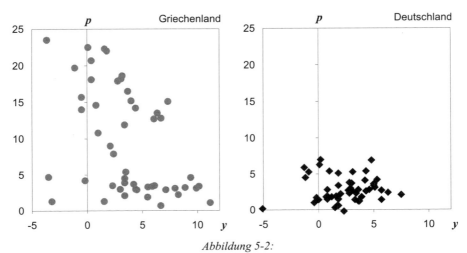

Abbildung 5-2:
Inflation (p) und Wachstum (y) in Griechenland und Deutschland, 1961-2010

dann das Wachstum von der Nachfrageseite und setzen darüber einen Disinflationsprozess in Gang (*Abschnitt 4.3.3*).

Es besteht ein allgemeiner Konsens darüber, dass Geldwertstabilität ein zentrales Ziel der Notenbank sein sollte. Dieses Ziel kann jedoch unterschiedlich verstanden und operationalisiert werden (*Abbildung 5-3*):

(a) Soll das Preisniveau strikt konstant gehalten werden, so müsste nach einem Preisniveauschub die Notenbank eine Zeitlang für eine Deflation sorgen, damit der Zielwert wieder erreicht wird. Jedoch können Deflationsprozesse zu besonderen Stabilitätsproblemen führen (*Abschnitt 4.5.1*).

(b) Wird ein bestimmter ansteigender Pfad für das Preisniveau angestrebt, so kann sich die Geldpolitik nach einer Störung darauf beschränken, eine Zeitlang ein konstantes Preisniveau anzustreben, bis die Preisentwicklung wieder auf Kurs liegt.

(c) Bei einem Ziel für die Inflationsrate ist im Prinzip keine geldpolitische Intervention notwendig, wenn nach einem Kostenschub keine endogene Verschärfung der Inflation droht. Abgesehen vom Moment des Schocks ist die Inflationsrate unverändert; das Preisniveau steigt von einem erhöhten Niveau mit gleicher Rate (*Abschnitt 4.3.4*).

Zumeist wird heute Geldwertstabilität i.S. einer relativ niedrigen Inflationsrate (ca. 2 %) interpretiert, obwohl damit kein fester Nominalanker für das Niveau der absoluten Preise existiert (der Realwert einer 100-€-Note in 10 Jahren ist dann selbst bei realisiertem Inflationsziel aufgrund von Preisniveauveränderungen unbestimmt). Für eine *positive* Inflationsrate als Zielgröße ( $p^* > 0$ ) sprechen folgende Gründe:

- Bei raschem technologischen Wandel kann die *Inflation nur ungenau gemessen* werden. Preiserhöhungen können auch Qualitätsverbesserungen der Produkte widerspiegeln; ei-

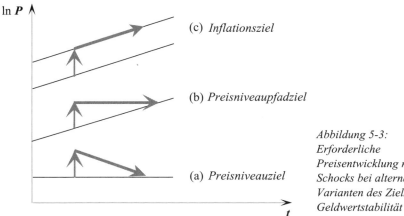

(c) *Inflationsziel*

(b) *Preisniveaupfadziel*

(a) *Preisniveauziel*

*Abbildung 5-3:*
*Erforderliche*
*Preisentwicklung nach*
*Schocks bei alternativen*
*Varianten des Ziels der*
*Geldwertstabilität*

ne Null-Inflation würde daher faktisch bereits einer Deflation entsprechen und die Unternehmen einem starken Anpassungsdruck aussetzen. Zudem bleiben Reaktionen der Verbraucher auf relative Preisänderungen, Präferenzänderungen und Produktinnovationen solange unbeachtet, wie ein konstanter Warenkorb den Berechnungen zugrundegelegt wird; insoweit ist die gemessene Verteuerung überzeichnet.

- Sektorale Anpassungsprozesse in der Volkswirtschaft können Reallohnsenkungen in "Problembranchen" erforderlich machen. Ist die seitens der Geldpolitik vorgegebene Inflationsrate sehr niedrig, werden hier *absolute Nominallohnsenkungen* notwendig. Derartige Lohnkürzungen waren aber bislang in entwickelten Marktwirtschaften nur schwer durchzusetzen, da dies traditionellen Verhaltens- und Fairnessnormen am Arbeitsmarkt widersprach (möglicherweise waren diese Normen aber durch die Erfahrung ständig steigender Preise bedingt und könnten sich in Zeiten von Preisstabilität ändern). Ist dagegen die realisierte Zielinflationsrate höher, kann die angestrebte Reallohnanpassung leichter durch bloßes Konstanthalten der Nominallöhne erreicht werden.

- Im Falle einer Deflation ist die Möglichkeit einer zinspolitischen Stabilisierung durch die *Null-Zins-Grenze* beschränkt; je höher die Zielinflationsrate gewählt wird, desto mehr Raum bleibt für stabilisierende Nominalzinssenkungen (*Abschnitt 4.5.1*). Eine positive Zielinflationsrate (aber auch ein Preisniveauziel) ist nach einer deflatorischen Preisentwicklung auch deshalb vorteilhaft, weil dies im Markt die Erwartung auslösen kann, dass die Notenbank sich wieder um steigende Preise bemühen wird. Dies ist bei $p^* = 0$ nicht notwendig; da hier somit Inflationserwartungen fehlen, bleibt der Realzins hoch, und eine deflatorische Krise kann nur schwer überwunden werden.

Eine weitere Frage ist, welcher *Zeithorizont* für die Realisierung des Geldwertziels gegeben wird. Wenn die Zielinflationsrate nach einer Störung so rasch wie möglich wieder erreicht werden soll, muss die Geldpolitik allein auf dieses Ziel ausgerichtet werden. Soll hingegen

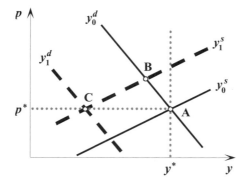

*Abbildung 5-4:*
*Angebotsschock mit moderater und*
*aggressiver Reaktion der Zinspolitik*

$p = p^*$ eher mittel- und langfristig gelten, so muss die Notenbank nicht auf jede Störung mit einer Zinsänderung reagieren. Sie kann insbesondere bei einem Angebotsschock auf eine marktendogene Rückkehr der Inflation zum Ausgangspunkt hoffen, ohne zinspolitisch intervenieren zu müssen. Da eine Zinsänderung auch auf den Finanzmärkten Unruhe auslöst, spricht vieles für einen eher trägen Kurs der Zinspolitik, die nur bei absehbar größeren oder anhaltenden Störungen in den Markt eingreift.

Der Zeithorizont bei der Inflationsbekämpfung hat auch Implikationen für *andere potenzielle Ziele der Wirtschaftspolitik*. Beispielhaft lässt sich dies anhand eines Angebotsschocks illustrieren, der die Angebotsfunktion von $y_0^s$ nach $y_1^s$ verschoben hat (*Abbildung 5-4*). Wenn die Notenbank darauf wie üblich mit einer stabilisierenden Zinspolitik reagiert, ergibt sich die Konstellation B. Von hier ausgehend würde im Rahmen einer Lohnpolitik mit adaptiven Erwartungen schrittweise wieder das Gleichgewicht in A erreicht (*Abschnitt 4.3.4*). Allerdings kann dies einige Zeit in Anspruch nehmen. Will die Geldpolitik dagegen möglichst schnell wieder die Zielinflationsrate $p^*$ durchsetzen, könnte sie mit einem zusätzlichen diskretionären Zinsimpuls die Nachfragekurve nach $y_1^d$ bewegen; möglicherweise verläuft der Prozess B → C rascher als B → A.

Damit wird deutlich, dass der Zeithorizont beim Inflationsziel Konsequenzen für die kurz- und mittelfristige Entwicklung von Produktion und Beschäftigung hat. Berücksichtigt man ferner, dass konjunkturelle Arbeitslosigkeit zu einer Erhöhung der NAIRU führen kann, so hätte eine energische Inflationsbekämpfung möglicherweise auch langfristige Kosten in Form einer vergrößerten strukturellen Arbeitslosigkeit. Diese Überlegungen sprechen dafür, die Geldpolitik neben der Geldwertstabilität prinzipiell auch auf das Beschäftigungsziel (bzw. auf ein Wachstumsziel für den Output) zu verpflichten.

Im weiteren Verlauf dieses Kapitels wird die Forderung nach einem multiplen Zielsystem genauer untersucht. Es geht u.a. um die Fragen, ob mittels der Zinspolitik mehrere Ziele verfolgt werden können, ob dabei Fehlanreize im Hinblick auf ein stabilitätsgerechtes Verhalten der privaten und politischen Akteure auftreten können und ob Empfehlungen für die Gewichtung einzelner Ziele erarbeitet werden können.

## 5.1.2 Geldpolitische Präferenzen: die Zielfunktion der Notenbank

Geldpolitische Zielfunktionen werden oft als zu minimierende Verlustfunktionen formuliert. Die Grundform einer Zielfunktion ist

$$L = \left( p - p^* \right)^2 + b \left( y - y^* \right)^2 \qquad [5.1]$$

Die Notenbank versucht, mit Hilfe ihres Instrumenteneinsatzes dem Optimum $L = 0$ so nahe wie möglich zu kommen. Dabei bezeichnet $b$ das relative Gewicht des Outputziels. Bei $b = 0$ gilt das Interesse der Geldpolitik ausschließlich dem Geldwert, mit $b \to \infty$ dominiert die Output- und Beschäftigungsstabilisierung, wobei das Gewicht der Inflationsproblematik indirekt gegen Null geht. Das formale Ziel, Schwankungen um $p^*$ und $y^*$ möglichst gering zu halten, impliziert wirtschaftspolitisch, dass die Notenbank Zielabweichungen nach oben und unten gleichermaßen negativ bewertet. Denkbar wäre auch, dass Unterbeschäftigung stärker als Überbeschäftigung abgelehnt wird; in diesem Fall müsste die Zielfunktion in asymmetrischer Weise umformuliert werden. Die Quadrierung der Abweichungen von den beiden Zielwerten impliziert die (nicht selbstverständliche) Annahme, dass die Wohlfahrtsverluste jeweils überproportional zunehmen.

Die Funktion [5.1] erscheint als "zeitlos", d.h. in jeder Periode gleichermaßen gültig. Das bedeutet auch, dass die Notenbank in jeder Periode ein Optimierungskalkül durchführt und den optimalen Zins errechnet. Wenn sie dagegen eine langfristig angelegte Politik verfolgt, so müssen die Konsequenzen heutiger zinspolitischer Entscheidungen bis weit in die Zukunft hinein berücksichtigt und bewertet werden; unter diesen Umständen müssen Erwartungen über die Inflations- und Outputentwicklung gebildet werden. Dann werden die periodischen Wohlfahrtsverluste aufaddiert; die *intertemporale Verlustfunktion* ist:

$$L = \sum_{j=0}^{\infty} \frac{1}{\left(1 + \sigma\right)^j} \left[ \left( p_{t+j}^e - p^* \right)^2 + b \left( y_{t+j}^e - y^* \right)^2 \right] \qquad [5.2]$$

Bei einer derartigen Verlustfunktion kann man eine Zeitpräferenz der Notenbank unterstellen. Dies bedeutet, dass sie Zielabweichungen umso niedriger bewertet je weiter sie in der Zukunft liegen. Formal lässt sich eine solche Verhaltensweise durch die Einfügung eines Diskontfaktors mit $\sigma > 0$ in die Verlustfunktion ausdrücken.

Die einfache Verlustfunktion [5.1] zeigt sich in einem Inflation-Output-Diagramm als Ellipsenschar (*Abbildung 5-5*). Ihr Zentrum $L = 0$ liegt stets im wirtschaftspolitisch angestrebten Optimalpunkt A. Der Parameter $b$ bestimmt die Form der Ellipse. Für $b = 1$ erhält man eine Kreisform: Wegen der symmetrischen Bewertung von Inflation und Arbeitslosigkeit wird die Entfernung von A in jeder Richtung als gleich schlecht eingeschätzt. Je kleiner $b$ ist, desto flacher wird die Ellipse und fällt bei $b = 0$ mit der $p^*$-Linie zusammen. Umgekehrt führt ein größerer Wert von $b$ zu einer Annäherung der Ellipse an die $y^*$-Linie. Die Bedeutung des Präferenzparameters $b$ zeigt sich z.B. bei einem Angebotsschock, der die Ange-

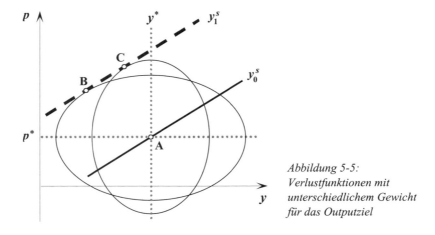

*Abbildung 5-5:*
*Verlustfunktionen mit*
*unterschiedlichem Gewicht*
*für das Outputziel*

botsfunktion von $y_0^s$ nach $y_1^s$ verschiebt. Bei einem relativ größeren Interesse an der Geldwertstabilität würde die Notenbank die Position B, bei einem relativ größeren Interesse an der Beschäftigung Position C bevorzugen.

Notenbanken sind üblicherweise nicht frei in der Wahl ihrer Ziele. Sie sind eingebunden in das wirtschaftspolitische Institutionengefüge des Nationalstaates; besondere Probleme ergeben sich bei einer supranationalen Zentralbank wie der EZB (*Box 5-1*). Allgemein werden folgende Ausprägungen politischer Autonomie unterschieden:

- *Zielunabhängigkeit*: In diesem Fall kann die Notenbank ihre Ziele qualitativ und quantitativ frei wählen. Eine solche Konstellation gilt aber zuweilen als unvereinbar mit den Prinzipien der (wirtschafts-) politischen Willensbildung in einer Demokratie. Daher ist der Notenbank zumeist ein Oberziel oder ein Zielkatalog mit einer mehr oder weniger deutlichen Reihung vorgegeben.

- *Verantwortlichkeit*: Dieses Prinzip markiert den Gegenpol zur Zielunabhängigkeit. Die Notenbank erhält hier den *Auftrag*, ein bestimmtes Ziel zu verfolgen. So ist die EZB primär auf die Geldwertstabilität verpflichtet, konnte aber dieses Ziel selbst (mit "knapp unter 2 %") quantifizieren. Daneben ist die EZB gehalten, "soweit dies ohne Beeinträchtigung des Ziels der Preisstabilität möglich ist", die Wirtschaftspolitik in der EWU zu unterstützen, zu deren Zielen auch Wachstum und Beschäftigung gehören. Das Prinzip der Verantwortlichkeit kann eine öffentliche Rechenschaftspflicht oder sogar Sanktionen für Zielverfehlungen einschließen, die einer Notenbank zugerechnet werden können (Bestrafung oder Entlassung der verantwortlichen Leiter; anreizkompatible Kontrakte für Notenbanker, z.B. ein nominal fixiertes Gehalt, so dass Inflation ihr Realeinkommen vermindert).

- *Instrumentenunabhängigkeit*: In früheren Zeiten waren viele Notenbanken faktisch dem Finanzminister untergeordnet. Dies bedeutete nicht nur eine politische Zielvorgabe;

auch Zeitpunkt, Art und Stärke des Instrumenteneinsatzes bedurften einer politischen Genehmigung. Heute sind die meisten Notenbanken frei in der Wahl ihres Instrumenteneinsatzes.

- *Personelle Unabhängigkeit*: Dieser Aspekt umfasst eine Reihe von formellen und informellen Faktoren, die das Verhalten von Notenbankleitern beeinflussen können. Dazu gehören die Fragen, welche politische Gremien über ihre Auswahl und Bestellung zu entscheiden haben, wie lang ihre Amtszeit angesetzt ist, ob und unter welchen Bedingungen eine Verlängerung der Amtszeit möglich ist usw.

Auch mit Hilfe der vorstehenden formalen Kriterien sind institutionelle Stellung und politischer Handlungsspielraum der Notenbank in der Praxis nur ungenau zu bestimmen. So ist z.B. eine inhaltliche Zielvorgabe "Preisstabilität" anders zu beurteilen als eine Zielvorgabe "niedrige Zinsen für die Staatsverschuldung". Die Möglichkeit von Sanktionen gegen Notenbankleiter widerspricht dem Gedanken der personellen Unabhängigkeit. Eine Instrumentenunabhängigkeit besagt wenig, wenn die Regierung das währungspolitische Regime bestimmen und darüber die Notenbank zur Verteidigung eines festen Wechselkurses zwingen kann (*Abschnitt 6.2.1*). Unbeschadet dieser kritischen Punkte gilt jedoch für die bisherige Geschichte der Geldpolitik die Faustformel: "Mehr Zentralbankunabhängigkeit bedeutet weniger Inflation."

Oft wird heute darauf geachtet, dass sich Notenbanker durch eine höhere – vom Gesellschaftsdurchschnitt abweichende – Präferenz für Preisstabilität auszeichnen. Entscheidungen zu einer regelabweichenden Politik werden so in das Ermessen von in der *Financial Community* als glaubwürdig erachteten Personen gestellt. Wenn Wirtschaftspolitik vom allgemeinen Wählervotum abhängig ist und durch gesellschaftliche Interessen gesteuert wird, ist zu fragen, wie die Bestellung von Notenbankchefs mit vom Durchschnitt abweichenden Präferenzen unter demokratischen Spielregeln tragfähig ist. Eine Hypothese ist, dass die Individuen zwischen ihren kurz- und langfristigen Interessen unterscheiden können und daher gewillt sind, sich in rationaler Kenntnis ihrer eigenen möglicherweise überhöhten Zeitpräferenz einer *Selbstbindung* zu unterwerfen und bestimmte Entscheidungen vorsichtshalber einer wohlmeinenden, übergeordneten Instanz zu übertragen.

---

*Box 5-1: Organisation und Entscheidungsstrukturen der EZB*

Wenn man von "der EZB" spricht, so ist damit i.d.R. das *Eurosystem* gemeint: der Zusammenschluss der nationalen Zentralbanken der Länder, die der EWU beigetreten sind; die Europäische Zentralbank ist formal nur ein Tochterinstitut der nationalen Zentralbanken mit Sitz in Frankfurt. Das Eurosystem und die Zentralbanken derjenigen EU-Länder, die der EWU (noch) nicht beigetreten sind, bilden das *Europäische System der Zentralbanken* (ESZB). Diese erweiterte Institution hat allerdings keine große geldpolitische Bedeutung.

Die gemeinsame Geldpolitik in der EWU wird vom Eurosystem bestimmt. Das Entscheidungsgremium ist der *EZB-Rat*. Er besteht aus den Präsidenten der nationalen Zentralbanken und den

Mitgliedern des *Direktoriums*. Erstere werden nach unterschiedlichen nationalen Regularien bestellt; die Direktoriumsmitglieder werden für jeweils acht Jahre (ohne Wiederwahlmöglichkeit) einstimmig durch die beteiligten Staats- und Regierungschefs gewählt. Das Direktorium besteht aus dem EZB-Präsidenten, dem Vizepräsidenten und weiteren vier Mitgliedern. Da die EWU gegenwärtig (2012) bereits 17 Mitgliedsländer hat, verfügen die nationalen Zentralbankpräsidenten im EZB-Rat formal über eine Mehrheit gegenüber dem Direktorium, das für die Durchführung der gemeinsamen Ratsbeschlüsse und die Außenrepräsentation der EZB zuständig ist. Damit sind im EZB-Rat Koalitionen nationaler Notenbanker möglich, die ihre Zielvorstellungen auch gegen das Direktorium durchsetzen könnten.

Faktisch hat das Direktorium aus dem Tagesgeschäft der Geldpolitik heraus einen gewissen Informations- und Machtvorsprung vor den übrigen Ratsmitgliedern. Zudem ist die Bildung nationaler Koalitionen schwierig, da die ökonomischen Interessen der Nationalstaaten unterschiedlich sind. Schließlich wirkt Geldpolitik stets global über den integrierten Finanzmarkt; ein strukturierter Instrumenteneinsatz, zugeschnitten auf Güter- und Arbeitsmarktprobleme einzelner Länder in der EWU, ist nicht möglich. Der Versuch einzelner Notenbankpräsidenten, eine Mehrheit gegen einen für den EWU-Durchschnitt angemessenen zinspolitischen Kurs zu organisieren, ist deshalb wenig erfolgversprechend.

Zielgröße der EZB-Geldpolitik ist die EWU-durchschnittliche Inflationsrate (bei deren Berechnung allerdings die nationalen Preissteigerungen mit unterschiedlichen Ländergewichten eingehen). Jedes Mitglied im EZB-Rat hat eine Stimme. Ein Zentralbankpräsident eines großen Landes hat insoweit keinen größeren Einfluss als ein Zentralbankpräsident aus einem kleinen Land (künftig werden kompliziertere Abstimmungsregeln zum Einsatz kommen, wonach die Vertreter kleinerer Länder im Rahmen eines Rotationsverfahrens nur ein Gruppenstimmrecht ausüben können). Die Mitglieder des Rates sollen als geldpolitische Experten entscheiden, nicht als nationale Interessenvertreter. Den nationalen Zentralbanken verbleibt die Aufgabe der instrumentellen Abwicklung des gemeinsam beschlossenen geldpolitischen Kurses.

---

**Zusammenfassung**

5.1.1 Die Wohlfahrtsverluste durch Inflation bestehen in zusätzlichen volkswirtschaftlichen Informations- und Transaktionskosten, Änderungen der Einkommens- und Vermögensverteilung, Allokationsverzerrungen und Strukturproblemen auf dem Gütermarkt als Folge einer Flucht in die Sachwerte sowie in einer abnehmenden Bereitschaft zu langfristigen Bindungen. Effizienzverluste bei hoher Inflation können das Wachstum hemmen. Geldwertstabilität im strengen Wortsinne ist bei einem konstanten Preisniveau gegeben; stabilitätspolitische Gründe sprechen allerdings für eine niedrige Inflationsrate als geldpolitisches Ziel; sie muss aber ausreichend hoch sein, um den Spielraum für eine Nominalzinspolitik zu wahren. Auch der Zeithorizont für das Inflationsziel hat Auswirkungen auf die Möglichkeit zur Verfolgung weiterer Ziele.

5.1.2 Zumindest kurz- und mittelfristig besteht ein Zielkonflikt der Geldpolitik zwischen Geldwertstabilität und Beschäftigung. Formal lässt sich dieser mit atemporalen oder intertemporalen Zielfunktionen der Notenbank beschreiben. Das relative Gewicht dieser beiden Ziele steuert Richtung und Ausmaß geldpolitischer Reaktionen bei gesamtwirtschaftlichen Störungen. Der Grad der politischen Autonomie einer Notenbank lässt sich danach bemessen, inwieweit sie unabhängig bei der Wahl ihrer Ziele und Instrumente ist, in welcher Weise sie für ihre Zielverfehlungen verantwortlich gemacht werden kann und welche Institutionen über Auswahl und Amtszeiten von Notenbankleitern zu entscheiden haben. In der bisherigen Geldgeschichte war der Grad der Geldwertstabilität in etwa an den Grad der politischen Unabhängigkeit der Notenbank gekoppelt.

## 5.2 Das Konzept der Geldmengensteuerung

### 5.2.1 Potenzialorientierte Geldpolitik: die Geldmenge als Zwischenziel

Der Transmissionsmechanismus zwischen geldpolitischen Entscheidungen und Reaktionen der makroökonomischen Endziele erstreckt sich i.d.R. über einen Zeitraum von ein bis zwei Jahren (*Abschnitt 3.2*). Würde die Notenbank erst *nach* Fehlentwicklungen der Inflationsrate mit einer Änderung ihres Kurses reagieren, so bestünde die Gefahr einer prozyklischen Politik, die gesamtwirtschaftliche Ungleichgewichte eher verstärkt als abbaut: Aufgrund des Fehlens eindeutiger Frühwarnindikatoren können konjunkturelle Schwankungen nur reaktiv beantwortet werden. Vielfältige Verzögerungen im Entscheidungsprozess sowie bei der Wirkung konjunkturpolitischer Maßnahmen können dazu führen, dass ihre Impulse zum falschen Zeitpunkt effektiv werden. Da die Wirkung einzelner Instrumente oft zunächst nur langsam sichtbar wird, erscheint eine höhere Dosierung angezeigt; dies erweist sich aber später möglicherweise als eine "Übersteuerung" und verlangt eine entsprechend stärkere gegenläufige Intervention (*Instrumenteninstabilität*).

Um das Steuerungsproblem eines langen Informations- und Wirkungsweges zwischen Instrument und Endziel zu begrenzen, kann die Notenbank eine Zwischenzielgröße wählen, die von ihr gut *messbar* und *kontrollierbar* ist und die zugleich in einem analytisch erfassbaren und empirisch hinlänglich *stabilen Zusammenhang mit dem Endziel* steht (*Abbildung 5-6*). Wenn eine Variable gefunden werden kann, die diese genannten Bedingungen erfüllt, so könnte die Notenbank aus der erwünschten Entwicklung des Endziels einen optimalen Pfad für das Zwischenziel berechnen. Danach wird nur noch versucht, unter Einsatz der geldpoli-

*Abbildung 5-6: Geldpolitische Steuerung über ein Zwischenziel*

tischen Instrumente das Zwischenziel auf Kurs zu halten. Weicht diese Variable von ihrem Sollwert ab, greift die Notenbank unmittelbar mit einer Gegensteuerung ein und wartet nicht erst ab, bis sich die prognostizierbaren Verletzungen des Endziels zeigen.

Im Hinblick auf die Auswahl einer Zwischenzielgröße besteht ein gewisser Konflikt, da eine relativ instrumentnahe Größe i.d.R. besser messbar und kontrollierbar ist, jedoch vermutlich einen weniger stabilen Wirkungs- und Prognosezusammenhang mit dem Endziel aufweist; das umgekehrte Problem taucht bei endzielnahen Größen auf. Praktisch kommen nur Finanzmarktvariablen als Zwischenziele in Frage. Die kurzfristigen Zinsen sind eher als Instrumente denn als potenzielle Zwischenziele anzusehen. Der langfristige reale Kapitalmarktzins ist dagegen nur schwer steuerbar. Das Kreditvolumen zeichnet sich durch seine relativ feste Relation zum Nominaleinkommen aus; steuerbar ist jedoch allenfalls die (Neu-) Kreditvergabe, deren Relation zum BIP stark schwankt.

Die Zentralbankgeldmenge und die Geldmenge *M3* erschienen vor dem Hintergrund der empirischen Entwicklung insbesondere in Deutschland als potenziell geeignete Zwischenzielvariablen, sowohl aufgrund der stabilen Relation zum BIP als auch aufgrund des von der Quantitätstheorie beschriebenen Zusammenhangs mit dem Endziel der Geldwertstabilität (*Abschnitt 2.2.2*). Aus der in Wachstumsraten formulierten Quantitätsgleichung (in der *m* das Geldmengenwachstum, $\hat{u}$ die Veränderungsrate der Umlaufgeschwindigkeit und $\hat{y}$ das reale Wirtschaftswachstum bezeichnen)

$$m + \hat{u} = p + \hat{y} \qquad\qquad\qquad [5.3]$$

lässt sich mit wenigen Modifikationen eine optimale Geldmengenwachstumsrate $m^*$ ableiten (dabei kann auch ein *Zielkorridor* gewählt werden):

$$m^* = \hat{y}^{pot,e} + p^* - \hat{u}^{Trend} \qquad\qquad\qquad [5.4]$$

Der Ausgangspunkt für die Berechnung von $m^*$ ist nicht das tatsächliche Wirtschaftswachstum (da dieses phasenweise mit Kapazitätsüberauslastung und Preissteigerungen verbunden sein kann), sondern das erwartete Potenzialwachstum $\hat{y}^{pot,e}$, das die langfristigen Produktionsmöglichkeiten der Volkswirtschaft widerspiegelt. Dabei stellen sich folgende Probleme:

- Es gibt mehrere *Möglichkeiten zur Schätzung des Potenzialwachstums*, die alle konzeptionelle und statistische Schwierigkeiten aufweisen. Der vergangene Wachstumstrend kann extrapoliert werden, indem man die Verbindungslinie der früheren Konjunkturgipfel in die Zukunft fortschreibt. Alternativ dazu kann man von einer gesamtwirtschaftlichen Produktionsfunktion ausgehen und einen potenziellen Output über den Bestand und die Produktivität aller Produktionsfaktoren kalkulieren; dabei ist u.a. zu entscheiden, in welchem Ausmaß Arbeitslose als einsetzbare Arbeitskräfte anzusehen sind. Oft wird das Produktionspotenzial auch allein durch die Entwicklung von Kapitalbestand und Kapitalproduktivität berechnet.

- Wenn man allein auf das *inländische* Produktionspotenzial abstellt, wird implizit ein bestimmter Handelsbilanzsaldo festgeschrieben. In einer offenen Volkswirtschaft könnte die inländische Güternachfrage im Prinzip (zumindest phasenweise) auch durch eine Beanspruchung ausländischer Produktion gedeckt werden. Bei hoher Preiselastizität der Handelsströme erzeugt ein Nachfrageüberschuss am inländischen Gütermarkt einen Importsog, der das Güterangebot erweitert. Deshalb müsste die potenzialorientierte Geldpolitik eigentlich jeweils die Grenzen von tragfähigen Handelsbilanzdefiziten und der nationalen Auslandsverschuldung ausloten.

Der durch das Potenzialwachstum ermittelte Wert für das Geldmengenwachstum kann um eine erwünschte bzw. erwartete *Änderung des volkswirtschaftlichen Kapazitätsauslastungsgrades* modifiziert werden, um genügend Spielraum für eine etwaige konjunkturelle Erholung zu lassen; jedoch sollte keine sich abzeichnende Überauslastung des Produktionspotenzials seitens der Geldpolitik alimentiert werden.

Neben der Zielinflationsrate ist die absehbare Entwicklung der Umlaufgeschwindigkeit zu berücksichtigen. Ein sinkender Trend dieser Größe muss durch einen entsprechenden Zuschlag zum Geldmengenwachstumsziel kompensiert werden, da Abnahme der Umlaufgeschwindigkeit für sich genommen wie eine Geldmengenkontraktion wirkt. Im übrigen schwankt die Umlaufgeschwindigkeit auch in prozyklischer Weise, so dass darüber eine gewisse konjunkturelle Flexibilität des monetären Rahmens erreicht wird.

Die Logik der Zwischenzielsteuerung sieht vor, dass die Notenbank im Jahresverlauf erkennbaren Abweichungen des Geldmengenwachstums vom Zielpfad entgegentritt, um später drohende Verletzungen des Endziels zu vermeiden. Konkret: Bei $m > m^*$ wären Zinserhöhungen, bei $m < m^*$ Zinssenkungen angezeigt, selbst wenn bei der laufenden Preisentwicklung noch keine Änderungstendenz beobachtbar ist.

Der quantitätstheoretische Ansatz erfasst nur den eher langfristigen, monetär bedingten Inflationstrend (*Core Inflation*). Die potenzialorientierte Geldmengenpolitik kann direkt weder das gewünschte Wirtschaftswachstum noch die angestrebte Inflationsrate garantieren. Die Notenbank kann nur ein Finanzierungspotenzial für das nominale Transaktionsvolumen *insgesamt* ($PY$) zur Verfügung stellen, sie kann nicht allein der Inflation die Finanzierung verweigern. Der quantitätstheoretische Zusammenhang bestimmt bestenfalls eine monetäre "Budgetbeschränkung" für die Volkswirtschaft. Die Geldmengenpolitik bedarf deshalb einer Ergänzung durch die Lohnpolitik.

---

*Mit der Bekanntgabe eines Zwischenziels übernimmt die Zentralbank nur die Verantwortung für den längerfristigen Inflationstrend, nicht jedoch für Preisniveauverschiebungen, die etwa auf Fehlentwicklungen der Fiskalpolitik oder der Lohnpolitik zurückzuführen sind. [...] So könnten auch stabilitätswidrige Forderungen an die Geldpolitik leichter abgewiesen werden.*

Otmar Issing (1998: 7)

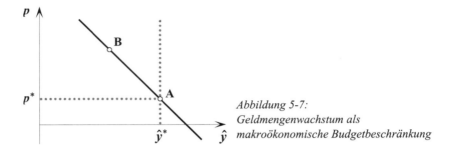

Abbildung 5-7:
Geldmengenwachstum als
makroökonomische Budgetbeschränkung

Gleichung [5.3] lässt sich als rudimentäre Nachfragefunktion verstehen; danach ist das Ein-
kommenswachstum von der Veränderung der realen Geldmenge sowie von Geldnachfragestörungen abhängig (da die Faktoren auf der rechten Seite von [5.5] lediglich die Entwicklung des Nominalzinses bestimmen, wird der über den Realzins wirkende Einfluss auf die
Güternachfrage allerdings nicht erfasst).

$$\hat{y} = m - p + \hat{u} \qquad\qquad\qquad\qquad\qquad\qquad\qquad\qquad\qquad\qquad\qquad\qquad [5.5]$$

In *Abbildung 5-7* ist diese Funktion nach $p$ aufgelöst dargestellt; hier bezeichnet $\hat{y}^*$ das zu
Vollbeschäftigung korrespondierende Wirtschaftswachstum. Vorausgesetzt, die Notenbank
kann das Geldmengenwachstum steuern und die Umlaufgeschwindigkeit entwickelt sich
wie geplant, so ist damit zunächst nur sichergestellt, dass die Optimalkonstellation A *möglich* ist; ob sie hingegen *erreicht* wird, hängt von angebotsseitigen Faktoren, wie z.B. den
Inflationserwartungen ab. Angebotsseitiger Inflationsdruck kann auch zu Punkt B führen;
dies wäre dann mit Arbeitslosigkeit ( $\hat{y} < \hat{y}^*$ ) verbunden.

Ein wesentlicher Bestandteil des Konzepts ist deshalb die *vorherige Ankündigung* des berechneten Zielwertes für das Geldmengenwachstum $m^*$, um die Inflationserwartungen und
damit die vertikale Lage der Angebotskurve (hier nicht eingezeichnet) zu steuern. Die Strategie der Geldmengensteuerung schließt also eine *Konzeption zur Steuerung der Inflationserwartungen* ein. Diese basiert auf folgenden Elementen:

- Die Wirtschaftssubjekte erwarten, dass die Notenbank das monetäre Nachfragewachstum mit der Zielrichtung Vollbeschäftigung und Geldwertstabilität i.S. von $p = p^*$ kontrolliert. Dies beinhaltet erstens ein *Vertrauen in die instrumentellen Fähigkeiten* der
  Notenbank zur Geldangebotskontrolle ( $m = m^*$ ) und zweitens ein Vertrauen darauf,
  dass die Geldpolitik nicht von dem angekündigten Kurs abweicht, d.h. kein größeres
  oder kleineres Geldmengenwachstum als $m^*$ anstrebt; die Politik der Notenbank muss
  also als *glaubwürdig* gelten. Das ist der Fall, wenn die Ankündigung auch mit den Erwartungen der Marktakteure übereinstimmt ( $m^e = m^*$ ).

- Die Wirtschaftssubjekte glauben an die Quantitätstheorie. Sie wissen, dass die Inflation
  zumindest mittel- und langfristig unter Kontrolle der Notenbank ist. Sie haben demnach

bei glaubwürdiger Geldpolitik keine Veranlassung, vorsorgliche Inflationserwartungen zu bilden, um sich vor Realeinkommens- und Realvermögensverlusten zu schützen. Tarif- und Kreditverträge gehen deshalb von $p^e = p^*$ aus.

- Die Lage der Nachfragekurve [5.5] hängt auch von Geldnachfrageschocks ab. Sie kann folglich nur dann als *gegebene* monetäre Budgetbeschränkung gelten, wenn diese Schocks unbedeutend sind bzw. wenn die Notenbank starke Abweichungen der Umlaufgeschwindigkeit vom Trend mit dem Geldmengenwachstum kompensiert, d.h. insoweit von ihrer mittelfristigen Regel [5.4] abrückt.

Sind alle diese Bedingungen erfüllt, so besteht die Strategie der Geldmengenpolitik aus einer Art impliziten Kontrakt zwischen Notenbank und privatem Sektor: Erstere garantiert mit einer stabilen Geldangebotsentwicklung die Geldwertstabilität und die nachfrageseitige Erreichbarkeit der Vollbeschäftigung, letzterer honoriert dies mit dem Inflationsziel entsprechenden Inflationserwartungen.

### 5.2.2 Funktionsprobleme der Geldmengenpolitik: Geldangebotskontrolle, Geldnachfrageinstabilität und Schocks

Die Erfolgswirksamkeit der potenzialorientierten Geldpolitik ist an eine Reihe von Voraussetzungen gebunden. Sind sie nicht erfüllt, werden sie zu Schwachstellen des Konzepts.

(1) Die Geldmenge muss zumindest mittelfristig (etwa auf Jahresfrist) von der Angebotsseite steuerbar sein. Die *Zentralbankgeldmenge* kann prinzipiell quantitativ kontrolliert werden, da die Notenbank die Bilanzgegenposten unmittelbar bestimmen kann. Nach *Friedmans* Vorstellung einer regelgebundenen Offenmarktpolitik könnte die Geldmenge sogar als direkte Instrumentvariable fungieren.

- *Kurzfristig* tritt dabei das Problem auf, dass schon normale Schwankungen im Geldbedarf der Banken starke Zinsausschläge auf dem Geldmarkt zur Folge haben. Bei außergewöhnlichen Veränderungen der Geldnachfrage (z.B. bei Horten von Noten im Ausland angesichts von Aufwertungserwartungen) würde dieses Problem verstärkt.

- *Mittelfristig* könnten die Banken auf die strikte Geldangebotskontrolle mit dem Aufbau einer Überschussreservehaltung reagieren, die sie als Puffer sowohl bei Geldnachfrageschwankungen, aber auch bei einem Kurswechsel der Geldangebotspolitik nutzen können. Die Banken machen sich damit ein Stückweit unabhängig von der Geldversorgung der Notenbank.

Beide Effekte laufen den Interessen der Notenbank zuwider: Die Effizienz der Finanzmärkte wird durch eine hohe Zinsvolatilität beeinträchtigt; eine variable Reservehaltung erschwert den Durchgriff der Geldpolitik auf das Bankenverhalten. Daher wird die Notenbank eher eine *flexible Geldangebotspolitik* praktizieren, um temporäre Geldknappheiten und destabilisierende Zinseffekte zu vermeiden. Dann ist jedoch mit Verfehlungen des Geldmengenwachstumsziels zu rechnen.

Dies gilt umso mehr in einer offenen Volkswirtschaft mit festen Wechselkursen. Hier ist die Notenbank verpflichtet, den Devisenmarkt auch mittels direkter Interventionen im Gleichgewicht zu halten. Devisenan- und -verkäufe haben jedoch unmittelbar Geldmengeneffekte zur Folge. Es handelt sich um eine unfreiwillige Geldschöpfung bzw. -vernichtung. Die Realisierung eines autonom gesetzten Ziels für die Zentralbankgeldmenge wird dadurch gefährdet (*Box 3-1, Abschnitt 6.1*).

Da Zentralbankgeld i.d.R. erst auf Bedarf (der Geschäftsbanken) entsteht, lässt sich das Geldangebot faktisch nicht unabhängig von der Geldnachfrage bestimmen. Besonders deutlich ist dies bei einer *weiten Geldmenge*: Es gibt kein "Angebot" von *M3*, das dann von den Wirtschaftssubjekten nachfragt wird. Vielmehr wählen diese angesichts der Zinsgebote seitens der Banken bestimmte Anlageformen, die das *M3*-Aggregat von der Nachfrageseite definieren. Die Geldmenge *M3* kann nur indirekt und mittelfristig kontrolliert werden, da sie sich aus dem Zusammenspiel der Portfoliokalküle der Nichtbanken, dem Bankgeschäft und den Notenbankentscheidungen ergibt.

---

*Appeals to the tradition of the 'quantity theory' are of no use [...] in the absence of a clear statement of what is the quantity and what is the theory.*

Benjamin M. Friedman (1988: 70)

---

(2) Nur bei Stabilität der Geldnachfrage können aus einer Variation des Geldangebots Rückschlüsse auf eine entsprechende Veränderung der monetären Gesamtnachfrage auf dem Gütermarkt abgeleitet werden. Eine erfolgreiche Geldmengenpolitik setzt eine *stabile Geldnachfragefunktion* voraus. Gefordert ist nicht eine absolute Konstanz der Umlaufgeschwindigkeit, sondern eine Vorhersehbarkeit ihrer Entwicklung. Dies wäre bei einem einfachen Trend gegeben oder im Falle eines stabilen Funktionszusammenhangs mit anderen Variablen, so dass aus deren Veränderung auch auf die Kassenhaltung geschlossen werden kann. Schwankungen der Bargeldnachfrage wirken sich besonders bei der Zentralbankgeldmenge als Zwischenziel störend aus; Bargeld ist hier überrepräsentiert, da die übrigen Formen der Geldhaltung nur mit dem Mindestreservesatz $d < 1$ gewichtet in die Berechnung eingehen.

$$ZBG = Bargeld + d\left(Bankeinlagen + Geldmarktpapiere\right)$$
$$M3 = Bargeld + Bankeinlagen + Geldmarktpapiere$$

[5.6]

Im Fall eines weit gefassten Geldmengenziels (z.B. *M3*) spielen häufig Verlagerungen zwischen verzinslichen Anlageformen eine Rolle. *M3* kann sich auf zwei Wegen verändern (*Tabelle 5-2*): als Reflex eines wachsenden Kreditvolumens (Bilanzverlängerung), oder durch eine Umstrukturierung der Geldvermögenshaltung (Passivtausch), wenn etwa die Wirtschaftssubjekte längerfristige Schuldverschreibungen (Geldkapital) in kürzerfristige Anlagen tauschen, die zu *M3* gerechnet werden. Selbst das Vorzeichen des zinspolitischen Einflusses auf *M3* ist damit unsicher.

| Aktiva | Passiva |
|--------|---------|
| Kredite | Geldmenge |
| Wertpapiere | Geldkapital |

*Tabelle 5-2:*
*Hauptposten der Bankbilanzen*

Im ersten Fall kann man eher vermuten, dass die Ausweitung der Geldmenge auch mit einer steigenden Güternachfrage einhergehen wird; im zweiten Fall kann es sich auch nur um eine Anpassung der Portfoliostruktur handeln. In Zeiten großer Unsicherheit auf dem Vermögensmarkt drängen die Anleger vermehrt in Aktiva, die Bestandteil von *M3* sind. Die Geldmenge *M3* ist nicht eindeutig der güterwirtschaftlich bedingten Transaktionskasse oder der vermögenswirtschaftlich angelegten Spekulationskasse zuzuordnen.

Im Europäischen Wirtschaftsraum war der Trend der Umlaufgeschwindigkeit (im Vergleich etwa zu den USA) noch relativ stabil, obgleich auch hier in den letzten Jahren vermehrt Unsicherheiten bei der Erklärung des Geldnachfrageverhaltens aufgetreten sind; nach der Euro-Einführung ist die Umlaufgeschwindigkeit deutlich zurückgegangen (*Abbildung 5-8*). Die Kassenhaltungsgewohnheiten dürfen nicht als strukturelle Konstanten betrachtet werden. Grundsätzlich ist es riskant, wirtschaftspolitische Konzepte auf bestimmten Verhaltensannahmen privater Wirtschaftssubjekte zu gründen, da sich diese gerade als Konsequenz dieser politischen Strategie verändern können (*Box 5-2*).

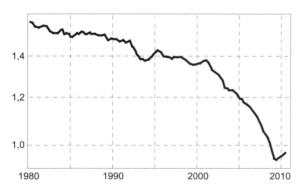

*Abbildung 5-8:*
*Umlaufgeschwindigkeit BIP/M3 im Euro-Währungsraum, logarithmischer Maßstab (Issing 2011: 149)*

---

**Box 5-2: Goodharts Gesetz und die Lucas-Kritik**

Die Steuerung eines Endziels $Y$ durch eine Instrumentvariable $i$ kann über ein Zwischenziel $M$ verlaufen ( $i \rightarrow M \rightarrow Y$ ), wenn zwischen $M$ und $Y$ wiederum eine stabile Beziehung besteht. Die Wahl von $M$ als Zwischenziel gründet sich zumeist darauf, dass die Relation $M/Y$ früher stabil war. Wenn die Geldpolitik dazu übergeht, die bislang allein im Markt bestimmte Variable $M$ zu kontrollieren, kann jedoch die Stabilität der Relation $M/Y$ zusammenbrechen.

Dieses als *Goodharts Gesetz* bezeichnete Phänomen ist so zu erklären, dass $M$ sich nun nicht länger flexibel den Bedürfnissen der privaten Akteure anpasst, sondern einer politischen Steuerung im Hinblick auf gesamtwirtschaftliche Ziele unterworfen wird. Dies kann dazu führen, dass als Reaktion darauf der Markt eine andere Variable schafft oder wählt, die die Funktionen von $M$ übernimmt.

Beispielsweise kann die Beobachtung einer bislang stabilen Kassenhaltungsquote $M1/BIP$ die Notenbank dazu bringen, die Geldmenge $M1$ als Zwischenziel zu wählen. Soll nun im Rahmen einer restriktiven Geldpolitik die Menge von $M1$ begrenzt werden, so könnte die Mindestreserveverpflichtung auf zu $M1$ gehörende Bankeinlagen erhöht werden. Um die damit verbundenen Mehrkosten zu vermeiden, werden die Banken versuchen, die Kunden zu anderen Anlageformen zu bewegen; dabei könnten sie auch neue Anlageformen schaffen, die ähnliche Funktionen wie $M1$ erfüllen (Finanzinnovationen). Als Folge davon wird die Relation $M1/BIP$ ihre bisherige Bedeutung verlieren; möglicherweise zeigt sich dann eine andere Größe, z.B. $M2/BIP$, eine Zeitlang als stabil.

*Goodharts Gesetz* bezeichnet also einen *Substitutionsvorgang*, den die Politik selbst verursacht. Will man die Zwischenzielsteuerung gegen solche Störungen abschirmen, so müsste man entweder Zwischenziele wählen, die nicht substituiert werden können oder die bereits alle möglichen Substitute einschließen; das spricht entweder für ein sehr eng oder sehr weit definiertes Geldaggregat als Zwischenziel.

*Goodharts Gesetz* ist ein Spezialfall eines allgemeineren Problems: der *Lucas-Kritik*. Nach dem Ziel-Mittel-Ansatz ist Wirtschaftspolitik angewandte Wirtschaftstheorie:

- Letztere liefert *Erkenntnisse* über die Funktionsweise der Volkswirtschaft;

- erstere entwirft *Programme*, die nach politischen Kriterien eine Steuerung des Prozessablaufs und eine Beeinflussung der gesamtwirtschaftlichen Ergebnisse zum Gegenstand haben.

Der Ziel-Mittel-Ansatz erfasst jedoch nicht, dass sich die Funktionsweise der Marktwirtschaft dadurch ändert, dass die Wirtschaftspolitik aktiv in die Marktmechanismen eingreift. Dadurch gelten gleichsam neue Spielregeln: Die privaten Akteure werden bei ihren Entscheidungen die wirtschaftspolitische Aktivität berücksichtigen, und infolgedessen können sich die gesamtwirtschaftlichen Marktergebnisse verändern (z.B. wird das Verhalten der Lohnpolitik in starkem Maße davon abhängen, ob sich die Wirtschaftspolitik zum Vollbeschäftigungsziel bekannt hat oder nicht, weil damit im Beschäftigungssystem jeweils andere Marktbedingungen und Risiken gelten).

Die *Lucas-Kritik* des Ziel-Mittel-Ansatzes besagt, dass die Individuen einen bestimmten Kurs der Wirtschaftspolitik antizipieren und sich anders verhalten als sie sich bei Abwesenheit dieser Politik verhalten hätten. Infolge dieser Rückkoppelungsmechanismus ist das politische System, das im Ziel-Mittel-Ansatz als exogener Akteur erscheint, selbst ein Element des Marktsystems. Analytisch kann deshalb die Trennung zwischen Wirtschaftstheorie und Wirtschaftspolitik nicht länger aufrechterhalten werden.

---

*Das Wissen um die Funktionsweise des Systems ermöglicht wohl einerseits dessen beschränkte oder vorübergehende Steuerung, ist aber andererseits die Hauptursache für dessen veränderte Funktionsweise und daher auch für das allmähliche Versagen der ursprünglich erfolgreichen Steuerung.*

Silvio Borner (1975: 1166)

> *Any observed statistical regularity will tend to collapse once pressure is placed upon it for control purposes.*
>
> Charles A. E. Goodhart (1984: 96)

(3) Selbst bei einer im Trend stabilen Umlaufgeschwindigkeit ist der *Zusammenhang zwischen Geldmengenentwicklung und Inflation* in Niedriginflationsländern undeutlich (*Abschnitt 4.1, Abbildungen 4-3, 5-9*). Die möglicherweise bestehende quantitätstheoretische Beziehung zwischen beiden Größen wird in diesem Bereich durch Störungen auf den Finanz- und Gütermärkten überlagert, so dass die Notenbank durch Beobachtung und Kontrolle der Geldmenge die Inflationsrate kaum beeinflussen kann.

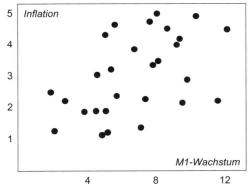

*Abbildung 5-9:*
*Inflation und*
*Geldmengenwachstum*
*in Niedriginflationsländern,*
*1970-1999*
*(De Grauwe 2009: 212)*

> *Money supply statistics are full of noise. In a low-inflation environment where inflation is only a few per cent a year, the observed differences in the money supply growth numbers contain mostly noise, and say little about differences in monetary policies (the signal). Thus, paradoxically, it is the success of central banks in reducing inflation that makes money growth numbers unreliable as a signal of inflationary tendencies. In a low-inflation environment, where the central banks do not systematically increase the supply of money above the growth potential of the economy, the money stock will be subjected to shocks that come mostly from the demand for money (velocity changes, and other shocks). They no longer reflect systematic policy changes.*
>
> Paul De Grauwe (2009: 212)

(4) Im Hintergrund der potenzialorientierten Geldpolitik steht die *Hypothese der Stabilität des privaten Sektors*. Für eine aktive Nachfragepolitik gibt es danach keinen Anlass. In makroökonomischer Perspektive besteht die Hauptaufgabe der Geldpolitik vielmehr darin, die endogenen Stabilisierungskräfte des Marktsystems zu unterstützen und nicht selbst Störimpulse auszulösen. Deshalb wird zu einem Verzicht auf diskretionäre Konjunkturpolitik geraten. Auftretende kurzfristige Störungen würden bei konstant gehaltenem Geldmengenwachstum insbesondere über den Realkassen-Zins-Effekt gedämpft (*Abschnitt 3.1.1*).

In der Praxis kann die Geldmengensteuerung somit nur erfolgreich durchgehalten werden, wenn das gesamtwirtschaftliche Umfeld nicht durch häufige oder starke Schocks gestört wird. Selbst der Glauben an die langfristige Validität der Quantitätstheorie wird die privaten Akteure nicht davon abhalten, kurz- und mittelfristig Inflationserwartungen zu bilden, wenn sich Angebots- oder Nachfragestörungen bemerkbar machen. Auch ein für sich genommen stabilitätsgerechtes Geldmengenwachstum schließt eine inflatorische Nachfrageüberhitzung keineswegs aus, da die Wirtschaftssubjekte stets die Möglichkeit haben, ihre Geldvermögensbestände zu Finanzierungszwecken zu aktivieren (wodurch sich die Umlaufgeschwindigkeit des Geldes erhöht).

Wenn die Notenbank auf die Selbstheilungskräfte des Marktes setzt und sich darauf beschränkt, das Geldmengenwachstum stabil zu halten, verzichtet sie auf mögliche Wohlfahrtsgewinne, die durch stabilisierende Eingriffe der Zinspolitik erreichbar sind. Denn es ist denkbar, dass Notenbanken über einen Informations- oder Handlungsvorsprung vor dem privaten Sektor verfügen, entweder weil sie den gesamtwirtschaftlichen Charakter von Marktstörungen früher als die privaten Akteure erkennen oder weil sie schneller als sie handeln können. Insbesondere aufgrund der mittelfristigen Fixierung der Tariflöhne und Beschäftigungsverhältnisse sind den individuellen Akteuren rasche Anpassungen an veränderte Marktbedingungen nur in begrenztem Umfang möglich. Im Konzept der Geldmengenpolitik gibt es jedoch für diskretionäre Interventionen der Notenbank weder qualitative noch quantitative Regeln. Der private Sektor hat deshalb keine Anhaltspunkte, wie stark die Notenbank mit der Zinspolitik auf Marktstörungen reagiert.

Bei starken und anhaltenden Marktstörungen kann schließlich der Gleichgewichtsoutput bzw. das potenzielle Wachstum $\hat{y}^{pot,e}$ berührt werden (*Abschnitt 4.4*): Die Geldpolitik ist in diesem Fall auch langfristig nicht neutral – mit der Konsequenz, dass der Referenzpunkt der potenzialorientierten Geldmengensteuerung unscharf wird.

(5) Die Strategie der Geldmengensteuerung soll schließlich auch eine *Schutzschildfunktion* erfüllen: Würde die Notenbank eine direkte Endzielsteuerung propagieren, ist zu erwarten, dass Wirtschaftspolitiker und Interessengruppen sich stärker in Zielfestlegung und Entscheidungen der Notenbank einmischen, was ihre Unabhängigkeit gefährden kann. Die wissenschaftlich begründete Wahl einer Finanzmarktvariablen als unmittelbare Zielgröße könnte die Notenbank dagegen vor öffentlichem Druck abschirmen. Jedoch ist zu vermuten, dass dieser Mechanismus nur bei einer insgesamt befriedigenden Wirtschaftsentwicklung funktioniert. Anhaltende Geldwertveränderungen und hohe Arbeitslosigkeit werden das Verhalten der Geldpolitiker immer wieder in die öffentliche Diskussion bringen.

---

*Credibility comes not from the announcement of an intermediate target, but from the underlying political support for the objectives which that target presents.*

Mervin King (1996: 63)

### 5.2.3 Verfehlungen des Geldmengenziels: *Base Drift* und Überliquidität

Auch der Übergang zu Korridorzielen und der Wechsel der Zielgröße von der Zentralbankgeldmenge zu einem weiten Geldmengenaggregat verhalfen in der Vergangenheit der Deutschen Bundesbank nur zu einer Trefferquote von unter 50 % (*Abbildung 5-10*). Anhaltende oder wiederholte Verletzungen des Zwischenziels gefährden jedoch die Glaubwürdigkeit der Geldpolitik. Ein überschießendes Geldmengenwachstum $m > m^*$ kann den Eindruck erwecken, dass die Notenbank die monetäre Entwicklung doch nicht wie behauptet kontrollieren kann oder dass sie faktisch einen expansiveren Kurs als angekündigt fährt. Beide Erklärungen müssten gerade vor dem Hintergrund der quantitätstheoretischen Grundlage der Geldmengenpolitik Inflationserwartungen hervorrufen.

> *Die Behauptung einer engen Verknüpfung von Geldmengenbewegung und Inflation ist kontraproduktiv. Sie trägt dazu bei, dass Inflationserwartungen bei Geldmengenausweitungen erst entstehen, und sie macht es so der Lohnpolitik schwerer, stabilitätsorientiert zu bleiben.*
>
> Rüdiger Pohl (1987: 175)

Das Dilemma der Notenbank ist: Sie muss die Öffentlichkeit von der Validität des Geldmengen-Preis-Zusammenhangs überzeugen, um die Wirtschaftssubjekte zu motivieren, durch Lohn- und Preiszurückhaltung ihren Beitrag zur Erreichung des angestrebten Optimums zu leisten; je erfolgreicher diese Überzeugungsarbeit jedoch gelingt, desto stärkere Inflationserwartungen sind bei einem überschießenden Geldmengenwachstum möglich – und zwar auch dann, wenn es sich faktisch nur um technische Steuerungsfehler ohne notwendige gesamtwirtschaftliche Konsequenzen handelt.

Durch die Überschreitung eines Geldmengenziels erreicht der Geldbestand ein überhöhtes Niveau, das zuvor als nicht vereinbar mit dem Geldwertziel eingeschätzt wurde. Die Notenbank steht dann vor der Frage, ob die zurückliegende monetäre Überversorgung bei der Festlegung des Wachstumsziels für die Folgeperiode berücksichtigt werden soll oder nicht.

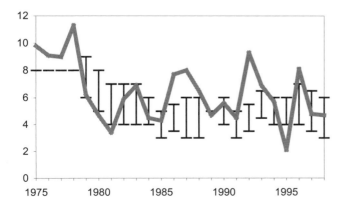

*Abbildung 5-10: Wachstumsziele für ZBG (bis 1987) bzw. M3 (ab 1988) und ihre Realisierung in Deutschland*

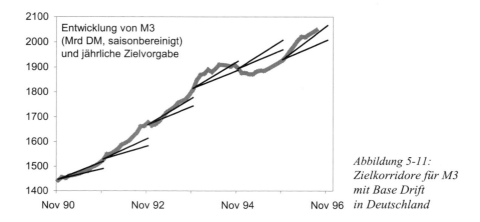

*Abbildung 5-11:*
*Zielkorridore für M3*
*mit Base Drift*
*in Deutschland*

Das neue Wachstum startet von einem höheren Niveau (*Base Drift*); man kann aber einen Abschlag vom neuen Wachstumsziel vornehmen, um langfristig keine Entstehung von Überliquidität zuzulassen (*Abbildung 5-11*). Beide Alternativen sind problematisch:

- Ohne Korrektur des Wachstumsziels könnte die akkumulierte Überliquidität später zur Inflation führen. Die Missachtung einer Zielverfehlung schadet der Glaubwürdigkeit.

- Nimmt man hingegen einen Abschlag von demjenigen Wachstumsziel vor, das für die kommende Periode als angemessen berechnet wurde, könnten Liquiditätsengpässe zu Einbußen bei Produktion und Beschäftigung führen.

Das Phänomen der Überliquidität kann mit Hilfe von drei Konzepten bewertet werden.

(1) *Preislücke*: Der Gleichgewichtswert des Preisniveaus hängt von der Geldmenge ab, wenn Output und Umlaufgeschwindigkeit ebenfalls ihre langfristigen Gleichgewichtswerte erreicht haben. Aus der logarithmierten Quantitätsgleichung ergibt sich

$$\ln P^* = \ln M + \ln U^* - \ln Y^* \qquad [5.7]$$

Kurzfristig können alle Größen von ihren Gleichgewichtswerten abweichen. Es gilt

$$\ln P = \ln M + \ln U - \ln Y \qquad [5.8]$$

Aus beiden Gleichungen folgt die Preislücke als Differenz zwischen dem gleichgewichtigen und dem aktuellen Preisniveau. Damit verbunden ist eine Inflationsprognose: $P$ steigt auf $P^*$, weil eine positive Outputlücke vorliegt bzw. die Umlaufgeschwindigkeit außergewöhnlich niedrig ist.

$$\ln P^* - \ln P = \ln Y - \ln Y^* + \ln U^* - \ln U \qquad [5.9]$$

(2) *Nominale Geldlücke*: Dies ist ein Indikator für eine entstandene Überliquidität, d.h. die Abweichung der tatsächlichen Geldmenge von einem Geldbestand, der sich aus einer dem

Zielwert entsprechenden Wachstumsrate $m^*$ ergeben hätte (ausgehend jeweils von einem gegebenen Geldbestand einer Basisperiode $t_0$ ).

$$\ln M_t - \ln M_t^* \approx \left( m - m^* \right) t \qquad\qquad\qquad\qquad [5.10]$$

(3) *Reale Geldlücke*: Der vorstehende Indikator wird bereinigt um die Differenz zwischen den Verbraucherpreisen und einem mit der Definition von Preisniveaustabilität im Einklang stehenden Preisniveau:

$$\ln M_t - \ln M_t^* - \left( \ln P_t - \ln P_t^* \right) \approx \left( m - m^* \right) t - \left( p - p^* \right) t = (m - p)\, t - \left( m^* - p^* \right) t \qquad [5.11]$$

Diese reale Geldlücke berücksichtigt, dass ein Teil der nominalen Überschussliquidität bereits durch ein höheres Preisniveau absorbiert wurde. Daher ist [5.11] ein besserer Indikator für die Risiken im Hinblick auf künftige Preissteigerungen. Man kann die Aussagekraft dieses Indikators noch verbessern, indem man abzuschätzen versucht, in welchem Ausmaß das überschießende Geldmengenwachstum durch Portfolioumstrukturierungen von riskanten zu sicheren Aktiva erklärbar ist (*Abbildung 5-12*).

Alle drei Konzepte gehen von der langfristigen Gültigkeit der Quantitätstheorie aus. Häufig gibt es jedoch erhebliche Unsicherheiten über die Gleichgewichtswerte des Outputs und der Umlaufgeschwindigkeit: Technischer Fortschritt und Hysteresis können $Y^*$, Finanzinnovationen und Portfoliopräferenzen $U^*$ verändern. Letztlich muss in jedem Einzelfall geprüft werden, ob eine Abweichung vom Geldmengenziel auf eine bevorstehende Änderung der Güternachfrage hindeutet oder eine Reallokation der Geldvermögenshaltung widerspiegelt. Die Notwendigkeit einer solchen diskretionären Beurteilung nimmt dem Konzept der Geldmengensteuerung einen zentralen Pluspunkt: Denn der private Sektor kann nun von einem

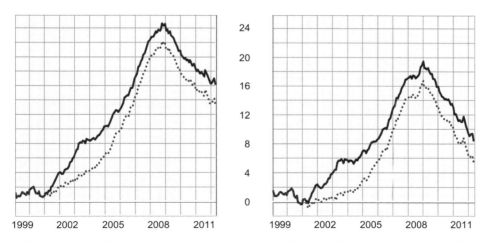

*Abbildung 5-12: Nominale (links) und reale (rechts) Geldlücke auf Basis von M3 in der EWU, Ursprungswerte (durchgezogene Linien) und auf Basis eines um Portfolioumschichtungen bereinigten M3-Bestandes (gepunktete Linien)*

überschießenden Geldmengenwachstum weder auf eine drohende Inflationsgefahr noch auf ein Gegensteuern seitens der Notenbank schließen; die durch die Regelbindung angestrebte Erwartungssicherheit ist nicht länger gegeben.

Das Zwischenzielkonzept der Geldmengensteuerung ist aus mehreren Gründen in die Kritik geraten und wird als alleinige geldpolitische Strategie kaum noch praktiziert (allerdings werden monetäre Größen von allen Zentralbanken weiter beobachtet, die Informationen dieses Indikators fließen weiterhin in die Notenbankentscheidungen ein):

- Die Steuerbarkeit der gewählten Geldmengenaggregate erwies sich als schwierig; dies erweckte Zweifel an der Kompetenz und Glaubwürdigkeit der Notenbanken.

- Die Geldnachfrage schwankte in einigen Ländern unregelmäßig; es gab deshalb keine verlässlichen Prognosen über die makroökonomischen Wirkungen monetärer Impulse.

- Angesichts der jüngeren empirischen Entwicklung wird auch die Prognosequalität der Geldmenge für die Inflation bezweifelt. Ein überhöhtes Geldmengenwachstum ging in mehreren Ländern über Jahre mit nur mäßiger Inflation einher.

- Ein in der Vergangenheit übermäßig gewachsener *Bestand* von *M3* zeigt nicht per se eine Inflationsgefahr an. Denn der Bestand an relativ rasch liquidierbarem Geldvermögen ist in den entwickelten Volkswirtschaften so groß, dass er selbst ohne ein vorhergehendes Geldmengenwachstum – ob nun überschießend oder nicht – eine potenzielle Finanzierungsquelle für eine Zunahme der Güternachfrage bildet.

- Die theoretische Grundlage und das institutionelle Regelwerk der Geldmengenpolitik enthalten keine Aussagen über die praktische Durchführung der Zinspolitik. Wenn Verfehlungen des Geldmengenziels oder makroökonomische Schocks auftreten, gibt es allenfalls Anhaltspunkte für das Vorzeichen, nicht aber für die Stärke einer zinspolitischen Reaktion. Deshalb hat sich die Theorie der Geldpolitik in letzter Zeit besonders mit Regeln für die Zinspolitik beschäftigt.

### 5.2.4 Geldmenge und Finanzmärkte:<br>Stabilisierung der Vermögenspreise als geldpolitische Aufgabe?

Eine zu expansiv angelegte Geldpolitik zeigt sich typischerweise in steigenden Löhnen und Güterpreisen. Seit den 1990er Jahren ist jedoch ein neues Muster gesamtwirtschaftlicher Entwicklung aufgetreten, bei dem eine monetäre Expansion (ablesbar an einer kräftigen *M3*-Zunahme) mit realem Wirtschaftswachstum und moderaten oder sogar fallenden Inflationsraten einhergeht. Diese ungewöhnliche Konstellation lässt auf eine hohe Elastizität der Angebotsfunktion, scharfen Wettbewerb infolge globaler Handelsfreiheit und/oder kostensenkenden technischen Fortschritt schließen. Zugleich zeigten sich ausgeprägte Wellen von Preissteigerungen auf den Vermögensmärkten (*Abbildung 5-13*). Damit stellt sich erstens die Frage nach dem Zusammenhang zwischen Geldmengenwachstum und Vermögenspreissteigerungen, zweitens die Frage nach den Gefahren einer solchen *Asset Price Inflation* und

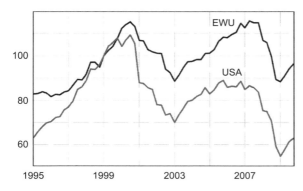

*Abbildung 5-13:*
*Preisverhältnis*
*eines Index von*
*Vermögenspreisen*
*und dem*
*nominalen BIP*
*(ECB Working*
*Paper 1336, 2011)*

drittens die Frage, ob der Auftrag der Geldpolitik zur Geldwertsicherung nicht nur die Güterpreise umfassen, sondern auf die Vermögenspreise ausgedehnt werden sollte.

(1) Die Zulassung eines übermäßigen Geldmengenwachstums seitens der Notenbank erzeugt auf den Vermögensmärkten einen Anlagedruck, der die Preise herauftreibt und die
Renditen senkt. Damit entsteht eine Nachfrage nach rentableren, aber auch riskanteren Anlagen. Dieser Mechanismus ist zentraler Bestandteil des geldpolitischen Transmissionsmechanismus (*Abschnitt 3.2*). Nicht zwangsläufig muss daraus ein *Bubble*, also eine spekulative Übertreibung der Vermögenspreise entstehen, wobei sich diese von ihren Fundamental-
werten lösen (*Box 2-3*). Auch sind die Kausalzusammenhänge zwischen Geldmengenwachstum und Vermögenspreisen nicht eindeutig:

- Die Geldmenge kann als Bilanzreflex kreditfinanzierter Käufe von Vermögenswerten
  zunehmen (*Box 5-3*). Treibender Faktor sind hier die Bankkredite (*Abbildung 5-14*), die
  als solche nicht im Zentrum einer quantitätstheoretisch geleiteten Geldpolitik stehen.

- Die Nachfrage nach verzinslichem Geldvermögen (*M3*) kann *in der Folge* steigender
  Preise von Realaktiva wachsen, um eine gewünschte wertmäßige Struktur im Vermögensportfolio wiederherzustellen. Umgekehrt ist jedoch auch nach einem Preissturz bei
  riskanten Aktiva oft eine (temporäre) Präferenzänderung zugunsten von sicheren Geldvermögensanlagen zu beobachten.

Geldmengenwachstum und Vermögenspreise sind also eher als endogene Variable zu verstehen, die beide (in zumeist gleicher Richtung) vom Kurs der Geldpolitik abhängen (der
seinerseits durch die Zinsentscheidungen ausgedrückt wird). Der Einfluss der Geldpolitik
auf die Vermögenspreise verläuft dabei auch über Erwartungseffekte: Gehen die Wirtschaftssubjekte davon aus, dass in absehbarer Zukunft kein restriktiver Kurswechsel der Notenbank droht – etwa weil keine Inflationsgefahren bestehen –, so kann sich eine ausgeprägte *Asset Price Inflation* entwickeln. Geldwertstabilität ist somit keineswegs hinreichend für
Finanzmarktstabilität; phasenweise drängt sich sogar der Eindruck eines Zielkonflikts auf:
Die Erfahrung von und das Vertrauen auf Geldwertstabilität kann die Wirtschaftsakteure zu
einem risikofreudigeren Anlageverhalten verleiten (*Risikoneigungskanal; Abschnitt 3.2.2*).

Abbildung 5-14:
Wachstumsrate der
Bankkredite an den
privaten Sektor in der
EWU und EuroStoxx

---

To the extent that we are successful in keeping product price inflation down, history tells us that price-earnings ratios go through the roof. What is really needed to keep stock market bubbles from occurring is a lot of product price inflation, which historically has tended to undercut stock markets almost everywhere. There is a clear trade-off. If monetary policy succeeds in one, it fails in the other.

Perhaps the greatest irony of the past decade is that the gradually unfolding success against inflation may well have contributed to the stock price bubble of the latter part of the 1990's. At the same time, an environment of increasing macroeconomic stability reduced the perceptions of risk.

                                                    Alan Greenspan (1996; 2004: 35)

---

*Box 5-3: Geldkreislauf und Spekulation*

Steigende Umsätze und Preise auf Vermögensmärkten bei gleichzeitig schwachem Wirtschaftswachstum können den Eindruck vermitteln, als ob Geldmittel auf den Finanzmärkten gleichsam versickern und somit dem realen Güterkreislauf entzogen würden. Diesem populären Fehlurteil ist zunächst entgegenzuhalten, dass die Finanzmärkte eine zentrale Rolle im volkswirtschaftlichen Finanzierungskreislauf übernehmen. Dabei steht neuen Geldanlagen am Vermögensmarkt eine entsprechende Neuverschuldung anderer Wirtschaftssubjekte gegenüber, die dann die auf diese Weise erhaltenen Geldmittel zur Güternachfrage verwenden *(Box 2-8)*.

Überschuss- und Defiziteinheiten sind aus der fundamentalen Kreislaufgleichung der Volkswirtschaftlichen Gesamtrechnung zu ersehen. Die Summe der Finanzierungssalden aller Kreislaufpole ist immer gleich Null:

$$\underbrace{\left(S_H\right)}_{Haushalte} + \underbrace{\left(Q_U + D - I_{brutto}\right)}_{Unternehmen} + \underbrace{\left(T - G\right)}_{Staat} + \underbrace{\left(Im - Ex\right)}_{Ausland} \equiv 0 \qquad [5.12]$$

Die Haushaltsersparnis $S_H$ ist meist positiv. Die unverteilten Unternehmensgewinne $Q_U$ und die Abschreibungen $D$ reichen üblicherweise nicht aus, um die Bruttoinvestitionen zu finanzieren; dann nimmt der Unternehmenssektor per Saldo Kredite auf. Neben der Änderung der Gläubiger-Schuldner-Position gegenüber dem Ausland spielt vor allem die laufende Neuverschuldung des Staates eine Rolle, da die Steuereinnahmen kleiner als die Staatsausgaben sind.

Neben der Finanzierungsfunktion hat der Finanzmarkt jedoch auch eine Allokationsfunktion. Dabei werden Wertpapiere *aus dem Bestand* zwischen verschiedenen Wirtschaftssubjekten gehandelt, um unterschiedlichen Risikoeinschätzungen und Renditeerwartungen nachzukommen. Eine Gruppe von Akteuren hält einen Wertpapiertyp für unterbewertet und bietet anderen Akteuren höhere Preise, damit diese zum Verkauf bereit sind.

- Wird der Kauf mit vorhandenen liquiden Mitteln finanziert, so kommt es in den Bilanzen der Verkäufer und Käufer jeweils zu einem Aktivtausch, jedoch mit unterschiedlichem Vorzeichen.

- Wird der Kauf mit einem Bankkredit finanziert, so entstehen im Banksektor neue Depositen, die dann den Wertpapierverkäufern übertragen werden (*Tabelle 5-3*).

Dieser zweite Fall geht gesamtwirtschaftlich mit einer steigenden Geldmenge (*M3*) einher; unmittelbar ist damit auch eine wachsende Nachfrage nach Zentralbankgeld zur Abdeckung der Mindestreserveverpflichtung verbunden. Bei endogener Geldmengenversorgung werden jedoch dem Realsektor keine Geldmittel entzogen.

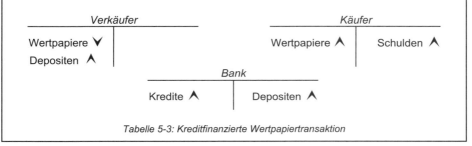

*Tabelle 5-3: Kreditfinanzierte Wertpapiertransaktion*

(2) Die Gefahren einer Vermögenspreisinflation hängen u.a. davon ab, ob nur einzelne oder mehrere Vermögensmärkte betroffen sind. Im ersten Fall tritt vor und nach dem Platzen des *Bubble* lediglich eine Verzerrung der relativen Vermögenspreise auf; die gesamtwirtschaftlichen Auswirkungen sind eher begrenzt. In zweiten Fall werden über Substitutions- und Diversifikationsvorgänge mehrere Vermögensmärkte erfasst, insbesondere auch der Immobilienmarkt. Der unausweichliche Zusammenbruch der Kurse und Immobilienpreise führt zu Vermögensverlusten, Insolvenz- und Illiquiditätsproblemen. Die Bankbilanzen sind mit uneinbringlichen Forderungen belastet; es drohen Bankzusammenbrüche. Die Neukreditvergabe geht zurück. Der Rückgang von Investitions- und Konsumneigung kann die Wirtschaftskrise verschärfen und in eine anhaltende, deflationäre Stockung münden.

Die gesamtwirtschaftlichen Folgen von Vermögenspreisblasen sind unproblematisch, solange (positive wie negative) Vermögenswertänderungen die Wirtschaftssubjekte lediglich in ihrer Nettovermögensposition berühren und darüber zu gleichgerichteten, aber begrenzten Veränderungen im Bereich der Güternachfrage führen. In diesen Fällen kann die Zinspolitik prinzipiell eine Stabilisierung erreichen. Werden Käufe von Vermögensgütern hingegen mit Krediten finanziert, so gefährdet ein Vermögenspreisverfall auch die Kredittilgung und die finanzielle Solidität der Banken. Eine Blase auf dem Aktienmarkt ist daher meist weniger gefährlich als auf dem Immobilienmarkt.

(3) Die Frage, ob die Notenbank eine Inflation bei den Vermögenspreisen aktiv bekämpfen soll, wurde lange Zeit eher verneint. Nur zwei Argumente sprachen dafür, Inflation breiter zu definieren und die Vermögenspreise neben den Güterpreisen zu einer Zielgröße der Geldpolitik zu machen:

- In bestimmten Bereichen des Verbraucherverhaltens gibt es eine Substitution zwischen gekauften oder gemieteten Gütern aus laufender Produktion und dem Kauf von Vermögenswerten (z.B. Miet- oder Eigentumswohnung). Deshalb sollten aus wohlfahrtstheoretischen Gründen auch Vermögenspreise in den stabil zu haltenden Lebenshaltungskostenindex eingehen.

- Steigende oder fallende Vermögenspreise wirken über Vermögens- und Liquiditätseffekte auf die Güternachfrage und können so Stabilitätsprobleme verursachen. Die Geldpolitik könnte diese Probleme bereits in ihrer Entstehung ausschalten, indem sie starke Ausschläge der Vermögenspreise verhindert (allerdings lässt sich der Güternachfrageeffekt von Vermögenswertänderungen schwer prognostizieren).

Versuche einer Vermögenspreisstabilisierung lassen sich aus vielen Gründen kritisieren:

- Eine vollständige Erfassung der Vermögenswerte ist kaum möglich. So gibt es z.B. für das Humankapital keinen Markt. Es ist auch schwer vorstellbar, dass Notenbanken den Marktpreis für Immobilien oder Kunstwerke fixieren. Eine vermögenspreisorientierte Geldpolitik würde also die relativen Preise auf dem Vermögensmarkt verzerren.

- Vermögenspreise spiegeln auch reale Faktoren wider, vor allem die Ertragserwartungen der Investoren. Mit der Stabilisierung von Vermögenspreisen würde die Geldpolitik die Informationsfunktion des Vermögensmarktes (insbesondere im Hinblick auf die Ertragserwartungen) beeinträchtigen.

- Bei starken Vermögenspreisausschlägen und einem großen Gewicht der Vermögenspreise in einem integrierten Geldwertindex könnte es zu einer sehr volatilen Zinspolitik kommen, die die Investitionstätigkeit und den Devisenmarkt destabilisiert.

- Vermögens- und Güterpreise bewegen sich nicht immer in gleicher Richtung, ihre wechselseitige Prognosequalität ist schwach.

- Die Verpflichtung zur Preisstabilisierung von Vermögensobjekten wirkt faktisch wie eine Versicherung und könnte darüber ein stärker risikoreiches Anlageverhalten der Wirtschaftssubjekte befördern (*Moral Hazard*).

- Einer Notenbank ist es kaum möglich, fundamental gerechtfertigte von spekulativen Vermögenspreisbewegungen zu unterscheiden.

- Bringt die Notenbank eine bereits weit entwickelte Blase zum Platzen, könnte sie gerade diejenigen Folgen provozieren, die sie eigentlich verhindern will: Vermögensverluste und Nachfrageausfälle.

Nach den Erfahrungen aus den Finanzkrisen seit 2008 wird dem Ziel der Wahrung von Finanzmarktstabilität ein größerer Stellenwert eingeräumt. Nach wie vor geht es nicht darum, übersteigerte Preisbewegungen auf einzelnen Vermögensmarktsegmenten mit geldpolitischen Mitteln zu verhindern. Das Augenmerk ist vielmehr darauf gerichtet, das Auftreten *systemischer Risiken* zu begrenzen: Das Platzen von bestimmten *Bubbles* könnte "große" Akteure auf dem Finanzmarkt, in erster Linie Banken und Versicherungen, zu Fall bringen und über einen Multiplikatoreffekt weitere Vermögensverluste sowie einen massiven gesamtwirtschaftlichen Nachfrageeinbruch zur Folge haben.

Ein Ansatz zur Wahrung von Finanzmarktstabilität besteht in der *makroprudenziellen Regulierung*: Sie versucht, Bilanzstrukturen und Marktverhalten insbesondere von Kreditinstituten so auszurichten, dass sie auch größere Schocks überstehen, ohne selbst in Solvenzprobleme zu geraten (z.B. mittels Auflagen zu Eigenkapital, Verschuldung oder Fristentransformation). Daneben könnte die Notenbank die Entwicklung des Kreditvolumens – und damit verbunden: der weit gefassten Geldmenge – beobachten und ggf. zinspolitische Schritte einleiten, wenn diese Größen aus der Erfahrung gewonnene Normwerte überschreiten; fast allen Finanzkrisen ist historisch ein übermäßiges Kreditwachstum vorausgegangen. Der Nachteil dieses Ansatzes ist, dass eine prophylaktisch restriktivere Politik im Einzelfall auch die reale Wirtschaftsentwicklung in vielleicht unnötiger Weise bremst.

---

**Zusammenfassung**

5.2.1 Die Geldmenge kann als Zwischenziel der Notenbank dienen, um den zeitlich langen Wirkungsprozess der Geldpolitik effizienter zu kontrollieren. Dieses Konzept setzt voraus, dass das Geldangebot von Seiten der Notenbank steuerbar und die Umlaufgeschwindigkeit stabil ist. Vor dem Hintergrund der Quantitätstheorie wird eine Zielgröße für das Geldmengenwachstum gewählt, die durch die Zielinflationsrate, das potenzielle Wachstum und den vorhersehbaren Trend der Kassenhaltungsgewohnheiten bestimmt ist. Das Geldmengenwachstum fungiert dann als volkswirtschaftliche Budgetbeschränkung, die Vollbeschäftigung bei Geldwertstabilität ermöglicht. Inflationserwartungen als angebotsseitige Bestimmungsfaktoren der Inflation sollen über die Ankündigung dieses Geldmengenwachstums kontrolliert werden. Das Konzept verlangt eine kooperative Lohnpolitik; die Wirtschaftssubjekte müssen auf die monetaristische Inflationserklärung sowie auf Fähigkeit und Willen der Notenbank zur Geldmengenkontrolle vertrauen.

5.2.2 Ein Funktionsproblem der Geldmengenpolitik besteht in der mangelnden Steuerbarkeit der Geldmengenaggregate. Eine strikte Fixierung der Zentralbankgeldmenge hätte starke Zinsausschläge zur Folge, die weit definierte Geldmenge *M3* hängt von wechselnden Portfoliopräferenzen der Geldvermögenshalter ab. Geldnachfrage und Umlaufgeschwindigkeit sind phasenweise instabil. In Niedriginflationsländern wird der quantitätstheoretische Geldmengen-Preis-Zusammenhang undeutlich. Die monetaristische Hypothese einer Stabilität des privaten Sektors ist nicht erwiesen; ein konstantes Geldmengenwachstum ist stabilitätspolitisch nicht ausreichend.

5.2.3 Ein in Bezug auf die Zielgröße überschießendes Geldmengenwachstum kann insbesondere dann Inflationserwartungen erzeugen, wenn die Öffentlichkeit die quantitätstheoretische Begründung des Geldmengenkonzepts akzeptiert. Wird ein in der Vorperiode zu schnell gewachsener Geldbestand bei der Festsetzung neuer Geldmengenwachstumsziele nicht berücksichtigt (*Base Drift*), ist die Glaubwürdigkeit des gesamten Konzepts gefährdet. Ein beim Geldmengenziel der Folgeperiode vorgenommener Abschlag kann jedoch unangemessen restriktive reale Wirkungen haben. Die Preislücke sowie die nominale und reale Geldlücke sind statistische Konzepte, die zur Abschätzung der Inflationsgefahren eines überhöhten Geldbestandes verwendet werden.

5.2.4 Bei einer expansiven Geldmengenentwicklung kann es leicht zu spekulativ übertriebenen Preissteigerungen bei Vermögensaktiva kommen. Der unausweichliche Zusammenbruch solcher Preisblasen bringt gesamtwirtschaftliche Stabilitätsgefahren mit sich. Aus diesem Grund könnte die Geldpolitik versuchen, bereits die Entstehung einer Vermögenspreisinflation zu verhindern. Konzeptionelle und praktische Gründe sprechen zwar dagegen, das Vermögenspreisniveau zu einem Ziel der Geldpolitik zu erheben. Jedoch ist ein übermäßiges Kredit- und Geldmengenwachstum oft ein Signal einer drohenden Finanzkrise und könnte prophylaktisch mit restriktiver Zinspolitik gebremst werden. Zur Vermeidung systemischer Risiken kann zudem die makroprudenzielle Regulierung die Geschäftsstrategien von Banken und insbesondere ihre Verschuldung beschränken.

## 5.3  Regeln für die Zinspolitik

### 5.3.1  Die *Taylor*-Instrumentenregel: eine Beschreibung des Verhaltens aller Notenbanken?

Die Notenbanken benötigen Konzepte, die konkrete quantitative Daumenregeln für die Durchführung ihres Tagesgeschäfts, d.h. der Refinanzierung der Geschäftsbanken, liefern. Angesichts der bei der Zwischenzielsteuerung aufgetretenen Probleme wird die Zinspolitik neuerdings wieder direkt auf drohende Endzielverletzungen ausgerichtet. Wenn zinspolitische Regeln im Durchschnitt befolgt werden, können private Wirtschaftssubjekte die Entscheidungen der Notenbank antizipieren und sich darauf einstellen. Im Markt entsteht so eine gewisse Erwartungssicherheit über das Verhalten der Notenbank. Zwei Typen von Zinsregeln lassen sich unterscheiden:

- Eine *Instrumentenregel* stellt eine Verhaltensvorschrift dar, die ein starres Muster für die Variation der Notenbankzinsen beschreibt. Die Zinsen werden dabei mit festen Reaktionskoeffizienten an die Entwicklung bestimmter Makrogrößen rückgebunden. Die Reaktionskoeffizienten werden aus Erfahrungen in der Vergangenheit gewonnen und nur langsam verändert.

- *Optimale Zinsregeln* unterscheiden sich von Instrumentenregeln dadurch, dass die Reaktionskoeffizienten aus der Zielfunktion der Notenbank und theoretischen Modellen abgeleitet werden. Der Vorteil ist, dass abhängig von der konkreten Situation eine optimale Zinsreaktion gefunden werden kann. Der Nachteil ist, dass private Wirtschaftssubjekte das Verhalten der Notenbank weniger gut prognostizieren können – es sei denn, sie sind zu jedem Zeitpunkt in der Lage, die geldpolitischen Entscheidungen anhand der *bekannten* Zielfunktionen, Makromodelle und Wirtschaftsdaten nachzuvollziehen.

In den 1990er Jahren wurde festgestellt, dass sich die Entwicklung der Notenbankzinsen in vielen Ländern anhand einer einfachen Instrumentenregel mit fixen Koeffizienten beschreiben lässt. Diese Regel wurde (nach ihrem Entdecker) als *Taylor*-Formel (mit $i^T$ als *Taylor*-Zins) bekannt (eine mit $\varphi = 0$ vereinfachte Variante dieser Reaktionsfunktion wurde bereits in *Kapitel 4* verwendet). Die Zinspolitik vieler Notenbanken ließ sich empirisch häufig mit den Werten $\gamma = \varphi = 0,5$ am besten erklären.

$$i^T = r^* + p + \gamma\left(p - p^*\right) + \varphi\left(y - y^*\right) \qquad [5.13]$$

Die *Taylor*-Formel ist nicht nur geeignet, die Zinspolitik von Notenbanken empirisch zu erklären, sondern bietet als *Taylor*-Regel eine Norm für zinspolitische Entscheidungen:

- Zunächst haben sich die Befürchtungen nicht bestätigt, nach denen eine direkte Orientierung geldpolitischer Entscheidungen an makroökonomischen Endzielen zu einer prozyklischen Politik führen müsse, bei der Marktungleichgewichte infolge der *Time Lags* der Geldpolitik eher verstärkt werden; dieses Argument wurde zur Begründung von Zwischenzielen angeführt (*Abschnitt 5.2.1*). Eine direkt auf Endzielverletzungen reagierende Zinspolitik wirkt stabilisierend, wenn die Reaktionen schwach dosiert erfolgen, d.h. wenn die *Taylor*-Koeffizienten $\gamma$ und $\varphi$ relativ klein sind. Eine vorsichtige Geldpolitik nach dem Muster des *Interest Rate Smoothing* beobachtet den Markt und wartet die Wirkungen von Zinssignalen ab, bevor weitere Schritte unternommen werden (*Abschnitt 3.2.3*). Bei komplexeren Makromodellen ist jedoch eine genauere formale Prüfung der Stabilisierungseigenschaft der *Taylor*-Politik notwendig (*Box 5-4*).

- Starre Regeln wie ein Geldmengenziel können zwar der Glaubwürdigkeit der Notenbank dienen, sind aber zu inflexibel bei auftretenden Störungen. Umgekehrt könnte ein Freibrief der Notenbank zu einem rein diskretionären Krisenmanagement nach politischer Interessenlage ausgenutzt werden; die privaten Wirtschaftssubjekte würden immer wieder von geldpolitischen Entscheidungen überrascht. Die *Taylor*-Regel ist ein *Kompromiss zwischen Regelbindung und Flexibilität*. Die Geldpolitik greift bei makroökonomischen Störungen aktiv in das Marktgeschehen ein; aber dieser Interventionismus folgt einer Regel, die die kontrollierte makroökonomische Variable und die Stärke der Gegensteuerung festlegt.

- Diese Interventionsregel kann öffentlich bekannt gegeben werden, um das Verhalten der staatlichen Instanzen überprüfen zu können und um die Erwartungsbildung der privaten Marktakteure zu erleichtern. Die *Taylor*-Regel weist eine einfache, transparente Logik auf und ist der Öffentlichkeit ebenso gut zu vermitteln wie die quantitätstheoretisch begründete Geldmengenpolitik. Wenn sich die Notenbank an diese Zinsregel hält, so bleibt die Geldpolitik berechenbar und die Erwartungssicherheit auf den Märkten wird erhöht. Allerdings sollten Notenbanken die Freiheit haben, in außergewöhnlichen Situationen auch regelabweichende Zinsentscheidungen zu treffen; keine einfache Regel kann sämtliche von Zentralbanken zu berücksichtigenden Faktoren erfassen.

---

**Box 5-4: Wirkungsverzögerungen der Zinspolitik**

Theorie und Empirie des Transmissionsmechanismus der Geldpolitik geben starke Hinweise darauf, dass Wirkungsverzögerungen eine große Rolle spielen (*Abschnitt 3.2*). Daher wird im Folgenden das bislang verwendete Modell so abgewandelt, dass zwei empirisch oft beobachtete Phänomene erfasst werden:

- Der von der Notenbank gesteuerte Realzins ($i_t - p_t$) beeinflusst die Nachfrage mit einer Verzögerung von einer Periode.

- Die Inflationseffekte der Outputlücke treten ebenfalls erst in der nächsten Periode auf, z.B. weil Unternehmen nur in gewissen zeitlichen Abständen Preisanpassungen vornehmen.

Weiterhin gelten adaptive Erwartungen bei der Lohnpolitik sowie im Hinblick auf den Realzins. Das Modell hat mit $r^* = g/\beta$ die folgende Gestalt:

$$p_t = p_{t-1} + \alpha\, y_{t-1} + \varepsilon_t^s$$
$$y_t = g - \beta\left(i_{t-1} - p_{t-1}\right) + \varepsilon_t^d \qquad [5.14]$$
$$i_t = r^* + p_t + \gamma(p_t - p^*) + \varphi\, y_t$$

Reduziert auf die Variablen Inflation und Output lässt sich das Modell in Matrixform darstellen:

$$\begin{bmatrix} p_t \\ y_t \end{bmatrix} = \begin{bmatrix} 1 & \alpha \\ -\beta\gamma & -\beta\varphi \end{bmatrix} \begin{bmatrix} p_{t-1} \\ y_{t-1} \end{bmatrix} + \begin{bmatrix} \varepsilon^s \\ \beta\gamma p^* + \varepsilon^d \end{bmatrix} \qquad [5.15]$$

Durch Gleichstellung der Zeitindices aller Variablen lässt sich das langfristige Gleichgewicht aller Variablen (in dem $\varepsilon^s = \varepsilon^d = 0$ gilt) wiederum mit $y_t = 0$ und $p_t = p^*$ berechnen. Allgemein haben Systeme des Typs

$$\begin{bmatrix} p_t \\ y_t \end{bmatrix} = \begin{bmatrix} a & b \\ c & d \end{bmatrix} \begin{bmatrix} p_{t-1} \\ y_{t-1} \end{bmatrix} + \begin{bmatrix} e \\ f \end{bmatrix} \qquad [5.16]$$

die Lösung

$$\begin{bmatrix} p_t \\ y_t \end{bmatrix} = \begin{bmatrix} 1-a & -b \\ -c & 1-d \end{bmatrix}^{-1} \begin{bmatrix} e \\ f \end{bmatrix} \qquad [5.17]$$

Entscheidend ist jedoch die Frage nach der dynamischen Stabilität des Anpassungsprozesses. Die Konvergenz zum Gleichgewicht ist gegeben, wenn die Eigenwerte der Koeffizientenmatrix in [5.16] absolut kleiner Eins sind. Dies ist erfüllt bei

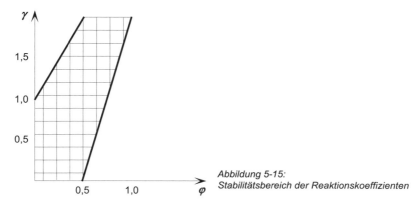

Abbildung 5-15:
*Stabilitätsbereich der Reaktionskoeffizienten*

$$|ad - bc| < 1 \quad \text{und} \quad 1 + ad - bc > |a + d| \tag{5.18}$$

Nimmt man im vorliegenden Fall nach Einsetzen der Werte aus der Koeffizientenmatrix aus [5.15] z.B. $\alpha = 0{,}5$ und $\beta = 2$ an, so zeigen die Ungleichungen [5.18] den Wertebereich der *Taylor*-Reaktionskoeffizienten, für den gesamtwirtschaftliche Stabilität gegeben ist (*Abbildung 5-15*). Die bisherige Stabilitätsbedingung $\gamma > 0$ für den Fall einer nur inflationsorientierten Zinspolitik wird bestätigt. Jedoch zeigt sich auch, dass beide Koeffizienten nicht zu groß werden dürfen. In diesem Fall würde die Zinspolitik übersteuernd wirken, d.h. nach einer Störung entfernen sich Output und Inflation immer mehr vom Gleichgewicht.

Der ermittelte Stabilitätskorridor für die *Taylor*-Reaktionskoeffizienten ist parameter- und modellabhängig. Ändert man z.B. die im Modell [5.14] unterstellten *Lag*-Strukturen, so ergeben sich auch andere Stabilitätsbedingungen. Eben dies unterstreicht das Risiko der Zentralbank, durch eine falsch dosierte Zinspolitik auftretende Marktungleichgewichte eher zu verstärken als abzubauen. Unter der Bedingung gesamtwirtschaftlicher Unsicherheit gilt deshalb die Norm, nur vorsichtige Zinsschritte zu unternehmen (*Abschnitt 3.2.3*). Dieses Prinzip wird durch ein *Interest Rate Smoothing* erreicht, bei dem der als adäquat eingeschätzte *Taylor*-Zins $i_t^T$ nicht direkt, sondern in mehreren kleinen Schritten umgesetzt wird. Bei einer solchen Politik zeigt die Entwicklung der Notenbankzinsen ein hohes Maß an Persistenz (der Parameter $\sigma$ drückt das Ausmaß der Trägheit der Zinspolitik aus).

$$i_t = \sigma i_{t-1} + (1 - \sigma) i_t^T \tag{5.19}$$

Die autokorrelierte Bewegung vieler Makrovariablen bedeutet, dass ihre aktuelle Veränderung einen groben Anhaltspunkt auch für ihre Zukunftswerte abgibt; in diesem Sinne wäre eine *Taylor*-Politik gemäß [5.13] auch auf die Stabilisierung der künftigen Entwicklung gerichtet. Dem Gebot eines vorausschauenden Verhaltens folgend kann die Notenbank statt der aktuellen Größen der Inflations- und Outputlücke in der *Taylor*-Regel jedoch auch direkt die für die nächste Periode erwarteten Werte verwenden:

$$i_t^T = r^* + p_{t+1}^e + \gamma \left( p_{t+1}^e - p^* \right) + \varphi \left( y_{t+1}^e - y^* \right) \tag{5.20}$$

Die Umsetzung einer solchen Zinsregel könnte allerdings durch Informationsprobleme behindert werden. Zudem ist zu beachten, dass kräftige zinspolitische Reaktionen jetzt destabilisierend wirken können: Wenn nämlich auch die privaten Akteure ihre laufenden Marktentscheidungen nur an Zukunftserwartungen binden, ist die Entwicklung der Makrovariablen nicht länger durch Werte der Vergangenheit mitbestimmt (*Box 5-5*).

---

*Box 5-5: Geldpolitik bei vorausschauendem Preis- und Nachfrageverhalten*

Die Annahme, dass Wirtschaftssubjekte *vorausschauende* (statt adaptive) Inflationserwartungen bilden, ist für sich genommen durchaus realistisch. Sie wird nun in ein Modell eingebaut, in dem grundsätzlich alle Entscheidungen zukunftsorientiert getroffen werden und in dem von Wirkungsverzögerungen zwischen Makrovariablen abstrahiert wird.

$$p_t = p_{t+1}^e + \alpha y_t + \varepsilon_t^s$$
$$y_t = g + y_{t+1}^e - \beta\left(i_t - p_{t+1}^e\right)$$
$$i_t = r^* + p_{t+1}^e + \gamma\left(p_{t+1}^e - p^*\right) + \varphi y_{t+1}^e \qquad [5.21]$$

In diesem neukeynesianischen Ansatz der makroökonomischen Theorie (*Box 4-2*) wird die Lohn- und Preissetzung in Erwartung der *künftigen* Inflationsrate vorgenommen. Die Nachfrage der Haushalte orientiert sich zukünftig erwarteten Einkommen, während der durch die Zeitpräferenz bestimmte Realzins den Gegenwartskonsum bremst. Der Realzins ist vorausschauend über die Inflationserwartung definiert. Die Notenbank setzt den kurzfristigen Zins nach Maßgabe der künftig erwarteten Werte für Inflation und Outputlücke ( $y^* = 0$ ). Mit der üblichen Substitution $r^* = g/\beta$ lässt sich [5.21] in Matrixform schreiben:

$$\begin{bmatrix} p_t \\ y_t \end{bmatrix} = \begin{bmatrix} 1 - \alpha\beta\gamma & \alpha(1-\beta\varphi) \\ -\beta\gamma & 1 - \beta\varphi \end{bmatrix} \begin{bmatrix} p_{t+1}^e \\ y_{t+1}^e \end{bmatrix} + \begin{bmatrix} \varepsilon^s + \alpha\beta\gamma p^* \\ \beta\gamma p^* \end{bmatrix} \qquad [5.22]$$

Keine der beiden Makrovariablen ist durch den regulären Marktprozess vorherbestimmt, sie hängen vielmehr beide von ihren zukünftig erwarteten Werten (sowie von zufälligen Schocks) ab. Die dynamische Stabilität des Marktgleichgewichts [ $y_t = 0$ , $p_t = p^*$ ] ist deshalb prekär. Der Einfluss der Zukunftserwartungen auf die aktuellen Werte darf nicht kumulierend-explosiv, sondern muss dämpfend sein. Formal ist diese Bedingung (analog zum Problem in *Box 5-4*) erfüllt, wenn die in [5.18] genannten Ungleichungen gelten. Nach Einsetzen der Werte aus [5.22] reduzieren sich diese auf

$$|\beta\varphi - 1| < 1 \quad \text{und} \quad 2 - \beta\varphi > |\alpha\beta\gamma + \beta\varphi - 2| \qquad [5.23]$$

Bei gegebenen Marktparametern $\alpha$ und $\beta$ sind die Ungleichungen nur bei kleinen Werten der Reaktionskoeffizienten $\gamma$ und $\varphi$ erfüllt. *Abbildung 5-16* zeigt, dass (mit angenommenen Werten $\alpha = 0{,}5$ und $\beta = 2$ ) eine substitutive Beziehung zwischen der Stärke der stabilitätspolitisch erlaubten Zinsreaktionen bei auftretenden Inflations- und Outputlücken besteht.

Einerseits bestätigt sich damit die Notwendigkeit einer nur vorsichtigen Zinspolitik. Allzu kräftige Zinsreaktionen auf temporäre Ungleichgewichte können bei zukunftsorientierten Erwartungen zu einem instabilen Konjunkturverlauf führen. Bei raschen Veränderungen der Zukunftsaussichten müsste die Geldpolitik fortlaufend ausgeprägte Kurswechsel vornehmen. Die Schwankungen von Output und Inflation könnten sich verstärken. Wenn die Makrovariablen nur von Erwartungen abhängen und keine Verankerung in der vergangenen oder gegenwärtigen Entwicklung haben, erscheinen auch mehrere unterschiedliche Konjunkturlagen für die nähere Zukunft plausibel. Die Geldpolitik ist dann ebenfalls betroffen von den Spekulationen über multiple Gleichgewichte und Wirtschaftsverläufe.

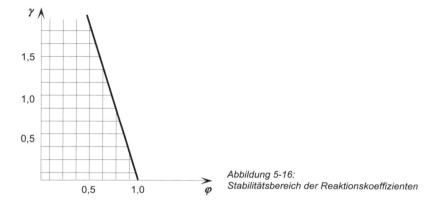

*Abbildung 5-16:*
*Stabilitätsbereich der Reaktionskoeffizienten*

Andererseits ermöglichen vorausschauende Erwartungen der Wirtschaftssubjekte der Geldpolitik auch dann eine unmittelbare Wirkung auf das Marktgeschehen, wenn ansonsten Wirkungsverzögerungen zwischen einzelnen Makrovariablen bestehen: Denkbar ist z.B., dass die Zinspolitik zwar die laufende Nachfrage beeinflusst, der auslastungsbedingte Inflationseffekt jedoch erst eine Periode später auftritt ( $i_t \rightarrow y_t \rightarrow p_{t+1}$ ). Wird nun auf der Angebotsseite wie in [5.21] eine an der künftigen Inflation orientierte Preissetzung praktiziert und "verstehen" die Wirtschaftssubjekte den zu erwartenden Effekt der Zinspolitik auf die künftige Inflation, so reagiert bereits die heutige Inflation auf Zinsänderungen der Notenbank ( $i_t \rightarrow p_{t+1}^e \rightarrow p_t$ ).

Auch in Deutschland lag der tatsächliche kurzfristige Zins recht nahe an einem im Nachhinein berechneten, hypothetischen *Taylor*-Zins (*Abbildung 5-17*), obwohl die Bundesbank in dieser Zeit offiziell eine Geldmengenpolitik verfolgte. Dies ist nicht notwendigerweise ein Widerspruch. Es lässt sich nämlich zeigen, dass die Geldmengenpolitik in eine Zinsregel übersetzt werden kann (*Box 5-6*): Der Zusammenhang ergibt sich allgemein daraus, dass die Geldnachfrage vom Output, der Preisentwicklung und den Zinsen abhängt; über Zinsvariationen kann so die Geldnachfrage dem Geldmengenziel angepasst werden. Durch bloße Beobachtung der Zinsentscheidungen einer Notenbank ist deshalb nicht eindeutig festzustellen, welches Konzept und welche theoretischen Ansätze der praktizierten Geldpolitik zugrundeliegen.

---

*Box 5-6: Formale Äquivalenz von Geldmengen- und Zinspolitik*

Die in Wachstumsraten formulierte Quantitätsgleichung $m + \hat{u} = p + \hat{y}$ [5.3] lässt sich auch für die jeweiligen langfristigen Gleichgewichts- bzw. Zielwerte angeben: $m^* + \hat{u}^* = p^* + \hat{y}^*$. Die Differenz beider Gleichungen ist

$$p - p^* = m - m^* + \hat{u} - \hat{u}^* + \hat{y}^* - \hat{y} \qquad [5.24]$$

Eine Abweichung des Geldmengenwachstums vom Zielwert wird mit einer proportionalen Abweichung des Nominalzinses von seinem langfristigen Gleichgewichtswert beantwortet; somit hat die Zinspolitik die Form $i - i^* = \mu\,(m - m^*)$. Zinsvariationen wirken unmittelbar auf die Geldnachfrage, d.h. die Umlaufgeschwindigkeit. Diese Größe hängt jedoch auch von der Entwicklung der nominalen Transaktionen ab. Die Hypothese ist, dass die Umlaufgeschwindigkeit von ihrem Gleichgewichtstrend $\hat{u}^*$ abweicht, wenn der Zins seinen langfristigen Gleichgewichtswert $i^*$ übersteigt und wenn das nominale Wachstum über die Summe von Zielinflation $p^*$ und Gleichgewichtswachstum $\hat{y}^*$ hinausgeht:

$$\hat{u} - \hat{u}^* = \sigma\left(i - i^*\right) + \theta\left(p + \hat{y} - p^* - \hat{y}^*\right) \qquad [5.25]$$

Damit lässt sich [5.24] umformulieren zu

$$i = i^* + \frac{1-\theta}{\sigma/\mu}\left(p - p^*\right) + \frac{1-\theta}{\sigma/\mu}\left(\hat{y} - \hat{y}^*\right) \qquad [5.26]$$

Schließlich kann man $i^*$ zu $(i^* - p) + p = r^* + p$ erweitern. Damit wird deutlich, dass die Verfolgung eines Geldmengenziels zu einer Zinsregel führen kann, deren formale Struktur derjenigen einer *Taylor*-Regel entspricht (der einzige inhaltliche Unterschied ist, dass die Outputlücke hier in Wachstumsraten ausgedrückt ist).

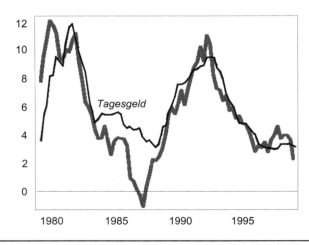

Abbildung 5-17:
Tagesgeldzins und
hypothetischer Taylor-Zins
für Deutschland
(Deutsche Bundesbank
1999: 51)

## 5.3.2 Durchführung der *Taylor*-Politik: Informationsprobleme bei Outputlücke und Realzins

Die *technische Durchführbarkeit einer Taylor-Politik* erscheint auf den ersten Blick im Vergleich zum zweistufigen Zwischenzielkonzept als weniger problematisch. Eine Kontrollierbarkeit des kurzfristigen Zinses ist gegeben; die Reaktionskoeffizienten sind gleichsam vorgeschrieben. Jedoch sind zwei gravierende *Informationsprobleme* zu beachten.

(1) Die *Outputlücke* ist im Vergleich zur Inflationslücke kurzfristig weniger präzise zu bestimmen, weil Daten zur aktuellen Produktionsentwicklung nicht so rasch verfügbar und auch stärker fehlerbehaftet sind, d.h. sie müssen häufiger revidiert werden. Das Hauptproblem ist jedoch die Quantifizierung des vollbeschäftigungskonformen Gleichgewichtsoutput $y^*$, d.h. der Produktionskapazität. Ihre Schätzung basiert vor allem auf Berechnungen des gesamtwirtschaftlichen Kapitalstocks, seiner Produktivität und seines optimalen Nutzungsgrades. Allen Berechnungsverfahren ist gemein, dass sie kurzfristig überaus unsichere Ergebnisse liefern, während die Schätzungen langfristig mit dem tatsächlichen Produktionswachstum konvergieren (*Abschnitt 4.4.3*).

Die Outputlücke ist damit eine komplexe statistische Variable, die kurzfristig nicht präzise bestimmt werden kann. Über- und Unterschätzungen der Outputlücke können daher die Zinspolitik fehlleiten und darüber zu Depressions- bzw. Inflationstendenzen führen. Hinzu kommt das Problem, dass eine gleichgewichtige Auslastung des Produktionspotenzials nicht unbedingt mit einem Arbeitsmarktgleichgewicht einhergehen muss.

(2) Mit Blick auf Informationsprobleme ist nochmals auf die *Quantifizierung des gleichgewichtigen Realzinses* $r^*$ einzugehen. In einem einfachen Makromodell ist diese Variable leicht zu bestimmen, indem Inflations- und Outputlücken auf den jeweils gewünschten Wert gesetzt werden und dann das Modell nach $r^*$ gelöst wird (*Abschnitt 4.2.4*). In der geldpolitischen Praxis ist dies schwieriger, da mehrere Modelle zur Deutung gesamtwirtschaftlicher Prozesse zur Verfügung stehen. Zudem gibt es in der Volkswirtschaftslehre unterschiedliche Vorstellungen über die langfristigen Bestimmungsfaktoren des Realzinses:

- Nach der (neo-) klassischen Schule wird der Realzins von der Zeitpräferenz der Wirtschaftssubjekte und der technologischen Leistungsfähigkeit des Sachkapitals bestimmt (*Box 2-4*). Ein Schub des Produktivitätswachstums würde danach den gleichgewichtigen Realzins erhöhen. Die Notenbank müsste daraufhin (bei gegebener Inflation) den kurzfristigen Nominalzins anheben.

*Unstrittig ist, dass ein dauerhaft höheres Produktivitätswachstum den gleichgewichtigen Realzins in der Volkswirtschaft erhöht. So bewirkt der anhaltende technische Fortschritt einen höheren Grenzertrag der Investitionen in die neuen Technologien. Damit die dadurch ausgelöste Kapitalnachfrage befriedigt werden kann, muss der Realzins steigen. Es kommt zu einer Erhöhung des Produktionspotenzials und seiner Wachstumsrate. Unstrittig ist ebenfalls, dass die Geldpolitik sich an dieses neue Gleichgewicht anpassen muss. Bei langfristig unveränderten Inflationser-*

> wartungen bedeutet dies einen im gleichen Ausmaß gestiegenen gleichgewichtigen Nominal-
> zins.
>
> Sachverständigenrat (2000: Zf. 241)

- Im Gegensatz dazu hängt der Realzins nach der keynesianischen Theorie auch von der Liquiditäts- und Risikopräferenz der Vermögenshalter sowie der Geldpolitik ab. Eine Erhöhung der technischen Ergiebigkeit des Produktionsprozesses erfordert im Prinzip keine Anpassung der Zinspolitik, weil mit Markteinkommen und Güternachfrage auch das Güterangebot zunimmt. Das Produktivitätswachstum wird über den Reallohn an die Arbeitnehmer verteilt (*Abschnitt 4.2.1*). Wenn hingegen die Wirtschaftssubjekte in Erwartung eines künftig höheren Einkommenswachstums bereits heute ihren Konsum steigern, so stellt dies einen positiven Nachfrageschock dar, der vermittelt über die Reaktionskoeffizienten $\gamma$ und $\varphi$ eine zinspolitische Dämpfung notwendig machen kann. Nur bei einer dauerhaften Erhöhung der Konsumnachfrage müsste das Basisniveau von $r^*$ geändert werden.

Der gleichgewichtige Realzins ist so zu wählen, dass die Güternachfrage langfristig in Einklang mit den Produktionsmöglichkeiten steht. Dabei sind für die autonomen, d.h. nicht zinsabhängigen Nachfragekomponenten (Staatsausgaben, Außenbeitrag) langfristige Normalwerte anzusetzen. Das (für eine geschlossene Volkswirtschaft) bestimmte Realzinsniveau $r^* = (g^* - y^*)/\beta$ [4.13] muss bei Veränderungen von $g^*$ angepasst werden. In der Praxis ist es schwierig, temporäre von grundlegenden Nachfrageänderungen zu unterscheiden.

Der Versuch einer bloßen *empirischen* Bestimmung des gleichgewichtigen Realzinses beinhaltet ebenfalls Bewertungsprobleme. In den zurückliegenden Konjunkturzyklen Deutschlands schwankte der durchschnittliche Realzins zwischen ca. 2 und 4 % (*Abbildung 5-18*). Betrachtet man die dabei aufgetretenen Unterschiede bei Inflation und Arbeitslosigkeit, fällt es schwer, ein bestimmtes Zinsniveau als "normal" oder "gleichgewichtig" einzuschätzen. Die Kombination von hoher Arbeitslosigkeit und niedriger Inflation in den letzten Jahren lässt vermuten, dass ein Realzinsniveau von $r^* = 2$ % sogar noch zu hoch sein könnte.

Die Notenbank muss eine anhaltende Unterbeschäftigung als seriellen Schock, Stagnations- oder Strukturproblem diagnostizieren. Dementsprechend müsste die Zinspolitik über den Reaktionskoeffizienten $\varphi$, durch Anpassung von $r^*$ oder aber gar nicht handeln. Ein falsch gewähltes Niveau von $r^*$ ist mit erheblichen Stabilitätsrisiken verbunden:

- Wird $r^*$ zu hoch angesetzt, werden mögliche Wachstumsspielräume verschenkt. Eine Stagnation kann in die Deflation abgleiten; hier wird die Zinspolitik wegen der Null-Zins-Grenze handlungsunfähig (*Abschnitt 4.5.1*).

- Ein zu niedriger Wert kann mit einer unkontrollierten Geldmengenexpansion einhergehen, die sich in eine Vermögenspreisinflation umsetzt. Damit sind – vermittelt über Vermögenseffekte – auch inflationäre Güternachfrageimpulse verbunden; ein Zusam-

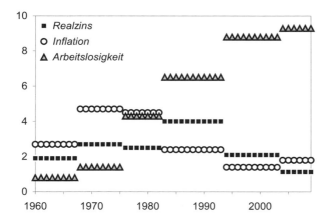

*Abbildung 5-18:*
*Kurzfristiger*
*Realzins, Inflation*
*und Arbeitslosigkeit*
*(konjunkturelle*
*Durchschnittswerte)*
*in Deutschland*

menbruch spekulativer Aktien- oder Immobilienpreisblasen bringt wiederum Deflations-
gefahren mit sich (*Abschnitt 5.2.4*).

Um dem Problem der Fehleinschätzung von Outputlücke und Gleichgewichtsrealzins zu
entgehen, könnte die Notenbank einer *Differenzregel* folgen: Auch wenn das effektive *Niveau* von Outputlücke und Gleichgewichtsrealzins unbekannt ist, so liefert (wenn keine neu-
en Fehlerquellen auftreten) die *Veränderung* der Makrovariablen doch einen Anhaltspunkt
für den nächsten Zinsschritt: Aus der *Taylor*-Regel

$$i_t^T = r^* + p_t + \gamma\left(p_t - p^*\right) + \varphi\left(y_t - y^*\right)$$ [5.27]

und der entsprechenden Regel für die Vorperiode

$$i_{t-1}^T = r^* + p_{t-1} + \gamma\left(p_{t-1} - p^*\right) + \varphi\left(y_{t-1} - y^*\right)$$ [5.28]

folgt über die Differenzenbildung:

$$\Delta i_t^T = \left(1 + \gamma\right)\Delta p_t + \varphi\,\Delta y_t$$ [5.29]

Die Veränderung von Inflation und Output liefert so eine Handlungsvorschrift für die *Änderung* des Notenbankzinses; dies war im übrigen auch der Gehalt der ursprünglichen Empfehlung von *Wicksell* (*Abschnitt 4.2.4*). Das *Niveau* des richtigen Notenbankzinses bleibt damit allerdings offen; es kann nur im Nachhinein durch den erfolgreichen Stabilisierungspro-
zess bestimmt werden.

### 5.3.3 Schocks und Reaktionskoeffizienten: die *Taylor*-Kurve

Die Festsetzung der Reaktionskoeffizienten in einer *Taylor*-Regel hat Konsequenzen für die
Ziele der Geldpolitik. Dies wird deutlich, wenn man die Auswirkungen von gesamtwirtschaftlichen Störungen betrachtet. Die Stabilisierungseigenschaften einer Zinspolitik, die ei-

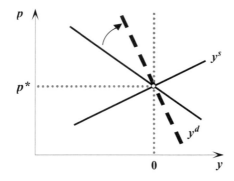

*Abbildung 5-19:*
*Drehung der Nachfragekurve bei*
*Zinsreaktion auf eine Outputlücke*

ner *Taylor*-ähnlichen Reaktionsfunktion folgt, wurden bereits eingehend in *Abschnitt 4.3* analysiert. Allerdings war dabei angenommen, dass die Notenbank nur auf eine Inflationslücke, nicht jedoch auch auf eine Outputlücke reagiert, d.h. es galt [5.13] mit $\varphi = 0$. Die Implikationen einer Zinspolitik mit $\gamma > 0$ und $\varphi > 0$ werden im Folgenden untersucht. Das Makromodell besteht aus folgenden bekannten Gleichungen, wobei $y$ wieder als Outputlücke definiert ist ($y^* = 0$, $r^* = g/\beta$) und auf der Angebotsseite adaptive Erwartungen, d.h. $p_t^e = p_{t-1}$ unterstellt werden:

$$p = p_{-1} + \alpha y + \varepsilon^s$$
$$y = g - \beta(i - p) + \varepsilon^d \qquad\qquad [5.30]$$
$$i = r^* + p + \gamma(p - p^*) + \varphi y$$

Nach Einsetzen der Zinsregel in die Nachfragefunktion wird deutlich, dass der Reaktionskoeffizient $\varphi > 0$ ihre Steigung im Inflation-Output-Diagramm verändert (*Abbildung 5-19*): Je stärker die Orientierung am Gleichgewichtsoutput ist, desto steiler ist die Nachfragekurve. Intuitiv wird dies dadurch verständlich, dass die Notenbank die makroökonomische Konstellation näher an der Vollbeschäftigung, markiert durch die Linie $y^* = 0$, halten möchte.

$$y = \frac{1}{1 + \beta\varphi}\varepsilon^d + \frac{\beta\gamma}{1 + \beta\varphi}(p^* - p) \;\Rightarrow\; p = p^* + \frac{1}{\beta\gamma}\varepsilon^d - \frac{1 + \beta\varphi}{\beta\gamma}y \qquad [5.31]$$

Diese Outputorientierung der Zinspolitik hat erhebliche Konsequenzen bei Marktstörungen:

(1) Bei *Nachfrageschocks* verändern sich Output- und Inflationslücken gleichgerichtet. Beide Faktoren lösen nach [5.30] eine im Vorzeichen gleiche Reaktion des *Taylor*-Zinses aus. Dies wirkt der Nachfragestörung entgegen; Beschäftigung *und* Preise tendieren wieder zum Gleichgewicht. Nachfrageschocks bringen also keine Zielkonflikte für die Geldpolitik mit sich. Die Nachfragefunktion [5.31] zeigt unmittelbar, dass die Notenbank bei $\varphi > 0$ zu einer Dämpfung des $\varepsilon^d$-Effektes beiträgt. Geht die Nachfrage um $AB = -\varepsilon^d$ zurück, so wird im ersten Schritt bei einer outputorientierten Zinspolitik Punkt C statt Punkt B erreicht; jeweils gilt dabei $AD = -\varepsilon^d/\beta\gamma$ (*Abbildung 5-20*).

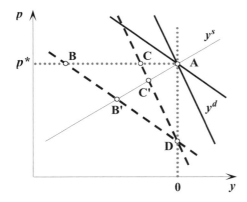

Abbildung 5-20:
Dämpfung eines Nachfrageschocks
durch Taylor-Zinspolitik

Bei einer wie üblich positiv geneigten Angebotskurve führt die Unterbeschäftigung zu einer nachgebenden Lohn- und Preisinflation. Daraufhin senkt die Notenbank die *realen* Zinsen weiter, so dass die Güternachfrage wieder zunimmt (B → B' bzw. C → C'). Im weiteren Verlauf passen sich die Inflationserwartungen der gesunkenen Inflationsrate an und die Angebotskurve verschiebt sich nach unten. Bildet sich die Nachfragestörung zurück, so gilt dann wieder die durch Punkt A verlaufende Nachfragekurve. Bei hartnäckigen Störungen müsste die Notenbank mit diskretionären Impulsen unterstützend eingreifend. Eine Zinspolitik, die neben der Inflationslücke auch auf die Outputlücke reagiert, weist bei (positiven oder negativen) Nachfrageschocks Vorteile auf:

- Der Anpassungsprozess verläuft enger um den Gleichgewichtspunkt (Bewegung A → C → C' statt A → B → B'). Es gibt dabei keinen Zielkonflikt zwischen Beschäftigungs- und Geldwertstabilisierung. Output *und* Inflation bleiben beide näher an den Zielwerten $p = p^*$ bzw. $y = y^*$.

- Eine Zinsreaktion auf die Outputlücke ist auch dann sinnvoll, wenn die Notenbank nur ein Inflationsziel, jedoch explizit kein Vollbeschäftigungsziel anstrebt. Die Stabilisierung der Nachfrage um $y^*$ unterstützt indirekt die Bekämpfung nachfrageseitiger Inflations- und Deflationsprobleme.

- Ist die Notenbank hingegen (auch) an einem hohen Beschäftigungsstand interessiert, so zeigt sich der Vorteil von $\varphi > 0$ insbesondere im *Fall einer geknickten Angebotskurve*, die im Bereich $y < y^*$ horizontal verläuft ($p^*BA\,y^s$). Hier bleibt bei kontraktiven Nachfrageschocks die Lohn- und Preisreaktion bei Unterauslastung aus, und damit auch die davon abhängige überproportionale Nominalzinssenkung. Eine Stabilisierung wird nur durch den outputabhängigen Zinseffekt erreicht (C statt B).

(2) Im Falle von *Angebotsschocks* entwickeln sich Output- und Inflationslücken gegenläufig. Ein Inflationsschub verlagert die Angebotsfunktion von $y_0^s$ nach $y_1^s$ (*Abbildung 5-21*). Die Zinspolitik kann diese Störung nicht direkt, sondern nur über eine Outputverringerung dämpfen. Die Linksneigung der Nachfragekurve $y^d$ bei erzeugt in B bzw. C einen negati-

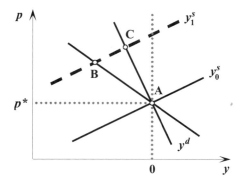

*Abbildung 5-21:*
*Inflations- und outputabhängige*
*Zinsreaktion bei Angebotsschock*

ven Mengeneffekt. Dabei ist die Outputreduktion umso stärker je flacher die Nachfragekurve [5.31] verläuft, d.h. je größer $\gamma$ und je kleiner $\varphi$ ist. In B ist nicht nur der primäre Inflationseffekt geringer; wegen der größeren (negativen) Outputlücke wird der Inflationsschub auch schneller abgebaut (aus der Angebotsfunktion in [5.30] folgt bei adaptiven Erwartungen $\Delta p = \alpha\, y$). Andererseits ist aber die Arbeitslosigkeit zeitweilig höher, verglichen mit einer Konstellation, in der der Anpassungsprozess von C ausgeht.

Damit zeigt sich bei Angebotsschocks wieder der Zielkonflikt zwischen Geldwertstabilität und Vollbeschäftigung, jetzt in der Form der *temporären Abweichungen* der Inflation und des Outputs von ihren langfristigen Gleichgewichtswerten. Dieser Zusammenhang lässt sich mit der *Taylor-Kurve* ausdrücken (*Abbildung 5-22*).

- Bei einer nur auf die Inflationslücke reagierenden Zinspolitik ($\varphi = 0$) sind bei Angebotsschocks die Abweichungen vom Inflationsziel relativ gering, die Abweichungen vom Vollbeschäftigungsoutput allerdings relativ groß. Das wiederholte Auftreten der Konstellation B in *Abbildung 5-21* entspricht dem Punkt B' in *Abbildung 5-22*.

- Umgekehrt verletzen Angebotsschocks bei $\varphi > 0$ das Inflationsziel stärker, jedoch bleibt der Output näher bei der Vollbeschäftigung (C bzw. C').

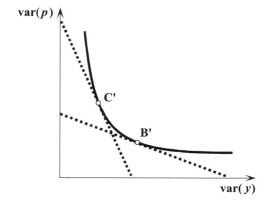

*Abbildung 5-22:*
*Taylor-Kurve mit Linien*
*alternativer Zielpräferenzen*

Verändert man die *Taylor*-Koeffizienten kontinuierlich in gegenläufiger Weise, entsteht so eine Punkteschar in einem Diagramm, das die Varianzen von Inflation und Output (d.h. die quadrierten Abweichungen von ihren Mittelwerten) zeigt. Die Verbindungslinie aller Punkte stellt näherungsweise eine Hyperbel dar. Die Geldpolitik kann einen Punkt auf der *Taylor*-Kurve wählen. Diese Wahl hängt von den wirtschaftspolitischen Präferenzen ab: Ist der *Taylor*-Koeffizient für die Inflationslücke $\gamma$ relativ klein im Vergleich zum Outputlücken-koeffizient $\varphi$ (Punkt C'), erkauft man eine niedrige Outputvarianz mit größeren Inflations-ausschlägen. Umgekehrt führt ein relativ stärkeres Interesse an der Stabilität der Zielinfla-tionsrate dazu, dass größere Outputschwankungen auftreten (Punkt B').

Dieses Ergebnis kann auch explizit unter Verwendung einer Zielfunktion der Notenbank hergeleitet werden. Die oben vorgestellte Verlustfunktion [5.1] lässt sich entsprechend für die Varianzen von Inflation und Output schreiben:

$$L = \text{var}(p) + b\,\text{var}(y) \qquad\qquad [5.32]$$

Im Koordinatensystem der *Abbildung 5-22* erscheint diese Verlustfunktion als Geradenschar

$$\text{var}(p) = L - b\,\text{var}(y) \qquad\qquad [5.33]$$

bei der $L$ den Lageparameter und $b$ die Steigung bezeichnen. Gewählt wird die niedrigst-mögliche Gerade, die eben noch die *Taylor*-Kurve tangiert. Bei hoher (niedriger) Bedeutung des Outputziels wird C' (B') gewählt. Bei $b = 0$ wird [5.33] zu einer Horizontalen. Das im-pliziert, dass die Notenbank beliebig hohe Beschäftigungsschwankungen in Kauf zu nehmen bereit ist, um die Varianz der Inflation klein zu halten.

Aus wirtschaftspolitischer Sicht kommt der *Taylor*-Kurve eine ähnliche Rolle wie der *Phil-lips*-Kurve zu. Letztere zeigt einen potenziellen Zielkonflikt zwischen Arbeitslosigkeit und Inflation (*Abschnitt 4.2.2*). Bei einer gegebenen NAIRU gibt es allerdings keine Möglich-keit, durch Zulassung einer höheren Inflation die Arbeitslosigkeit dauerhaft zu verringern (*Abschnitt 4.3.1*). Aber selbst wenn die Geldpolitik insoweit keine Wahl im Hinblick auf das Niveau dieser Zielgrößen hat (und nur die Höhe der Inflation steuern kann), so zeigt die *Taylor*-Kurve, dass die Zinspolitik die relative Stärke der Abweichungen der Zielgrößen vom Gleichgewicht beeinflussen kann. Die *Dauer und Höhe* der Arbeitslosigkeit nach dem Auftreten makroökonomischer Schocks hängt davon ab, in welcher Weise die Zinspolitik auf Inflations- und Outputlücken reagiert.

Empirische Schätzungen der *Taylor*-Kurve deuten darauf hin, dass sie nahezu rechtwinklig verläuft, als Hyperbel mit fast vertikalen bzw. horizontalen Ästen. Das würde bedeuten, dass auch unterschiedliche $b$-Werte in der Zielfunktion [5.32] praktisch zur Wahl des glei-chen Optimalpunktes führen; unabhängig von ihrer Steigung tangiert die Geradenschar [5.33] die *Taylor*-Kurve etwa in ihrem Scheitelpunkt. Danach wäre es vernünftig, einen mittleren Weg zu verfolgen und zu versuchen, Inflations- und Outputschwankungen glei-chermaßen zinspolitisch zu dämpfen.

### 5.3.4 Geldpolitik als Optimierungsproblem:
### Bestimmung der Nachfragekurve durch die Notenbank

Das Zielsystem einer Notenbank lässt sich formal mittels einer Verlustfunktion erfassen (*Abschnitt 5.1.2*). Daraus kann man ableiten, welche Beziehung zwischen den in der Verlustfunktion enthaltenen Makrovariablen bestehen muss, damit bei Störungen und Abweichungen vom allgemeinen Gleichgewicht die volkswirtschaftlichen Kosten so gering wie möglich bleiben. Das geldpolitische Optimierungsproblem besteht aus der Verlustfunktion

$$L = \left(p - p^*\right)^2 + b\left(y - y^*\right)^2 \qquad\qquad [5.34]$$

und einer Nebenbedingung, die durch die Angebotsfunktion

$$p = p^e + \alpha\left(y - y^*\right) + \varepsilon \qquad\qquad [5.35]$$

gegeben ist. In einem ersten Schritt wird der Output $y$ als Aktionsvariable der Notenbank behandelt. Nach Einsetzen von [5.35] in [5.34] kann der erwartete Notenbankverlust durch Variation von $y$ minimiert werden. Die Ableitung $\partial L/\partial y = 0$ liefert dann (unter Berücksichtigung von $\varepsilon^e = 0$ und nach Substitution von $p^e$ aus [5.35]) die *First Order Condition* des Optimierungsproblems:

$$y = y^* - \frac{\alpha}{b}\left(p - p^*\right) \qquad\qquad [5.36]$$

Diese Gleichung zeigt die verlustminimalen Inflation-Output-Kombinationen außerhalb des Gleichgewichts [ $y = y^*$, $p = p^*$ ] an. Sie muss folglich von den Notenbankpräferenzen ($b$) und den Parametern der gegebenen Randbedingung ($\alpha$) abhängen. Sie hat zugleich die Form einer Nachfragefunktion im Inflation-Output-Diagramm (*Abbildung 5-23*). Die Linie zeigt, welchen Outputwert die Notenbank bei jeweils gegebenen Inflationsraten anstrebt.

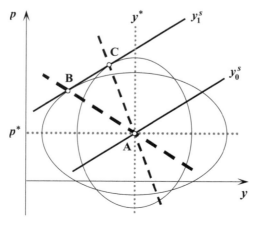

*Abbildung 5-23:*
*Nachfragefunktion als*
*First Order Condition*

Die negative Steigung drückt eine Politik des *Leaning Against the Wind* aus: Die Notenbank stellt sich mit Nachfrageeinschränkungen gegen einen inflatorischen Prozess, wobei die Stärke dieser Restriktion von der Beschäftigungspräferenz $b$ abhängt. Ein Inflationsschock, der die Angebotsfunktion nach $y_1^s$ schiebt, bewirkt dann bei einem relativ hohen (geringen) $b$-Wert einen geringen (großen) Produktionseinbruch: Anstelle von Punkt A wird C (B) realisiert.

Der Marktprozess wird durch das Zusammenspiel von Angebotsfunktion [5.35] und Nachfragefunktion [5.36] bestimmt. Ihr Schnittpunkt liefert die Lösung

$$p = \frac{\alpha^2 p^* + b\left(p^e + \varepsilon\right)}{b + \alpha^2}$$
$$y = y^* + \frac{\alpha\left(p^* - p^e - \varepsilon\right)}{b + \alpha^2}$$

[5.37]

Über die Erwartungsversionen dieser Gleichungen (*Abschnitt 4.3.2*) können die Wirtschaftssubjekte die rationalen Inflations- und Outputerwartungen kalkulieren:

$$p^e = p^*$$
$$y^e = y^*$$

[5.38]

Damit folgt aus [5.37] und [5.38] die Gleichgewichtslösung

$$p = p^* + \frac{b\varepsilon}{b + \alpha^2}$$
$$y = y^* - \frac{\alpha\varepsilon}{b + \alpha^2}$$

[5.39]

Nach Einsetzen dieser Lösung in [5.34] zeigt sich, dass der Verlust der Notenbank mit der Varianz des Inflationsschocks, der Beschäftigungspräferenz und einer flacher werdenden Angebotsfunktion steigt:

$$L = \frac{b}{b + \alpha^2}\,\varepsilon^2$$

[5.40]

Abschließend kann die realitätsferne Annahme einer direkten Steuerung der Güternachfrage aufgehoben werden. Hängt diese mit $y = g - \beta\left(i - p\right)$ wie üblich vom Realzins ab, so folgt aus der Gleichsetzung dieser Funktion mit [5.36] und der Bestimmung des gleichgewichtigen Realzinses $r^* = (g - y^*)/\beta$ für den nominalen Notenbankzins

$$i = r^* + p + \frac{\alpha}{b\beta}\left(p - p^*\right)$$

[5.41]

Aus dieser Zinsformel wird ersichtlich, dass der Instrumenteneinsatz in Art und Intensität exakt auf das geldpolitische Zielsystem ausgerichtet wird. Im Unterschied zur *Taylor*-Regel ist der Reaktionskoeffizient für die Inflationslücke nicht fest vorgegeben, sondern wird aus der Zielfunktion und einer makroökonomischen Nebenbedingung abgeleitet.

### 5.3.5 *Inflation Targeting*: optimale Zinspolitik mit Wirkungsverzögerungen

Die Strategie des *Inflation Targeting* zielt auf die Stabilisierung einer bestimmten Inflationsrate, zu der sich die Geldpolitik öffentlich verpflichtet hat. Dabei erstellt die Notenbank zunächst mit Hilfe makroökonomischer Modelle eine Inflationsprognose und berechnet dann einen optimalen Notenbankzins, der für sich genommen die Inflation ihrem Zielwert angleicht. Dann wird der optimale Zins umgesetzt. Infolge der im Zeitablauf auftretenden Störungen müssen die Zinsschritte der Notenbank in einem fortlaufenden Prozess nachjustiert werden.

Das folgende Modellbeispiel berücksichtigt explizit, dass die Zinspolitik den dynamischen Wirtschaftsprozess nur unvollkommen und mit Zeitverzögerungen kontrollieren kann. Das Modell weist (wie bereits in *Box 5-4*) einen doppelten *Time Lag* auf: Zum einen beeinflusst der Notenbankzins $i_t$ die Nachfrage mit einer Verzögerung von einer Periode:

$$y_{t+1} = g_{t+1} - \beta\left(i_t - p_t\right) + \varepsilon_{t+1}^d \qquad [5.42]$$

Zum anderen erzeugt die Outputlücke auch erst in der Folgeperiode einen Preisdruck:

$$p_{t+2} = p_{t+1} + \alpha\, y_{t+1} + \varepsilon_{t+2}^s \qquad [5.43]$$

Damit kann die heutige Zinspolitik, vermittelt über Nachfrage und Produktion in $t+1$, die Inflationsrate erst in $t+2$ beeinflussen. Weitere Charakteristika des Modells sind (neben $y^* = 0$) adaptive Inflationserwartungen und zufallsbedingt auftretende Schocks. Setzt man [5.42] und die um eine Periode zurückdatierte Gleichung [5.43] wieder in [5.43] ein, erhält man die Inflationsrate für $t+2$:

$$p_{t+2} = \alpha\, y_t + \left(1 + \alpha\beta\right) p_t - \alpha\beta i_t + \alpha\left(g_{t+1} + \varepsilon_{t+1}^d\right) + \varepsilon_{t+1}^s + \varepsilon_{t+2}^s \qquad [5.44]$$

Der Erwartungswert dieses Ausdrucks, d.h. die Inflationsprognose ist dann

$$p_{t+2}^e = \alpha\, y_t + \left(1 + \alpha\beta\right) p_t - \alpha\beta i_t + \alpha g_{t+1}^e \qquad [5.45]$$

Die Logik dieser Berechnung besteht darin, jene Determinanten der künftigen Inflation zu finden, die der Notenbank heute bei ihrer Zinsentscheidung bekannt sind. Die *Lag*-Struktur des Modells erlaubt eine von den aktuellen Output- und Inflationswerten ausgehende Prognose. Ferner muss man die autonomen Nachfragekomponenten der Folgeperiode (d.h. insbesondere den künftigen Kurs der Fiskalpolitik) abschätzen. Die Störterme sind nicht prognostizierbar, ihr Erwartungswert ist stets Null. Zur Vereinfachung ist angenommen, dass die Verlustfunktion der Notenbank explizit kein Beschäftigungsziel enthält; im Unterschied zu [5.2] wird auch von einem Diskontfaktor abgesehen:

$$L = \left( p_{t+2}^e - p^* \right)^2 \qquad [5.46]$$

Nach Einsetzen von [5.45] wird die Funktion [5.46] über die Variation des Zinssatzes minimiert. Dies führt zu einer Reaktionsfunktion, die die optimale Zinssetzung in Abhängigkeit von Output- und Inflationslücke beschreibt. Die strukturelle Analogie zur *Taylor*-Formel [5.13] ist – wie schon bei [5.41] – offensichtlich. Der Term $g_{t+1}^e / \beta$ entspricht dem gleichgewichtigen Realzins $r^*$. Wiederum reagiert der Zins überproportional auf die Inflation.

$$i_t = \frac{1}{\beta} g_{t+1}^e + p_t + \frac{1}{\alpha\beta} \left( p_t - p^* \right) + \frac{1}{\beta} y_t \quad \text{mit} \quad \frac{\partial i_t}{\partial p_t} = 1 + \frac{1}{\alpha\beta} > 1$$

$$i^T = \quad r^* \quad + p + \quad \gamma \left( p - p^* \right) \quad - \varphi\, y \quad (\textit{Taylor} - \text{Regel zum Vergleich}) \qquad [5.47]$$

Bemerkenswert ist, dass Zinserhöhungen auch bei einer positiven Outputlücke vorgenommen werden, obwohl diese Variable nicht in der geldpolitischen Zielfunktion [5.46] enthalten ist. Die Reaktion auf eine Outputlücke erklärt sich durch ihren in der Angebotsfunktion [5.43] festgehaltenen Einfluss auf die künftige Inflation. Das dynamische Makromodell macht deutlich, dass die Zinspolitik generell nicht auf die aktuellen Inflations- und Outputwerte gerichtet ist; diese tauchen vielmehr deshalb in der Reaktionsfunktion auf, weil sie eine Prognoseeigenschaft für die eigentliche(n) Zielvariable(n) aufweisen.

Die realisierte Inflation in $t+2$ kann aufgrund von Störungen und unsystematischen Erwartungsfehlern von der Zielinflationsrate abweichen. Anwendung von [5.47] auf [5.44] ergibt

$$p_{t+2} = p^* + \alpha \left( g_{t+1} - g_{t+1}^e \right) + \alpha \varepsilon_{t+1}^d + \varepsilon_{t+1}^s + \varepsilon_{t+2}^s \qquad [5.48]$$

Die Notenbank kann jedoch nur für Abweichungen zwischen Inflationsziel und -prognose, nicht zwischen prognostizierter und tatsächlicher Inflation verantwortlich gemacht werden.

Marktstörungen in der laufenden Periode schlagen sich in $p_t$ und $y_t$ nieder und werden mit einer Zinsänderung beantwortet:

- Ein positiver *Nachfrageschock* zeigt sich unmittelbar als $y_t > 0$. Der Zins reagiert darauf nach Maßgabe des letzten Terms in [5.47]. Damit wirkt die Politik auch dem Inflationseffekt entgegen, der nach [5.43] in der Folgeperiode zu erwarten wäre.

- Ein positiver *Angebotsschock* in der laufenden Periode würde via $p_t$ nach [5.44] die Inflation in $t+2$ mit dem Multiplikator $(1 + \alpha\beta)$ erhöhen. Dies ist nach [5.47] durch eine überproportionale Zinserhöhung zu verhindern, wäre allerdings auch mit einem deutlichen Outputrückgang verbunden. Das "flexible" *Inflation Targeting* dämpft die Zinserhöhung im Interesse der Beschäftigung etwas ab und lässt dafür einen Teil des Angebotsschocks auf die künftige Inflation durchwirken. Damit wird nicht eine höhere Inflation auf Dauer akzeptiert, sondern ihre Rückführung über einen längeren Zeitraum gestreckt. Bei dieser Politikvariante wird auch ein Outputziel in die Zielfunktion der Notenbank aufgenommen, dessen relatives Gewicht $b$ die Dämpfung der Zinsreaktion auf einen Inflationsschock bestimmt.

Das *Inflation Targeting* ähnelt einem Zwischenzielansatz, bei dem die Inflationsprognose die Rolle des Zwischenziels übernimmt. Der Kontrollzusammenhang $p_{t+2}^e = f(i_t)$ ist in Funktion [5.45] dargestellt; der Zins wird (in der Computersimulation) solange variiert, bis erwartete und gewünschte Inflationsrate übereinstimmen. Der Prognosezusammenhang ist definitionsmäßig gegeben, weil [5.45] die beste Schätzung für die später realisierte Variable $p_{t+2}$ gibt. Im Konzept der Geldmengensteuerung war die Geldmenge die Zwischenzielvariable. Hiervon unterscheidet sich *Inflation Targeting* vor allem durch die Art der Inflationsprognose: Beim *Monetary Targeting* konzentriert man sich auf den quantitätstheoretischen Geldmengen-Preis-Zusammenhang, hier auf ein allgemeines Makromodell oder auf eine Reihe von verschiedenen Modellen. Dabei können auch quantitätstheoretische Modelle bzw. Daten zur Geldmengenentwicklung zur Bildung der Inflationsprognose herangezogen werden. Damit ist *Inflation Targeting* im Prinzip der allgemeinere Ansatz, der im Hinblick auf die Informationsnutzung offener ist und die Geldmengensteuerung als einen Spezialfall enthält.

Um dem Problem der Modellunsicherheit zu begegnen, wird *Inflation Targeting* in der geldpolitischen Praxis auf der Basis mehrerer Makromodelle mit unterschiedlichen theoretischen Grundannahmen durchgeführt. Inflationsprognosen konkurrierender Forschungsinstitutionen und der angenommene Verlauf des Inflationsprozesses während der Kontrollphase lassen sich dann in einem Korridor wahrscheinlicher Szenarien darstellen (*Abbildung 5-24*). In einem kontinuierlichen Entscheidungsprozess muss der Zins der jeweils wahrscheinlichsten Prognose angepasst werden. Wegen der unvermeidlichen Unsicherheit dieser Prognosen und der effektiven Wirkung geldpolitischer Interventionen werden die Zinsen auch hier nur graduell geändert.

Die Beurteilung des empirischen Erfolgs des *Inflation Targeting* ist schwierig, da in den meisten Industrieländern nach 1990 ohnehin ein Trend zu sinkenden Inflationsraten beob-

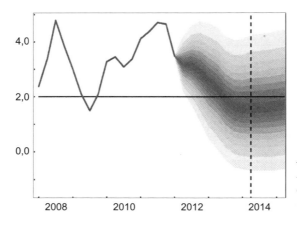

*Abbildung 5-24:*
*Inflationsprognose*
*der Bank von England*
*(www.bankofengland.co.uk)*

achtbar war. Es ist daher unsicher, inwieweit diese Stabilisierung auf die geldpolitische Neuorientierung zurückzuführen ist. Zum *analytischen* Konzept sind zwei kritische Punkte festzuhalten:

(1) Die "bedingte" Inflationsprognose, d.h. die Vorhersage jener Inflationsrate, die sich *bei konstantem* Notenbankzins einstellen würde, ist mit mehreren Problemen verbunden:

- Eine solche Prognose kann in der Öffentlichkeit als Signal einer künftig passiven Geldpolitik missverstanden werden.

- In bestimmten Marktkonstellationen könnten theoretische Modelle bei konstantem Zins kumulativ-instabile Prozesse ohne eindeutiges Gleichgewicht anzeigen; die Prognose einer bestimmten Inflationsrate ist dann *ohne* eine bereits eingearbeitete Zinsreaktion nicht möglich.

- Wenn eine Inflationsprognose aus verschiedenen theoretischen Ansätzen, empirischen Quellen und Umfragen entwickelt wird, so ist nur schwer sicherzustellen, dass diese tatsächlich auf der Annahme unveränderter Zinsen basieren. Finanzmarktpreise und Prognosen professioneller Marktakteure enthalten oft explizit oder implizit bereits Annahmen über den Kurs der Geldpolitik. Die Notenbank erhält so keine unverzerrten Prognosen, die sie jedoch benötigt, um ihren Kurs überhaupt erst festzulegen.

(2) Die angestrebte Nutzung aller möglichen Informationsquellen lässt kaum noch eine Einschätzung darüber zu, welchem Ansatz die Notenbank bei ihrer Zinsentscheidung folgen wird. Letztlich ist sie frei in der Bewertung der möglicherweise widersprüchlichen Daten und Theorien. Eine Integration aller Informationen in einer umfassenden, realistischen Theorie würde zu technisch äußerst komplizierten Modellen führen oder ist überhaupt unmöglich. Daher muss die Notenbank in der Praxis zumeist eine diskretionäre Entscheidung über die Relevanz und Qualität der diversen Informationsquellen treffen.

---

*In any realistic model, the technical problem of deriving the optimal reaction function is overwhelmingly difficult, and the resulting optimal reaction function overwhelmingly complex.*

*The staff constructs the "feasible set" of forecasts and instrument plans. The decision-making body of the central bank then selects the combination of forecasts that "look best", in the sense of achieving the best compromise between stabilizing the inflation gap and stabilizing the output gap, that is, implicitly minimizing [the loss function].*

Lars E. O. Svensson (2003: 436f, 451)

---

Konzepte wie das *Inflation Targeting* sind nützlich, weil sie einen Rahmen für den täglichen Entscheidungsprozess der Währungsbehörden geben: indem sie ein ökonomisches Verständnis zur Beurteilung von neuen Daten und Informationen anbieten, ihren Verarbeitungsprozess strukturieren, Prognosen der Wirkungen von Zinsänderungen ermöglichen und im Markt eine gewisse Erwartungssicherheit über das Verhalten der Notenbank erzeugen. Wie bei der *Taylor*-Politik gilt jedoch auch beim *Inflation Targeting*, dass Notenbanken die Freiheit zu Abweichungen von starren Regeln benötigen. In einem evolutorischen Wirtschaftssystem kann es keine für alle Zeiten und für alle Fälle gültigen Regelbindungen geben.

---

**Zusammenfassung**

5.3.1 Die *Taylor*-Regel ist eine Instrumentenregel zur Bestimmung des Notenbankzinses. Ausgehend von einem theoretisch oder empirisch geschätzten kurzfristigen realen Gleichgewichtszins reagiert der *Taylor*-Zins auf die Inflationslücke (d.h. die Differenz zwischen aktueller und angestrebter Inflationsrate) und auf die Outputlücke (die in etwa dem Kapazitätsauslastungsgrad entspricht). Die Reaktionskoeffizienten sind auf relativ niedrige Werte (ca. 0,5) fixiert. Zwar muss eine insgesamt überproportionale Steigerung des Nominalzinses auf Inflationsänderungen gegeben sein; zu heftige Zinsreaktionen können jedoch die dynamische Stabilität des Makrosystems gefährden. Inflations- und Outputlücke können auch mit erwarteten Zukunftswerten spezifiziert werden.

5.3.2 Informationsprobleme der *Taylor*-Regel bestehen bei der Quantifizierung der Outputlücke und des gleichgewichtigen Realzinses. Im ersten Fall sind die empirischen Meßmethoden meist zu ungenau, im zweiten Fall kommen theoretische Kontroversen hinzu. Bei der Verwendung falscher Werte für beide Variablen ergibt sich die Gefahr einer tendenziell zu expansiven bzw. restriktiven Geldpolitik. Um diese Messprobleme zu umgehen, kann eine modifizierte *Taylor*-Regel praktiziert werden. Sie bestimmt als Differenzregel die Änderung des Notenbankzinses gegenüber der jeweiligen Vorperiode und folgt der Änderung von Inflation und Outputlücke.

5.3.3 Die *Taylor*-Politik dämpft auftretende Nachfrageschocks und bewirkt eine raschere Rückkehr zum Gleichgewicht. Dabei treten keine wirtschaftspolitischen Zielkonflikte auf. Eine Zinsreaktion auf eine sich öffnende Outputlücke ist auch bei einem alleinigen Inflationsziel richtig, weil die Outputlücke eine Determinante der Preisentwicklung ist. Bei Angebotsschocks tritt ein Zielkonflikt zwischen Inflations- und Outputstabilisierung auf. Die *Taylor*-Kurve zeigt eine negative Beziehung zwischen den Varianzen von Inflation und Output, d.h. zwischen dem jeweiligen Ausmaß der Abweichungen von ihren Gleichgewichtswerten. Das relative Größenverhältnis der *Taylor*-Koeffizienten entscheidet darüber, wie stark die Zinspolitik kurzfristig einen Preisschock auf die Inflation durchwirken lässt, um die Beschäftigung nicht zu sehr zu verringern.

5.3.4 Bei der "optimalen" Geldpolitik wird das Verhalten der Notenbank explizit aus ihrer Zielfunktion abgeleitet, wobei die Angebotsfunktion als Nebenbedingung zu beachten ist. Daraus lässt sich eine hypothetische Nachfragefunktion bestimmen, die zu jeder gegebenen Inflationsrate den für die Notenbank optimalen Outputwert angibt. Je nach dem Grad der Beschäftigungspräferenz wird Inflationsdruck mit unterschiedlich ausgeprägter Nachfragerestriktion bekämpft. Das Optimierungskalkül liefert ebenfalls eine Zinsregel, die die effektive Güternachfrage der optimalen Nachfragefunktion angleicht. Diese Zinsformel hat die gleiche Struktur wie die *Taylor*-Regel; die Reaktionskoeffizienten hängen jedoch endogen von den Parametern der geldpolitischen Zielfunktion und des Makromodells ab.

5.3.5 *Inflation Targeting* ist eine Strategie optimaler Zinspolitik; der Notenbankzins wird so gewählt, dass sich die mit Hilfe dynamischer Makromodelle prognostizierte Inflationsrate ihrem Zielwert annähert. Die Inflationsprognose hat eine der Geldmenge im Zwischenzielkonzept ähnliche Stellung; die Informationsnutzung ist jedoch breiter als beim quantitätstheoretischen Ansatz. *Time Lags* im Transmissionsprozess werden explizit berücksichtigt.
Da der Pfad makroökonomischer Variablen eine gewisse Autokorrelation aufweist, lassen
sich aus ihren aktuellen Veränderungen Anhaltspunkte für ihre künftige Entwicklung gewinnen. Auch *Inflation Targeting* führt zu einer der *Taylor*-Regel ähnlichen Reaktionsfunktion. "Flexibles" *Inflation Targeting* bedeutet, dass beim zinspolitisch gesteuerten Anpassungsprozess an die gewünschte Inflationsrate auch Beschäftigungsüberlegungen beachtet werden.

## 5.4 Konflikte zwischen Geld-, Lohn- und Finanzpolitik

### 5.4.1 Die Zeitinkonsistenz diskretionärer Geldpolitik: Inflationsbias bei hoher Beschäftigungspräferenz

Anhaltend hohe Inflationsraten bei ausgeglichener Konjunktur verursachen wohlfahrtstheoretisch nur Kosten, bringen aber keinen Vorteil temporärer Beschäftigungsgewinne. Bei
lernfähigen Marktakteuren und Wirtschaftspolitikern wäre deshalb zu erwarten, dass sich
statt dessen ein Regime mit Geldwertstabilität durchsetzt, da sich dabei alle langfristig besser stellen. Jedoch treten in der Praxis immer wieder Phasen anhaltend hoher Inflation auf.
Deshalb ist zu erklären, wie eine solche Konstellation eines Hochinflationsgleichgewichts
entstehen kann und weshalb es schwierig sein kann, zu einem Gleichgewicht mit niedriger
Inflation zurückzufinden.

Der folgende, auf *Barro* und *Gordon* (1983) zurückgehende Ansatz erklärt dies mit einem
Glaubwürdigkeitsdefizit der Notenbank: Ihr wird unterstellt, sie versuche immer wieder,
über expansive Geldpolitik kurzfristige Beschäftigungserfolge zu erzielen. Aus der Reaktion
der Privaten aus dieses Verhalten ergibt sich dann eine gleichgewichtige Inflationsrate, die
höher als im Wohlfahrtsoptimum ist. Die Interessen der Notenbank werden formal durch eine Variante der allgemeinen Verlustfunktion [5.1] beschrieben:

$$L = p^2 - b\,y \qquad\qquad [5.49]$$

Danach strebt die Geldpolitik eine Zielinflationsrate an, die zur Vereinfachung auf Null gesetzt ist. Zugleich ist angenommen, dass – aus Gründen der Beschäftigungsförderung – eine
positive Outputlücke $y > y^* = 0$ erwünscht ist; mit steigendem Output verringert sich der
Verlust der Notenbank (die wesentlichen Ergebnisse des folgenden Kalküls ändern sich
nicht, wenn ein konkreter Zielwert für den Output $\bar{y} > y^*$ fixiert würde). Der Parameter $b$
gibt das relative Gewicht des beschäftigungspolitischen Ziels an; eine Absenkung von $b$ erhöht indirekt den Stellenwert des Geldwertziels. Die Unterstellung, die Geldpolitik wolle

die Beschäftigung noch über das Vollbeschäftigungsgleichgewicht hinaus fördern, verlangt nach einer Begründung. Für die positive Bewertung einer Outputlücke $y > y^*$ lassen sich einige Punkte anführen:

- Insbesondere bei einer regierungsabhängigen Notenbank können politische Präferenzen zugunsten einer Beschäftigungsmaximierung auch jenseits des Vollbeschäftigungs-gleichgewichts vorliegen.

- Das gleichgewichtige Beschäftigungsniveau, das mit $y^*$ verbunden ist, kann aus wohl-fahrtstheoretischer Sicht zu niedrig sein: Einkommensteuern und Arbeitslosenunterstüt-zung verringern den einzelwirtschaftlichen Arbeitsanreiz. Dieses mikroökonomische Kalkül berücksichtigt jedoch nicht, dass der Gesellschaft insgesamt bei einem entspre-chend niedrigeren Beschäftigungsvolumen volkswirtschaftliche Kosten in Form höherer Belastungen öffentlicher Haushalte entstehen. Auch die Versorgung mit – aus Steuer-einnahmen zu finanzierenden – öffentlichen Gütern wird dann geringer als optimal sein. Diese externen Effekte könnten eine Beschäftigungsförderung rechtfertigen.

- Die mit $y^*$ verbundene NAIRU ist keine absolut fixierte Konstante; unter bestimmten Bedingungen ist es möglich, die strukturelle Arbeitslosenquote durch eine temporäre Übernachfrage auf dem Arbeitsmarkt zu verringern. Eine Beschäftigungsförderung hat dann einen positiven Wachstumseffekt (*Abschnitt 4.5.2*).

Im Inflation-Output-Diagramm wird die Verlustfunktion [5.49] durch eine Schar von nach rechts offenen Hyperbeln mit einem Scheitelpunkt auf der *y*-Achse dargestellt (*Abbildung 5-25*). Auf jeder dieser Iso-Verlust-Kurven ist das jeweils erreichte Verlustniveau konstant; es ist um so niedriger, je weiter rechts die Verlustkurven liegen, weil dann bei jeder gegebenen Inflationsrate die Beschäftigung höher ist.

Es wird angenommen, dass die Notenbank über den von ihr beeinflussten Realzins die Gü-ternachfrage ohne Verzögerung punktgenau steuern kann. In diesem Fall kann man auf die Berücksichtigung einer Nachfragefunktion verzichten und die Nachfrage *y* direkt als geld-politisches Instrument ansehen (im Originalmodell von *Barro* und *Gordon* wird dagegen un-terstellt, dass direkt die Inflationsrate geldpolitisch festgelegt werden könne, in diesem Fall ist das Produktions- und Beschäftigungsvolumen die vom Markt bestimmte Größe). Neben der geldpolitischen Zielfunktion spielt somit nur die Angebotsfunktion

$$p = p^e + \alpha y \qquad\qquad\qquad [5.50]$$

eine Rolle.

Im Ausgangspunkt bestehe in R ein makroökonomisches Gleichgewicht mit dem Output $y^* = 0$ und einer Inflationserwartung von Null. Wenn die Notenbank ihren geldpolitischen Kurs zu jedem Zeitpunkt beliebig wählen kann, d.h. eine *diskretionäre Politik* verfolgt, so wird sie auf der gegebenen, durch R verlaufenden Angebotsfunktion $y_0^s$ den Punkt B mit der Nachfrage $y'$ ansteuern, der das für sie erreichbare minimale Verlustniveau $L_B$ kenn-

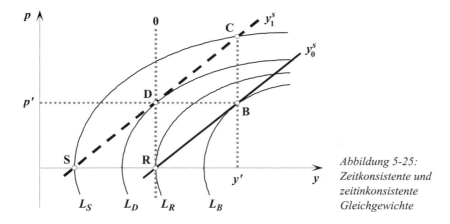

*Abbildung 5-25:*
*Zeitkonsistente und*
*zeitinkonsistente*
*Gleichgewichte*

zeichnet. Die Inflation steigt dabei auf $p'$ (die formale Herleitung der folgenden Ergebnisse findet sich in *Box 5-7*).

Jedoch ist B kein Marktgleichgewicht, weil die Inflationserwartungen der Privaten enttäuscht werden. Nach der Anpassung $p^e = p'$ verschiebt sich die Angebotsfunktion nach $y_1^s$ und bei unveränderter Nachfrage wird Punkt C realisiert. Offensichtlich ist das Verlustniveau der Notenbank hier wesentlich höher als im Ausgangspunkt. Die beste Position, die die Notenbank unter der Bedingung einer Inflationserwartung von $p^e = p'$, d.h. entlang der Angebotskurve $y_1^s$ erreichen kann, ist der Punkt D. Aber auch in diesem Marktgleichgewicht übersteigt der Verlust $L_D$ noch das Ausgangsniveau $L_R$.

Berücksichtigt nun die Notenbank, dass die Privaten im langfristigen Durchschnitt die Inflationsrate korrekt antizipieren, d.h. nur Punkte auf der vertikalen Angebotskurve ein Gleichgewicht darstellen können, so erweist sich der Ausgangspunkt R als Optimum. Dies bestätigt die verbreitete These, dass sich eine diskretionäre, an kurzfristigen Beschäftigungserfolgen orientierte Politik nicht lohnt.

Aber gerade wenn die Privaten eine zu Punkt R korrespondierende Inflationserwartung von Null haben (und deshalb wieder $y_0^s$ gilt), kommt die Notenbank in Versuchung, diese Situation kurzfristig auszunutzen und mittels expansiver Politik die für sie günstigere Konstellation B zu realisieren. Aus diesem Grund ist eine Ankündigung der Notenbank, sie werde eine Politik konsequenter Preisstabilität verfolgen (also an Punkt R festhalten), *zeitinkonsistent*: Denn eine solche im Zeitpunkt $t_0$ begonnene Politik ist in $t_1$ nicht mehr nutzenoptimal, weil sich bei $p^e = 0$ (wenn die Privaten also diesem Versprechen glauben) der Übergang zu B als eindeutig vorteilhaftere Strategie anbietet. Da die Konstellation B daraus resultiert, dass die Notenbank $y = p = 0$ ankündigt, tatsächlich aber $y' > y^*$ mit $p = p'$ praktiziert, wird B als "Betrugslösung" bezeichnet.

Eben weil sich die Notenbank dabei – gemessen an ihren jeweils kurzfristigen Interessen – völlig richtig verhält, können die privaten Akteure bei rationalen Erwartungen der Ankündigung einer stabilitätsorientierten Geldpolitik keinen Glauben schenken. Sie reagieren statt dessen mit einer *vorsorglichen Erhöhung ihrer Inflationserwartung* auf die antizipierte Täuschung durch eine diskretionäre Politik. Dies stellt praktisch eine Verteidigungsstrategie der Privaten dar, mit der sie sich gegen eine vermutete Inflationspolitik wehren.

Bei $p^e = p'$ bleibt der Notenbank dann nichts anderes übrig, als diese Erwartung mit der gewählten Politik zu bestätigen – und zwar selbst dann, wenn sie tatsächlich *kein* Betrugsmanöver, sondern eine stabilitätsorientierte Geldpolitik beabsichtigt hätte. Denn entlang der Angebotskurve $y_1^s$ ließe sich Preisstabilität nur bei einer negativen Outputlücke in Punkt S realisieren. Dies markiert eine Stabilisierungskrise: Das Zusammentreffen von positiven Inflationserwartungen und geldpolitischer Nachfragebeschränkung bedeutet für die Ökonomie einen kontraktiven Schock. Er resultiert daraus, dass in den Tarifverhandlungen der Erwartung von $p'$ entsprechend hohe Lohnsteigerungen durchgesetzt werden, die dann von den Unternehmen doch nicht überwälzt werden können. Diese Gewinnkompression würde zu einem Produktionsrückgang und zum Anstieg der Arbeitslosigkeit führen. Der Verlust der Notenbank $L_S$ ist hier höher als im Inflationsgleichgewicht D.

Im Ergebnis stellt sich daher eine volkswirtschaftlich ineffiziente und für die Notenbank nur drittbeste Lösung (D mit $L_D$) ein, weil die wohlfahrtstheoretisch gesehen bessere Konstellation R *infolge der Entscheidungsfreiheit der Geldpolitik* (zugunsten von B) nicht glaubwürdig ist und daher kein Gleichgewicht darstellen kann. Daraus kann man die Empfehlung ableiten, der Notenbank eben diese Möglichkeit zu einer diskretionären Politikwahl gemäß ihrer Zielfunktion [5.49] zu nehmen. Es erscheint als vorteilhaft, die Geldpolitik einer strikten, *institutionell vorgegebenen Regelbindung* zu unterwerfen, die zu $p = 0$ führt. Praktisch wird damit in der Zielfunktion [5.49] $b = 0$ gesetzt. Wenn die Privaten an diese Regel glauben, so kann mit $p^e = 0$ das optimale Gleichgewicht R realisiert werden.

---

*Box 5-7: Geld- und Lohnpolitik im spieltheoretischen Modell*

Das Verhalten von Notenbank und privatem Sektor lässt sich als ein Spiel zwischen zwei Akteuren, Notenbank und Gewerkschaft, verstehen, die versuchen, ihre Interessen unter Berücksichtigung der Aktionen des jeweiligen Gegenspielers zu verfolgen. Während die Zielfunktion der Notenbank durch $L = p^2 - b\,y$ [5.49] gegeben ist, will die Gewerkschaft bei Vollbeschäftigung den Reallohn ihrer Mitglieder sichern, d.h. im Rahmen ihrer Lohnpolitik die erwartete Inflationsrate möglichst nahe an der tatsächlichen Inflation halten. Aktionsparameter der Notenbank ist das Nachfragevolumen $y$, während die Gewerkschaft in Abhängigkeit von ihrer Inflationserwartung die Lohnsteigerungsrate bestimmt, die dann von den hier nicht direkt betrachteten Unternehmen in die Preise überwälzt wird.

(1) In der ersten Stufe des Spiels gehe die Notenbank davon aus, dass die Inflationserwartung der Gewerkschaft noch bei $p^e = 0$ fixiert ist. Die Angebotsfunktion [5.50] ist dann $p = \alpha\,y$. Sie stellt die Nebenbedingung für das Optimierungsproblem der Notenbank dar. Nach Einsetzen in die Verlustfunktion [5.49] ergibt sich diese als $L = (\alpha\,y)^2 - b\,y$. Differenzieren nach der Instrumentvariablen $y$ führt zur optimalen Nachfrage $y' = b/(2\,\alpha^2)$; aus der Angebotsfunktion findet

sich die optimale Inflationsrate mit $p' = b/(2\alpha)$. Mit diesen Werten errechnet sich aus [5.49] ein Verlustniveau von $L_B = -b^2/(2\alpha)^2$, d.h. ein Wohlfahrtsgewinn.

(2) Wenn die Gewerkschaft diese Inflationsrate realisiert, verlagert sich die Angebotsfunktion nach oben zu $p = b/(2\alpha) + \alpha y$. Hielte die Notenbank die Nachfrage bei $y'$, so würde die Inflation entlang der Angebotsfunktion auf $p = b/\alpha$ steigen, verbunden mit dem sehr hohen Verlust $L_C = L_S = b^2/(2\alpha^2)$.

(3) Deshalb muss die Notenbank ihre Optimierung nun unter der Nebenbedingung der neuen Angebotsfunktion durchführen. Daraus resultiert das nun optimale Nachfrageniveau $y = 0$ mit der unveränderten Inflationsrate $p' = b/(2\alpha)$. In diesem Marktgleichgewicht D beträgt der Notenbankverlust $L_D = b^2/(4\alpha^2)$. Damit hat die Gewerkschaft wieder ihre gewünschte Position erreicht, aber die Notenbank steht schlechter als zu Beginn des Spiels.

(4) Im nächsten Schritt wird die Notenbank deshalb berücksichtigen, dass die Gewerkschaft früher oder später stets die Anpassung $p^e = p$ durchsetzt. Unter dieser Bedingung verändert sich die Angebotsfunktion [5.50] zu der durch RD verlaufenden Vertikalen. Die Notenbank kann ihre Position dann nur noch durch die Wahl eines optimalen Inflationsziels verbessern. Die Ableitung der Zielfunktion [5.49] mit $y = 0$ nach $p$ ergibt $p = 0$. Würde die Gewerkschaft diese Ankündigung als glaubwürdig akzeptieren, so verliefe die Angebotsfunktion $p' = p^e = 0$ durch R und der Notenbankverlust ist $L_R = 0$.

(5) Die Ankündigung einer Zielinflationsrate $p = 0$ ist *nicht* glaubwürdig, weil die Gewerkschaft in Kenntnis der geldpolitischen Zielfunktion bei rationalen Erwartungen erkennen muss, dass die Notenbank bei Inflationserwartungen von Null wieder zur Stufe (1) des Spiels zurückkehren wird. Dies antizipierend setzt die Gewerkschaft ihre Inflationserwartung auf $p' = b/(2\alpha)$, d.h. den Wert, der im diskretionären Gleichgewicht D vorherrschen würde. Die Gewerkschaft ist indifferent zwischen den Punkten R und D.

(6) Die Notenbank ist jetzt dazu gezwungen, mit der Wahl von $y = 0$ diese Lösung zu bestätigen, da jedes andere Nachfrageniveau ihr noch größere Verluste einbringen würde. Wollte sie z.B. trotz der gewerkschaftlichen Inflationserwartung $p^e = b/(2\alpha)$ eine Inflationsrate von Null erreichen, müsste sie nach Maßgabe der Angebotsfunktion $p = b/(2\alpha) + \alpha y$ ein Nachfrageniveau von $y = -b/(2\alpha^2)$, d.h. Unterbeschäftigung durchsetzen. In dieser Konstellation S würde ihr Verlust $L_S = L_C = b^2/(2\alpha^2)$ betragen. Dies wäre die schlechteste aller Lösungen. Daher wird die Notenbank vor einer Stabilisierungskrise zurückschrecken.

Inflation und Wohlfahrtsverlust im Spielgleichgewicht D hängen positiv von der Beschäftigungspräferenz $b$ ab. Ein Weg zur Linderung des Problems besteht deshalb darin, die geldpolitischen Entscheidungsgremien mit Personen zu besetzen, die sich durch ein überdurchschnittlich hohes Interesse an Geldwertstabilität (d.h. einen niedrigen $b$-Wert) auszeichnen. Zentralbanker sollten demnach möglichst "konservativ" sein.

## 5.4.2 Glaubwürdigkeit der Notenbank: Reputation als Kapitalgut

Im Folgenden werden Annahmen und Schlussfolgerungen des vorstehenden Modells einer kritischen Würdigung unterzogen. Aus der Interaktion zwischen Notenbank und privatem Sektor wurde ein Marktversagen in einem polit-ökonomischen Spiel abgeleitet, das grundsätzlich nur durch eine von außen der Notenbank vorgegebene Regelbindung für die Durch-führung der Geldpolitik zu heilen war. Diese Schlussfolgerung – die Forderung nach einer Beseitigung der Handlungsautonomie der Notenbank – hängt jedoch von der Tragfähigkeit des Modells ab. Es ist in mehreren Punkten zu kritisieren:

(1) Die *polit-ökonomische Logik* einer Strategie der Überbeschäftigung erscheint fragwür-dig, da die Beschäftigten (als Stammwähler einer arbeitnehmerorientierten Regierungspar-tei) durch inflationsbedingte Reallohneinbußen verärgert werden. Die steigenden Beschäfti-gungschancen bislang arbeitsloser Bürger fallen demgegenüber quantitativ weniger ins Ge-wicht. Sparer und Geldvermögensbesitzer fühlen sich durch eine inflatorische Expansions-politik ohnehin geschädigt.

---

*Keynesians were concerned with the problem of pushing the economy to its natural rate, not be-yond it. If the economy is already there, we can all go home.*

Frank H. Hahn (1982: 74f)

---

(2) Eine exogen verfügte Regelbindung für die Notenbank ist *politisch schwer umsetzbar*. Wenn die Einhaltung der Regelbindung durch Regierungsinstitutionen überwacht und durchgesetzt werden soll, so ist zu unterstellen, dass diese nie ein Interesse haben, auch nur temporäre Abweichungen von der Regel zuzulassen. Dies ist jedoch schwer vorstellbar. Letztlich wird das Zeitinkonsistenzproblem durch die Übertragung der geldpolitischen Ent-scheidungsgewalt auf andere Institutionen nur verlagert, aber nicht gelöst.

(3) Die Regelbindung ist *kaum operationalisierbar*. Die strikte Vorgabe einer gewünschten Inflationsrate hilft nicht weiter, da sie keine unmittelbare Instrumentvariable der Notenbank ist. Machbar wäre die Vorschrift eines optimalen Geldmengenwachstums. Das Konzept der Geldmengensteuerung weist jedoch erhebliche Schwachstellen auf und kommt auch nicht ohne situationsgebundene Bewertungen seitens der Geldpolitiker aus (*Abschnitte 5.2.2, 5.2.3*). Eine mechanische Zinsregel kann ebenfalls nicht in allen gesamtwirtschaftlichen Konstellationen das Erreichen der gewünschten Inflationsrate garantieren.

(4) Die Notenbank kann die *Nachfrage nicht direkt und unmittelbar kontrollieren*. Diese Unterstellung ist eine unangemessene Vereinfachung des Ansatzes; die Annahme der ur-sprünglichen Modellversion, die Notenbank könne direkt die Inflationsrate steuern, ist noch unrealistischer. Faktisch können die makroökonomischen Variablen wie Beschäftigung und Inflation nur mit z.T. langen Zeitverzögerungen über die Zinsen beeinflusst werden.

Dieser *Time Lag verändert die Logik des Spiels*: Die Marktakteure können nicht mit einer Nachfrage- bzw. Inflationszunahme überrascht werden, wenn sie den primären Instrumen-teneinsatz der Notenbank beobachten; leiten sie daraus eine Inflationsgefahr ab, so bleibt ih-nen i.d.R. noch genügend Zeit zur lohnpolitischen Reaktion. Damit hat aber auch die Noten-bank keinen Anreiz mehr, eine Nachfrageexpansion durchzuführen: Sie würde stets auf eine bereits durch Inflationserwartungen nach oben verlagerte Angebotsfunktion treffen; auch kurzfristig könnte niemals Punkt B, sondern stets nur C erreicht werden (*Abbildung 5-25*). Ein Schritt von R nach C macht aber für die Notenbank keinen Sinn. Daraus folgt wiederum, dass es für die Marktakteure keine Notwendigkeit für eine vorsorglich erhöhte Inflationserwartung gibt. Das Zeitinkonsistenzproblem und der Inflationsbias verschwinden.

---

*Game theoretic models of time inconsistency have been so popular, because we have wanted to believe them, despite these models being unrealistic in several respects. [...] [They] have ignored the fact that there are long lags between monetary policy adjustments and their effect on the real economy, and that both inflation and output have persistence. But so long as wages and prices are fully flexible, such monetary policy lags would imply that the policy would be transparently observed before it affects the economy; consequently the Central Bank could not fool anybody. [...] If monetary instruments operate with a lag, than a rational public would observe them and adjust their expectations accordingly if they have not bound themselves into a contract longer than that lag. Hence the public would not be fooled, and the time inconsistency problem would vanish.*

Charles A. E. Goodhart / Haizhou Huang (1998: 393, 378f)

---

(5) Die Interaktion zwischen Notenbank und privatem Sektor muss als sich wiederholendes bzw. *intertemporales Spiel* betrachtet werden. In *Abbildung 5-25* erschien der Übergang von R nach B für die Notenbank als Wohlfahrtsgewinn. Für ein heutiges Täuschungsmanöver wird die Notenbank jedoch in der folgenden Periode damit bestraft, dass die Marktakteure ihre Inflationserwartung der Betrugslösung anpassen ($p^e = p'$), so dass dann die für die Notenbank schlechtere Lösung D realisiert wird. Im Ergebnis steht der heutigen Verlustreduktion ($L_B - L_R$) die zukünftige Positionsverschlechterung ($L_R - L_D$) gegenüber. Es ist offen, wie lange die Inflationserwartung bestehen bleibt und ob sie nicht erst durch eine aktive Antiinflationspolitik (Übergang von D nach S) überwunden werden kann, womit für die Notenbank ein zusätzlicher Verlust ($L_D - L_S$) anfällt. Nur bei einer hohen Zeitpräferenz auf Seiten der Notenbank, wenn sie also den heutigen Wohlfahrtsgewinn höher bewertet als die künftigen Verluste, wäre zu erwarten, dass sie das anfängliche Betrugsmanöver startet. Somit kann bei einem langfristig angelegten Wohlfahrtskalkül die mit Preisstabilität verbundene Lösung R auch ohne eine Regulierung der Notenbank erreicht werden.

---

*That outcome seems inherently nutty, because the Central Bank itself knows from the outset that, if it plays this way, it will fail to improve employment and will just generate inflation, so that it must be a stupid game for it to play at all.*

Charles A. E. Goodhart (1994: 106)

---

*All that is needed for avoidance of the inflationary bias [...] is for the central bank to recognize the futility of continually exploiting expectations that are given "this month" while planning not to*

> *do so in the future, and to recognize that its objectives would be more fully achieved on average*
> *if it were to abstain from attempts to exploit these temporarily given expectations.*
>
> Bennett McCallum (1995: 208f)

(6) Das Modell unterstellt *vollständige Information i.S. der Theorie rationaler Erwartungen.* Das Marktergebnis D stellt sich ein, weil die Wirtschaftssubjekte die Zielfunktion der Notenbank [5.49] kennen. Faktisch sind jedoch nur Vermutungen über den Grad der Zeitpräferenz und der Beschäftigungspräferenz *b* der Notenbank möglich; allerdings hängt dies von der Art der Kommunikationspolitik der Notenbank ab (*Box 5-8*). Denkbar ist zudem, dass sich diese Präferenzen mit der ökonomischen Lage ändern (so könnte z.B. in Zeiten großer Arbeitslosigkeit *b* einen höheren Wert annehmen). Personelle Veränderungen in der Notenbankleitung oder Regierungswechsel könnten zu einem neuen Kurs der Geldpolitik führen. Schließlich kann die makroökonomische Entwicklung durch temporäre Störungen im Bereich der Finanzmärkte beeinflusst werden, so dass nicht jede Zinsbewegung einen Kurswechsel der Notenbank bedeuten muss.

Aus diesen Gründen ist für die Wirtschaftssubjekte ein gradueller Lernprozess sinnvoll, bei dem Absichten der Geldpolitik aus den makroökonomischen Ergebnissen und Erfahrungen erschlossen werden. *Unvollkommene Information* führt zu *adaptiver Erwartungsbildung.* Sie ist dann keine unmittelbare Funktion der angekündigten oder realisierten Zinspolitik, sondern der faktischen Inflationsentwicklung in der Vergangenheit, an der gemessen wird, wie ernst die Notenbank das Ziel der Geldwertstabilität nimmt. Bei dieser Erwartungsbildung wird erst eine inflationäre Praxis der Geldpolitik zur Herausbildung einer Inflationsmentalität führen, nicht schon die bloße Vermutung, dass eine Beschäftigungsförderung auf Kosten des Geldwertes präferiert werden *könnte.*

Die *Konsequenzen adaptiver Erwartungen für die Notenbank* sind weitreichend: Bei einem guten Gedächtnis der Marktakteure hat eine auch nur temporär offen inflationäre Geldpolitik langfristig negative Konsequenzen in Form entsprechender Inflationserwartungen. Diese bleiben zunächst auch dann bestehen, wenn sich die Notenbank zu einem Kurswechsel zugunsten der Preisstabilität entschließen sollte. Eine solche Präferenzänderung wird erst dann glaubwürdig und geht in die private Erwartungsbildung ein, nachdem sie praktisch demonstriert worden ist – durch eine mit Arbeitslosigkeit verbundene Stabilisierungskrise (demgegenüber spielt bei vollständiger Information und rationaler, vorwärtsblickender Erwartung die Vergangenheit keine Rolle, bei einer neuen Zielfunktion der Notenbank wäre ein sofortiger Übergang von D nach R möglich). Dabei müsste die Unterbeschäftigungskonstellation in S vielleicht sogar länger durchgehalten werden, um die privaten Akteure davon zu überzeugen, dass es sich nicht um ein zufälliges Marktergebnis oder um einen Steuerungsfehler, sondern um einen stabilitätspolitischen Kurswechsel handelt.

Unter diesen Bedingungen unvollkommener Information kann die an der Währungsstabilität gemessene *Reputation der Notenbank als Kapitalgut* betrachtet werden: Es wird langsam durch glaubwürdige Politik aufgebaut und (vermutlich rascher) durch das Tolerieren von Inflation entwertet. Eine mit Unterbeschäftigung einhergehende Antiinflationspolitik stellt eine Investition in Reputation dar, wenn dadurch den Märkten demonstriert wird, dass die Notenbank auch unter Hinnahme volkswirtschaftlicher Kosten zur Geldwertstabilität entschlossen ist. Wenn eine Notenbank eine hohe Reputation erworben hat, so wird sie in ihrem eigenen Interesse von einer inflationären Politik abgehalten, weil dies zu einem Verlust an Vertrauenskapital führt, der nur mit großen Kosten wieder wettgemacht werden kann.

Der *volkswirtschaftliche Vorteil einer hohen Reputation der Notenbank* besteht in der Stabilität niedriger Inflationserwartungen. Die Geldpolitik genießt einen gewissen Vertrauensvorschuss und man reagiert auf makroökonomische Störungen, die eine potenzielle Inflationsgefahr mit sich bringen, nicht schon vorsorglich mit einer expansiven Nominallohnpolitik, was dann zur Realisierung dieser Inflationsgefahr führt. Zugleich wird Reputation indirekt als beschäftigungspolitisches Instrument nutzbar: Wissen die Marktakteure, dass eine Notenbank die politische Handlungsfreiheit zu einer notfalls energischen Stabilitätspolitik besitzt und sie diese auch zu nutzen bereit ist, dann werden sie dieser Notenbank einen größeren Spielraum zur kurzfristigen Konjunktursteuerung zubilligen, die ja stets mit Inflationsrisiken verbunden ist. Deshalb muss eine angesehene Notenbank im Interesse der Inflationsvermeidung keineswegs eine permanent restriktive Politik verfolgen. Sie kann bei entsprechenden Marktbedingungen die Beschäftigung vielleicht sogar mehr fördern als eine Notenbank, die das Vollbeschäftigungsziel explizit an die erste Stelle setzt.

---

*Box 5-8: Transparenz und Kommunikation in der Geldpolitik*

Das oben vorgestellte Szenario einer "Überraschungsinflation" hat unbeschadet seines fraglichen Realitätsgehalts den Ruf nach *Transparenz* in der Geldpolitik befördert. Notenbanken sind heute gehalten, ihre Zielvorstellungen, Lagebeurteilungen und Zinsentscheidungen öffentlich darzulegen und zu begründen. Teilweise besteht eine formelle Rechenschaftspflicht, die sicherstellen soll, dass die Geldpolitik nicht vom vorgeschriebenen Weg abweicht; auch wird gefordert, die internen Debatten und Entscheidungen zu protokollieren und zu veröffentlichen. Derartige institutionelle Auflagen können dazu beitragen, die Glaubwürdigkeit der Geldpolitik zu erhöhen. Die Notenbank selbst kann ein Interesse an einer solchen Regulierung ihres Verhaltens haben, wenn dies in den Märkten der Entstehung von Inflationserwartungen entgegenwirkt. Jedoch ist es zweifelhaft, ob die Öffentlichkeit auf diesem Wege wirklich mehr von den Geheimnissen der Geldpolitik erfährt:

- Die Verpflichtung zur Offenlegung von Verhandlungsprotokollen wird dazu führen, dass Entscheidungen in informelle interne Sitzungen verlagert werden.

- Auskünfte über künftige Zinsentscheidungen sind selten erhältlich, da die Notenbank ihren Kurs anhand *aktueller* Daten festlegen muss und bei notwendig werdenden Kursänderungen nicht durch frühere Ankündigungen gebunden sein möchte (*Abschnitt 3.2.3*).

- Im Hinblick auf die Lagebeurteilung verfügen Notenbanken nicht unbedingt über einen Informationsvorsprung im Vergleich zu anderen professionellen Marktbeobachtern.

- Eine bloße Publikation von empirischen Daten und *möglichen* gesamtwirtschaftlichen Zusammenhängen schafft noch keine wirkliche Information. Ein *Verständnis* der Notwendigkeit und Wirkungen von geldpolitischen Aktionen verlangt eine theoriegeleitete Ordnung und Interpretation der Datenfülle.

Der letzte Punkt verweist auf eine Eigentümlichkeit in der *Kommunikation* zwischen Notenbank und Öffentlichkeit: Die wirtschaftliche Lage und die getroffenen Entscheidungen werden oft aus dem Blickwinkel der praktizierten geldpolitischen Konzeption geschildert, also z.B. unter Bezugnahme auf die Strategie der Geldmengensteuerung oder des *Inflation Targeting*. Die Verwendung derartiger Konzeptionen ist in der Außendarstellung nützlich, weil sie den Märkten einen Einblick in die Denkweise der Notenbank vermittelt. Damit kann die Notenbank die Erwartungen im privaten Sektor steuern, der seinerseits geldpolitische Entscheidungen leichter antizipieren kann. Auch im internen Arbeitsablauf der Notenbank ist eine theoriegestützte Konzeption hilfreich, weil sie einen Rahmen für den täglichen Entscheidungsprozess gibt: Sie bietet ein ökonomisches Verständnis zur Beurteilung von neuen Daten und Informationen, strukturiert ihren Verarbeitungsprozess und ermöglicht Prognosen der Wirkungen von Zinsänderungen.

Geldpolitische Konzeptionen, die einen theoretisch gestützten Zusammenhang zwischen Zielen, Instrumenten und Wirkungen von Notenbankentscheidungen herstellen, fungieren aus kommunikationstheoretischer Sicht wie *Sprachen*, die eine gemeinsame Verständnisebene zwischen Notenbankern, Politikern und Öffentlichkeit herstellen. Eine Unterscheidung in "gute" und "schlechte" Sprachen ist grundsätzlich wenig sinnvoll; aber Notenbanken sollten über ein klares Konzept ihrer Politik verfügen und dieses auch publik machen. Aus diesem Blickwinkel kann man die These vertreten, dass die Art der praktizierten geldpolitischen Konzeption (z.B. Geldmengensteuerung oder *Inflation Targeting*) weniger wichtig ist im Vergleich zur der Frage, ob überhaupt eine erkennbare Strategie verfolgt wird.

Zinsentscheidungen der Zentralbanken können zumeist gut prognostiziert werden. Professionelle Akteure auf den Finanzmärkten sind demnach in der Lage, die wirtschaftliche Lage aus dem Blickwinkel der Notenbanker zu analysieren und deren Verlautbarungen richtig zu verstehen. Erstaunlicherweise gilt dies auch für Zentralbanken, deren Konzept stellenweise als widersprüchlich kritisiert wird (EZB) oder die sich explizit zu keinem bestimmten Konzept bekennen (Fed).

### 5.4.3 Staatliche Budgetbeschränkung und Inflationssteuer: die Monetisierung von Haushaltsdefiziten

Fiskal- und Geldpolitik haben enge Berührungspunkte: Zur Finanzierung von Budgetdefiziten ist eine Kreditaufnahme bei den Banken oder eine Emission von Staatsschuldpapieren am Kapitalmarkt notwendig. Käufer dieser Wertpapiere können Banken, inländische Haushalte oder Ausländer sein. Auf der anderen Seite wurde die Offenmarktpolitik als mögliches Instrument der Notenbank genannt. Wenn eine expansive Budgetpolitik, d.h. ein Neuangebot von Staatsschuldtiteln, zeitlich mit einer expansiven Geldpolitik, d.h. einem Wertpapierkauf seitens der Notenbank zusammenfällt, so erfolgt per Saldo eine Neuverschuldung des Staates bei der Notenbank. Die expansive Wirkung auf die Geldmenge ist die gleiche, als wenn die Notenbank dem Finanzministerium einen direkten Kredit gewährt hätte.

Eine Unterstützung der Fiskalpolitik durch die Geldpolitik mittels einer *Monetisierung der Staatsverschuldung* kann aufgrund politisch-institutioneller Regelungen erzwungen sein, etwa durch eine der Notenbank erteilte Auflage, den Zinssatz auf Staatsschuldtitel konstant zu halten. Das Ziel einer solchen Vorschrift kann zum einen darin bestehen, die Zinskosten für private Investoren und für die staatliche Verschuldung zu begrenzen. Zudem soll damit bei steigendem Wertpapierangebot ein Kursverfall des Schuldtitelbestandes vermieden werden, um die Attraktivität der Staatspapiere in den Augen der Anleger zu wahren (*Kurspflege*).

Wenn die Geldpolitik in einem derartigen Regime ihre Unabhängigkeit verloren hat, kann man noch einen Schritt weitergehen und auch formell Staatsbudget und Notenbankbilanz aggregieren. Ein Budgetdefizit $BD$ tritt auf, wenn die nominalen Staatsausgaben $G^n$ die nominalen Steuern $T^n$ übersteigen. Es wird finanziert, indem ein Teil der Neuverschuldung $\Delta D_1$ von der Notenbank angekauft wird, womit zusätzliches Geld $\Delta M$ geschöpft wird. Die privaten Haushalte teilen ihr Nominaleinkommen auf Konsum $C^n$, Steuerzahlungen und Ersparnis $S^n$ auf und verwenden letztere zur Haltung des neu geschaffenen Geldes $\Delta M$ und zur Anlage in Staatsschuldtiteln $\Delta D_2$. *Tabelle 5-4* zeigt die Bewegungsbilanzen bzw. Finanzierungsrechnungen von Öffentlichem Haushalt, Notenbank und privaten Haushalten.

Im nächsten Schritt können Öffentlicher Haushalt und Notenbank zum Sektor "Staat" zusammengefasst werden. Die Aggregation ihrer Bewegungsbilanzen ergibt nach Saldierung ihrer wechselseitigen Forderungen und Verpflichtungen ($\Delta D_1$) die *Tabelle 5-5*: Diese *staatliche Budgetbeschränkung* zeigt, dass das nominale Budgetdefizit durch eine Neuverschuldung gegenüber dem privaten Sektor finanziert wird, die sich aus einer Geldmengenerhöhung und einer Neuemission staatlicher Wertpapiere zusammensetzt. Damit erscheint die Geldmenge als "unverzinster Teil der Staatsschuld" und es stellt sich die Frage, in welchem Ausmaß der Staat mittels dieser kostenlosen Finanzierung Ressourcen aus dem privaten Sektor an sich ziehen kann.

Um dieses Umverteilungsproblem von Auslastungs- und Beschäftigungsproblemen zu trennen, wird Kapazitätsvollauslastung und Vollbeschäftigung unterstellt. Der Staat kann nun seine Nachfrage erhöhen, indem er zusätzliche Ausgaben mit steigenden Notenbankkrediten, d.h. durch immer weitere Geldmengenerhöhungen finanziert. Steigen aber als Folge der Überschussnachfrage die Preise in gleichem Umfang wie die Geldmenge, erhält der Staat *real* nicht mehr Güter als zuvor. Dies gelingt ihm nur dann, wenn die Preise weniger stark als die Geldmenge steigen. Das wiederum setzt voraus, dass der private Sektor seine nominale Güternachfrage nicht im Ausmaß der Geldmengenerhöhung ausdehnt.

Tatsächlich wird auch ein Teil des neu geschaffenen Geldes in den Aufbau der privaten Kassenhaltung fließen, wenn bei steigenden Preisen eine bestimmte reale Geldnachfrage aufrechterhalten werden soll. Mit der Haltung einer zusätzlichen nominalen Geldmenge, d.h. "unverzinslicher Staatsschuld" in entsprechender Höhe erlaubt der private Sektor damit die Finanzierung zusätzlicher Haushaltsdefizite, d.h. er verzichtet insoweit auf eine Güternachfrage und ermöglicht so dem Staat eine Aneignung zusätzlicher Ressourcen.

| Öffentlicher Haushalt | |
| --- | --- |
| $G^n$ | $T^n$ <br> $BD = \Delta D_1 + \Delta D_2$ |

| Notenbank | |
| --- | --- |
| $\Delta D_1$ | $\Delta M$ |

| Private Haushalte | |
| --- | --- |
| $C^n$ <br> $T^n$ <br> $S^n = \Delta M + \Delta D_2$ | $Y^n$ |

Tabelle 5-4:
Finanzierungsrechnungen

| Staat | |
| --- | --- |
| $BD = G^n - T^n$ | $\Delta M + \Delta D_2$ |

Tabelle 5-5:
Staatliche
Budgetbeschränkung

Die Inflation wirkt somit über die vermehrte Kassenhaltung wie eine Steuer. Die reale (Zentralbank-) Geldhaltung ist die Steuerbasis, die Inflationsrate der Steuersatz. Der reale Gesamtertrag dieser *Inflationssteuer* ist dann $p\,(M/P)$. Nach der Geldmarktgleichung [2.52] $M = P\,L(Y,i)$ nimmt die nominale Geldhaltung bei einer Preiserhöhung um $dM = dP\,L(\cdot)$ zu. Real entspricht dies einem Güternachfrageverzicht von $dM/P = (dP/P)\,L(\cdot)$. Da zugleich $L(\cdot) = M/P$ gilt, ist der reale Inflationssteuerbetrag $dM/P = p\,(M/P)$. In Relation zum realen Bruttoinlandsprodukt betrug in Deutschland diese Steuer im Jahr 1992 (beim letzten Inflationsgipfel von 5 %) nur knapp 0,4 %. Dieses Steueraufkommen ist somit bei niedrigen Inflationsraten gering und kann auch über eine Forcierung der Inflation nicht unbegrenzt gesteigert werden: Da die Inflation das Geldvermögen entwertet, werden die Akteure die Kassenhaltung ökonomisieren. Die reale Geldhaltung wird bei immer höheren Inflationsraten so stark eingeschränkt, dass das Inflationssteueraufkommen schließlich sogar sinkt (*Box 2-7*).

Der einfachste Weg der Haushaltsfinanzierung ist die Erhöhung der direkten Verschuldung des Staates bei der Notenbank. Faktisch ist dies immer ein zinsloser Kredit, da eine vereinbarte Zinszahlung des Finanzministers über die Gewinnausschüttung der Notenbank an die Staatskasse zurückfließt. Die direkte Kreditaufnahme des Staates bei der Notenbank ist jedoch in der EWU wegen der Erfahrung eines Missbrauchs in der Vergangenheit ausgeschlossen. Der Geldschöpfungsgewinn des Staates (*Seigniorage*) besteht dann nur im Transfer des (durch Zinseinnahmen entstehenden) Notenbankgewinns an den Staatshaushalt.

### 5.4.4 Grenzen der Staatsverschuldung: die Beziehung zwischen Realzins und Wirtschaftswachstum

Kreditfinanzierte Staatsausgaben (*Deficit Spending*) bei einer Verschuldung über den Markt führen zum Problem der Grenzen der Staatsverschuldung. Maßgröße der volkswirtschaftlichen öffentlichen Schuldenbelastung ist die *Schuldenquote*, d.h. das Verhältnis von staatlichem Schuldenstand $D$ und nominalem Inlandsprodukt

$$d = \frac{D}{PY} \qquad [5.51]$$

Die Bedeutung der Schuldenquote ist erkennbar durch einen Blick auf die *Zinslastquote*: die staatlichen Zinszahlungen auf den Schuldenstand in Relation zum Inlandsprodukt (denkbar wäre auch eine Bezugnahme auf das Haushaltsvolumen).

$$z = \frac{iD}{PY} = i\,d \qquad [5.52]$$

Selbst bei konstantem Zinssatz würden die Zinszahlungen schließlich den gesamten Staatshaushalt beanspruchen, wenn die Schuldenquote immer weiter zunimmt.

Der absolute Zuwachs der Staatsschuld $\Delta D$ entspricht dem laufenden nominalen Budgetdefizit $BD$. Es ist in zwei Komponenten zu unterteilen:

- *Zinsausgaben* für den Bestand der Staatsschuld $i\,D$.
- *Primäres Budgetdefizit* als Differenz zwischen nominalen Staatsausgaben $G^n$ (ohne Zinszahlungen) und nominalen Steuereinnahmen $T^n$.

$$\Delta D = BD = i\,D + G^n - T^n \qquad [5.53]$$

Die Schuldenquote steigt mit der Neuverschuldung $\Delta D$ und sinkt mit der Zunahme von $PY$, d.h. mit Inflation und Wirtschaftswachstum. Analytisch genauer lässt sich die Veränderung der Schuldenquote in der Zeit aus dem totalen Differenzial von [5.51] ableiten:

$$\Delta d = \frac{\Delta D}{PY} - d\left(p + \hat{y}\right) \qquad [5.54]$$

Die Quote des primären Budgetdefizits wird bezeichnet mit

$$b = \frac{G^n - T^n}{PY} \qquad [5.55]$$

Aus [5.53] bis [5.55] ergibt sich die Veränderung der Schuldenquote

$$\Delta d = b + \left(i - p - \hat{y}\right)d \qquad [5.56]$$

Die Schuldenquote nimmt demnach zu, wenn ein primäres Budgetdefizit vorliegt und/oder der Zinssatz größer als das nominale Wirtschaftswachstum ist, anders formuliert: wenn der

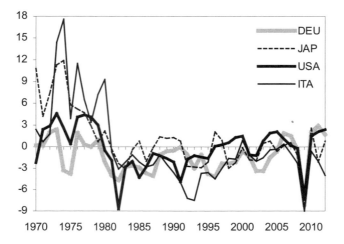

*Abbildung 5-26:*
*Wachstumsrate*
*minus Realzins*

inflationsbereinigte, reale Zinssatz $r = i - p$ die reale Wachstumsrate übertrifft. Das Wirtschaftswachstum ist damit für die langfristige Entwicklung der staatlichen Schuldenlast von entscheidender Bedeutung: Es allein liefert die Mittel, die dem Staat die Aufrechterhaltung eines *Deficit Spending* und die Bedienung der aufgelaufenen Altschulden ermöglichen. Die langfristige Stabilität in den staatlichen und volkswirtschaftlichen Finanzierungsverhältnissen verlangt eine konstante Schuldenquote.

Die Gleichgewichtsbedingung $\Delta d = 0$ bedeutet nach [5.56]

$$b = (\hat{y} - r)d \qquad\qquad [5.57]$$

Ist das reale Wirtschaftswachstum größer als der reale Zins, kann sich der Staat ein primäres Budgetdefizit leisten. Im umgekehrten Fall wird zur Bedienung einer bestehenden Staatsschuld ein laufender primärer Budgetüberschuss notwendig. Empirisch zeigt sich, dass in den 1970er Jahren im Hinblick auf die Wachstum-Zins-Differenz noch günstige Rahmenbedingungen für die Kontrollierbarkeit der Staatsverschuldung bestanden haben (*Abbildung 5-26*), allerdings auch nur vor dem Hintergrund teilweise überraschend hoher Inflationsraten. Seit den 1980er Jahren sind die Bedingungen kritischer geworden: Die Geldpolitik achtet jetzt im Interesse der Geldvermögensbesitzer stärker auf positive Realzinsen; gleichzeitig hat das Wachstum eher nachgelassen.

Die Bedeutung der Wachstum-Realzins-Differenz für die Stabilität der Staatsfinanzen ist in *Abbildung 5-27* illustriert: Sie zeigt Gleichung [5.48] in zwei Varianten, wobei die durch die Steigung der Geraden gemessene Differenz zwischen Realzins und Wachstumsrate im einen Fall negativ, im anderen positiv ist. Der Achsenabschnitt misst jeweils die Quote des primären Defizits. Die Stabilisierung der Schuldenquote beim Wert $d_0$ erlaubt bei relativ starkem Wachstum ein laufendes Budgetdefizit ($b_1$), verlangt aber einen um so größeren Budgetüberschuss ($-b_2$), je mehr der Realzins das Wirtschaftswachstum übersteigt. Die Konse-

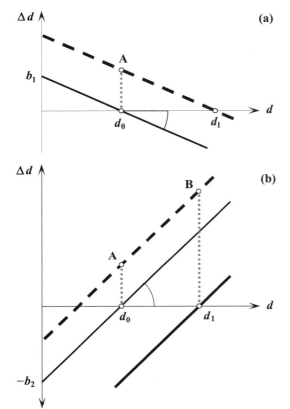

Abbildung 5-27:
Dynamik der Schuldenquote
bei $r < \hat{y}$ (a) und $r > \hat{y}$ (b)

quenzen unterschiedlicher Vorzeichen der Wachstum-Realzins-Relation lassen sich anhand einer einmaligen (ungeplanten) Erhöhung des Primärdefizits ($d_0 \to$ A) zeigen.

(a) Ist $r < \hat{y}$, liegt im Grunde kein weiterer finanzpolitischer Handlungsbedarf vor; die Defizitquote baut sich von selbst im Lauf der Zeit ab und es wird eine stabile Konstellation bei allerdings erhöhter Schuldenquote $d_1$ erreicht.

(b) Im Falle $r > \hat{y}$ nimmt die Defizitquote hingegen immer weiter zu; zur Stabilisierung der Haushaltsentwicklung muss früher oder später (z.B. in Punkt B) eine Konsolidierung erfolgen, wobei das Ausmaß der notwendigen Einsparungen (die Verschiebung B $\to d_1$) wegen der neu entstandenen Zinsverpflichtungen größer als die ursprüngliche Defizitzunahme ($d_0 \to$ A) ist.

Mittelfristig wird die Haushaltsentwicklung durch *automatische Stabilisatoren* beeinflusst, die dämpfend auf Konjunkturausschläge wirken: In einer Wirtschaftskrise führen einkommensbedingt sinkende Steuereinnahmen und mit der Arbeitslosenunterstützung verbundene steigende Ausgaben tendenziell zu einem Budgetdefizit. Umgekehrt verbessert sich die Haushaltslage automatisch in der Hochkonjunktur. Selbst wenn sich die Staatsausgaben im

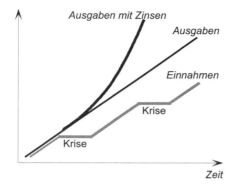

*Abbildung 5-28:*
*Stilisierte Entwicklung*
*der Staatseinnahmen*
*und -ausgaben*

Konjunkturverlauf nicht ändern, variiert das Budgetdefizit aufgrund der Wirkung eines konstanten Steuersatzes *t* invers zur Einkommensentwicklung:

$$BD = G^n - T^n = G^n - tY \quad \Rightarrow \quad \frac{dBD}{dY} < 0 \qquad [5.58]$$

Auch bei einer aktiven Nachfragepolitik in Krisenzeiten wäre ein *zyklischer Budgetausgleich* möglich, wenn im Aufschwung entsprechend kompensierende Überschüsse angesammelt würden. Die hierzu notwendigen Ausgabenkürzungen und Steuererhöhungen waren in der politischen Praxis aber oft nicht durchsetzbar oder wurden gar nicht erst angestrebt. Infolgedessen droht so mittelfristig ein kumulatives Haushaltsdefizit (*Abbildung 5-28*):

- Während einer Wirtschaftskrise bewirken Steuerausfälle auch bei unverändertem Kurs der Staatsausgaben ein Budgetdefizit.

- Danach kehren die Einnahmen auf ihren normalen Entwicklungspfad zurück, verlaufen wieder parallel zu den Ausgaben, aber auf einem niedrigeren Niveau. Damit würde das Defizit fortgeschrieben.

- Die nun auftretende Zinsbelastung führt zu einer Scherenbewegung zwischen Ausgaben und Einnahmen.

Aus dieser Abfolge wird erkennbar, dass bereits wenige Konjunkturkrisen genügen können, um allein über periodische Einnahmeausfälle ein Verschuldungsproblem entstehen zu lassen. In vielen Ländern vermittelte die Entwicklung der Staatsfinanzen zudem den Eindruck eines allgemein expansiven Haushaltsgebarens, das weniger die unmittelbare Folge konjunktureller Notlagen ist, sondern eher politisch-ökonomische Zwänge zur Befriedigung vielfältiger Wünsche nach öffentlichen Leistungen i.w.S. widerspiegelt. Mit anhaltenden Budgetdefiziten sind die Staatsschulden immer mehr angestiegen (*Abbildung 5-29*).

Steigende Staatsschulden sind weniger ein Problem im Hinblick auf die Belastung der künftigen Generationen, sondern im Hinblick auf ihre Bedienung in der Gegenwart. Zinszahlungslasten schränken die finanzpolitische Handlungsfreiheit immer mehr ein. Dann droht

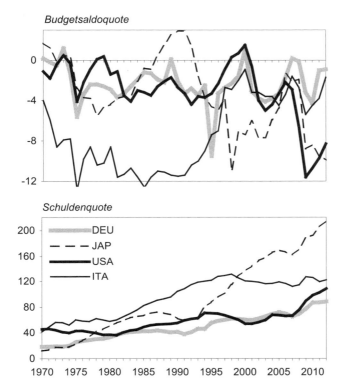

Abbildung 5-29:
Entwicklung der
Staatsfinanzen

ein politischer Druck auf die Notenbank, die Zinsen möglichst niedrig zu halten. Eine höhere Inflation wäre den Finanzministerien auch willkommen, weil dies die Staatsschuld real entwertet und die Wachstum-Realzins-Relation verbessern kann. Antizipieren die Finanzmärkte allerdings eine solche Bedrohung, kann es zu vorsorglichen Nominalzinssteigerungen kommen, mit denen sich die Anleger vor einer möglichen Entwertung ihres Geldvermögens schützen können (*Abschnitt 2.1.3*). Diese Risikoprämie in der Verzinsung von Staatsanleihen stellt eine fiskalisch spürbare Bestrafung für unsolide Haushaltspolitik dar.

---

*Wird die Staatsschuld von den Staatsbürgern gegeben und gehalten, so wird durch die Staatsschuld die Volkswirtschaft nicht ärmer oder reicher, und die Zinszahlungsverpflichtungen des Staates in der Zukunft sind auch nur Transfers zwischen Steuerzahlern und Zinsempfängern (die sogar dieselben Wirtschaftssubjekte sein können). Es findet deshalb auch keine Lastabwälzung auf spätere Generationen statt, wenn sich der Staat bei seinen Bürgern "verschuldet". Die künftigen Zinszahlungen werden von der zukünftigen Generation an die dann lebenden Menschen gezahlt, sind [...] Transfers der Zukunft, nicht von der Zukunft an die Gegenwart. Transfers zwischen Generationen sind real nur in einer Richtung möglich: von der Gegenwart in die Zukunft in Form der Kapitalbestände und Ressourcen.*

Harald Scherf (1986: 98)

**Zusammenfassung**

5.4.1 Will eine autonome Notenbank neben der Geldwertstabilität auch die Beschäftigung über das Arbeitsmarktgleichgewicht hinaus fördern, so ist ihre Ankündigung, eine stabilitätsorientierte Geldpolitik betreiben zu wollen, zeitinkonsistent und deshalb nicht glaubwürdig: Wenn die privaten Akteure daraufhin niedrige Inflationserwartungen bilden würden, könnte die Notenbank dies kurzfristig ausnutzen, um mittels einer überraschenden, inflationären Geldpolitik die Beschäftigung zu erhöhen. Da die privaten Akteure eine derartige Täuschung antizipieren, werden sie Inflationserwartungen bilden, so dass im Marktgleichgewicht stets eine positive, aber funktionslose Inflationsrate besteht. Ein wohlfahrtstheoretisch besseres Ergebnis ließe sich erzielen, wenn der Notenbank die Möglichkeit zu diskretionärem Handeln genommen und sie gesetzlich zu einer strikt regelgebundenen Geldpolitik im Dienste der Geldwertstabilität gezwungen wird.

5.4.2 Eine solche institutionelle Restriktion ist allerdings unnötig, wenn die Notenbank aufgrund von Zeitverzögerungen im Transmissionsmechanismus der Geldpolitik keine Überraschungsinflation auslösen kann oder wenn sie selbst langfristig kalkuliert und ihren Reputationsverlust (in Form höherer Inflationserwartungen) beachtet, der via Inflation durch eine kurzfristig angelegte diskretionäre Beschäftigungsförderung entstehen kann. Reputation ist wie ein Kapitalgut: Es wird langfristig durch stabilitätsorientierte Politik aufgebaut und kann durch falsche Entscheidungen rasch entwertet werden. Bei unvollkommener Information über die Zielsetzungen der Geldpolitik wird die tatsächliche Preisentwicklung zum maßgeblichen Bestimmungsfaktor der (adaptiv gebildeten) Inflationserwartungen. Ein Reputationsverlust kann dann nur durch eine mit volkswirtschaftlichen Kosten verbundene Antiinflationspolitik ausgeglichen werden.

5.4.3 Budgetdefizite können nur im Fall einer politisch abhängigen Zentralbank durch einen Notenbankkredit, d.h. durch Geldschöpfung finanziert werden. Im Zuge einer dabei entstehenden Inflation wird die nominale Transaktionskasse im privaten Sektor steigen; entsprechend geht die reale private Güternachfrage zurück und ermöglicht so dem Staat die Inanspruchnahme zusätzlicher Ressourcen. Die Inflation wirkt insoweit wie eine Steuer auf die Kassenhaltung. Ihr Ertrag ist jedoch quantitativ begrenzt, weil die Kassenhaltung bei steigender Inflation sinkt.

5.4.4 Ist eine direkte Verschuldung des Staates bei der Notenbank ausgeschlossen, so erhöhen Budgetdefizite den Staatsschuldenstand und dieser erfordert laufende Zinszahlungen. Entweder wird dadurch der Spielraum für andere Staatsausgaben immer weiter eingeschränkt oder die laufende Neuverschuldung muss weiter erhöht werden, was zu einer explosiven Zunahme der Staatsschuld führen kann. Finanzwirtschaftliche Stabilität ist langfristig nur gewährleistet, wenn das reale Wirtschaftswachstum größer als der Realzins ist. Allgemeine, politisch-ökonomische Widerstände gegen eine Steuerfinanzierung von Staatsausgaben haben in vielen Ländern auch unabhängig von konjunkturbedingten Defiziten zu einem Anwachsen der Staatsverschuldung geführt. Da niedrige Zinsen und eine höhere Inflation die reale Last der Staatsverschuldung verringern können, ist ein entsprechender politischer Druck auf die Notenbank naheliegend.

# 5.5 Die Zwei-Säulen-Strategie der EZB

Wie jede Notenbank versucht auch die EZB, sämtliche Informationen heranzuziehen, die zur Lagebeurteilung und zur Abschätzung geldpolitischer Maßnahmen von Belang sein könnten. Dieses Grundprinzip prägt auch die Erstellung der Inflationsprognose im Konzept des *Inflation Targeting.* Aufgrund der Modellunsicherheit sollten geldpolitische Entscheidungen "robust" sein, d.h. vor dem Hintergrund *verschiedener* Sichtweisen des makroökonomischen Prozesses eine angemessene Antwort auf mögliche Stabilitätsgefahren darstellen. Die Zinspolitik sollte nach Möglichkeit auch dann richtig sein, d.h. eine optimale Stabilisierung erreichen, wenn ein der Lagediagnose zugrundeliegendes Modell falsch ist.

---

*Da jedes Modell per se eine Vereinfachung darstellt, die von maßgeblichen Aspekten der Realität abstrahiert, stehen die Zentralbanken immer vor dem Problem, entscheiden zu müssen, welches Modell oder welche Kategorie von Modellen angesichts der jeweiligen wirtschaftlichen Umstände am geeignetsten erscheint.*

*Ein Ansatz misst der Geldmengenentwicklung bei der Bestimmung der zukünftigen Inflation große Bedeutung bei. In anderen Modellen wie etwa den Phillips-Kurven-Modellen ist ein Nachfrageüberhang auf den Güter- und Arbeitsmärkten die Haupttriebfeder für Veränderungen von Preisen und Löhnen.*

Europäische Zentralbank (2001: 51f)

---

Im Unterschied zum *Inflation Targeting* nimmt die EZB vorab eine grundlegende Zweiteilung bei der Sichtung und theoretischen Beurteilung von Informationen vor. Dies sind die beiden "Säulen" der geldpolitischen Strategie der EZB (*Abbildung 5-30*). Sie dienen praktisch als unterschiedliche Filter bei der Erhebung und Verarbeitung ökonomischer Daten. Daraus wird eine integrierte Gesamtbeurteilung erarbeitet, aus der dann ggf. Maßnahmen zur Sicherung der Geldwertstabilität abgeleitet werden.

- Die *Säule der monetären Analyse* ist dem Geldmengenkonzept der Bundesbank verwandt. Hier werden monetäre Daten herangezogen, um vor dem Hintergrund einer quantitätstheoretisch geprägten Inflationsprognose Anhaltspunkte für den Kurs der Geldpolitik zu gewinnen. Dabei geht es insbesondere um den *langfristigen* Zusammenhang zwischen Geldmengenwachstum und Inflation. Nach $m^* = \hat{y}^{pot,e} + p^* - \hat{u}^{Trend}$ [5.4] wurde ein *Referenzwert* für das *M3*-Wachstum berechnet. Dabei wurde ein Potenzialwachstum von 2,5 %, eine Zielinflationsrate von knapp unter 2 % und eine Abnahme der Umlaufgeschwindigkeit von ca. 0,5 % veranschlagt; dies ergab ein erwünschtes Geldmengenwachstum von 4,5 %. Dieses stellt aber *kein Zwischenziel* dar, d.h. es gibt keine grundsätzliche Bindung von Zinsentscheidungen an die Entwicklung von *M3*. Differenzen zwischen tatsächlichem und erwünschtem Geldmengenwachstum werden allein als *Indikator* für künftige Inflationsprobleme behandelt. Allerdings wird der *M3*-Referenzwert inzwischen nicht mehr jährlich berechnet und spielt in der Außenstel-

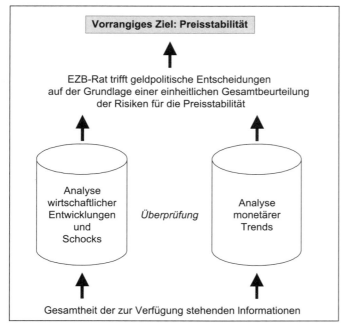

*Abbildung 5-30:*
*Elemente der*
*Zwei-Säulen-Strategie*
*der EZB*

lung der EZB-Politik eine geringere Rolle – möglicherweise eine Folge der empirisch offenbar gelockerten Bindung der Inflation an das Geldmengenwachstum (*Abschnitt 5.2*).

• Die *Säule der wirtschaftlichen Analyse* erfasst alle übrigen Marktfaktoren, die Informationen über eher *kurzfristig* wirksame Einflüsse auf die Preisentwicklung vermitteln können: Kapitalmarktzinsen, Outputlücke, Lohnentwicklung usw. Aus diesen Daten und geeigneten makroökonomischen und -ökonometrischen Theorien werden Inflationsprojektionen abgeleitet. Im Gegensatz zum Ansatz des *Inflation Targeting* folgt daraus aber nicht unmittelbar die Zinsentscheidung, vor allem weil die Bewertung monetärer Faktoren bei dieser Säule ausgeklammert bleibt.

*Bei der monetären Analyse wird eine umfassende Beurteilung der Liquiditätslage verwendet, die auf Informationen aus den Komponenten und Gegenposten von M3, insbesondere der Kreditvergabe an den privaten Sektor, sowie aus unterschiedlichen Messgrößen der Geldlücke und verschiedenen Konzepten von Überschussliquidität basiert. [...] In diesem Zusammenhang kommt den liquidesten Komponenten von M3 – insbesondere M1 – besondere Aufmerksamkeit zu, da sie die Transaktionsmotive der Geldhaltung genauer widerspiegeln und somit am engsten mit dem gesamtwirtschaftlichen Ausgabeverhalten zusammenhängen.*

*Zu den wirtschaftlichen und finanziellen Variablen, die bei [der wirtschaftlichen] Analyse betrachtet werden, gehören beispielsweise die Entwicklung der Produktion insgesamt, die Gesamtnachfrage und ihre Komponenten, die Fiskalpolitik, die Bildung und die Kosten von Kapital, Arbeits-*

marktbedingungen, eine breite Palette von Preis- und Kostenindikatoren, die Wechselkursentwicklung, die Entwicklungen in der Weltwirtschaft und der Zahlungsbilanz für das Eurogebiet, die
Finanzmärkte und die nach Sektoren gegliederten Bilanzpositionen im Eurogebiet. All diese Faktoren sind bei der Bewertung der Dynamik der realwirtschaftlichen Aktivität und der voraussicht-
lichen Preisentwicklung über kürzere Zeithorizonte von Nutzen.

Europäische Zentralbank (2003: 100, 97)

Der Referenzwert für das Geldmengenwachstum wurde bis 2008 zumeist deutlich überschritten (*Abbildung 5-31*). Die Zinspolitik der EZB hat darauf erst spät reagiert; in den Jahren 2001-2003 wurde der Wertpapierpensionssatz zeitgleich zum überschießenden Geldmengenwachstum sogar abgesenkt. Die Zinssenkungsschritte müssen vor Hintergrund des
Zwei-Säulen-Ansatzes so interpretiert werden, dass entweder die Geldmengendaten die Inflationsgefahr überzeichneten (z.B. weil Portfolioeffekte die Umlaufgeschwindigkeit ver-
zerrten) oder dass die allgemeine makroökonomische Entwicklung (konkret: ein schwaches
Wirtschaftswachstum) in den Jahren nach 2001 einen monetär gegebenen Inflationsdruck
kompensierten.

Gemessen an ihrem primären Auftrag war die Geldpolitik der EZB erfolgreich, da die Inflation trotz phasenweise kräftiger Ölpreissteigerungen nahe bei ihrem Zielwert gehalten werden konnte. Gemäß ihrem allein auf den Geldwert fixierten Auftrag hat die EZB in ihrer Po-

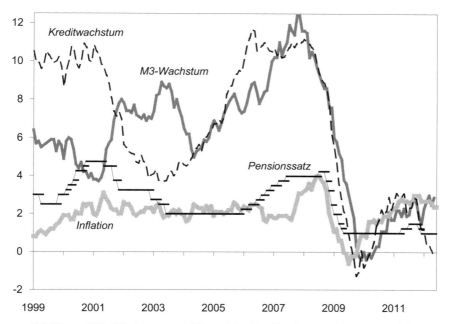

*Abbildung 5-31: Wachstum von M3 und der Bankkredite an den privaten Sektor,
Leitzins und Inflation in der EWU*

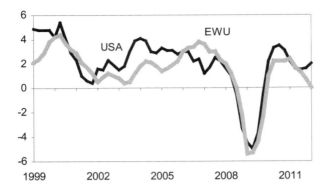

*Abbildung 5-32:*
*Entwicklung des*
*Wirtschaftswachstums*

litik und Außendarstellung keine Zuständigkeit für wachstums- und beschäftigungspoliti-
sche Aspekte erkennen lassen. Das EZB-Argument, eine niedrige Inflationsrate sei wachs-
tumsfördernd, gilt nur im Übergang von sehr hohen Inflationsraten (*Abschnitt 5.1.1*). Die
amerikanische Notenbank ist demgegenüber verpflichtet, gleichermaßen die Ziele "maximum employment, stable prices, and moderate long-term interest rates" zu verfolgen; das
Wachstum war hier im Vergleich zum Euro-Raum in den frühen 2000er Jahren auch etwas
höher (*Abbildung 5-32*) – allerdings auch die Inflation.

Die Zwei-Säulen-Strategie ist Gegenstand anhaltender Diskussionen. Dabei geht es zum einen um die Frage, ob sich kurz- und langfristige Inflationsgefahren von der Marktlogik her
unterscheiden lassen und einen separaten "Ort" im Konzept verlangen:

- Gefordert wird eine Integration der als künstlich empfundenen Trennung zwischen den
  beiden Säulen. Denn auch Zentralbanken, die ein *Inflation Targeting* praktizieren, be-
  ziehen monetäre Daten bei ihrer Inflationsprognose ein. Dabei müssen die in beiden
  Säulen verwendeten Modelle keineswegs zu einem einheitlichen, überkomplexen Makromodell verschmolzen werden. Analytisch heterogene Ansätze der Informationsverar-
  beitung können beibehalten werden. Problematisch ist hingegen der hervorgehobene
  Stellenwert der Trennung zwischen monetären und realwirtschaftlichen Theorien. Liefern sie widersprüchliche Signale, können im Markt immer wieder Spekulationen darüber entstehen, welche Säule die nächste Zinsentscheidung bestimmen wird.

- Wenn ein Geldmengenwachstum, das den Referenzwert anhaltend übertrifft, tatsächlich
  langfristige Inflationsgefahren anzeigt, so muss der EZB-Rat dennoch bei jeder Sitzung
  entscheiden, ob die Quantitätstheorie nun bereits heute entsprechende Maßnahmen verlangt oder ob erst zum nächsten Entscheidungstermin über die Geltung dieser Theorie
  zu befinden ist. Ein solches Verfahren fördert nur schwerlich die Erwartungssicherheit
  des privaten Sektors.

- Nach dem EZB-Konzept ist das Geldmengenwachstum für den Inflationstrend verantwortlich, während Arbeits- und Gütermarktungleichgewichte Inflationsschwankungen

um diesen Trend erzeugen. Jedoch lässt sich der Inflationstrend auch als bloßer Ex-post-Durchschnitt der kurzfristigen Preisbewegungen verstehen. Auch eine "langfristige", vom vorlaufenden Geldmengenwachstum ausgehende Inflationsgefahr beginnt mit einer durch Auflösung von Geldanlagen finanzierten Güternachfragesteigerung. Diese wird in der Absatzstatistik sichtbar und kann dann ggf. mit geeigneter Zinspolitik beantwortet werden; eine prophylaktische Zinsrestriktion ist aber nicht effizient, da man nicht weiß, ob und wann ein solcher Nachfrageschub auftritt und wie stark er ist.

- Wenn es mit Hilfe der wirtschaftlichen Analyse gelingt, die Geldwertstabilität stets kurzfristig zu sichern, kann es langfristig kein Inflationsproblem geben. Gelingt es jedoch nicht, so muss die monetäre Analyse auch zur Beurteilung der kurzfristigen Inflationsgefahr herangezogen werden; hier ist sie jedoch aufgrund der zumindest kurzfristig instabilen Umlaufgeschwindigkeit des Geldes nicht sehr hilfreich.

Ein zweiter Diskussionspunkt knüpft an den Erfahrungen der Finanzmarktkrisen nach 2008 an. Das Ziel der Finanzmarktstabilisierung erfordert eine Beobachtung und ggf. Kontrolle der gesamtwirtschaftlichen Kreditvergabe (*Abschnitt 5.2.4*). Diese Variable bildete schon bisher einen erkennbaren Bezugspunkt für zinspolitische Entscheidungen (*Abbildung 5-32*), weil sie vielleicht klarer als die Geldmengenentwicklung eine bevorstehende Nachfrageausweitung anzeigt. Die Kreditvergabe finanziert jedoch in wachsendem Ausmaß auch Investitionen auf den Vermögensmärkten. Eine weitergehende Reform des EZB-Konzepts könnte deshalb darin bestehen, die "monetäre Säule" primär zur Analyse der Vermögenspreisentwicklungen einzusetzen. Wenn ein statistisch verlässlicher Zusammenhang zwischen Kreditvergabe und Vermögenspreisinflation gefunden werden kann, so könnte die Zinspolitik hier als makroökonomisches Instrument zur Wahrung der Finanzmarktstabilität eingesetzt werden.

---

*Inflation is typically low in stock market booms and credit growth is high. The observation that inflation is low suggests that an interest rate targeting rule which focuses heavily on anticipated inflation may destabilize asset markets and perhaps the broader economy as well. The observation that credit growth is high in booms suggests that if credit growth is added to interest rate targeting rules, the resulting modified rule would moderate volatility in the real economy and in asset prices.*

Lawrence Christiano u.a. (2010: 23)

---

**Zusammenfassung**

5.5  Die Zwei-Säulen-Strategie der EZB kann als Mischform zwischen einer Geldmengensteuerung und einem *Inflation Targeting* gesehen werden. Allerdings ist das gewünschte, nach quantitätstheoretischer Norm berechnete *M3*-Wachstum kein Zwischenziel, das dann prinzipiell einen bestimmten zinspolitischen Kurs erzwingen würde, sondern nur ein Referenzwert, der eine Indikator- und Informationsfunktion für langfristige Inflationsgefahren erfüllt. Neben dieser "monetären Säule" umfasst die "wirtschaftliche Säule" alle sonstigen, inflationsrelevanten Daten und Theorien zur eher kurzfristigen Analyse. Die zwei Säulen unterscheiden zwischen einem langfristigen, monetär verursachten Inflationstrend und eher kurzfristigen Inflationseffekten, die mit Arbeits- und Gütermarktungleichgewichten verbunden sind. In der Praxis liefern beide Säulen zuweilen gegensätzliche Informationen; faktisch nutzt die EZB eher das Kredit- als das Geldmengenwachstum zur Diagnose von Inflationsgefahren. Die konzeptionelle Zweiteilung bei der Analyse des Inflationsproblems kann nicht vollends überzeugen; zu erwägen ist die Ausrichtung der "monetären Säule" auf die makroökonomische Kontrolle der Finanzmarktstabilität.

## Literatur und zitierte Quellen zu Kapitel 5

*Assenmacher-Wesche, K. / Gerlach, S.* (2010): Monetary Policy and Financial Imbalances – Facts and Fiction. Economic Policy, 25, 439-482.

*Barro, R. J. / Gordon, D. B.* (1983): A Positive Theory of Monetary Policy in a Natural Rate Model. Journal of Political Economy, 91, 589-610.

*Bean, C. R.* (2004): Inflation Targeting – The UK Experience. Perspektiven der Wirtschaftspolitik, 5, 405-421.

*Belke, A. / Polleit, T.* (2009): Monetary Economics in Globalised Financial Markets. Berlin / Heidelberg, Kap. 6, 8.

*Blanchard, O. J. / Illing, G.* (2009): Makroökonomie. 5. Aufl. München. Kap. 23-26.

*Blanchard, O. J.* u.a. (2010): Rethinking Macroeconomic Policy. Journal of Money, Credit, and Banking, 42, Supplement, 199-215.

*Blinder, A. S.* (1998): Central Banking in Theory and Practice. Cambridge / London.

*Blinder, A. S.* (2012): Revisiting Monetary Policy in a Low-Inflation and Low-Utilization Environment. Journal of Money, Credit, and Banking, 44, 141-146.

*Bofinger, P.* (2001): Monetary Policy – Goals, Institutions, Strategies, and Instruments. Oxford, Kap. 6-8, 11.

*Bordo, M. D. / Wheelock, C. D.* (2007): Stock Market Boom and Monetary Policy in the Twentieth Century. Federal Reserve Bank of St. Louis Review, 89, 91-122.

*Borner, S.* (1975): Versuch einer theoretischen und politischen Neuinterpretation der Einkommenspolitik. In: *Schneider, H. K.* u.a., Hg.: Stabilisierungspolitik in der Marktwirtschaft. 2. Halbband, Schriften des Vereins für Socialpolitik, 85 II, Berlin, 1163-1190.

*Carlin, W. / Soskice, D.* (2006): Macroeconomics – Imperfections, Institutions and Policies. Oxford, Kap. 5.

*Christiano, L.* u.a. (2010): Monetary Policy and Stock Market Booms. NBER Working Paper, 16402, Cambridge.

*De Grauwe, P.* (2009): The Economics of Monetary Union. 8. Aufl. Oxford.

*De Grauwe, P. / Gros, D.* (2009): A New Two-Pillar Strategy for the ECB. CESifo Working Paper 2818, München.

*Deutsche Bundesbank* (1999): Taylor-Zins und Monetary Conditions Index. Monatsbericht April, 47-63.

*Deutsche Bundesbank* (2010): Preisniveausteuerung als geldpolitische Strategie. Monatsbericht Januar, 31-46.

*Europäische Zentralbank* (1999): Die stabilitätsorientierte geldpolitische Strategie des Eurosystems. Monatsbericht Januar, 43-56.

*Europäische Zentralbank* (2000): Potenzialwachstum und Produktionslücke. Monatsbericht Oktober, 39-50. Die zwei Säulen der geldpolitischen Strategie der EZB. Monatsbericht November, 41-53.

*Europäische Zentralbank* (2003): Ergebnis der von der EZB durchgeführten Überprüfung ihrer geldpolitischen Strategie. Monatsbericht Juni, 87-102.

*Europäische Zentralbank* (2004): Der natürliche Realzins im Euro-Währungsgebiet. Monatsbericht Mai, 61-74. Monetäre Analyse in Echtzeit. Monatsbericht Oktober, 47-71.

*Europäische Zentralbank* (2007): Interpretation der monetären Entwicklung seit 2004. Monatsbericht Juli, 57-83.

*Europäische Zentralbank* (2008): Preisstabilität und Wachstum. Monatsbericht Mai, 79-92.

*Europäische Zentralbank* (2009): Monetäre Analyse im Umfeld der Finanzmarktturbulenzen. Monatsbericht November, 87-104.

*Europäische Zentralbank* (2010): Vermögenspreisblasen und Geldpolitik. Weiterentwicklung der monetären Analyse. Monatsbericht November, 75-89, 91-107.

*Europäische Zentralbank* (2012): Analyse der Tragfähigkeit der Staatsverschuldung im Euro-Währungsgebiet. Monatsbericht April, 63-79.

*European Central Bank* (2011): The Monetary Policy of the ECB. 3. Aufl. Frankfurt.

*Fahr, S.* u.a. (2011): A Monetary Policy Strategy in Good and Bad Times – Lessons from the Recent Past. ECB Working Paper, 1336, Frankfurt.

*Fendel, R.* (2004): Perspektiven und Grenzen der Verwendung geldpolitischer Regeln. Perspektiven der Wirtschaftspolitik, 5, 169-192.

*Friedman, B. M.* (1988): Lessons on Monetary Policy from the 1980s. Journal of Economic Perspectives, 2, 3, 51-72.

*Friedman, M.* (2005): A Natural Experiment in Monetary Policy Covering Three Episodes of Growth and Decline in the Economy and the Stock Market. Journal of Economic Perspectives, 19, 4, 145-150.

*Gali, J.* u.a. (2004). The Monetary Policy Strategy of the ECB Reconsidered. Monitoring the European Central Bank, 5, CEPR, London.

*Gaspar, V.* u.a. (2007): Is Time Ripe for Price Level Path Stability? ECB Working Paper 818, Frankfurt.

*Gerdesmeier, D.* u.a. (2009): Asset Price Misalignments and the Role of Money and Credit. ECB Working Paper 1068, Frankfurt.

*Gischer, H.* u.a. (2012): Geld, Kredit und Banken. 3. Aufl. Berlin u.a., Kap.14, 16-18.

*Goodhart, C. A. E.* (1984): Monetary Theory and Practice. London.

*Goodhart, C. A. E.* (1994): Game Theory for Central Bankers – A Report to the Governor of the Bank of England. Journal of Economic Literature, 32, 101-114.

*Goodhart, C. A. E. / Huang, H.* (1998): Time Inconsistency in a Model with Lags, Persistence, and Overlapping Wage Contracts. Oxford Economic Papers, 50, 378-396.

*Görgens, E.* u.a. (2008): Europäische Geldpolitik – Theorie, Empirie, Praxis. 5. Aufl. Stuttgart, Kap. III.1-2, V.1.

*Greenspan, A.* (1996): Statement. Federal Open Market Committee, Transcript, 24.9.96, 30-31.

*Greenspan, A.* (2004): Risk and Uncertainty in Monetary Policy. American Economic Review, Papers and Proceedings, 94, 33-40.

*Hagen, J. von* (2004): Hat die Geldmenge ausgedient? Perspektiven der Wirtschaftspolitik, 5, 423-453.

*Hahn, F. H.* (1982): Money and Inflation. Oxford.

*Heering, W.* (2002): Europäische Geldpolitik. Frankfurt.

*Issing, O.* (1998): Welche geldpolitische Strategie für die EZB? In: *Deutsche Bundesbank*, Hg.: Auszüge aus Presseartikeln, Nr. 29, Frankfurt, 11.5.98, 6-11.

*Issing, O.* (2004): Geldpolitik für den Euroraum. Perspektiven der Wirtschaftspolitik, 5, 381-404.

*Issing, O.* (2011): Einführung in die Geldtheorie. 15. Aufl. München, Kap. VII.

*Issing, O.* (2011): Lessons for Monetary Policy – What Should the Consensus Be? IMF Working Paper, WP/11/97.

*Jarchow, H.-J.* (2010): Grundriss der Geldtheorie. 12. Aufl. Stuttgart, Kap. V.4-6.

*Jarchow, H.-J.* (2010): Grundriss der Geldpolitik. 9. Aufl. Stuttgart, Kap. IV.1-2.

*Keynes, J. M.* (1923): Ein Traktat über Währungsreform. München / Leipzig 1924.

*King, M.* (1996): Direct Inflation Targets. In: Deutsche Bundesbank, Hg.: Monetary Policy Strategies in Europe. München, 45-75.

*Masuch, K.* u.a. (2003): The Role of Money in Monetary Policy Making. In: *Issing, O.*, Hg.: Background Studies for the ECB's Evaluation of Its Monetary Policy Strategy. Frankfurt, 187-228.

*McCallum, B. T.* (1995): Two Fallacies Concerning Central-Bank Independence. American Economic Review, Papers and Proceedings, 85, 207-211.

*Neumann, M. J. M.* (2009): Internationale Finanzkrise und Geldpolitik der Europäischen Zentralbank. Perspektiven der Wirtschaftspolitik, 10, 367-388.

*Pohl, R.* (1987): Flexible Orientierung der Geldpolitik. DIW-Vierteljahreshefte zur Wirtschaftsforschung, Schwerpunktheft: Zur Rolle von Geld- und Lohnpolitik bei der Bekämpfung von Arbeitslosigkeit, 175-176.

*Sachverständigenrat* (2000): Chancen auf einen höheren Wachstumspfad. Jahresgutachten 2000/01. Stuttgart.

*Sachverständigenrat* (2006): Widerstreitende Interessen – Ungenutzte Chancen. Jahresgutachten 2006/07. Wiesbaden, Kap. 4.II.

*Scherf, H.* (1986): Enttäuschte Hoffnungen, vergebene Chancen – Zur Wirtschaftspolitik der Sozial-Liberalen Koalition 1969-1982. Göttingen.

*Solow, R. M. / Taylor, J. B.*, Hg. (1998): Inflation, Unemployment, and Monetary Policy. Cambridge / London 1999.

*Svensson, L. E. O.* (1999): Price-Level Targeting versus Inflation Targeting – A Free Lunch? Journal of Money, Credit, and Banking, 31, 277-295.

*Svensson, L. E. O.* (2003): What Is Wrong with Taylor Rules? Using Judgement in Monetary Policy through Targeting Rules. Journal of Economic Literature, 41, 426-477.

*Wagner, H.* (1999): Inflation Targeting versus Monetary Targeting. Kredit und Kapital, 32, 610-632.

*Winkler, B.* (2000): Which Kind of Transparency? On the Need for Clarity in Monetary Policy-Making. ECB Working Paper 26, Frankfurt.

*Woodford, M.* (2008): How Important Is Money in the Conduct of Monetary Policy? Journal of Money, Credit, and Banking, 40, 1561-1598.

# Kapitel 6
# Geldpolitik in der offenen Volkswirtschaft

---

**Kapitelüberblick**

Faktisch sind alle Volkswirtschaften (mehr oder weniger) offen, d.h. über Handels- und Kapitalverkehr mit dem Ausland verbunden. Dieser Aspekt wird nun in die Betrachtung einbezogen. Am Beginn steht ein Blick auf die Zahlungsbilanz, die die Außenwirtschaftsbeziehungen einer Volkswirtschaft in buchhalterischer Weise festhält. Dabei werden die Bestimmungsfaktoren grenzüberschreitender Güterströme und Kapitalanlagen angesprochen. Neben die Finanz-, Güter- und Arbeitsmärkte tritt der Devisenmarkt, auf dem sich der Wechselkurs als relativer Preis der dort gehandelten Währungen bildet; er stellt das Scharnier zwischen In- und Ausland dar.

Das Erfordernis eines Devisenmarktgleichgewichts bringt eine neue Handlungsbeschränkung für die nationale Geldpolitik mit sich. Da die Devisenströme insbesondere von den Kapitalbewegungen abhängen und diese vor allem den Zinsdifferenzen zwischen den nationalen Finanzmärkten folgen, werden zinspolitische Entscheidungen nun in starkem Maße von den Bedingungen des außenwirtschaftlichen Gleichgewichts geprägt. An einigen Beispielen – zunächst zur Vereinfachung bei fixen Preisen, danach bei flexiblen Preisen – wird gezeigt, wie die Notenbank bei auftretenden Störungen in einen Konflikt zwischen binnen- und außenwirtschaftlichen Zielen geraten kann. Die grundlegende Erkenntnis ist, dass freier Kapitalverkehr, feste Wechselkurse und geldpolitische Entscheidungsfreiheit zugunsten inländischer Stabilisierungsziele nicht miteinander vereinbar sind. Ein Regime flexibler Wechselkurse erlaubt insoweit größere Autonomie der nationalen Geldpolitik, bringt jedoch zusätzliche Stabilitätsprobleme mit sich, z.B. in Form eines Zusammenhangs zwischen Währungsabwertung und Inflation.

In Europa existiert seit 1999 ein besonderes geld- und währungspolitisches Regime in Form einer Währungsunion. Dabei ordnen sich politisch und ökonomisch selbständige Nationalstaaten der gemeinsamen Geldpolitik einer supranationalen Zentralbank unter. Zu untersuchen sind die Vor- und Nachteile einer solchen Konstellation sowie die Anforderungen, die sich hier für die nationale Lohn- und Finanzpolitik stellen. Ein Blick auf die Rolle des Euro in der Weltwirtschaft schließt das Kapitel ab.

---

## 6.1 Zahlungsbilanz, Außenhandel und Kapitalbewegungen

Eine offene Volkswirtschaft ist über den Außenhandel und die Kapitalbewegungen mit dem Ausland bzw. dem Weltmarkt verbunden. Die wirtschaftlichen Transaktionen einer Volkswirtschaft mit dem Ausland sind in der *Zahlungsbilanz* verzeichnet. Sie lässt sich grob in die Leistungs- und die Kapitalbilanz gliedern (*Tabelle 6-1*).

| (1) | **Leistungsbilanz**            | 8   |      |      |
|-----|--------------------------------|-----|------|------|
|     | - Handelsbilanz                |     | 66   |      |
|     | *Warenhandel*                  |     |      | 5    |
|     | *Dienstleistungen*             |     |      | 61   |
|     | - Erwerbs- und Vermögenseinkommen |  |  32  |      |
|     | - Übertragungen                |     | -90  |      |
| (2) | **Kapitalbilanz**              | -14 |      |      |
|     | - Direktinvestitionen          |     | -151 |      |
|     | *Anlagen im Ausland*           |     |      | -348 |
|     | *Anlagen in der Euro-Zone*     |     |      | 197  |
|     | - Wertpapieranlagen            |     | 308  |      |
|     | *Anlagen im Ausland*           |     |      | 47   |
|     | *Anlagen in der Euro-Zone*     |     |      | 261  |
|     | - Finanzderivate               |     | -21  |      |
|     | - Sonstiges                    |     | -150 |      |
| (3) | Restposten (ungeklärte Beträge) | 16 |      |      |
| (4) | **Währungsreserven** (1+2+3)   | 10  |      |      |

*Tabelle 6-1: Zahlungsbilanz der Euro-Zone für 2011 (Mrd. €)*

- In der Leistungsbilanz werden insbesondere die Zahlungsströme aus dem grenzüberschreitenden Handel mit Gütern und Dienstleistungen erfasst (Handelsbilanz); der Realwert des Export- bzw. Importüberschusses bildet den *Außenbeitrag* zur inländischen Einkommensbildung. Die übrigen Posten der Leistungsbilanz, der Saldo aus grenzüberschreitenden Einkommenszahlungen sowie Übertragungen, werden im weiteren vernachlässigt, so dass Leistungs- und Handelsbilanz zusammenfallen.

- Die Kapitalbilanz enthält alle Vermögenstransaktionen, also die Anlagen von Inländern im Ausland (Kapitalexport) und die Anlagen von Ausländern im Inland (Kapitalimport).

(1) Der *Außenhandel*, d.h. die Exporte und Importe von Gütern und Dienstleistungen, hängt zum einen von der Einkommensentwicklung im In- und Ausland ab: So hat z.B. ein Konjunkturaufschwung im Ausland dort auch eine höhere Importnachfrage zur Folge, was für das Inland einen Exportzuwachs bedeutet. Zum anderen spielt die preisliche Wettbewerbsfähigkeit eine Rolle. Diese kann durch den *realen Wechselkurs* gemessen werden: Das ist der nominale Wechselkurs in Preisnotierung, gewichtet mit dem Verhältnis des ausländischen und inländischen Preisniveaus.

$$E^r = \frac{P^A}{P} E \qquad\qquad [6.1]$$

Die Konkurrenzfähigkeit der inländischen Produktion steigt mit dem ausländischen Preisniveau; sie wird geringer bei steigenden Inlandspreisen. Bei konstanten Preisen nimmt der

Absatz der Inlandsgüter mit dem nominalen Wechselkurs, d.h. mit einer Abwertung der Inlandswährung zu. Dies ist ersichtlich daraus, dass Auslandspreise über den Wechselkurs in Inlandspreise umgerechnet werden können:

$$P = E\ P^A \qquad\qquad [6.2]$$

Ein Erlös von einem Dollar ($P^A$) entspricht einem höheren Erlös in Euro ($P$), wenn $E$ entsprechend steigt, d.h. wenn der Euro in Relation zum Dollar abgewertet wird; damit verbessert sich die Profitabilität der Exportproduktion. Eine nominale Aufwertung des Euro verschlechtert dagegen die preisliche Wettbewerbsfähigkeit der Euro-Zone: Tendenziell nehmen dann Exporte ab und Importe zu. Jedoch sind nominaler Wechselkurs und die nationalen Preisniveaus nicht unabhängig voneinander, sondern über Wettbewerbsmechanismen auf dem internationalen Gütermarkt miteinander verbunden sind. Insoweit ist zu erwarten, dass sich Preisniveau und Wechselkurs tendenziell gleichgerichtet bewegen (*Box 6-1*).

---

**Box 6-1: Absolute und relative Kaufkraftparität**

Die Theorie der Kaufkraftparität erklärt den Wechselkurs mit dem *Gesetz des einheitlichen Preises* auf dem internationalen Gütermarkt: Werden homogene Güter in zwei Währungsräumen gehandelt, müssen ihre Preise – ausgedrückt in einem gemeinsamen Standard – gleich sein, weil ansonsten Arbitragegeschäfte lohnend werden. Wenn alle Güter international gehandelt werden und keine sonstigen Transaktionskosten auftreten, muss der Wechselkurs damit aus Wettbewerbsgründen dem Verhältnis der Preisniveaus im In- und Ausland entsprechen.

$$P = E\ P^A \quad \Rightarrow \quad E = \frac{P}{P^A} \qquad\qquad [6.3]$$

Diese *absolute Kaufkraftparität* ist zu modifizieren, wenn es neben Welthandels- auch reine Binnenhandelsgüter gibt. Das Preisniveau ist dann ein gewichteter Durchschnitt aus den Preisen der *Tradables* und der *Non-Tradables*. Der Wechselkurs entwickelt sich (bei konstanten Handelsanteilen) nur noch proportional zu den in- und ausländischen Preisniveaus. Es gilt dann die *relative Kaufkraftparität* in der Form, dass die Veränderungsrate des Wechselkurses die Inflationsdifferenzen zwischen In- und Ausland ausgleicht.

$$\hat{e} = p - p^A \qquad\qquad [6.4]$$

Auch in diesem Fall wird die preisliche Wettbewerbsfähigkeit der handeltreibenden Länder erhalten, weil sich der reale Wechselkurs [6.1] nicht ändert.

Die Theorie der Kaufkraftparität entspricht mit der Betonung der parallelen Entwicklung aller nominalen Größen (Löhne, Preise, Geldmenge, Wechselkurs) den Grundaxiomen der Quantitätstheorie (*Abschnitt 2.2.2*). Der Wechselkurs wird allein über den Handelsverkehr bestimmt, d.h. indirekt durch den Einfluss der nationalen Geldpolitik auf die internationalen relativen Preise. Wegen der Ausblendung der Kapitalbewegungen hat dieser Ansatz nur eine begrenzte Aussagekraft. Die Kaufkraftparitätstheorie gilt nur in sehr langfristiger Perspektive.

(2) Die *Kapitalbewegungen* hängen portfoliotheoretisch vom Renditevergleich zwischen Inlands- und Auslandsanlagen ab. Entscheidend ist dabei die erwartete Gesamtrendite, die sich aus Zinszahlungen, Vermögenswert- und Wechselkursänderungen sowie möglichen Risikoprämien zusammensetzt (*Abschnitt 2.4.1*).

(3) Aufgrund von Informationslücken werden nicht alle Transaktionen tatsächlich auch statistisch erfasst. Die Diskrepanz zwischen der Summe der registrierten Transaktionen sowie der Änderung der Währungsreserven bildet den *Restposten* der Zahlungsbilanz, der häufig erst mit mehrjähriger Verspätung erklärt und damit reduziert werden kann.

(4) Die Zahlungsbilanz ist unter Einschluss der *Devisenbilanz D*, d.h. der Veränderung der Währungsreserven, formal stets ausgeglichen, weil alle Transaktionen doppelt verbucht werden: Käufe und Verkäufe von Gütern und Vermögenswerten werden entweder mittels kurz- oder langfristiger Kredite finanziert, so dass in der Kapitalbilanz eine Gegenbuchung erfolgt, oder sie führen zu einer Barzahlung über den Devisenmarkt. Hier gehen Verkäufe von Gütern und Aktiva an das Ausland sowie Schuldtilgungen aus dem Ausland mit einem Zustrom von Auslandswährung einher. Umgekehrt erfordern Käufe von ausländischen Gütern und Aktiva sowie Schuldtilgungen an das Ausland eine Nachfrage nach Devisen.

Die Erlöse aus einer positiven Handelsbilanz $H$ und der Nettokapitalimport $K$ erzeugen einen Nettodevisenzustrom, d.h. einen Devisenangebotsüberschuss $D$ auf dem Devisenmarkt.

$$D = H\left(\underset{-}{Y}, \underset{+}{Y^A}, \underset{+}{E}, \underset{-}{P}, \underset{+}{P^A}\right) + K\left(\underset{+}{i}, \underset{-}{i^A}, \underset{-}{\hat{e}^e}\right) \qquad [6.5]$$

Bei offenen Finanzmärkten und hoher Zinsreagibilität der Kapitalbewegungen (der heutigen Realität auf den Devisenmärkten) lösen schon geringe Zinsdifferenzen enorme Kapitalbewegungen aus. Bei vollständig substituierbaren Wertpapieren stellen die stark gesunkenen Transaktions- und Informationskosten auf den internationalen Finanzmärkten eine perfekte Zinselastizität der Kapitalbewegungen her. Als Konsequenz wird der Devisenmarkt praktisch von den Kapitalbewegungen (d.h. dem zweiten Term auf der rechten Seite von [6.5]) dominiert. Das Zahlungsbilanzgleichgewicht, d.h. $D = 0$, lässt sich deshalb allein durch die Bedingung der Zinsparität $i_t = i_t^A + \hat{e}_{t+1}^e$ [2.75] beschreiben.

Angebot von und Nachfrage nach Devisen bestimmen den Wechselkurs. Dabei sind zwei währungspolitische Regime zu unterscheiden:

- Bei *flexiblen Wechselkursen* wird der Devisenmarkt durch Marktbewegungen geräumt; bei einem Ungleichgewicht ändert sich der Kurs solange, bis das Gleichgewicht über Veränderungen der preislichen Wettbewerbsfähigkeit und Anpassungen im Wert der Handelsströme wiederhergestellt wird; $D = 0$ muss also über eine Anpassung der Leistungsbilanz erreicht werden.

- Wenn die Notenbank einen *konstanten Wechselkurs* verteidigen will, kann sie über Zinsänderungen versuchen, die Kapitalbewegungen in der gewünschten Richtung zu beeinflussen. Mit diesen Zinsänderungen sind allerdings dann i.d.R. auch binnenwirtschaftliche Effekte verbunden. Verzichtet die Notenbank deshalb auf Zinsänderungen, so muss sie Ungleichgewichte am Devisenmarkt durch direkte Interventionen ausgleichen, d.h. überschüssige Devisen ankaufen oder Fehlbeträge aus eigenem Bestand zuschießen. Dadurch ändert sich die Devisenbilanz *D*, d.h. die Höhe der Währungsreserven der Notenbank; dies geht zwangsläufig mit Geldmengenveränderungen einher, die ihrerseits doch wiederum Rückwirkungen auf das nationale Zinsniveau haben (*Box 3-1*). Die Geldmengeneffekte der Devisenan- und -verkäufe lassen sich zwar durch Offenmarktpolitik phasenweise kompensieren; dies ermöglicht jedoch auf Dauer keine Unabhängigkeit der Geldpolitik von Devisenmarkteinflüssen (*Box 6-2*). Eine autonom gewählte, an nationalen Zielen orientierte Geldpolitik wird insoweit behindert.

---

*Box 6-2: Sterilisierung von Devisenmarktinterventionen*

Die Geldmengeneffekte von Devisenmarktinterventionen können kurzfristig durch entgegengerichtete Offenmarktgeschäfte kompensiert werden. Dies wird als *Sterilisierungspolitik* (oder *Neutralisierungspolitik*) bezeichnet. *Tabelle 6-2* zeigt, dass die Geldmenge konstant bleibt, wenn sich die außen- und binnenwirtschaftlichen Komponenten der Geldschöpfung in ihrem quantitativen Effekt gerade ausgleichen. Bei der Analyse der Tragfähigkeit der Sterilisierungspolitik ist zwischen den beiden Fällen Zahlungsbilanzdefizit und -überschuss zu unterscheiden.

| Aktiva | Passiva | |
|---|---|---|
| Währungsreserven ∨ | Zentralbankgeld ∨∧ | *Tabelle 6-2:* |
| Wertpapiere ∧ | | *Notenbankbilanz bei* |
| | | *Sterilisierung von Devisenverkäufen* |

Die Aufrechterhaltung der Konstellation eines *Zahlungsbilanzdefizits* verlangt eine kontinuierliche Abgabe von Devisen. Der durch den Devisenverkauf eintretende Liquiditätsentzug müsste durch Wertpapierkäufe kompensiert werden. Die Grenzen der Sterilisierungsstrategie sind hier eindeutig. Ein binnenwirtschaftlich angemessener, aber außenwirtschaftlich zu niedriger Zins konserviert die Marktbedingungen, die das Zahlungsbilanzdefizit verursachen. Somit ist bei einer Überschussnachfrage nach Fremdwährung die Abgabe von Devisenreserven zur Herstellung des Marktausgleichs offensichtlich immer nur eine temporäre Lösung, da auch ein noch so großer Devisenbestand sich einmal erschöpft. Dies zwingt letztlich doch zu einer Revision der Politik: Der Zins muss erhöht werden, um über eine Einkommenskontraktion den Devisenabfluss in der Handelsbilanz zu stoppen und über zinsinduzierte Kapitalbewegungen einen zusätzlichen Devisenstrom anzuziehen. Mittel- und langfristig kann die Notenbank demnach bei einem Zahlungsbilanzdefizit weder ein frei gewähltes Geldmengen- noch ein Zinsziel verfolgen.

Im Fall eines *Zahlungsbilanzüberschusses* erfordert das Ziel einer Wechselkurskonstanz einen fortlaufenden Ankauf von Devisen. Dies ist für eine Notenbank prinzipiell kein Problem, da sie die zur Intervention nötigen Zahlungsmittel in unbeschränkter Höhe selbst schaffen kann. Wenn die Geldmenge jedoch aus stabilitätspolitischen Gründen bzw. wegen eines bestehenden Geldmengenziels konstant bleiben soll, muss die Notenbank über die binnenwirtschaftliche Komponente eine Geldvernichtung betreiben (*Abschnitt 3.1.1*). Dies kann über einen Offenmarktverkauf von Wertpapieren geschehen oder über die Einrichtung eines Geldanlagekontos bei der Notenbank, auf das Geschäftsbanken überschüssiges Zentralbankgeld zu einem bestimmten Zins einzahlen können. In beiden Fällen muss jedoch eine Bereitschaft der Marktakteure gegeben sein, ihre durch den Devisenverkauf erhaltenen Zentralbankgeldbestände in Wertpapiere zu tauschen bzw. als Geldanlage bei der Notenbank zu halten (*Tabelle 6-3*). Eine vollständige Sterilisierung der *Geldmengeneffekte* von Devisenmarktinterventionen kann demnach am Liquiditätsbedürfnis des privaten Sektors scheitern.

| Aktiva | Passiva |
|---|---|
| Devisen ∨ | |
| Zentralbankgeld ∧ ∨ | |
| Wertpapiere bzw. Zentralbankguthaben ∧ | |

*Tabelle 6-3:*
*Private Vermögensbilanz nach Devisenankauf und Sterilisierung durch die Notenbank*

Immerhin kann die Notenbank jedoch ein stabilitätspolitisch gewünschtes *Zinsniveau* aufrechterhalten, indem sie eine Geldanlagemöglichkeit zu diesem Zins anbietet (die Einlagefazilität der EZB dient diesem Zweck; *Abschnitt 3.1.2*). Dies verhindert, dass die Marktzinsen unter diese Grenze absinken. Aber auch diese "qualitative" Sterilisierung ist nicht perfekt. Zu bedenken ist, dass Zentralbankguthaben der Geschäftsbanken i.d.R. sehr rasch wieder aktiviert werden können. Für die Geschäftsbanken stellen die durch Devisenverkauf erhaltenen Zentralbankguthaben ein billiges Refinanzierungspotential für eine Kreditausweitung dar. Diese kann nur durch Kreditkontrollen oder Zinsanhebungen gebremst werden. Letztere haben Rückwirkungen auf die transnationalen Kapitalbewegungen; der Zahlungsbilanzüberschuss erhöht sich weiter und es wird immer schwieriger, die monetäre Entwicklung im Inland unter Kontrolle zu halten.

---

**Zusammenfassung**

6.1    Die Volkswirtschaft ist über Außenhandel und Kapitalverkehr mit der Weltwirtschaft verflochten. Güterexporte und -importe hängen von der Einkommensentwicklung im In- und Ausland sowie vom realen Wechselkurs ab. Dieser misst die preisliche Wettbewerbsfähigkeit der gehandelten Güter: Der Exportüberschuss steigt tendenziell mit dem nominalen Wechselkurs und der Relation von ausländischem und inländischem Preisniveau. Nach der Kaufkraftparität gleicht der Wechselkurs die relative Bewegung in- und ausländischer Preise aus. Die Kapitalbewegungen folgen den Zinsdifferenzen zwischen In- und Ausland. Unter den heutigen Bedingungen einer hohen Kapitalmobilität und einer perfekten Zinselastizität der Kapitalbewegungen hängt das Zahlungsbilanzgleichgewicht praktisch allein von der Zinsparität ab. Die Devisenbilanz muss entweder über einen flexiblen Wechselkurs oder bei festem Wechselkurs durch geldpolitische Interventionen ausgeglichen werden. Diese Interventionen sind mit inländischen Geldmengen- und Zinseffekten verbunden, die einen binnenwirtschaftlich orientierten Kurs der Geldpolitik sehr erschweren.

## 6.2 Alternative Wechselkursregime bei konstanten Preisen

### 6.2.1 Feste Wechselkurse:
### Verlust der geldpolitischen Autonomie und *Policy Mix*

Die in *Abschnitt 4.2.3* entwickelte Nachfragefunktion lässt sich auf einfache Weise auf eine offene Volkswirtschaft übertragen, indem das Auslandseinkommen und der reale Wechselkurs (beide in Logarithmen notiert) als zusätzliche Argumente angefügt werden. Diese beiden Variablen werden jeweils mit einem Koeffizienten gewichtet, der ihre relative Bedeutung erfasst. Der Parameter $\tau$ wird als Wechselkurselastizität des Inlandseinkommens bezeichnet; er drückt aus, um wie viel Prozent die Güternachfrage steigt, wenn sich der reale Wechselkurs um ein Prozent abwertet. Analog dazu misst $\theta$ die Reaktion der Einkommensbildung im Inland auf eine Einkommenssteigerung im Ausland, also die Wirkung einer unmittelbaren Übertragung konjunktureller Mengeneffekte.

$$y = g - \beta\left(i - p\right) + \theta\, y^A + \tau \ln \frac{E\,P^A}{P} \qquad [6.6]$$

Zur Vereinfachung wird im Folgenden zunächst von *konstanten Preisen* ausgegangen, d.h. $p = p^* = 0$. Die übliche Angebotsfunktion [4.10] entfällt und die Zinsregel (in der diskretionäre Zinsimpulse wieder durch $\delta$ ausgedrückt werden) reduziert sich zu

$$i = r^* + \varphi\, y + \delta \qquad [6.7]$$

Ferner gebe es keine erwartete Änderung des Wechselkurses; somit lautet die Bedingung der Zinsparität einfach $i = i^A$.

Unter den oben getroffenen Annahmen besteht das makroökonomische Modell bei *festem* Wechselkurs aus folgendem System:

$$\begin{aligned} &\textit{Güternachfrage}: \quad y = g - \beta\, i + \theta\, y^A \\ &\qquad\textit{Zinsregel}: \quad i = r^* + \varphi\, y + \delta \qquad\qquad [6.8] \\ &\quad\textit{Zinsparität}: \quad i = i^A \end{aligned}$$

Preisniveau und Wechselkurs sind konstant und können daher unberücksichtigt bleiben. Die formale Logik dieser drei Gleichungen zeigt, dass neben dem Einkommen $y$ zwei weitere endogene Größen gefunden werden müssen (Zahl der Unbekannten = Zahl der Gleichungen). Die autonomen (Staats-) Ausgaben $g$ sowie Auslandsnachfrage $y^A$ und Auslandszins $i^A$ sind als exogen zu betrachten. Ebenso liegt der binnenwirtschaftliche reale Gleichgewichtszins mit $r^* = g^*/\beta$ [4.13] fest. Dabei ist angenommen, dass der langfristige Gleichgewichtswert des Außenbeitrags Null ist (andernfalls wäre $r^*$ entsprechend anzupassen).

Offensichtlich ist wegen der Zinsparität der inländische Zins $i$ die zweite endogene Variable, die direkt vom Weltmarkt bestimmt wird. Die dritte endogene Größe muss dann die

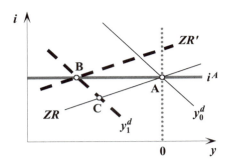

*Abbildung 6-1:*
*Erzwungene Zinsanpassung*
*bei Nachfragerückgang*

Komponente $\delta$ sein. Das bedeutet, dass die Notenbank gezwungen sein kann, mit ihrer Zinspolitik das binnenwirtschaftliche Gleichgewicht $y^* = 0$ zu verletzen (dieses wird in der Zinsregel durch $r^*$ und $\varphi y$ repräsentiert). Die Geldpolitik muss sich den Erfordernissen des außenwirtschaftlichen Gleichgewichts unterordnen. Dies zeigt einen Verlust an Handlungsautonomie der nationalen Geldpolitik an. Deutlich wird dies an zwei Beispielen (im Ausgangspunkt A besteht stets Vollbeschäftigung und Zinsparität):

(1) *Sinkende Staatsausgaben oder Exporte* verschieben die zinsabhängige Nachfragefunktion nach links zu $y_1^d$ (*Abbildung 6-1*). Grundsätzlich würde die Notenbank gemäß ihrer Zinsregel ZR auf die nun negative Outputlücke mit einer Zinssenkung antworten, so dass der Nachfrageausfall abgemildert wird (B → C). Punkt C liegt jedoch *unterhalb* der Linie der Zinsparität. Wegen der hier einsetzenden Kapitalexporte liegt hier ein *Zahlungsbilanzdefizit* vor. Um die drohende Abwertung der Währung zu verhindern, muss die Notenbank den Zins auf dem Niveau von $i^A$ halten. Faktisch bleibt der Inlandszins also unverändert. Die aus Gründen der Stabilisierung der Inlandsnachfrage gebotene Zinssenkung wird durch die aus Zahlungsbilanzgründen dann erzwungene Zinserhöhung neutralisiert.

(2) Ein ähnlicher Verlauf ergibt sich bei einer *Erhöhung des Auslandszinses*. Durch die Veränderung von $i_0^A$ zu $i_1^A$ liegt Punkt A nun im Bereich des Zahlungsbilanzdefizits (*Abbildung 6-2*). Wiederum ist die Notenbank gezwungen, ihren Zins entsprechend zu erhöhen, um Kapitalexport und Abwertung zu stoppen. Damit erzeugt sie im Inland Nachfragerückgang und Unterbeschäftigung (Punkt B).

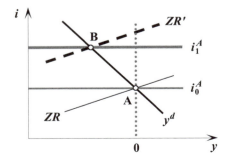

*Abbildung 6-2:*
*Erzwungene geldpolitische*
*Restriktion bei höherem*
*Auslandszins*

| Wirkung von ...<br>auf ... | $g > g^*$ | $y^A$ | $i^A$ |
|:---:|:---:|:---:|:---:|
| $y$ | 1 | $\theta$ | $-\beta$ |
| $i$ | 0 | 0 | 1 |
| $\delta$ | $-\varphi$ | $-\varphi\theta$ | $1 + \beta\varphi$ |

*Tabelle 6-4:*
*Multiplikatoren bei*
*festen Wechselkursen*

In einem Regime fixer Wechselkurse wird die makroökonomische Lage der Volkswirtschaft in starkem Maße von Auslandsnachfrage und -zinsen bestimmt. Die Multiplikatoren der *Tabelle 6-4* lassen sich durch totale Differenzierung des Gleichungssystems [6.8] berechnen, wobei neben der jeweils betrachteten Störvariablen alle endogenen Größen variabel gehalten werden. Am Beispiel einer Erhöhung von $i^A$ führt dies zu

$$\Delta y = -\beta\,\Delta i$$
$$\Delta i = \varphi\,\Delta y + \Delta\delta \qquad\qquad\qquad [6.9]$$
$$\Delta i = \Delta i^A$$

Daraus folgen die in der letzten Spalte von *Tabelle 6-4* genannten Werte.

Die Geldpolitik hat aufgrund ihrer Aufgabe der Wechselkursverteidigung keinen Freiheitsgrad mehr für die Stabilisierung der inländischen Konjunktur. Nationale Zinsänderungen bewirken auf dem Devisenmarkt eine Aufwertungs- bzw. Abwertungstendenz, die die Notenbank wieder zu einem Kurswechsel zwingt. Dies ist die *Impossible Trinity* der Währungspolitik: Es ist unmöglich, gleichzeitig feste Wechselkurse, Freiheit der transnationalen Kapitalbewegungen und eine an inländischen Zielen orientierte Geldpolitik aufrechtzuerhalten; nur zwei dieser drei Punkte sind zu realisieren.

Allerdings könnte eine Steuerung der Inlandsnachfrage über die Fiskalpolitik versucht werden. Höhere Staatsausgaben könnten in *Abbildung 6-1* eine Bewegung von B zurück nach A bewirken: Die Rückverschiebung der Nachfragekurve nach rechts löst bei noch unveränderter ZR'-Linie (wegen $i > i^A$) eine Aufwertungstendenz aus. Dies zwingt die Notenbank zu einer Zinssenkung ($\delta < 0$), so dass die ZR-Linie wieder durch A verläuft.

Diese Problemlösung lässt sich zu einem Konzept des *Policy Mix* verallgemeinern: Hier wird die Fiskalpolitik systematisch in das Bestreben der nationalen Wirtschaftspolitik eingebunden, gleichzeitig das interne und externe Gleichgewicht zu realisieren; für diese beiden Ziele sind nach dem Prinzip von *Tinbergen* eben auch zwei Instrumente notwendig. Formal bedeutet dies, dass $g$ nicht länger eine exogene Größe ist, sondern zu einer endogenen Variablen wird. Im obigen *Beispiel einer ausländischen Zinserhöhung* würde dann die Fiskalpolitik den Einkommenseffekt der erzwungenen geldpolitischen Restriktion (A $\rightarrow$ B in *Abbildung 6-3*) kompensieren; eine Erhöhung von $g$ verschiebt die Nachfragekurve in die Position $y_1^d$. Um dem dabei entstehenden Aufwertungsdruck (wegen $i > i^A$) zu entgehen, muss die primäre inländische Zinserhöhung ein Stück zurückgenommen werden. Die neue Zinslinie ZR'' ermöglicht dann zusammen mit $y_1^d$ Vollbeschäftigung in Punkt C.

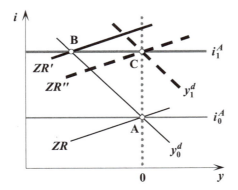

*Abbildung 6-3:*
*Policy-Mix-Reaktion*
*bei höherem Auslandszins*

Beim *Policy Mix* müssen Geld- und Finanzpolitik in quantitativ genau abgestimmter Weise auf einen Störimpuls reagieren, um gleichzeitig das Devisen- und Gütermarktgleichgewicht zu sichern. Dies wird wiederum durch totales Differenzieren des Gleichungssystems [6.8] deutlich; neben der gewählten Störvariablen $i^A$ wird nun auch $g$ als endogene Größe variabel gehalten:

$$\Delta y = \Delta g - \beta \, \Delta i$$
$$\Delta i = \varphi \, \Delta y + \Delta \delta \qquad\qquad [6.10]$$
$$\Delta i = \Delta i^A$$

Daraus ist zu errechnen, dass das Ziel $\Delta y = 0$ nur bei $\Delta \delta = \Delta g / \beta = \Delta i^A$ erreicht werden kann. Ein so koordiniertes *Fine Tuning* ist in der praktischen Wirtschaftspolitik nur schwer zu erreichen.

### 6.2.2 Flexible Wechselkurse: Handlungsspielräume für die Geldpolitik

Bei flexiblen Wechselkursen ist die Zentralbank nicht zu Devisenmarktinterventionen gezwungen; Angebots- oder Nachfrageüberschüsse führen vielmehr zu Wechselkursänderungen. Export- und Importwerte passen sich aufgrund der damit einhergehenden realen Auf- bzw. Abwertung solange an, bis Devisenangebot und -nachfrage beim Gleichgewichtskurs übereinstimmen; der Devisenbilanzsaldo ist dann gleich Null. Der (logarithmierte) Wechselkurs $e$ tritt dabei als variable Einflussgröße des Außenbeitrags in der Güternachfragegleichung auf. Indem der Wechselkurs neben Einkommen und Zins zur dritten endogenen Variablen wird, erhält das diskretionäre Element $\delta$ in der Zinsregel wieder den Status eines frei wählbaren Politikinstruments.

$$\text{Güternachfrage}: \quad y = g - \beta i + \theta y^A + \tau e$$
$$\text{Zinsregel}: \quad i = r^* + \varphi y + \delta \qquad\qquad [6.11]$$
$$\text{Zinsparität}: \quad i = i^A$$

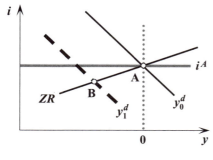

Abbildung 6-4:
Neutralisierung eines Nachfrageschocks
durch Abwertung

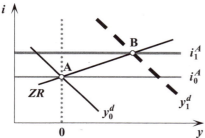

Abbildung 6-5:
Abwertungsbedingte Exportsteigerung
bei höherem Auslandszins

(1) Der flexible Wechselkurs kann die nationale Volkswirtschaft vor *in- und ausländischen Nachfragestörungen* schützen. Eine Verlagerung der Nachfragekurve nach $y_1^d$ wird von der Notenbank gemäß ihrer Zinsregel mit einer Zinssenkung beantwortet. Dies bewirkt eine gewisse Nachfragestabilisierung. Zudem ist in B ein Zahlungsbilanzdefizit gegeben (*Abbildung 6-4*). Wegen der Zinsdifferenz zum Ausland setzt dann über den Kapitalverkehr eine Abwertung ein, die ihrerseits die Exportnachfrage fördert. Deshalb verschiebt sich die Nachfragekurve solange zurück nach rechts, bis in A wieder ein Zahlungsbilanzgleichgewicht erreicht ist und die Abwertung stoppt.

(2) Eine *Zinserhöhung im Ausland* auf $i_1^A$ erzeugt unmittelbar eine Defizitkonstellation auf dem Devisenmarkt; die Ausgangslage in A stellt nun kein Zahlungsbilanzgleichgewicht mehr dar (*Abbildung 6-5*). Der zinsbedingte Kapitalexport eröffnet der inländischen Produktion über die Abwertung verbesserte Wettbewerbschancen. Die Abwertung verschiebt die Güternachfragekurve nach rechts, bis sich in B ein externes Gleichgewicht bei höherem Output einstellt. Die ausländische Zinserhöhung führt demnach (im Gegensatz zum Fall fester Wechselkurse) zu einer Einkommens*steigerung*.

(3) Auch bei flexiblen Wechselkursen ist letztlich die Parität zum Auslandszins zu wahren. Aber das schließt diskretionäre Zinsimpulse nicht aus; dadurch werden Wechselkursänderungen und Nachfrageeffekte ausgelöst. Eine restriktive Zinspolitik der inländischen Notenbank setzt am Niveauparameter $\delta$ der ZR-Linie an. Dies hat zunächst über die Investitionseinschränkung eine kontraktive Wirkung auf das Einkommen (A → B in *Abbildung 6-6*). Da dies zu einer Konstellation eines Zahlungsbilanzüberschusses führt, setzt dann eine Aufwertung ein, die die Nachfrage weiter auf $y_1^d$ verringert (wechselkursbedingter *Crowding-*

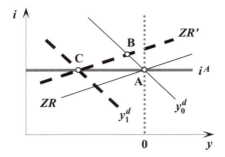

Abbildung 6-6:
Verstärkung der zinspolitischen
Restriktion durch Aufwertung

*out*-Effekt), bis sich in C das neue Gleichgewicht einstellt. Hier stimmt der Inlandszins wieder mit dem Auslandszins überein.

Bei flexiblen Wechselkursen wird die inländische Volkswirtschaft von den Nachfrageeffekten der Auslandskonjunktur abgekoppelt; eine ausländische Zinssteigerung hat sogar positive Beschäftigungseffekte im Inland zur Folge (*Tabelle 6-5*). Andererseits werden auch autonome Nachfragevariationen im Inland durch den Wechselkurs neutralisiert; Fiskalpolitik ist somit in Bezug auf die Beschäftigung wirkungslos. Die Geldpolitik kann sich ganz auf binnenwirtschaftliche Ziele konzentrieren; ihre Wirkung wird über Wechselkurseffekte verstärkt. Auf den ersten Blick entfällt das Problem außenwirtschaftlicher Anpassungszwänge. Jedoch muss im Gleichgewicht stets die Zinsparität gegeben sein. Zudem treten bei flexiblen Preisen sowie Inflations- und Wechselkursänderungserwartungen zusätzliche Stabilitätsprobleme auf (*Abschnitt 6.3*).

| Wirkung von ...<br>auf ... | $g > g^*$ | $y^A$ | $i^A$ | $\delta$ |
|---|---|---|---|---|
| $y$ | 0 | 0 | $\dfrac{1}{\varphi}$ | $-\dfrac{1}{\varphi}$ |
| $i$ | 0 | 0 | 1 | 0 |
| $e$ | $-\dfrac{1}{\tau}$ | $-\dfrac{\theta}{\tau}$ | $\dfrac{1+\beta\varphi}{\varphi\tau}$ | $\dfrac{1}{\varphi\tau}$ |

Tabelle 6-5:
Multiplikatoren
bei flexiblen
Wechselkursen

### 6.2.3  Zahlungsströme bei flexiblen Wechselkursen: Mechanismen und Grenzen der Auslandsverschuldung

Im Folgenden wird die Interaktion binnenwirtschaftlicher und grenzüberschreitender Zahlungs- und Güterströme im Fall erhöhter Staatsausgaben bei flexiblen Wechselkursen genauer untersucht. Da die Fiskalpolitik in dieser Konstellation neben einem Handelsbilanzdefizit einen Kapitalimport induziert, spricht man auch von einer Finanzierung des Budgetdefizits durch das Ausland.

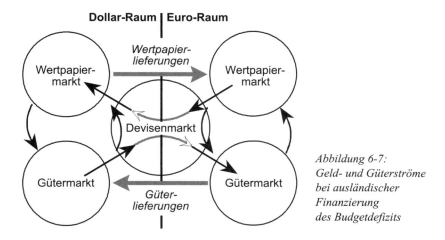

**Dollar-Raum | Euro-Raum**

*Abbildung 6-7:*
*Geld- und Güterströme*
*bei ausländischer*
*Finanzierung*
*des Budgetdefizits*

*Abbildung 6-7* illustriert die makroökonomischen Reaktionen am Beispiel einer Erhöhung kreditfinanzierter Staatsausgaben in den USA. Damit ist eine Zinssteigerung im Dollar-Raum verbunden, wenn die US-Notenbank einer Zinsregel $i = r^* + \varphi\, y + \delta$ [6.7] folgt. War im Euro-Raum der Zins bislang konstant, so entsteht hier aufgrund der Zinsdifferenz der Anreiz zum Kauf zusätzlicher Dollar-Wertpapiere. Der somit einsetzende Kapitalexport führt zum Devisenmarkt, wo nun eine Überschussnachfrage nach Dollar auftritt. Wenn diese nicht durch eine der beteiligten Notenbanken befriedigt wird, ist eine Euro-Abwertung die notwendige Konsequenz. Aufgrund der abwertungsbedingt erhöhten Wettbewerbsfähigkeit europäischer Produkte am US-Gütermarkt steigt nun die Importnachfrage im Dollar-Raum. Die entsprechenden Dollar-Beträge fließen zum Devisenmarkt, um nach Umtausch in Euro die Rechnungen europäischer Exporteure zu begleichen.

Per Saldo finanziert demnach der europäische Kapitalexport faktisch die steigende europäische Exportproduktion, indem die entsprechenden Euro-Beträge vom Vermögens- zum Gütermarkt strömen und hier eine Einkommenssteigerung erzeugen; abhängig von Spar- und Anlageneigungen wird dieser Kreislauf dann wieder durch Wertpapierkäufe geschlossen. Zugleich fließen auf der anderen Seite die Dollar-Ausgaben amerikanischer Importeure zum US-Wertpapiermarkt und finanzieren die Wertpapierkäufe europäischer Geldvermögensbesitzer. Auch im Dollar-Raum schließt sich der Geldkreislauf, indem die US-Behörden den Erlös der Wertpapieremission für Zahlungen auf dem Gütermarkt verwenden.

Die ausländische Währung kann also nicht im wörtlichen Sinne Haushaltsdefizite und Produktionsprozesse im Inland finanzieren. Vielmehr werden durch Zins- und Wechselkurseffekte Einheiten der Inlandswährung entsprechend umgelenkt (bei fixen Wechselkursen würde das US-Budgetdefizit durch in diesem Fall neu geschaffene Dollar finanziert, indem die amerikanische Notenbank das anfängliche Euro-Überangebot vom Devisenmarkt nimmt). Im Vergleich zum Szenario einer expansiven Fiskalpolitik bei geschlossener Volkswirtschaft bewirkt der Kapitalimport in den USA allein dadurch eine relative Zinssenkung, dass er über die Dollar-Aufwertung die Wettbewerbsfähigkeit der US-Produktion verringert (*Crowding-out* über den Wechselkurs); die durch den Fiskalimpuls erzielte Einkommenssteigerung wird somit zurückgedrängt, und dies führt geldpolitisch wieder zu einem Nachgeben des Zinssatzes.

Sieht man von der Finanzierungssphäre ab, so tauschen im obigen Beispiel die beiden Länder Güter gegen Wertpapiere. Der Güterstrom wird gelegentlich auch als "realwirtschaftliche Finanzierung" bezeichnet, da mit dem Import die US-Ökonomie zusätzliche Ressourcen erhält, über die der Staatshaushalt dann verfügen kann. Die Vermehrung des Angebots am US-Gütermarkt wirkt den möglichen Preiseffekten einer steigenden Staatsnachfrage entgegen (zugleich wirkt auch die Aufwertung preisdämpfend). Der reale Konsumverzicht, den ein Budgetdefizit – in einer geschlossenen Volkswirtschaft und bei Vollauslastung der Kapazitäten – ansonsten den inländischen Haushalten abverlangen müsste, wird hier über die Importe dem Ausland auferlegt. Faktisch wird also das Ausland zur güterwirtschaftlichen Deckung der Staatsausgaben "besteuert", d.h. zu einem Konsumverzicht bewegt.

Aber der Eindruck, die US-Finanzpolitik könne diesen Handlungsablauf erzwingen, täuscht. Denn die maßgebliche Entscheidung liegt bei den europäischen Geldvermögensbesitzern, die – ohne dass ein Euro ihren Währungsraum verlässt – Forderungen gegen den US-Staatshaushalt erwerben, wobei sie mit dieser Portfoliodisposition zugleich die Nettovermögensposition des Euro-Raumes und damit seine künftigen Zinseinnahmen verbessern.

Wenn sich ein Land auf dem Weltmarkt in Schuldtiteln der eigenen Währung verschulden kann, so "schuldet" es den ausländischen Gläubigern die Zahlung von inländischen Papiergeldnoten, die für das Schuldnerland praktisch kostenlos produzierbar und für die Gläubiger *direkt* wertlos sind. Eine Zahlungsunfähigkeit derartiger Schuldner ist damit ausgeschlossen; allenfalls kann eine Abwertungstendenz der Schuldnerwährung auftreten, die den Gläubigern einen Vermögensverlust zufügt und die Zahlungsbilanzsituation des Schuldnerlandes über die Leistungsbilanzreaktion tendenziell wieder stärkt. Der abwertungsinduzierte Mehrexport erhöht die Güterversorgung im Ausland und die Beschäftigung im Inland.

Die *Annahme qualitativ gleichrangiger Währungen* ist eine Fiktion (*Abschnitt 6.5*). Nur Länder mit einer kontraktfähigen Währung, die international anerkannt ist und deren Außenwert langfristig als wertstabil angesehen wird, verfügen über das Privileg der Auslandsverschuldung in heimischer Währung. Vor allem viele Entwicklungsländer sind dagegen gezwungen, sich in der Währung des Gläubigerlandes zu verschulden; eine Abwertung der eigenen Währung führt bei ihnen zu einer Aufwertung ihrer Schuldenlast.

Ein Leistungsbilanzdefizit stellt nicht notwendigerweise ein *Ungleichgewicht* dar. Der Begriff "Defizit" suggeriert, dass eine Abweichung von einem makroökonomischen Gleichgewicht vorliegt und daher entweder korrigierende Marktkräfte ausgelöst oder wirtschaftspolitische Anpassungsmaßnahmen erforderlich werden. Auch ein langfristiges Gleichgewicht in einer wachsenden (Welt-) Wirtschaft verlangt nicht unbedingt ausgeglichene Leistungsbilanzen. Länder mit grundsätzlich als wertstabil angesehenen Währungen können durchaus einen permanenten, wenn auch begrenzten Nettokapitalimport zu konstanten Konditionen aufrechterhalten. Einige wenige Länder (dazu gehören vor allem die USA, aber auch kleinere Länder wie die Schweiz) ziehen aufgrund der hohen Reputation ihrer Währung einen großen Teil von Geldvermögensanlagen international operierender Wirtschaftssubjekte an und üben damit international eine Bankfunktion aus. Zwei *Vermögensbestandseffekte* beschränken dabei den Verschuldungsspielraum:

(1) *Portfoliostruktur*: Die Möglichkeiten zur Auslandsverschuldung hängen von den Kapitalanlageentscheidungen internationaler Geldvermögensbesitzer ab. Streben sie (zur Risikominimierung) einen bestimmten Währungsmix ihres Portfolios an, so ergibt sich daraus eine währungsmäßig differenzierte Nachfrage nach Schuldtiteln. Weicht das weltweit emittierte Neuangebot an Schuldtiteln von dieser Struktur ab, weil z.B. ein Land ein besonders exzessives *Deficit Spending* betreibt, tritt ein Überschussangebot von auf die Währung dieses Landes lautenden Finanzaktiva auf. Am internationalen Finanzmarkt können dann diese Wertpapiere nur mit Preisabschlägen untergebracht werden; dies verlangt höhere Zinsen oder eine Abwertung (die den Portfolioanteil der betreffenden Währung reduziert).

(2) *Zinszahlungen*: Wenn bei konstanten Anlegerpräferenzen ein bestimmter Teil der jährlichen Geldvermögensbildung in der Welt in Dollar-Titeln investiert wird, so können die USA mit diesem Kapitalimport über lange Zeit ein ebenso hohes Leistungsbilanzdefizit finanzieren. Üblicherweise erlaubt dies nicht zugleich auch ein entsprechendes *Handels*bilanzdefizit: Wenn nämlich anhaltende Kapitalimporte zu einer Nettoschuldnerposition führen, sind Zinszahlungen an das Ausland zu leisten. Diese Beträge stellen Passivposten der Leistungsbilanz dar und schränken somit den Spielraum für den Güterimport ein. Allerdings erzielen die USA gegenwärtig (2012) trotz ihrer Schuldnerposition aufgrund der relativ höheren Renditen ihrer Auslandsanlagen sogar noch ein Nettozinseinkommen.

---

**Zusammenfassung**

6.2.1 Bei festen Wechselkursen muss sich die inländische Geldpolitik dem Auslandszins unterordnen, um den Devisenmarkt im Gleichgewicht zu halten. Nationale Zinsimpulse bewirken Ab- bzw. Aufwertungstendenzen und müssen daher rasch revidiert werden. Auch auf Nachfragestörungen aus dem In- und Ausland kann die Zinspolitik nicht stabilisierend antworten. Diese müssen sogar durch eine gleichgerichtete Geldpolitik verstärkt werden, damit das externe Gleichgewicht verteidigt werden kann. Unter diesen Bedingungen kann Stabilisierungspolitik allein durch die Fiskalpolitik betrieben werden. Bei einem *Policy Mix* müssen Geld- und Fiskalpolitik koordiniert so eingesetzt werden, dass bei Störeffekten Devisen- und Gütermarktgleichgewicht gewahrt bleiben. In der Praxis ist eine solche Koordination jedoch schwer zu erreichen.

6.2.2 Flexible Wechselkurse geben der Geldpolitik eine größere Autonomie zur Verfolgung binnenwirtschaftlicher Ziele. Exogene Güternachfrageänderungen werden durch Wechselkurseffekte gedämpft, bei perfekter Zinselastizität der Kapitalbewegungen vollständig neu-

tralisiert. Zinserhöhungen im Ausland und Zinssenkungen im Inland regen den Kapital-
und Güterexport an. Dieser Abwertungsmechanismus erscheint als ein zusätzlicher Weg
der Beschäftigungspolitik, der die traditionelle binnenwirtschaftliche Nachfrageförderung
ergänzt. Voraussetzung ist jedoch, dass trotz Wechselkursflexibilität Löhne und Preise fixiert bleiben.

6.2.3 Kapital- und Leistungsbilanzsaldo sind interdependent. Kapitalbewegungen sind jedoch
zumeist in der Führungsrolle. Die Entscheidungen zum Kauf ausländischer Wertpapiere
bewirken jene Wechselkursänderungen, die zur Herstellung des zum Nettokapitalexport
parallelen Nettogüterexports notwendig sind. Dabei ändern sich die Zahlungsströme im
Ausland in der Weise, dass die Mittel zum Kauf der Wertpapiere aus dem ausländischen
Geldkreislauf aufgebracht werden können. Die Grenzen der Auslandsverschuldung eines
Landes liegen vor allem in der Aufnahmebereitschaft des internationalen Kapitalmarktes
für neu emittierte Schuldtitel in der Währung dieses Landes. Länder mit einer weltweit an-
erkannten Anlagewährung haben einen größeren Spielraum zur Auslandsverschuldung,
weil sie sich in heimischer Währung verschulden können, weil Ausländer regelmäßig Teile
ihres Geldvermögens in dieser Währung anlegen und weil selbst eine Abwertung dem
Schuldnerland keine unmittelbaren Nachteile bringt.

## 6.3 Internes und externes Gleichgewicht bei flexiblen Preisen

### 6.3.1 Preisstabilität und Zinsparität:
### Zusammenhang zwischen Inflations- und Abwertungserwartungen

Im Folgenden wird das Verhalten der Geldpolitik nicht durch eine vorab definierte Zinsregel beschrieben. Statt dessen werden die Bedingungen des externen und internen Gleichgewichts in einem Zins-Wechselkurs-Diagramm dargestellt, aus dem dann die Stabilisierungs-
aufgaben der Zinspolitik deutlich werden.

(1) Das externe Gleichgewicht ist durch die Zinsparitätsbedingung [2.75] gegeben. In loga-
rithmierter Form lautet diese

$$i_t = i_t^A + e_{t+1}^e - e_t \qquad\qquad [6.12]$$

Im Zins-Wechselkurs-Diagramm hat diese Linie eine negative Steigung (*Abbildung 6-8*).

(2) Das interne Gleichgewicht wird im Hinblick auf die Geldwertstabilität definiert. Dabei
ist zu prüfen, bei welchen Zins-Wechselkurs-Kombinationen die Konstellation $p = p^*$ erreicht werden kann. Die Inflationsrate ergibt sich aus dem Zusammenspiel von Nachfrage-
und Angebotsfaktoren.

In der Güternachfragefunktion $y = g - \beta(i - p) + \theta y^A + \tau \ln(E\, P^A/P)$ [6.6] taucht sowohl die Inflationsrate als auch das Preisniveau auf. Zur formalen Vereinfachung der Be-
handlung flexibler Preise wird der Ausdruck $\ln(P^A/P)$ durch die Differenz der Inflationsraten angenähert. Man erhält dann

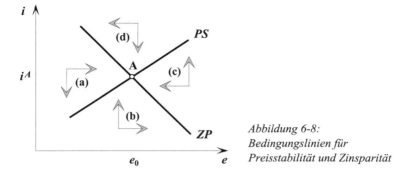

Abbildung 6-8:
Bedingungslinien für
Preisstabilität und Zinsparität

$$y = g - \beta\left(i - p\right) + \theta\, y^A + \tau\left(e + p^A - p\right) \qquad [6.13]$$

Auf der Angebotsseite können autonome, d.h. einkommensunabhängige Kosten- bzw. Preis-steigerungen auftreten. Diese lassen sich auf mehrere Ursachen zurückführen:

- Inflationserwartungen treiben Lohnsteigerungen an.

- Umverteilungsbestrebungen der Arbeitnehmer und Unternehmen bewirken höhere No-minallöhne bzw. Gewinnaufschläge.

- Preissteigerungen im Ausland und Abwertungstendenzen der heimischen Währung ver-teuern die Importpreise und wirken so (auch vermittelt über Lohnreaktionen) auf die in-ländische Inflation.

All diese Faktoren werden nun in einer integrierten Kostendruckvariablen $\tilde{p}$ ausgedrückt. Damit ist die Angebotsfunktion (mit $y^* = 0$) gegeben durch

$$p = \tilde{p} + \alpha\, y \qquad [6.14]$$

Die Nachfragefunktion [6.13] wird nun in die Angebotsfunktion [6.14] eingesetzt. Dabei wird wiederum deutlich, dass die Inflationsrate durch Kostendruck- und Nachfragesogfakto-ren bestimmt ist:

$$p = \underbrace{\tilde{p}}_{Kostendruck} + \alpha\underbrace{\left[g - \beta(i - p) + \theta\, y^A + \tau\left(e + p^A - p\right)\right]}_{Nachfragesog} \qquad [6.15]$$

Angenommen sei zur formalen Vereinfachung, dass die Geldpolitik eine Inflationsrate von Null anstrebt. Löst man [6.15] nach $p = 0$ und sodann nach dem Zinssatz auf, ergibt sich die Preisstabilitätslinie $PS$ (Abbildung 6-8):

$$i = \frac{\tilde{p}}{\alpha\,\beta} + \frac{g + \theta\, y^A + \tau\, p^A}{\beta} + \frac{\tau}{\beta}\, e \qquad [6.16]$$

Bei allen Punkten auf dieser Linie ist das Preisniveau konstant. Abweichungen von diesem Ziel $p^* = 0$ können durch Nachfrage- oder Angebotsstörungen auftreten. Zins- und wechselkursbedingte Nachfrageveränderungen gleichen sich bei Bewegungen *auf* der *PS*-Linie gerade aus. Die Linie hat deshalb eine positive Steigung, weil Zinssteigerung und Abwertung gegenläufige Effekte auf die Güternachfrage haben. Soll ein gegebenes Nachfrageniveau aufrechterhalten bleiben, so müssen Zins und Wechselkurs stets in gleicher Richtung variieren, damit sich ihre Nachfragewirkungen gerade neutralisieren. Dieser Zusammenhang lässt sich auch zur Konstruktion eines geldpolitischen Indikators in einer offenen Volkswirtschaft nutzbar machen (*Box 6-3*).

Eine Erhöhung der autonomen Güternachfrage, des Auslandseinkommens und der ausländischen Inflation verschiebt die *PS*-Linie nach oben und zeigt damit an, dass ein höherer Zinssatz oder eine Aufwertung notwendig ist, um das Gütermarktgleichgewicht zu sichern. Unterhalb der *PS*-Linie besteht ein Nachfrageüberschuss auf Güter- und Arbeitsmarkt, weil der Zins zu niedrig oder der Wechselkurs zu hoch ist, oberhalb davon besteht Nachfragemangel. Eine positive bzw. negative Outputlücke hat in diesen Fällen auslastungsbedingte Rückwirkungen auf die heimische Inflationsrate, während auf der *PS*-Linie das Lohn- und Preisniveau von der Nachfrageseite her konstant bleibt.

Wenn kein autonomer Kostendruck vorliegt, ist auf der *PS*-Linie neben Preisstabilität auch Vollbeschäftigung gegeben: Aus der Angebotsfunktion $p = \tilde{p} + \alpha y$ folgt bei $p = \tilde{p} = 0$ auch $y = y^* = 0$. Kostendruck verschiebt dagegen die *PS*-Kurve nach oben. Preisstabilität kann dabei gleichwohl gewahrt bleiben, wenn durch eine zinspolitische Nachfragerestriktion Arbeitslosigkeit erzeugt wird; die Lohn- und Preiseffekte eines Überschussangebotes auf Arbeits- und Gütermärkten neutralisieren dann die autonomen Kostendruckfaktoren. Die Angebotsfunktion [6.14] zeigt, dass $p = 0$ im Fall $\tilde{p} > 0$ nur erreicht werden kann, wenn $y < 0$ ist, d.h. wenn der Wert der eckigen Klammer in [6.15] negativ ist: Dies bedeutet Unterbeschäftigung. Preisstabilität und Vollbeschäftigung fallen also auseinander, wenn autonomer Preisdruck auftritt.

(3) Die Bedingungen für das externe *und* interne Gleichgewicht sind in Punkt A beim Auslandszins $i^A$ und dem Wechselkurs $e_0$ erfüllt. Es gibt keine Wechselkursänderungserwartungen, die Preise sind stabil und der Output entspricht dem Vollbeschäftigungswert. Innerhalb der von den Gleichgewichtslinien *ZP* und *PS* abgeteilten Feldern liegen dagegen Ungleichgewichte vor, die im System der Märkte endogene Anpassungsprozesse in Gang setzen:

- Unterhalb der *ZP*-Linie, in den Feldern (a) und (b), löst der gemessen an der Zinsparitätsbedingung zu niedrige Inlandszins eine Abwertungstendenz aus, dargestellt durch die nach rechts zeigenden Pfeile. Analog zeigen die Linkspfeile in den Feldern (c) und (d) eine Aufwertungstendenz.

- Unterhalb der *PS*-Linie, in den Feldern (b) und (c), erfordern steigende Preise höhere Zinsen, dargestellt durch die nach oben gerichteten Pfeile. Entsprechend bedeuten in den Feldern (a) und (d) die nach unten zeigenden Pfeile sinkende Zinsen aufgrund nachgebender Preise.

Wechselkurs- und Zinsanpassung können zum allgemeinen Gleichgewicht A führen. Jedoch verändern sich im Verlauf dieser Anpassungsprozesse im Ungleichgewicht die Inflations- und Wechselkurserwartungen. Da diese Erwartungsgrößen Lageparameter der *ZP*- und der *PS*-Kurve sind, bewegen sich auch diese Gleichgewichtslinien im Marktprozess: Steigende Inflationserwartungen verschieben die *PS*-Linie nach oben, erfordern zur Stabilisierung also (noch) höhere Inlandszinsen. Wenn die Inflationserwartung auch auf den Devisenmarkt überspringt (weil die Akteure von einer mehr oder weniger parallelen Entwicklung des inneren und äußeren Geldwertes ausgehen), wird infolge der Abwertungserwartung auch die *ZP*-Kurve nach oben gedrückt. Eine Abwertungserwartung wirkt ihrerseits über den Importpreiseffekt wieder auf die Inflationserwartung zurück.

Daraus folgt, dass die Stabilität insbesondere dann gefährdet ist, wenn sich Preise und Wechselkurs in gleicher Richtung verändern; die Erwartungsmechanismen sorgen dann dafür, dass sich beide Marktgleichgewichtslinien von der jeweils bestehenden Zins-Wechselkurs-Kombination wegbewegen. In ungünstigen Fällen, wenn sich die erwarteten schneller als die tatsächlichen Werte verändern, reichen die Anpassungen bei Zinsen, Preisen und Wechselkursen nicht aus, um die Marktkonstellation zu stabilisieren:

- Im Feld (b) droht ein *Vicious Cycle* von Inflation und Abwertung, der zu einem krisenhaften Kapitalexport, d.h. einer Flucht aus der Währung, führen kann. Die Geldpolitik muss dann die Zinsen sehr stark erhöhen und dabei zumindest kurz- und mittelfristig Beschäftigungseinbußen hinnehmen (wenn die Marktakteure vermuten, dass die Notenbank diese Kosten scheut, so werden die Erwartungen weiter destabilisiert).

- Umgekehrt zeigt sich in (d) ein *Virtuous Cycle* von Aufwertung und sinkender Inflationsrate; dies kann trotz sinkender Inlandszinsen nach dem Vermögensmarktkalkül zunehmende Nettokapitalimporte auslösen, die den Aufwertungsprozess in Gang halten. Auch hier können infolge einer (temporären) realen Überbewertung der Inlandswährung Beschäftigungsverluste eintreten.

---

*Box 6-3: Der Monetary-Conditions-Index*

In der Nachfragefunktion für eine offene Volkswirtschaft hängt die gesamtwirtschaftliche Aktivität nicht nur vom realen Zins, sondern auch vom realen Wechselkurs ab. Dies wird durch die Gleichgewichtslinie *PS* ausgedrückt. Dieser Zusammenhang lässt sich für die *Konstruktion eines geldpolitischen Indikators* nutzen, der – ähnlich wie die Geldmenge – zur Messung der aktuellen oder künftigen Nachfragedynamik dienen kann. Der Grundgedanke ist, dass sich die gesamtwirtschaftliche Aktivität von der Nachfrageseite her verändert, wenn sich der reale Zins oder der reale Wechselkurs von einem gegebenen Ausgangsniveau erhöht bzw. verringert. Will man beide Einflussgrößen in einem Index verschmelzen, so sollte jeder Faktor mit einem Gewicht berücksichtigt werden, das seinem quantitativen Effekt auf die Güternachfrage entspricht. Deshalb geht der reale Zins mit der Zinselastizität $\beta$ und der (Logarithmus des) reale(n) Wechselkurs(es) mit der Wechselkurselastizität $\tau$ in den *Monetary-Conditions-Index* ein. Man erhält die Formel:

$$MCI_t = \beta \left( r_t - r_0 \right) + \tau \left( e_0^r - e_t^r \right)$$  [6.17]

Der *Monetary-Conditions*-Index steigt an, wenn der reale Zins von einem Basisniveau $r_0$ steigt oder wenn der reale Wechselkurs $e_0^r$ von einem Basisniveau sinkt, d.h. aufwertet; beides bedeutet eine Dämpfung der gesamtwirtschaftlichen Nachfrage. Aussagekräftig ist demnach nicht das erreichte Niveau des *MCI*, sondern seine Veränderung.

Das *geldpolitische Konzept* könnte nun darin bestehen, ein mit einem gesamtwirtschaftlichen Gleichgewicht kompatibles Niveau des *MCI* als Ausgangspunkt zu definieren und bei Abweichungen davon mittels der Zinspolitik stabilisierend einzugreifen. Zwar ist der *MCI* in Realgrößen definiert; aber da kurzfristig die Inflation relativ stabil ist, kann die Notenbank den *MCI* recht gut kontrollieren. Auch wirkungsanalytisch betrachtet gibt es dabei kaum Zielkonflikte, weil z.B. eine Senkung der Notenbankzinsen den Wert beider Klammerausdrücke in [6.17] tendenziell verringert und so einem vorangegangenen Anstieg des *MCI* entgegenwirkt; der Effekt auf den Wechselkurs verläuft dabei über den Zusammenhang der Zinsparität (*Abschnitt 2.4.2*).

Der *MCI* erscheint als ein angemessenes Konzept der Geldpolitik für eine offene Volkswirtschaft. Gleichwohl sind einige *kritische Punkte* anzuführen:

- Unmittelbar misst der *MCI* nur die Stärke nachfrageseitiger Faktoren. Wenn die Geldpolitik nicht die Outputlücke, sondern die Inflationsrate stabilisieren will, müsste erstens abgeschätzt werden, wie stark die Güternachfrage auf die Preisentwicklung durchschlägt; zweitens können Wechselkursänderungen auch unmittelbar über die Angebotsseite auf Kosten und Preise wirken. Die Konstruktion eines *MCI* würde damit außerordentlich kompliziert.

- Die bei der Berechnung des *MCI* verwendeten Gewichtungsfaktoren $\beta$ und $\tau$ sind im Zeitablauf und in Relation zueinander vermutlich nicht konstant. Eine fortlaufende ökonometrische Prüfung ist notwendig, damit die Bewegung des *MCI* keine falschen Notenbankentscheidungen auslöst.

- Nicht jede Wechselkursänderung zeigt ein Ungleichgewichtsmoment an, dem zinspolitisch begegnet werden sollte. Vielmehr muss sich der gleichgewichtige reale Wechselkurs z.B. an dauerhafte Veränderungen im Hinblick auf die Präferenzen für in- und ausländische Güter anpassen. Zudem sind Wechselkursschwankungen auch auf geldpolitische Impulse aus dem Ausland zurückzuführen. Der *MCI* kann insoweit nicht als Indikator der Kurse der inländischen Geldpolitik angesehen werden.

- Im Vergleich zum *MCI* ist eine *Taylor*-Regel zielorientierter und einfacher, weil der *Taylor*-Zins direkt auf beide Zielgrößen der Geldpolitik reagiert (unabhängig davon, ob z.B. eine Nachfrageüberhitzung auf Fiskalpolitik oder Abwertung zurückzuführen ist) und weniger abhängig von Parameteränderungen in den makroökonomischen Funktionsbeziehungen ist.

## 6.3.2 Stabilisierungs- und Entwicklungsstrategien: Über- und Unterbewertung bei festen Wechselkursen

Eine beschäftigungsorientierte Wirtschaftspolitik ist an der Wahrung eines niedrigen Zinssatzes interessiert. Eine solche Politik ist mit dem externen Gleichgewicht bei festen Wechselkursen nicht leicht zu vereinbaren. Nachfragewachstum, ein niedriger Zinssatz und steigende Preise lassen via Leistungs- und Kapitalbilanz ein Zahlungsbilanzdefizit erwarten. Entweder muss nun doch der Vorrang des internen Gleichgewichts, d.h. des Vollbeschäftigungsziels, aufgegeben oder aber das Zahlungsbilanzgleichgewicht durch institutionelle oder regulative Maßnahmen gesichert werden, z.B. durch Import- und Kapitalverkehrskontrollen. Die Effizienz derartiger Maßnahmen ist umstritten; transnational agierende Unternehmen können solche Kontrollen leicht umgehen. Zudem wird eine Behinderung der Marktfreiheit aus ordnungs- und integrationspolitischen Gründen abgelehnt.

Oft wird eine *Wechselkursstabilisierung* verfolgt, obwohl dies die Autonomie der nationalen Wirtschaftspolitik beschränkt. Unter bestimmten Bedingungen sind dadurch nämlich positive Effekte auf die Endziele der Wirtschaftspolitik zu erzielen. Insbesondere kleine offene Volkswirtschaften mit relativ großem Außenhandelsanteil können durch Wechselkursschwankungen empfindlich getroffen werden. Damit sind folgende Probleme verbunden:

*   Veränderungen der internationalen Wettbewerbsfähigkeit mit entsprechenden Chancen und Risiken für die inländische Beschäftigung,

*   Beeinträchtigung der Kalkulationsbasis für die langfristige Außenhandels- und Investitionsplanung der Unternehmen und

*   Inflationsgefahren, wenn Abwertungen in eine allgemeine Lohninflation umschlagen.

Darüber hinaus schließen sich oft auch Länder unabhängig von ihrer Größe zu einem System fester Wechselkurse zusammen, um die Planungssicherheit der Unternehmen zu erhöhen. Wachsende Handelsbeziehungen und ein stärkerer Wettbewerbsdruck lassen Integrations- und Wohlfahrtsgewinne erwarten.

Die Bindung an einen fixen Wechselkurs wird insbesondere von inflationsanfälligen Ländern als ein Weg zur Stabilisierung gewählt. Das typische Problem von sog. Schwachwährungsländern sind Abwertungserwartungen, die die Zinsparitätskurve nach oben verschieben. Eine Möglichkeit ist dann die Bestätigung dieser Erwartungen, indem eine Abwertung zugelassen wird. Aufgrund des engen Zusammenhangs zwischen äußerem und innerem Geldwert kann jedoch eine Bestätigung von Abwertungserwartungen ebenso problematisch sein wie die Bestätigung von Inflationserwartungen durch eine expansive Geldpolitik; in beiden Fällen droht eine kumulative Entwicklung in die monetäre Instabilität.

Man kann versuchen, einer Abwertungserwartung nicht nachzugeben, sondern die Bindung an einen festen Wechselkurs zu proklamieren und das externe Gleichgewicht mit einer relativen Zinserhöhung zum Ausland zu sichern. Dieser restriktive Impuls soll den Ursachen der anfänglichen Abwertungserwartung (z.B. eine Inflationszunahme oder ein Handelsbilanzdefizit) entgegenwirken. Bei einer positiven Inflationsdifferenz zum Ausland bedeutet die zinspolitische Verteidigung des nominalen Wechselkurses eine *reale Überbewertung* der Inlandswährung. Diese wird oft bewusst angestrebt, um den Wettbewerbsdruck im Inland zu erhöhen und mittels relativ billiger Importprodukte Stabilität zu importieren.

Eine reale Aufwertung ist bei

$$\hat{e}^r = \hat{e} + p^A - p < 0 \qquad\qquad [6.18]$$

gegeben. Bei $\hat{e} = 0$ bedeutet der inländische Inflationsvorsprung einen preislichen Wettbe-
werbsnachteil, der die inländischen Unternehmen unter Anpassungsdruck setzt.

Die Koppelung des Wechselkurses an eine andere starke Währung stellt eine *Selbstbindung
der nationalen Geldpolitik* dar. Damit sollen die Glaubwürdigkeit des eigenen monetären
Kurses erhöht und Inflationserwartungen abgebaut werden: Gewerkschaften und Unternehmen wird signalisiert, dass bei inflationären Lohnabschlüssen der Ausweg einer Abwertung – um internationale Wettbewerbsfähigkeit und Beschäftigung zu sichern – versperrt
ist. Indem so das nationale Preisniveau tendenziell an die monetäre Entwicklung eines stabi-
litätsbewussteren Starkwährungslandes angekoppelt wird, hofft man, mittels der Wechsel-
kursfixierung indirekt von der Reputation der betreffenden Auslandswährung zu profitieren.

Da dieser Weg aber auch mit Kosten in Form zumindest temporärer Beschäftigungsverluste
verbunden sein kann, werden die internationalen Finanzmärkte darüber spekulieren, ob und
wie lange die Geldpolitik den internen Restriktionskurs durchhalten kann oder ob die Hinnahme der Abwertung nicht letztlich doch als der einfachere Ausweg erscheint. Die Überbe-
wertungsstrategie droht dann zu scheitern, wenn angesichts hoher Arbeitslosigkeit und dennoch hartnäckiger Inflationserwartungen im Inland eine immer größere Zinsdifferenz notwendig wird, um den Wechselkurs zu verteidigen.

Solange Abwertungserwartungen auf einen *Inflationsvorsprung* des Inlands gegründet sind,
wirken Zinserhöhungen insgesamt stabilisierend, weil sie mit der Verteidigung des externen
Geldwertes zugleich auch die Ursache der Devisenmarktschwäche bekämpfen. Spekulieren
die Finanzmärkte jedoch darauf, dass das Inland seine Währung um der *Beschäftigung* willen abwerten wird, sind Zinserhöhungen als Antwort auf diese Abwertungserwartung nicht
mehr geeignet, weil sie die Arbeitslosigkeit im Inland tendenziell weiter steigern und gerade
dadurch die Abwertungsspekulation anheizen.

---

*An increase in the unemployment rate raises the costs to the government of continuing to pursue
policies of price stability. When the public observes unemployment, it revises upward its forecast
of the probability that the authorities will deviate in order to reflate the economy; this in turn requires the authorities to raise the discount rate to defend the currency, which only serves to ag-
gravate their unemployment problem.*

Barry Eichengreen u.a. (1995: 260 f)

---

Das Gegenstück zum vorstehenden Fall ist eine Politik der *Unterbewertung*, die mit dem
Ziel einer Beschäftigungsförderung verfolgt wird. Diese Strategie versucht typischerweise,
einen Export- bzw. Leistungsbilanzüberschuss abzusichern, der für sich genommen über eine marktendogene Aufwertung abgebaut würde. Dies erfordert einen geldpolitisch forcier-
ten Kapitalexport, d.h. einen relativ niedrigen Inlandszins, der die durch den Leistungsbi-

lanzüberschuss gegebene Aufwertungserwartung widerspiegelt. Ein Hauptproblem besteht hier in der Inflationsgefahr, da der niedrige Zins und der günstige reale Wechselkurs starke Nachfrageimpulse geben. Die Beschränkung konsumtiver (Staats-) Nachfrage oder die Einkommenspolitik stellen keine zuverlässigen Instrumente der Inflationsvermeidung dar, wenn sich die Geldpolitik ganz dem Ziel eines exportgestützten Wachstums verschreibt.

*Zwei Varianten der Unterbewertungsstrategie* sind zu unterscheiden:

- Bei der *Abwertungspolitik* wird ein bestehender Inflationsvorsprung des Inlands durch nominale Abwertungen so (über-) kompensiert, dass die Volkswirtschaft zumindest temporäre Gewinne an internationaler Wettbewerbsfähigkeit erzielt:

$$Abwertungsrate > p - p^A > 0 \quad \Rightarrow \quad \hat{e}^r > 0 \qquad [6.19]$$

Hierbei treibt die nominale Abwertung die heimische Inflation jedoch weiter an und macht so den Wettbewerbsvorteil zunichte. Dies verlangt dann eine neuerliche Abwertung. Geht dieses Muster in die Erwartungen der Akteure ein, droht eine Kapitalflucht. Damit ist eine solche Politik zum Scheitern verurteilt.

- Die Strategie einer *stabilitätsorientierten Unterbewertung* versucht dagegen, bei einem Inflationsvorsprung des Auslands die nominale Aufwertungsrate gering (oder einen festen Wechselkurs) zu halten, so dass über den realen Wechselkurs ein Wettbewerbsvorteil verteidigt werden kann:

$$Aufwertungsrate < p^A - p > 0 \quad \Rightarrow \quad \hat{e}^r > 0 \qquad [6.20]$$

Die Erwartungen sind insoweit auf Stabilität und Währungsstärke gerichtet. Das optimale Muster dieser Politik besteht darin, von Zeit zu Zeit dem bestehenden Aufwertungsdruck teilweise nachzugeben, so dass die Aufwertungserwartungen bestätigt werden, gleichzeitig aber die *reale* Unterbewertung aufrechterhalten wird. Eine relativ niedrige Inflation im Inland ist hier nicht (wie im *Phillips*-Kurven-Ansatz) eine *Alternative*, sondern vielmehr eine *Vorbedingung* für eine hohe Beschäftigung.

Die *langfristige markttheoretische Konsistenz einer Überschussposition* in der Zahlungsbilanz wird analog zum Defizitfall (*Abschnitt 6.2.3*) von Vermögensmarkteffekten bestimmt: Ein anhaltender Leistungsbilanzüberschuss deutet preistheoretisch auf eine langfristig gefestigte (relative) Geldwertstabilität hin, wodurch die betreffende Währung aus Anlagemotiven interessant wird. Die aus der (im Laufe der Zeit entstehenden) Gläubigerposition resultierenden Zinszahlungen vergrößern für sich genommen den Leistungsbilanzüberschuss. Entweder tritt nun darüber ein partieller Aufwertungseffekt ein, der die Nettoexporte verringert, oder die Wirtschaftspolitik muss sich um einen zusätzlichen Kapitalexport bemühen, um die Beschäftigung vor der drohenden Aufwertung zu schützen. Dieser Kapitalexport kann marktmäßig über niedrige Zinsen erreicht werden, aber auch auf institutionellem Wege, z.B. durch Rückzahlung von Staatsschulden an Ausländer oder durch Erhöhung der Entwicklungshilfe.

Die Wahrung eines Zahlungsbilanzgleichgewichts in Überschussländern ist schwierig, weil aufgrund der offenkundig hohen Vermögenssicherungsqualität der heimischen Währung vom Markt eher eine Tendenz zum Kapitalimport ausgeht, während der Leistungsbilanzüberschuss umgekehrt einen zusätzlichen Kapitalexport verlangt. Oft sieht sich daher die Notenbank zum Ankauf der zuströmenden Devisenüberschüsse gezwungen, um eine unerwünschte Aufwertung zu verhindern. Sie muss sich dann um eine Sterilisierung der damit einhergehenden Geldmengeneffekte bemühen, um die Kontrolle über die Zinsentwicklung an den inländischen Finanzmärkten zu bewahren.

---

**Zusammenfassung**

6.3.1 Die Bedingung für Preisstabilität lässt sich im Zins-Wechselkurs-Koordinatensystem als Linie mit positiver Steigung darstellen, weil der restriktive Nachfrageeffekt einer Zinserhöhung durch eine Abwertung kompensiert werden kann; somit bleiben die Preise von der Nachfrageseite her konstant. Bei inflationären Angebots- oder Nachfragestörungen verschiebt sich diese *PS*-Kurve nach oben, weil zur Stabilisierung eine zusätzliche Zinssteigerung bzw. Aufwertung notwendig ist. Solange keine Angebotsschocks auftreten, ist auf der *PS*-Kurve zugleich auch Vollbeschäftigung gegeben. Ändern sich die Inflations- und Wechselkurserwartungen im Prozessverlauf, so können insbesondere bei gleichgerichteten Preis- und Wechselkursbewegungen instabile Entwicklungen auftreten.

6.3.2 Zum Weltmarkt relativ niedrige Zinsen erfordern bei festen Wechselkursen letztlich Import- und Kapitalverkehrskontrollen, d.h. marktinkonforme Interventionen. Die Wechselkursstabilisierung empfiehlt sich für kleine offene Volkswirtschaften mit relativ inflationsanfälliger Währung. Der Verzicht auf eine autonome nationale Geldpolitik ermöglicht durch die Anbindung an eine starke Währung einen Import von Preisstabilität. Solange sich die Lohn- und Preispolitik im Inland darauf nicht einstellt, treten volkswirtschaftliche Kosten durch höhere Arbeitslosigkeit auf. Die Strategie der Unterbewertung zielt über eine Steuerung des realen Wechselkurses auf eine Förderung von Beschäftigung und Wachstum und nimmt dabei Inflationsrisiken in Kauf. Die langfristige Sicherung eines Leistungsbilanzüberschusses verlangt zumeist einen gegen die Marktkräfte gerichteten Kapitalexport oder den Ankauf und die geldpolitische Sterilisierung eines Überschussangebotes von Devisen.

---

# 6.4 Der Fall einer Währungsunion

## 6.4.1 Der optimale Währungsraum: theoretische und ordnungspolitische Aspekte

Eine Währungsunion entsteht durch die gemeinsame Übernahme einer Währung in mehreren Volkswirtschaften; typischerweise handelt es sich dabei um Länder, die bereits durch intensive Handelsbeziehungen miteinander verflochten sind. Die Währungsunion stellt eine noch stärkere monetäre Integration dar als ein System fixer Wechselkurse: Mit der Abschaffung der Wechselkurse wird die Möglichkeit der Beeinflussung der preislichen Wettbewerbsfähigkeit durch nominale Kursänderungen ausgeschlossen.

- Aus der Sicht der *Güter- und Arbeitsmärkte* entsteht ein einheitlicher Wettbewerbsraum für Güter und Dienstleistungen. Zumeist wird die währungsmäßige Integration von Reformschritten begleitet, die noch bestehende Handels- und Migrationsgrenzen weiter abbauen. Der Wegfall der Wechselkurse intensiviert den Wettbewerb. Dies eröffnet den Produzenten neue Chancen, setzt sie aber auch einem verschärften Anpassungsdruck aus; zugleich erhöht sich die langfristige Planungssicherheit, da die Entwicklung der relativen Preise nicht wie zuvor durch wechselkursbedingte, schubartige Veränderungen verzerrt werden kann.

- Aus der Sicht der *Finanzmärkte* bringt die Währungsunion eine Absicherung gegen das Risiko von Wechselkursänderungen mit der Konsequenz eines (unter Vernachlässigung möglicher Risikoprämien) einheitlichen Zinssatzes im Währungsgebiet mit sich. Die Absicherung ist allerdings nicht perfekt, weil die Möglichkeit eines Austritts aus einer Währungsunion mit der begleitenden Neufestsetzung des nationalen Wechselkurses besteht. Mit der Schaffung eines einheitlichen Finanzmarktes wird die nationale Zinspolitik aufgegeben. Eine supranationale Notenbank bestimmt den geldpolitischen Kurs für den gesamten Währungsraum (weitere Formen einer Einschränkung des Handlungsspielraumes nationaler Geldpolitik werden in *Box 6-4* vorgestellt).

In währungsmäßiger Hinsicht entsteht so praktisch *eine* Volkswirtschaft; die bisherigen nationalen Ökonomien werden zu *Regionen*. Der Unterschied zu einer normalen Volkswirtschaft, in der zumeist ebenfalls regionale Besonderheiten in wirtschaftlicher Hinsicht anzutreffen sind, besteht in der größeren Diskrepanz institutioneller Rahmenbedingungen des Wirtschaftens. Die an der Währungsunion beteiligten Länder bleiben politisch autonom (auch wenn häufig bestimmte Vereinbarungen im Hinblick auf Migration, Handels- und Kapitalverkehr sowie den Kurs der Fiskalpolitik getroffen werden). Rechtsvorschriften und Regularien der Steuer-, Sozial- und Arbeitsmarktpolitik sowie der Zentralisierungsgrad der Lohnpolitik können unterschiedlich sein.

Der Schritt zu einer Währungsunion mit anderen Ländern stellt wegen der damit verbundenen Aufgabe einer nationalen Geldpolitik eine weitreichende Entscheidung dar, die nur unter großen politischen und ökonomischen Kosten wieder revidiert werden kann. Deshalb müssen vor einem solchen Schritt die Argumente pro und contra sorgfältig abgewogen werden. Geht man von den *Geldfunktionen* (Wertstandard und Zahlungsmittel) aus, so spricht aus informations- und transaktionskostentheoretischen Gründen zunächst alles für eine Währungsunion oder sogar für eine einheitliche Weltwährung (*Abschnitt 1.1.1*):

- Die Markttransparenz ist in der Währungsunion höher, weil die relativen Preise nicht länger mittels der Wechselkurse in einen gemeinsamen Standard umgerechnet werden müssen; und da es keine Wechselkursänderungen mehr gibt, muss man auch in der Zukunft nicht mit währungsbedingten Preissprüngen rechnen.

- Der gemeinsame (Welt-) Markt maximiert die Liquiditätsprämie des Geldes, weil sich der Einsatzraum der Währung als Zahlungsmittel vergrößert. Die Skalenerträge bei der Verwendung von Geld nehmen zu.

- Schließlich wird mit der Abschaffung der Devisenmärkte eine bedeutsame Quelle von Marktstörungen beseitigt (erratisch schwankende Wechselkurse). Dies senkt ebenfalls die Informationskosten und trägt zur Stabilität der gesamten Volkswirtschaft bei. Der Wegfall von Wechselkursunsicherheit stellt eine reale Kostenentlastung dar, die das Wachstum begünstigen kann.

Abgesehen von den politischen Einigungskosten und Verzögerungen bei währungspolitischen Projekten sprechen jedoch auch ökonomisch-theoretische Argumente gegen das unbedingte Ziel einheitlicher Währungen. Ein erster Punkt ist die *Akzeptanz des Geldes*. In verschiedenen Zeiten und Ländern hat man auf unterschiedliche Weise versucht, das notwendige Vertrauen der Wirtschaftssubjekte in die grundsätzliche Wertstabilität einer Währung herzustellen. So gab es Versprechen der Einlösung des Geldes in bestimmte Vermögenswerte, institutionelle Regulierungen oder besondere Vorkehrungen bei der Bestellung von Notenbankleitern. Gäbe es auf der Welt nur eine Währung, so müssten sich alle Wirtschaftssubjekte, Interessengruppen und politischen Parteien auf *ein* Konzept einigen. Es ist nicht sicher, ob ein dabei gefundener Kompromiss effizient wäre. Zudem können aufgrund nationaler Besonderheiten durchaus auch unterschiedliche Wege zur Währungsakzeptanz führen.

Ein zweiter Punkt, der für die Beibehaltung von nationalen Währungen und (flexiblen) Wechselkursen spricht, ergibt sich aus der *Reaktion bei makroökonomischen Schocks*. Man stelle sich zwei handeltreibende Länder vor, die von einem asymmetrischen, nicht nur kurzfristig wirksamen Nachfrageschock betroffen werden; ein Beispiel ist die Verlagerung der Präferenzen zugunsten der Produkte des Landes A. Damit steigt die Nachfrage in Land A und fällt in Land B. Dies bedeutet tendenziell Überbeschäftigung und Preissteigerungen in Land A und Arbeitslosigkeit in Land B.

Zunächst ist angenommen, dass beide Länder durch einen unverrückbar *festen Wechselkurs* bzw. eine *einheitliche Währung* miteinander verbunden sind. In diesem Fall kann ein neues Gleichgewicht in beiden Ländern erst nach einem zeitraubenden Prozess individueller Preis- und Mengenanpassungen erreicht werden. Eine reine Mengenanpassung ohne Preiseffekte wäre nur möglich, wenn (bei flexibel nutzbaren Kapazitäten in beiden Ländern) die nun in Land B überzähligen Arbeitskräfte rasch in Land A wandern würden. Jedoch verlaufen solche Migrationsprozesse nur langsam oder sind überhaupt aufgrund von kulturellen und sprachlichen Barrieren behindert.

Deshalb kommt es in Land A wegen der Übernachfrage zu einer Lohn-Preis-Spirale bei Voll- bzw. Überbeschäftigung. Die Preissteigerungen drängen dann (bei gegebener Geldmenge bzw. stabilisierender Zinspolitik) die Güternachfrage wieder zurück; schließlich kann sich ein neues Gleichgewicht bei einem höheren Preisniveau einstellen. In Land B müssen die Arbeitnehmer wegen der sinkenden Beschäftigung Bereitschaft zu einem Reallohnverzicht zeigen. Lohn- und Preissenkungen können schließlich (unter Mithilfe der Geldpolitik) wieder zu einem Vollbeschäftigungsgleichgewicht zurückführen, wobei die Preisdifferenz zu den Produkten aus Land A die Attraktivität der heimischen Produktion wiederherstellt.

Festzuhalten ist, dass der Anpassungsprozess eine Flexibilität der Faktorpreise und -bewegungen verlangt und realistischerweise einen größeren Zeitbedarf aufweist; zudem ist die Konvergenz dieses Anpassungsprozesses zum Gleichgewicht nicht gesichert (*Abschnitt 6.4.2*). Eine *Wechselkursanpassung* zwischen beiden Ländern wäre zumindest auf den ersten Blick der einfachere Weg. Der Wettbewerbsprozess zum neuen Gleichgewicht wird dabei entscheidend abgekürzt. Die Transaktionskosten der Anpassung wären geringer, da nur ein Preis – nämlich der Wechselkurs – geändert werden muss:

Die gestiegene Präferenz für Güter aus dem Land A bewirkt dort einen Exportüberschuss; auf dem Devisenmarkt hat der vermehrte Zahlungsstrom von B nach A eine Übernachfrage nach A-Währung und ihre Aufwertung zur Folge. Dies verringert die preisliche Wettbewerbsfähigkeit der A-Produktion gerade so, dass auf dem Devisenmarkt und den Makromärkten in A und B wieder Gleichgewicht hergestellt wird (der Fall der Präferenzänderung ist analog zum Fall der Einkommenssteigerung im Ausland, deren Konsequenzen im Inland ebenfalls durch die Aufwertung der Inlandswährung abgeblockt werden; *Abschnitt 6.2.2*).

Wechselkursänderungen sind also dann sinnvoll, wenn asymmetrische Schocks die ökonomische Position von genau abgrenzbaren Gruppen von Produzenten verändern und dies durch Auf- bzw. Abwertung neutralisiert werden kann. Zwei *kritische Punkte* machen jedoch deutlich, dass die Qualität des Wechselkurses als Schockabsorptionsinstrument nicht in jedem Fall gegeben ist:

- Man muss voraussetzen, dass die nominale Kursänderung auch die nötige Veränderung des *realen* Wechselkurses durchsetzen kann. Im obigen Beispiel verteuert die Abwertung der B-Währung die Importe dieses Landes. Dies könnte die Lohnpolitik dazu bringen, Kompensationsansprüche durchzusetzen. Steigende Löhne würden aber in die Preise überwälzt, eine reale Abwertung würde so nicht erreicht und die Produktionsförderung über den Wechselkurs wäre misslungen.

- Der Fall national-asymmetrischer Präferenzänderungen tritt eher selten auf. Nur in der unrealistischen Welt von Ein-Gut-Ökonomien wird die *gesamte* Produktion eines Landes von solchen Schocks getroffen; realiter müssen sich nur bestimmte Branchen anpassen. Eine Abwertung würde in diesem Fall einer solchen Branche die Anpassung erleichtern. In anderen Sektoren treten wechselkursbedingte Marktlagengewinne auf, die kompensierende Lohnansprüche provozieren können. Auch wegen der allgemein verteuerten Importe steigt die Inflationsgefahr.

Die traditionelle Theorie des optimalen Währungsraums ging von *gegebenen* Marktstrukturen und Institutionen aus und versuchte insbesondere anhand des empirischen Musters gesamtwirtschaftlicher Schocks die Frage zu beantworten, welche Länder sich zu einem gemeinsamen Währungsraum zusammenschließen sollten. Die moderne Theorie erkennt, dass individuelle Verhaltensweisen, Marktstrukturen sowie Häufigkeit und Struktur von Schocks auch vom Kurs der Wirtschaftspolitik abhängen (*Lucas*-Kritik; *Box 5-2*). Auch die institutionelle Struktur einer Volkswirtschaft ist eine endogene Größe.

Vor diesem Hintergrund kann man auch bewusst auf die Möglichkeit von Wechselkursänderungen verzichten, um die Wirtschaftssubjekte dazu zu zwingen, bei auftretenden Marktstörungen mit Preis- und Lohnanpassungen zu reagieren. Solange nämlich bei Problemen der internationalen Wettbewerbsfähigkeit der für Unternehmen und Gewerkschaften bequemere Weg einer Währungsabwertung offen steht, werden sie eher die Politik zu diesem Weg drängen als eigene Anpassungsschritte unternehmen. Der Eintritt in eine Währungsunion kann so als unmissverständliches Signal der Wirtschaftspolitik an nationale Interessengruppen gelten, nicht unbesehen auf geld- und währungspolitische Hilfestellungen zu vertrauen. Dieser Schritt bedeutet eine *Selbstbindung*, die die Marktteilnehmer zu mehr Flexibilität und die Politik zu mehr strukturellen Reformen nötigt (*Abschnitte 6.4.3, 6.4.4*):

• Die nationale *Lohnpolitik* agiert nicht länger auf Augenhöhe mit der nationalen Geldpolitik, sie hat gegenüber der supranationalen Notenbank nur noch regionale Bedeutung. Der Zentralisierungsgrad der Lohnpolitik nimmt relativ zur Position der Geldpolitik ab. Dies hat zur Folge, dass die Notenbank weniger leicht als im früheren nationalen Rahmen dazu gedrängt werden kann, stabilitätswidrige Lohnforderungen durch eine expansive Politik mit inflationären Konsequenzen marktgerecht zu machen.

• Für die nationale *Finanzpolitik* der Mitglieder in der EWU bedeutet dies den definitiven Ausschluss der Möglichkeit einer direkten Staatsfinanzierung über Notenbankkredite. Dies soll die Staatsverschuldung erschweren und den gemeinsamen politischen Willen unterstreichen, im Interesse der langfristigen monetären Stabilität den Kurs der Geldversorgung von dem Bedarf an Staatskrediten abzukoppeln.

---

*Die Geschichte des Geldwesens ist nicht eine Geschichte der Entwicklung hin zu immer besserem Geld. Sie ist vor allem eine wechselvolle Geschichte der missbräuchlichen Nutzung des Rechts, Geld zu schaffen. [...] Optimal ist ein Währungsraum, der nennenswert größer [...] ist als der Raum, für den sich ein wirksames Lohnkartell etablieren lässt. [...] Entscheidend ist, dass in der Währungsunion der einzelne Staat seine Schulden mit Geld bezahlen muss, das er nicht selbst herstellen kann.*

Olaf Sievert (1993: 14, 18)

---

*Box 6-4: Dollarisierung und Currency Board*

Die Verpflichtung zu festen Wechselkursen oder der Eintritt in eine Währungsunion geht mit einer Einschränkung bzw. dem Verlust des Handlungsspielraums der nationalen Geldpolitik einher. Zwei weitere Formen der Währungsverfassung haben ähnliche Konsequenzen.

(1) Mit *Dollarisierung* wird das Phänomen bezeichnet, dass private Akteure eines Landes eine *ausländische* Währung (eben zumeist den US-Dollar) bei ihren Entscheidungen und Transaktionen auf den inländischen Märkten verwenden, sowohl als Wertstandard wie insbesondere als Zahlungsmittel. Dies ist i.d.R. die Folge eines vorausgegangenen Vertrauensverlustes der nationalen Währung. Hohe Inflation, wiederholte Abwertungen, instabile Staatsfinanzen und eine von politischen Tagesinteressen abhängige Notenbank sind die Faktoren, die oft zu einer schleichenden Aushöhlung der Geldfunktionen der heimischen Währung führen. Bei freiem Kapitalverkehr droht eine anhaltende Kapitalflucht; daher wird der Devisenmarkt oft reguliert.

Die Konsequenz ist dann die Entstehung eines inoffiziellen ("schwarzen") Devisenmarktes, auf dem sich der Wechselkurs zwischen der offiziellen und der fremden Währung als Ergebnis ungeregelter Marktkräfte bildet. Die nationale Geldpolitik hat in einer solchen Konstellation keinen Einfluss mehr auf die Güter- und Arbeitsmärkte, weil viele Kontrakte eben nicht mehr in heimischer Währung abgeschlossen werden. Die Verfügbarkeit über dieses Geld verschafft keinen unbedingten Zugriff auf Ressourcen, weil die Akzeptanz des Geldes nicht mehr gegeben ist. Es wird im Extremfall nur noch zu dem Zweck nachgefragt und gehalten, um Steuern und Beiträge an offizielle Behörden zahlen zu können.

Eine Variante (oder radikale Konsequenz) der Dollarisierung entsteht dann, wenn die Regierung eines monetär zerrütteten Landes einen klaren Kurswechsel vornimmt, die Notenbank samt der nationalen Währung abschafft und die ohnehin schon im Markt zirkulierende Auslandswährung zum offiziellen Zahlungsmittel erklärt. Eine solche Reform ist nur in kleinen offenen Volkswirtschaften denkbar, in denen sich Marktakteure (Unternehmen, Haushalte und Banken) über Auslandstransaktionen Liquidität verschaffen können. Eine Kontrolle der monetären Rahmenbedingungen des Wirtschaftens ist dann zwar nicht möglich, aber die Finanzierung des Staatshaushaltes kann auch nicht länger über die inländische Geldschöpfung erfolgen.

(2) Ein *Currency Board* ist eine Notenbank, die dem strikten Auftrag folgt, Zentralbankgeld ausschließlich bei Ankauf von Auslandswährung zu einem festen Wechselkurs zu schaffen (der historische Vorläufer des *Currency-Board*-Systems war der *Goldstandard*, in dem die Notenbanken die nationale Papierwährung nur gegen Ankauf von Gold zu einem festen Kurs emittieren durften). Die enge Koppelung zwischen Geldschöpfung und Währungsreserven hat zur Folge, dass die inländische Zentralbankgeldmenge jederzeit vollständig in Devisen gewechselt werden kann. Dieser Umstand soll ein verlorengegangenes Vertrauen in die nationale Geldpolitik wiederherstellen und die Akzeptanz der heimischen Währung in der Bevölkerung fördern.

Die strenge Regulierung der Notenemission verhindert einen zu expansiven Kurs der Geldpolitik, denn nur bei Exportüberschüssen oder Nettokapitalimporten erhält das inländische Banksystem Devisen, die dann zur Refinanzierung genutzt werden können. Allerdings bedeutet dies auch, dass die Notenbank bei temporären Liquiditätsproblemen der Geschäftsbanken nicht stabilisierend eingreifen, d.h. nicht als *Lender of Last Resort* operieren kann (*Box 1-3*). Die Position der Banken ist im *Currency-Board*-System prekär, weil zwar das Bargeld durch Devisen gedeckt ist, jedoch nicht das Buchgeld der Banken. Die Finanzmarktstabilität ist daher gefährdet: Zwar gibt es keine Notenbankfinanzierung von Staatsdefiziten, aber das Risiko von Bankkrisen.

### 6.4.2 Angebots- und Nachfrageschocks:
### die Gefahr destabilisierender Realzinseffekte

Gerade weil eine Währungsunion von durchaus heterogenen nationalen Volkswirtschaften gebildet werden kann, ist die Möglichkeit von länderspezifischen Schocks gegeben; Störungen, die alle Teilnehmerstaaten gleichermaßen betreffen, werfen analytisch keine grundsätzlich neuen Fragen auf (*Abschnitt 4.3*). Im Folgenden werden deshalb nur asymmetrische Schocks untersucht. Aus Veranschaulichungsgründen wird dabei zunächst ein extremer Fall angenommen, bei dem sich die unmittelbaren Wirkungen der Störungen im Durchschnitt der Währungsunion genau aufheben; dabei werden zwei gleich große Länder betrachtet.

- Im Falle von *Angebotsschocks*, die in einem Land die Angebotsfunktion nach oben und im anderen Land nach unten verschieben, kann so die Inflationsrate in der Währungsunion unverändert bleiben. Deshalb sieht die Geldpolitik – unterstellt man eine übliche Zinsreaktionsfunktion – auch keinen Anlass, von ihrem bisherigen Kurs abzuweichen. Die monetäre Gesamtnachfrage in der Währungsunion bleibt deshalb konstant. Allerdings verliert das Land mit steigenden Preisen Wettbewerbsfähigkeit und Marktanteile.

- Im Falle von *Nachfrageschocks* kann analog die Gesamtoutputlücke in der Währungsunion unverändert bleiben, wenn sich Über- und Unterauslastung in den betroffenen Ländern gerade kompensieren. Selbst wenn also die Zinspolitik im allgemeinen auf eine Outputlücke reagiert, würde die Notenbank hier wiederum passiv bleiben. Eine indirekte Reaktion ist nur dann zu erwarten, wenn die Gütermarktungleichgewichte in beiden Ländern per Saldo die durchschnittliche Inflationsrate im Währungsgebiet berühren, etwa weil die Preissteigerungstendenz im einen Land stärker ausgeprägt ist als die Preissenkungstendenz im anderen Land.

Damit kann die Geldpolitik nicht zur Bekämpfung der Schocks in den einzelnen Ländern beitragen. Man muss demnach auf die Selbstheilungskräfte des Marktes vertrauen oder auf Lohn- und Fiskalpolitik setzen. Zu beachten ist allerdings, dass Störungen und nationale Konjunkturbewegungen in einzelnen Ländern eine ausgeprägte Beharrungstendenz entwickeln können, wenn es zu deutlichen und anhaltenden Abweichungen der nationalen Inflationsrate vom Unionsdurchschnitt kommt. Der nationale Realzins verändert sich dann in prozyklischer Weise. Formal lässt sich diese Instabilitätsgefahr anhand der Güternachfragefunktion eines Mitgliedslandes aufzeigen:

$$y = g - \beta\left(\bar{i} - p\right) + \tau(\bar{p} - p) + \theta\bar{y} + \varepsilon^{d} \qquad [6.21]$$

Im Währungsraum herrscht infolge der Integration der Finanzmärkte ein einheitlicher (kurzfristiger) Zinssatz $\bar{i}$ vor, der von der supranationalen Notenbank festgesetzt wird. Gleichwohl kann bei nicht vollständig integrierten Gütermärkten die nationale Inflationsrate vom Währungsunionsdurchschnitt $\bar{p}$ abweichen. Auch der nationale Realzins differiert in diesem Fall vom durchschnittlichen Realzins im Währungsraum, und die Inflationsdiskrepanz berührt die preisliche Wettbewerbsfähigkeit des Mitgliedslandes. Ferner hängt die Nachfra-

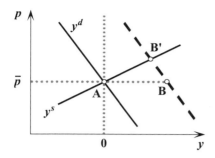

*Abbildung 6-9:*
*Dämpfung eines Nachfrageimpulses*
*durch reale Aufwertung*

ge von der allgemeinen Konjunktur in der Währungsunion (repräsentiert durch $\bar{y}$) und von länderspezifischen Schocks ab.

In einem Inflation-Output-Diagramm ist die Steigung dieser Nachfragekurve unbestimmt. Dies wird bei der Lösung von [6.21] nach $p$ deutlich. Nun sind zwei Fälle möglich.

$$p = \frac{g + \varepsilon^d + \theta \bar{y} + \tau \bar{p} - \beta \bar{i}}{\tau - \beta} - \frac{1}{\tau - \beta} y \qquad [6.22]$$

(1) Ist der Wettbewerbseffekt der Inflation $\tau$ größer als ihr Realzinseffekt $\beta$, so verläuft die Nachfragekurve wie üblich mit negativer Steigung (*Abbildung 6-9*). Jedoch beruht dies nicht wie im Fall einer geschlossenen Volkswirtschaft auf einer stabilisierenden Zinspolitik (*Abschnitt 4.2.4*), sondern allein auf dem Nachfrageeffekt, der von der heimischen Inflationsrate auf den realen Wechselkurs ($\bar{p} - p$) ausgeht. Ein autonomer Nachfrageimpuls, etwa durch höhere Staatsausgaben, würde bei konstanter Inflation zu Punkt B führen; die auslastungsbedingt steigende Inflationsrate verschlechtert daraufhin jedoch die Wettbewerbsfähigkeit und abnehmende Nettoexporte bewirken eine gewisse Nachfragestabilisierung von B nach B'.

(2) Kritischer ist der Verlauf, wenn der Realzinseffekt $\beta$ den Wettbewerbseffekt $\tau$ dominiert. Hier ist die Steigung der Nachfragekurve positiv (*Abbildung 6-10*). Das hat eine dynamische Instabilität zur Folge: Wiederum führt ein positiver Nachfrageschock bei konstanter Inflation von Punkt A zu B. Die auslastungsbedingten Preissteigerungen lösen jedoch über den Realzins eine weitere Nachfragezunahme aus (B → C).

Im nächsten Schritt passen sich die nationalen Inflationserwartungen an die auf $p_1$ gestiegene heimische Inflationsrate an; die Angebotskurve verschiebt sich nach oben zu $y_1^s$. Dieser weitere Inflationseffekt senkt den Realzins nochmals, die Nachfrage steigt weiter (während im obigen Fall $\tau > \beta$ diese Verschiebung der Angebotskurve tendenziell zur Vollbeschäftigung zurückführt). D ist ein temporäres Gleichgewicht, von dem sich die expansive Entwicklung immer weiter vom Gleichgewicht A wegbewegt. Zunehmende Investitionen dominieren die sinkenden Nettoexporte. Der anfängliche Schock hat sich in einen konjunkturellen Prozess umgewandelt. Dies gilt im übrigen auch, wenn der Prozess mit einem Inflationsschock von $y_0^s$ nach $y_1^s$ startet.

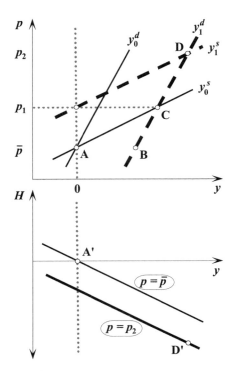

Abbildung 6-10:
Verstärkung eines Nachfrageschubs
durch starken Realzinseffekt und
begleitende Passivierung der
Handelsbilanz

In außenwirtschaftlicher Hinsicht ist dieser Expansionsprozess nach

$$H = f\left(\underset{-}{Y}, \underset{+}{Y^A}, \underset{-}{P}, \underset{+}{P^A}\right) \qquad [6.23]$$

von einer zunehmenden Passivierung der Handelsbilanz, d.h. einer Tendenz zu Importüberschüssen begleitet. Die negativ geneigte Linie im unteren Teil der *Abbildung 6-10* zeigt die Abhängigkeit des Handelsbilanzsaldos vom Einkommen. Geht man z.B. von einer ausgeglichenen Handelsbilanz bei Vollbeschäftigung in A' aus, so zieht die steigende Güternachfrage mehr Importe nach sich. Hinzu kommt, dass die Preissteigerungen die Wettbewerbsfähigkeit der inländischen Produktion verringern, wodurch sich das Handelsdefizit noch vergrößert. Das temporäre Gleichgewicht D korrespondiert somit zum Punkt D'.

Die Überhitzung der Konjunktur wird nicht notwendigerweise durch Zahlungsbilanzrestriktionen begrenzt. Höhere Handels- bzw. Leistungsbilanzdefizite lassen sich in einer Währungsunion vergleichsweise leicht finanzieren. Im integrierten Finanzmarkt treffen private und öffentliche Kreditnachfrager auf ein großes Angebot an Finanzmitteln. Für ausländische Investoren existiert kein Wechselkursrisiko (mehr); die Mitgliedschaft eines Landes in einer Währungsunion kann zudem als Beleg volkswirtschaftlicher Solidität gewertet werden, wodurch allgemeine Risiken niedrig erscheinen. In einer Prosperitätsphase wird ein Land somit umfangreiche Kapitalimporte anziehen können.

Bei derartigen makroökonomischen Ungleichgewichten in Mitgliedsländern einer Währungsunion ist von Seiten der Geldpolitik im Regelfall keine Hilfestellung zu erwarten. Das Grundproblem ist, dass die supranationale Notenbank nur auf die durchschnittliche Inflationsrate $\bar{p}$ (und u.U. auf die durchschnittliche Outputentwicklung) reagiert. Damit entfällt im einzelnen Mitgliedsland die ansonsten durch die Zinsregel gesicherte Stabilisierungspolitik. Abgemildert wird das aufgezeigte Instabilitätsproblem durch drei Effekte:

- Handelt es sich in dem betrachteten Fall um eine große Volkswirtschaft, so wird die hier ausgelöste Inflation auch die durchschnittliche Inflationsrate $\bar{p}$ erhöhen und kann darüber die Notenbank zu einer Anhebung von $\bar{i}$ bewegen.

- Wenn die Unternehmen ihren Realzins mit der durchschnittlichen Inflationsrate $\bar{p}$ kalkulieren (etwa weil sie einen großen Teil ihrer Produkte in andere Länder des Währungsraums exportieren), ist die mit der nationalen Inflation einhergehende Realzinssenkung weniger wichtig. Damit ist auch der endogene Nachfrageanstieg schwächer.

- Eine Inflationsdiskrepanz zum Ausland bedeutet mit Blick auf die Preisniveaus eine *fortlaufende* Veränderung des realen Wechselkurses. Der Wettbewerbseffekt wirkt also kumulativ in jeder Periode, er verstärkt sich, während der Realzinseffekt gleich bleibt. Damit kann die abnehmende Exportnachfrage mittelfristig die Investitionsneigung beeinträchtigen.

### 6.4.3 Wettbewerbsfähigkeit und Stabilisierung: Die Rolle der Lohnpolitik

Konjunkturelle und strukturelle Probleme nationaler Volkswirtschaften, die in einem System fester Wechselkurse häufig zu Währungskrisen und Turbulenzen auf den Finanzmärkten führen, verschwinden nicht dadurch, dass die Wechselkurse abgeschafft werden und die Länder sich zu einer Währungsunion zusammenschließen. Die gemeinsame Geldpolitik und die Integration der Finanzmärkte bewirken nur eine tendenzielle Synchronisierung der nationalen Konjunkturen. In den Mitgliedsländern können Angebots- und Nachfrageschocks auftreten. Neuer Anpassungsbedarf auf nationaler Ebene kann sich dadurch ergeben, dass es zu Standortverlagerungen und Ballungen bestimmter Industrien in einzelnen Ländern kommt; Strukturkrisen dieser Branchen erscheinen dann aus nationaler Perspektive als makroökonomische Ungleichgewichte.

Die Geldpolitik kann wenig zur Lösung derartiger Probleme beitragen. Allerdings können bestimmte Asymmetrien im geldpolitischen Transmissionsprozess (nationale Besonderheiten im Banksystem, verschiedene Finanzierungsstrukturen usw.) dazu führen, dass die Zinspolitik in den nationalen Volkswirtschaften graduell unterschiedlich wirkt. Als *makroökonomische* Instrumente stehen in den Mitgliedsländern einer Währungsunion nur noch die Lohn- und Finanzpolitik zur Verfügung (daneben verbleibt ein Gestaltungsspielraum bei mikroökonomischen Instrumenten wie der Regulierungs- und Flexibilisierungspolitik, die allerdings ebenfalls unter einem Harmonisierungsdruck stehen). Die Lohnpolitik kann nur begrenzt als wirtschaftspolitisches Instrument gelten, da die Lohnfindung i.d.R. nicht direkt staatlich kontrolliert wird, sondern grundsätzlich ein Reflex von Marktmechanismen ist. Allerdings kann der Staat die Rahmenbedingungen der Lohnbildung beeinflussen, indem Wettbewerbsbedingungen und Opportunitätskosten verändert werden (Verbindlichkeitsgrad von Tariflöhnen, Bedingungen für den Bezug von Arbeitslosengeld). Darüber hinaus kann versucht werden, die Gewerkschaften in einen wirtschaftspolitischen Dialog einzubeziehen.

Es hängt von den gesamtwirtschaftlichen Marktbedingungen ab, in welcher Weise sich Gewerkschaften strategisch verhalten und die Konsequenzen ihrer Lohnforderungen für Unternehmen und Wirtschaftspolitik internalisieren. Einer verbreiteten These zufolge ist der Grad der Lohnzurückhaltung in nicht-linearer Weise vom Zentralisierungsgrad des Lohnbildungsprozesses abhängig:

- Auf einem *atomistischen Arbeitsmarkt* müssen die Lohnsetzer davon ausgehen, dass ihre Firma jeweils gegebenen Absatzpreisen gegenübersteht. Überhöhte Lohnforderungen können dann kaum überwälzt werden. Daraus resultiert im Interesse der Beschäftigung eine einzelwirtschaftlich orientierte, vorsichtige Lohnpolitik.

- Das andere Extrem ist eine *vollständig zentralisierte Lohnpolitik*. Hier erkennen die Gewerkschaften den gesamtwirtschaftlichen Effekt von Nominallohnsteigerungen. Ihre Überwälzung in die Preise wird eine auf Inflationsbekämpfung bedachte Notenbank auf den Plan rufen. Eine restriktive Zinspolitik würde aber den Beschäftigungsstand gefährden. In einer solchen Konstellation halten sich demnach die Lohnsetzer wegen ihrer faktischen Verantwortung für die Preisentwicklung zurück.

- Das Regime eines *mittleren Zentralisierungsgrades* führt dagegen eher zu einer aggressiven Lohnpolitik. Die Lohnsetzer vertrauen darauf, dass ihre Unternehmen die Lohnsteigerungen überwälzen können, so dass die Beschäftigung einzelwirtschaftlich nicht gefährdet ist. Zugleich hofft man auf Reallohnsteigerungen, die dann eintreten, wenn in anderen Bereichen Löhne und Preise weniger steigen und die allgemeine Inflationsrate daher nur geringfügig verändert wird. Eben deshalb befürchtet jede der konkurrierenden Gewerkschaften auch keine geldpolitische Reaktion. Insgesamt resultiert aus dieser Marktstruktur jedoch gesamtwirtschaftlich ein inflationärer Lohndruck.

Mit dem Übergang zur EWU haben sich die Marktbedingungen für die europäischen Gewerkschaften nachhaltig verändert. Der Zentralisierungsgrad der Lohnpolitik hat abgenommen, auch wegen der allgemeinen Tendenz zu größerer Arbeitsmarktflexibilität. Eine Rücksichtnahme der nationalen Lohnpolitik auf die EWU-Inflationsrate ist deshalb weniger zu erwarten.

Es ist naheliegend, dass sich Gewerkschaften bei ihren Lohnforderungen – wie in *Abbildung 6-10* unterstellt – an der Erfahrungen der heimischen Inflation orientieren; die Entwicklung der durchschnittlichen Inflationsrate im Währungsgebiet oder gar die proklamierte Zielinflation der Notenbank spielen dann für die nationale Lohnbildung eine geringere Rolle. Selbst wenn die Notenbank mit einer erfolgreichen Politik die durchschnittliche Inflationsrate über längere Zeit auf dem Zielniveau hält ( $\bar{p} = p^*$ ) und einen hohen Grad an Glaubwürdigkeit

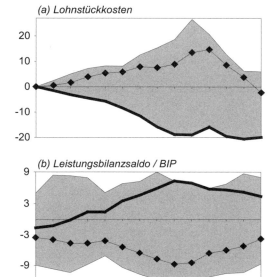

*Abbildung 6-11:*
*Lohnstückkosten (Abweichung*
*von der EZB-Norm eines 2%-*
*Wachstums) und Leistungsbilanz*
*(Abweichung vom EWU-*
*Durchschnitt) in Deutschland, im*
*Durchschnitt der GIPSI-Länder*
*(♦: GRI, IRL, POR, SPA, ITA)*
*und im Spektrum ausgewählter*
*EWU-Länder (DEU, GIPSI, BEL,*
*FIN, FRA, NLD, ÖST)*

aufweist, so garantiert dies keine Beeinflussung oder Kontrolle des lohnpolitischen Kurses in den einzelnen Ländern. Vor diesem Hintergrund sind die Wirkungen der Lohnpolitik auf die drei Ziele Leistungsbilanzausgleich, Beschäftigung und Inflation zu prüfen:

(1) Ist der Realzinseffekt stärker als der Wechselkurseffekt, so treibt im Boom die steigende Beschäftigung die nationale Lohnentwicklung trotz zunehmender Handelsdefizite immer weiter an; die sich verschlechternde preisliche Wettbewerbsfähigkeit wird somit nicht über den Markt korrigiert. Ist gleichzeitig die makroökonomische Aktivität bei den Handelspartnern schwach, wird hier eine sinkende Beschäftigung mit einer Lohnzurückhaltung einhergehen, die über den realen Wechselkurs weitere Exportüberschüsse nach sich zieht. Daraus folgt, dass die Konstellation $\beta > \tau$ zu persistenten hohen Leistungsbilanzungleichgewichten zwischen den Teilnehmerstaaten einer Währungsunion führen kann.

In der Euro-Zone zeigte sich dieses Muster einer divergierenden preislichen Wettbewerbsfähigkeit, die von zunehmenden Leistungsbilanzungleichgewichten begleitet war, bis etwa 2008 insbesondere zwischen Deutschland und den sog. GIPSI-Ländern (*Abbildung 6-11*). Die relativ schwache Wirtschaftsaktivität in Deutschland beförderte eine relative Absenkung der Lohnkosten. Das machte sich positiv im Außenhandel bemerkbar; aber erst nach 2005 setzte hier ein allgemeiner Wirtschaftsaufschwung ein. Umgekehrt trieb die GIPSI-Konjunktur die Lohnkostenentwicklung an und schlug sich in zunehmenden Leistungsbilanzdefiziten nieder. Als Maßstab der Wettbewerbsfähigkeit können die Lohnstückkosten gelten, die bei konstantem Gewinnaufschlag die Produktionspreise bestimmen. Die EZB-Zielinflationsrate von 2 % sollte dabei neben dem nationalen Produktivitätswachstum im

Prinzip die Orientierungsmarke für die Steigerungsrate der nationalen Nominallöhne bilden; dies gilt zumindest dann, wenn im Ausgangspunkt das *Niveau* der Lohnstückkosten in den Ländern in etwa gleich hoch ist.

(2) Die Befolgung dieser Norm $\hat{w}_{nat} = p^* + \hat{a}_{nat}$ schließt allerdings den Einsatz der Lohnpolitik als Instrument der Beschäftigungsförderung aus. In EWU-Staaten mit hoher Arbeitslosigkeit wird jedoch eine zurückhaltende Lohnpolitik im Interesse der Beschäftigungssteigerung gefordert. *Für* die Wirksamkeit einer nationalen Lohnpolitik spricht, dass (zumindest bei kleinen Ländern) die europäische Inflationsrate als gegeben angenommen werden kann. Lohnzurückhaltung wirkt deshalb auch auf den Reallohn und macht so die Produktion rentabler; selbst wenn die nationale Inflationsrate ebenfalls sinken sollte, bliebe ein Gewinn an Wettbewerbsfähigkeit gegenüber den übrigen Unionsmitgliedern.

*Gegen* die Wirksamkeit einer nationalen Lohnpolitik als Beschäftigungspolitik spricht, dass eine durch Lohnzurückhaltung bewirkte reale Abwertung das Problem der Arbeitslosigkeit in die Nachbarstaaten exportiert. Dies kann entsprechende Gegenreaktionen provozieren, wenn dort ebenfalls Unterbeschäftigung besteht. Ein Lohnsenkungswettbewerb auf europäischer Ebene stellt aber keine sinnvolle Makropolitik dar und sollte bei niedriger EWU-Inflation durch eine expansive Geldpolitik ersetzt werden.

Bei einer Lohnzurückhaltung sinkt tendenziell die Konsumnachfrage der Arbeitnehmer, was durch einen steigenden Konsum der Gewinnbezieher (wegen ihrer geringeren Konsumneigung) zumeist nicht ausgeglichen wird. Mit ihrer kostenbedingten Wirkung auf die Inflationsrate beeinflusst die Lohnpolitik in prozyklischer Weise den Realzins: Kommt es zu einem Rückgang der nationalen Inflationsrate, steigt der Realzins mit einem negativen Effekt auf die inländische Investitionstätigkeit. Eine durch die Marktkräfte bei Unterbeschäftigung angetriebene Lohnzurückhaltung wirkt somit destabilisierend; analog gilt dies auch bei Überbeschäftigung (*Abschnitt 6.4.2*).

(3) Über Kosten- und Nachfragekanäle hat die Lohnpolitik einen starken Effekt auf die nationale Inflationsrate. Dadurch kann es zu ausgeprägten Differenzen der Inflationsraten in einer Währungsunion kommen (*Abbildung 6-12 b*). Dies ist ansatzweise auch in den USA zu beobachten (die in gewisser Hinsicht als Dollar-Währungsunion der US-Bundesstaaten gesehen werden kann); allerdings sind dort die Inflationsunterschiede weniger persistent als in der EWU. Inflationsdiskrepanzen zwischen den Ländern einer Währungsunion können auch durch große Unterschiede im realwirtschaftlichen Entwicklungsstand der Teilnehmerstaaten entstehen, wenn die Lohnpolitik die Produktivitätsdifferenzen innerhalb der Volkswirtschaft nicht hinreichend berücksichtigt (*Box 6-5*).

---

*Box 6-5: Der Samuelson-Balassa-Effekt*

Eine relativ hohe Inflationsrate in einem wirtschaftlich aufholenden Land muss nicht Ausdruck einer monetären Instabilität sein. Sie kann unter bestimmten Umständen auch aus einem kräftigen

Produktivitätswachstum resultieren. Dieser Effekt tritt dann auf, wenn die sektorale Produktivitätsentwicklung unterschiedlich ist und sich die Lohnabschlüsse im produktivitätsmäßig zurückbleibenden Sektor am höheren Produktivitätswachstum des führenden Sektors orientieren. In einer Währungsunion bewirkt dies anhaltende Inflationsunterschiede zwischen hoch entwickelten und aufholenden Ländern. Formal lässt sich dieser *Samuelson-Balassa-Effekt* anhand eines Vergleichs der Angebotsseite von zwei Ländern zeigen (z.B. Deutschland und Irland). Die Inflationsrate $p_C$ der Konsumgüterpreise setzt sich aus der Inflationsrate der *Tradables*, d.h. der international gehandelten Güter, und der Inflationsrate der *Non-Tradables*, d.h. der Binnenhandelsgüter, zusammen. Der Parameter $\eta$ drückt das relative Gewicht dieser beiden Gütergruppen aus; er ist zur Vereinfachung in beiden Ländern als gleich groß angenommen.

$$p_C^{DEU} = \eta\, p_T^{DEU} + (1-\eta)\, p_{NT}^{DEU}$$
$$p_C^{IRL} = \eta\, p_T^{IRL} + (1-\eta)\, p_{NT}^{IRL}$$

[6.24]

Man kann davon ausgehen, dass der Wettbewerb auf dem integrierten Gütermarkt in der Währungsunion die Inflationsraten der *Tradables* angleicht. Die Differenz der Konsumgüterinflationsraten ist dann

$$p_C^{IRL} - p_C^{DEU} = (1-\eta)\left(p_{NT}^{IRL} - p_{NT}^{DEU}\right)$$

[6.25]

Die Preisentwicklung ist von der Kostenseite durch die Differenz zwischen Nominallohn- und Produktivitätswachstum bestimmt (*Abschnitt 4.2.2*). Für beide Länder gilt:

$$p_{NT} = \hat{w}_{NT} - \hat{a}_{NT}$$

[6.26]

Der Sektor der *Tradables* wird nun mit dem Industriesektor identifiziert, in dem der hauptsächliche Produktivitätsfortschritt stattfindet. Die *Non-Tradables* seien die Dienstleistungen. Angenommen wird in beiden Ländern

$$\hat{a}_T > \hat{a}_{NT} = 0$$

[6.27]

Entscheidend ist nun die weitere Annahme, dass sich die Lohnentwicklung in beiden Ländern am Produktivitätsfortschritt des führenden Sektors orientiert. Dies folgt aus der (nicht unbedingt realistischen) Unterstellung eines homogenen Arbeitsmarktes mit einem einheitlichen Lohnsatz. Produktivitätsunterschiede zwischen einzelnen Unternehmen und Sektoren schlagen sich dann in relativen Preisunterschieden nieder und erzwingen gerade darüber Anpassungsanstrengungen der weniger leistungsfähigen Produzenten. Aus [6.25] und [6.26] folgt mit

$$\hat{w}_{NT} = \hat{a}_T$$

[6.28]

in beiden Ländern schließlich

$$p_C^{IRL} - p_C^{DEU} = (1-\eta)\left(\hat{a}_T^{IRL} - \hat{a}_T^{DEU}\right)$$

[6.29]

Die irische Inflation übersteigt die deutsche, wenn das Produktivitätswachstum im irischen Industriesektor größer ist als dasjenige im deutschen Industriesektor. Dies ist eine typische Erscheinung im raschen Aufholprozess eines jungen Industrielandes. Die Inflationsdiskrepanz wird danach verschwinden, wenn sich das Produktivitätswachstum im aufholenden Land dem allgemeinen Trend angepasst hat, also bei $\hat{a}_T^{IRL} = \hat{a}_T^{DEU}$.

Die *geldpolitische Konsequenz* ist, dass die allgemeine Zielinflationsrate in einer Währungsunion nicht zu niedrig angesetzt werden sollte, wenn die Mitgliedsländer einen unterschiedlichen realwirtschaftlichen Entwicklungsstand aufweisen. Denn in diesem Fall wird die Inflationsrate in den aufholenden Ländern höher als in den entwickelten Ländern sein; dies zieht die allgemeine Inflationsrate im Währungsgebiet statistisch hoch. Verfolgt die Notenbank nun ein zu ehrgeiziges Inflationsziel, so erhalten wegen der mittelfristig hinzunehmenden Inflationsdiskrepanz die entwickelten Länder einen zu geringen Spielraum für Preissteigerungen, der Allokation und Wachstum behindern kann.

## 6.4.4 Finanzpolitik: erweiterter Stabilisierungsauftrag oder notwendige Regulierung?

Die Finanzpolitik der einzelnen Mitgliedstaaten einer Währungsunion trägt zunächst durch das Wirken automatischer Stabilisatoren zum Ausgleich nationaler Konjunkturungleichgewichte bei: Ein sinkender Beschäftigungsgrad löst Steuerausfälle und zusätzliche Ausgaben aus. Darüber hinaus ist eine aktive Konjunkturpolitik durch *Deficit Spending* möglich. Es stellt sich jedoch die Frage, ob die Gemeinschaft der in einer Währungsunion zusammengeschlossenen Staaten Beschränkungen für die Gestaltung der nationalen Finanzpolitik festsetzen sollte. Die Begründungen für eine derartige Regulierung setzen an den externen Effekten an, die von der nationalen Finanzpolitik einzelner Länder ausgehen und nachteilige Wirkungen für den gesamten Währungsraum haben können.

(1) Unkontrolliertes *Deficit Spending* könnte *Inflationsgefahren* mit sich bringen. Dies ist allerdings wenig wahrscheinlich:

- Bei einer hohen Handelsverflechtung in einem gemeinsamen Markt versickert ein Großteil der Nachfrageimpulse in zusätzlichen Importen, so dass die Beschäftigungseffekte teilweise im Ausland, die fiskalischen Kosten der Nachfrageförderung aber im Inland anfallen. Diese Anreizstruktur spricht generell gegen die Befürchtung einer national zu expansiven Fiskalpolitik.

- Expansive Fiskalpolitik ist vor allem in den Ländern zu erwarten, die eine relativ schwache Konjunktur aufweisen. Die Gefahr steigender Preise ist deshalb schon hier eher gering.

- Sollte es dennoch zu Preissteigerungen auf nationaler Ebene kommen, so wird die staatlich angetriebene Übernachfrage durch die reale Aufwertung und die damit verbundene Dämpfung des Nettoexports gebremst.

- Inflationseffekten im gesamten Währungsraum kann die Notenbank stets wirkungsvoll entgegentreten. Allerdings muss die Zinspolitik deutlich restriktiver gefahren werden, wenn eine staatlich angetriebene Übernachfrage in mehreren Unionsländern kompensiert werden soll, d.h. wenn ein *Policy Mix* von expansiver Fiskal- und restriktiver Geld-politik betrieben wird.

(2) Eine expansive Fiskalpolitik könnte der *Reputation der gemeinsamen Währung* schaden und über eine Kapitalflucht Abwertungstendenzen provozieren:

- Im einfachen Modell mit fixen Preisen ist expansive Fiskalpolitik zwar mit einer Auf-wertung verbunden (*Abschnitt 6.2.2*). Berücksichtigt man aber Inflationsgefahren, so könnten international operierende Anleger bei einer beschäftigungsorientierten expansi-ven Finanzpolitik im gesamten Währungsraum künftige Probleme abnehmender Wett-bewerbsfähigkeit prognostizieren – und damit einen weiteren Anreiz der Geldpolitik, ei-ne nominale Abwertung der gemeinsamen Währung zu forcieren.

- Auch die Last der Staatsschulden wird bei Inflation tendenziell geringer (*Abschnitt 5.4.4*). In Erwartung einer auf Abwertung und Inflation setzenden Wirtschaftspolitik könnte es daher zu einem krisenhaften Kapitalexport kommen.

Die empirischen Erfahrungen zeigen jedoch, dass es keine mechanische Verknüpfung von expansiver Finanzpolitik, Kapitalflucht und Abwertung gibt.

(3) Ein *Deficit Spending* hat in einem nationalen Kapitalmarkt oft eine *Zinssteigerungsten-denz* zur Folge; dies verteuert die staatliche Kreditaufnahme und kann private Investitionen verdrängen. Ist ein Land jedoch Mitglied einer Währungsunion, so wird sein zusätzliches Schuldtitelangebot auf dem großen gemeinsamen Kapitalmarkt kaum spürbare Zinseffekte bewirken. Staatsverschuldung wird demnach in einer Währungsunion für den einzelnen Na-tionalstaat relativ billiger. Dies kann den Anreiz zur Verschuldung steigern. Wenn viele einzelne Länder diesem Anreiz erliegen, kann es jedoch zu allgemeinen Zinssteigerungen kommen. Dabei werden dann auch Länder betroffen, die selbst eine der Sparsamkeit ver-pflichtete Finanzpolitik betreiben und nun unter den Folgen der Schuldenpolitik anderer Mitgliedsstaaten zu leiden haben. Dieser externe Effekt kann eine Regel zur Begrenzung des *Deficit Spending* rechtfertigen, der alle Länder zu folgen haben.

Eine solche Beschränkung der nationalen Finanzpolitik ist aber dann entbehrlich, wenn eine relativ starke Zunahme der Staatsverschuldung eines Landes auf dem Kapitalmarkt mit ei-nem Zinszuschlag auf diese Schuldtitel geahndet würde. Portfoliotheoretisch wäre eine sol-che Zinsdifferenz zwischen Schuldtiteln verschiedener nationaler Emittenten auch in einer Währungsunion zu erwarten, wenn die Anleger bei Wertpapieren hoch verschuldeter Staa-ten eine zusätzliche Risikoprämie fordern.

In der EWU war dies zunächst nicht zu beobachten. Trotz unterschiedlicher Fundamentalda-ten (Budgetdefizit, Schuldenstand, Leistungsbilanzsaldo, Inflation, Arbeitslosigkeit) haben sich die Nominalzinsen der langfristigen Staatspapiere bis 2008 immer weiter angeglichen (*Abbildung 6-12 a*). Mehrere Erklärungen sind denkbar:

- Die Risiken der nationalen Wertpapiere wurden falsch eingeschätzt. Die Aufnahme in die EWU war an die Erfüllung bestimmter stabilitätspolitischer Bedingungen geknüpft.

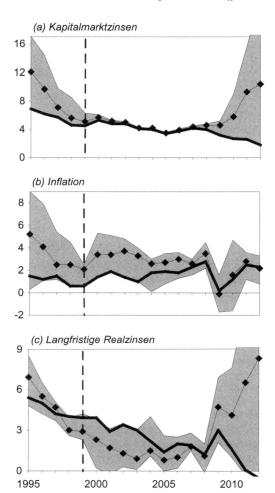

Abbildung 6-12:
Zinsen und Inflation in
ausgewählten EWU-Ländern
(siehe Abbildung 6-11)

Die "Maastricht-Kriterien" verlangten vor allem niedrige Inflation und Zinsen; Budgetdefizit und Schuldenstand durften bestimmte Grenzwerte (3 bzw. 60 %) nicht überschreiten. So konnte die Mitgliedschaft in der EWU als Ausweis finanzieller und wirtschaftlicher Solidität gedeutet werden.

• Die Kapitalanleger haben finanzielle Hilfsaktionen der Gemeinschaft erwartet, wenn ein Land in Zahlungsschwierigkeiten geraten sollte. Diese könnten z.B. über fiskalische Transfers zwischen den einzelnen Nationalstaaten oder über wechselseitige Schuldübernahme erfolgen. Nach den EWU-Statuten war ein solcher *Bail-out* allerdings ebenso ausgeschlossen wie eine direkte Staatsfinanzierung seitens der EZB.

• Die EZB akzeptierte nationale Staatsschuldtitel ohne *länderspezifische* Abschläge als Sicherheit bei der Geldschöpfung. Das erzeugte einen Arbitragemechanismus zwischen Papieren unterschiedlicher Nationalität. Derartige Abschläge (*Haircuts*) stellen ein po-

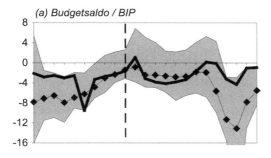

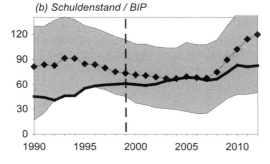

*Abbildung 6-13:*
*Budgetdefizite und*
*Staatsschulden in*
*ausgewählten EWU-Ländern*
*(siehe Abbildung 6-11)*

tenzielles Instrument dar, mit dem die Geldpolitik auf stabilitätsgefährdende Tendenzen in EWU-Ländern reagieren könnte; jedoch würde die EZB damit in die Wirtschaftspolitik einzelner Länder eingreifen, wozu sie nicht legitimiert ist.

Die Schaffung eines integrierten Finanzmarktes erweitert die Möglichkeiten zur Schuldaufnahme. Selbst wenn die Kapitalmarktzinsen (bei akkommodierender Geldpolitik) daraufhin zunächst nicht ansteigen, so könnten gerade deshalb langfristig nicht tragfähige Verschuldungspositionen aufgebaut werden, die auch die Kreditgeber (insbesondere die Banken) in Gefahr bringen. Allerdings gilt dies nicht nur für öffentliche, sondern auch für private Schuldner. Empirisch hat sich gezeigt, dass die Budgetdefizite der GIPSI-Länder in der ersten Hälfte der 2000er Jahre im Durchschnitt sogar geringer als diejenigen Deutschlands waren; ihr Schuldenstand ging langsam zurück (*Abbildung 6-13*). Die makroökonomische Aktivität in den GIPSI-Ländern wurde in dieser Zeit in erster Linie durch eine starke private Verschuldung angetrieben (*Box 6-6*).

Ein Schritt zu einer gemeinsamen Finanzpolitik auf der Ebene der Währungsunion wäre die *Institutionalisierung eines zwischenstaatlichen Finanzausgleichs* (nach dem Muster von föderativ strukturierten Nationalstaaten). Makroökonomisch wäre damit eine Stabilisierung nationaler Sonderkonjunkturen verbunden, indem ein Land bei einem Nachfrageausfall finanzielle Mittel von anderen Ländern erhält, die eine überdurchschnittliche Einkommensentwicklung aufweisen. Asymmetrische Nachfrageschocks in der Währungsunion werden auf diese Weise abgemildert. Die politische Akzeptanz derartiger Transfers zwischen den Mitgliedsländern einer Währungsunion ist aber deshalb gering, weil sich ein stabiles Muster zwischen Empfänger- und Geberländern herausbilden kann. In ersteren tritt ein *Moral-Hazard*-Problem auf: Anstelle von Strukturreformen setzt man auf ausländische Hilfe und provoziert damit die Permananz von nationalen Wirtschaftskrisen. In den Geberländern wächst deshalb der Widerstand gegen die Finanzierung ineffizienter Strukturen im Ausland.

Grundsätzlich ist bei der Kontroverse um Regeln und Entscheidungsfreiheit der nationalen Finanzpolitik zu berücksichtigen, dass die wirtschaftspolitischen Handlungsmöglichkeiten der Nationalstaaten mit der Zentralisierung der Geldpolitik (und weiterer Vereinheitlichungen institutioneller Regulierungen) bereits stark eingeschränkt werden. Die einzelnen Regierungen können nur dann Verantwortung für die wirtschaftliche Entwicklung in den nationalen Volkswirtschaften tragen, wenn sie die dazu nötigen Instrumente besitzen. Andernfalls werden sich vermehrt Anforderungen an eine zentrale Wirtschafts- und Strukturpolitik auf Währungsunionsebene stellen, was dann zusätzliche Finanzierungs- und Organisationsprobleme mit sich bringt.

---

*Box 6-6: Zahlungsbilanzungleichgewichte und TARGET2-Salden*

In der EWU haben sich bislang erhebliche Diskrepanzen in der wirtschaftlichen Entwicklung der einzelnen Mitgliedsländer gezeigt. Dabei lassen sich zwei Phasen unterscheiden:

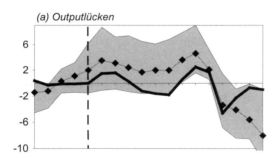

*(a) Outputlücken*

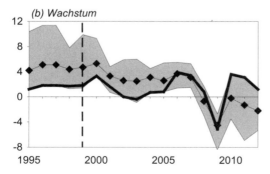

*(b) Wachstum*

*Abbildung 6-14:*
*Makroökonomische Entwicklung*
*in ausgewählten EWU-Ländern*
*(siehe Abbildung 6-11)*

(1) Bis 2007 konvergierten die Kapitalmarktzinsen sehr rasch zu dem niedrigen deutschen Niveau. Da sich die Inflationsunterschiede seit Beginn der Währungsunion praktisch kaum noch

verringerten, resultierten daraus rechnerisch Realzinsunterschiede von bis zu 3 % (*Abbildung 6-12 c*; allerdings müsste der Realzins präziser mit der für die Zukunft erwarteten Inflationsrate berechnet werden). Die Unterschiede in Outputlücken und Wachstumsraten waren ebenso groß (*Abbildung 6-14*). Der relativ hohe Realzins in Deutschland ging theoriegemäß mit einer schwachen Konjunktur, der relativ niedrige Realzins in den GIPSI-Ländern mit einer kräftigeren Nachfrageentwicklung einher.

(2) Die auf die amerikanische Finanzkrise folgende Weltwirtschaftskrise bedeutete auch in der Euro-Zone einen Konjunktureinbruch. Speziell in den GIPSI-Ländern platzten Immobilienblasen, Banken mussten viele Forderungen abschreiben. Die nationalen Staatshaushalte waren gezwungen, Finanzmittel zur Bankenrettung und zur Stützung der Konjunktur auszugeben. Rasch steigende Budgetdefizite offenbarten die mangelnde langfristige Tragfähigkeit der Staatsverschuldung in einigen EWU-Ländern. Die europäische Finanzkrise zeigte sich durch zunehmende Zinsdifferenzen bei Staatspapieren der GIPSI-Länder einerseits und Deutschland andererseits (*Abbildung 6-12 a*). Europäische Rettungsaktionen zur Abwendung drohender nationaler Staatsbankrotte gingen mit massiven finanzpolitischen Einsparungen in den betroffenen Ländern einher; dadurch wurde hier die makroökonomische Aktivität zusätzlich gebremst.

Die amerikanische Finanzkrise löste auch eine Neujustierung der Risikoeinschätzungen aus. Der Kapitalzustrom in die GIPSI-Länder ging stark zurück, was bei anhaltenden Leistungsbilanzdefiziten zu Ungleichgewichten in ihren Zahlungsbilanzen führte. Der Zahlungsverkehr innerhalb der Euro-Zone wird über das sog. TARGET2-System abgewickelt. Erhält z.B. eine spanische Geschäftsbank A den Auftrag einer Überweisung zugunsten einer deutschen Geschäftsbank B, so benötigt sie dazu Euro-Reserven, die sie sich über einen Refinanzierungskredit seitens der spanischen Zentralbank beschaffen kann (fett gedruckt in *Tabelle 6-6*). Die sich anschließende Überweisung beinhaltet folgende Buchungsvorgänge:

- Der Depositenbestand des Auftraggebers der Überweisung verringert sich. Parallel dazu verliert Bank A wieder ihre Euro-Reserve bei der spanischen Zentralbank.

- Bei der spanischen Zentralbank ergibt sich ein Passivtausch. Sie geht eine TARGET2-Verpflichtung gegenüber der EZB ein, weil diese ihrerseits der deutschen Zentralbank eine Euro-Forderung einräumen muss.

Tabelle 6-6: Bilanzveränderungen im EWU-Banksystem
bei einer Überweisung von Spanien nach Deutschland

- Diese TARGET2-Forderung der deutschen Zentralbank ist der Gegenposten zur Schaffung einer neuen Euro-Reserve der deutschen Geschäftsbank B, die den Betrag dem Zahlungsempfänger gutschreibt.

Alle Zahlungsvorgänge aus Leistungs- und Kapitalbilanztransaktionen werden auf diese Weise verbucht. Wenn sich die Teilsalden der Zahlungsbilanz eines Landes tendenziell aufheben, sind die TARGET2-Salden seiner Notenbank nahe Null. Da nach 2007 die Leistungsbilanzen der GIPSI-Länder nur langsam zurückgingen, der Kapitalimport sich jedoch phasenweise zu einer Kapitalflucht (vor allem nach Deutschland) umkehrte, traten erhebliche Zahlungsbilanzungleichgewichte auf. Sie fanden ihren Niederschlag in steigenden TARGET2-Salden (*Abbildung 6-15*).

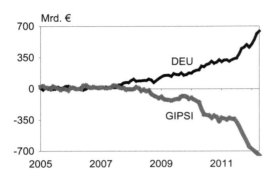

*Abbildung 6-15:*
*TARGET2-Salden*
*ausgewählter EWU-Länder*

*Tabelle 6-6* suggeriert, dass die deutsche Zentralbank (bzw. Volkswirtschaft) – vermittelt über die EZB – eine *Forderung* gegenüber der spanischen Zentralbank (bzw. Volkswirtschaft) hält. Kredite sind durch Übertragung von Zahlungsmitteln zu tilgen; Spanien hat aber bereits Euros nach Deutschland gezahlt und damit die Lieferung deutscher Güter oder Vermögenswerte beglichen. Ansprüche deutscher Marktakteure bestehen insoweit nicht mehr. Der Eindruck einer "offenen Rechnung" entsteht allein dadurch, dass Spanien als Defizitland scheinbar selbst die Zahlungsmittel schafft, die es zur Tilgung seiner Verpflichtungen benötigt. Dies ist in der internationalen Geldwirtschaft, in der Beziehung zwischen offenen, autonomen Volkswirtschaften unüblich; nur wenn ein Land über eine international akzeptierte Anlagewährung verfügt, kann es auch in einer Defizitposition Zahlungen in eigenem Geld leisten (*Abschnitt 6.2.3*).

In einer dezentral strukturierten Währungsunion wie der Euro-Zone erfolgt die Geldschöpfung durch die nationalen Notenbanken nach Maßgabe der im EZB-Rat festgelegten Kriterien; zusätzlich können die nationalen Notenbanken in eigener Regie und auf eigenes Risiko Refinanzierungskredite an heimische Geschäftsbanken vergeben, die Liquiditätsprobleme haben und über keine ausreichenden Sicherheiten verfügen, um an den regulären Geldschöpfungsverfahren teilnehmen zu können (*Emergency Liquidity Assistance*).

Die spanische Notenbank hat im obigen Beispiel stellvertretend bzw. als Bestandteil des Systems Europäischer Zentralbanken Basisgeld geschöpft, das im Markt und (umso mehr) im Bankensystem als Schuldentilgungsmittel akzeptiert ist. Die regional ungleiche Verteilung der Geldschöpfung in der Euro-Zone schafft keine Ansprüche der weniger aktiven nationalen Zentralbanken. Das Aktivum in der Bilanz der deutschen Notenbank ist letztlich der Gegenposten zum Refinanzierungskredit an die Bank A; aus diesem Grund könnte man einen Anspruch auf Lieferung der beim Refinanzierungskredit hinterlegten Sicherheiten konstruieren. Jedoch wäre eine solche Übertragung ökonomisch wirkungslos: Verluste in der deutschen Notenbankbilanz treten nur auf, wenn Refinanzierungskredite in Spanien nicht getilgt werden; in diesem Fall werden vertragsgemäß *alle* nationalen Notenbanken nach ihrem EZB-Eigentumsanteil an den Verlusten beteiligt – unabhängig von ihrem TARGET2-Saldo und unabhängig davon, wo ein Forderungsausfall nicht durch Rückgriff auf Sicherheiten zu decken ist.

Die ökonomische Problematik der Geldschöpfung im obigen Fall wird deutlicher, wenn man die nationalen Notenbankbilanzen aggregiert bzw. das dreistufige EWU-Banksystem hypothetisch in ein normales zweistufiges System umgestaltet (*Tabelle 6-7*). Ökonomisch ändert sich dadurch nichts Wesentliches; die nationalen Notenbanken verlieren ihre rechtliche Selbständigkeit und werden (ähnlich zu den ehemaligen Landeszentralbanken Deutschlands) zu regionalen Geschäftsstellen der EZB. Die TARGET2-Salden verschwinden. Die deutsche Geschäftsbank B erhält Euro-Reserven (die sie kaum als Kredit an Spanien interpretieren würde).

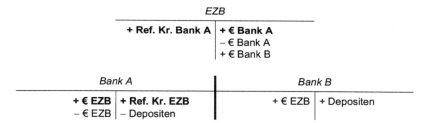

Tabelle 6-7: Bilanzveränderungen bei Überweisungsvorgang
ohne Ebene der nationalen Zentralbanken

Wenn die EZB Refinanzierungskredite (in unbeschränkter Höhe) hauptsächlich an Geschäftsbanken in einer Region mit anhaltenden Leistungsbilanzdefiziten vergibt, so sind folgende Punkte zu beachten:

- Die Einkommensbildung wird monetär unterstützt in einer Region, die eigentlich über eine Nachfragebegrenzung ihren Importüberschuss abbauen sollte.

- Es sammeln sich tendenziell "schlechte" Sicherheiten bei der EZB, da in einer wettbewerbsschwachen Region das Angebot an soliden Vermögenswerten knapp werden kann (tatsächlich verringerte die EZB die Qualitätsanforderungen an die zu stellenden Sicherheiten deutlich, um die Banken in den GIPSI-Ländern liquide halten und vor einem Bankrott schützen zu können).

- Werden die bei einer anhaltenden Geldschöpfung in den GIPSI-Staaten entstehenden Euro-Reserven fortlaufend in die Überschussländer wie Deutschland übertragen, so werden die Banken hier praktisch unabhängig von der Geldversorgung durch die EZB. Es kommt zu einer Anreicherung der Bankenliquidität, und bei allgemein niedrigen Zinsen kann man tendenziell eine Ausweitung der Kreditvergabe in den Überschussländern erwarten. Die Güternachfrage würde damit hier unterstützt, und eine relativ stärkere Inflation würde indirekt die preisliche Wettbewerbsfähigkeit der GIPSI-Länder verbessern.

### 6.4.5 Nationale Staatsverschuldung in supranationaler Währung: Zwang zur politischen Union?

Eine Währungsunion ohne politische Union bedeutet insbesondere, dass die Verantwortung für die Staatsfinanzen, d.h. die Festsetzung von Steuern und Staatsausgaben, auf der Ebene der Nationalstaaten bleibt. Die nationale Staatsverschuldung wird in Einheiten der supranationalen Währung festgesetzt und auf dem integrierten Finanzmarkt gehandelt. Ist der supranationalen Notenbank (wie in der Euro-Zone) eine direkte Kreditvergabe an nationale Staatshaushalte untersagt, hängt die Finanzierung eines *Deficit Spending* sowie das *Rollover* des Schuldenstandes allein von der Anlagebereitschaft privater Akteure in der Euro-Zone (einschließlich der Geschäftsbanken) ab. Bei der Gründung der EWU ist diese Konstellation als sinnvoll und erstrebenswert angesehen worden, da man sich dadurch Anreize zu einer sparsamen Haushaltsführung erhoffte: infolge des Zwangs, Schulden in einer Währung zu zahlen, die man nicht selbst schaffen kann (*Abschnitt 6.4.1*).

Es hat sich jedoch gezeigt, dass die Finanzmärkte die ihnen zugedachte Rolle als Disziplinierungsrahmen für die Entwicklung der Staatsverschuldung nur unvollkommen erfüllen: Oft schwankt die Anlagebereitschaft der Kreditgeber in prozyklischer Weise, so dass bei guter Konjunktur sehr günstige Konditionen für weitere Verschuldung gewährt werden und bei ersten Anzeichen von Überinvestition und Krise die Anlagen schlagartig zurückgehen. Einige Euro-Länder wurden ab 2010 rasch praktisch zahlungsunfähig, weil die Anschlussfinanzierung für auslaufende Staatspapiere nicht gelang.

> *Durch die Teilnahme an der Europäischen Währungsunion ist den Mitgliedsländern eine Notenbankfinanzierung des Staats grundsätzlich nicht mehr möglich [...]. Konkret bedeutet das für ein Mitgliedsland der Währungsunion, dass es grundsätzlich dem Risiko ausgesetzt ist, für fällige Staatsanleihen keine Anschlussfinanzierung mehr zu erhalten. Ein solches Insolvenzrisiko besteht für souveräne Staaten ansonsten nur dann, wenn sie über eine unabhängige Notenbank verfügen, der eine direkte Finanzierung des Staats untersagt ist oder wenn sie sich in einer Fremdwährung verschulden müssen. In der Literatur wird ein solches Vorgehen mit dem Begriff der 'Erbsünde' (Original Sin) belegt, da sich ein Land damit den Unwägbarkeiten der internationalen Finanzmärkte aussetzt.*
>
> Sachverständigenrat (2010: Zf. 134)

Dass in der gleichen Zeit Länder mit höheren Schuldenständen (etwa Japan; *Abbildung 5-29*) keine derartigen Staatsschuldenkrisen erlebten, lässt sich mit zwei Punkten erklären:

(1) Bei einer Verschuldung in der eigenen nationalen Währung kann die heimische Zentralbank stets mit einem Ankauf von Staatspapieren intervenieren, falls zu einem Tilgungszeitpunkt ein temporäres Ungleichgewicht auf dem Bondmarkt bestehen sollte. Die Gläubiger von Altschuldpapieren können dann darauf vertrauen, dass sie ihr investiertes Kapital zurückerhalten. Im Regelfall reicht schon das Wissen um eine solche Interventionsmöglichkeit

aus, um den Markt zu stabilisieren; oft treten Finanzintermediäre (z.B. Geschäftsbanken) als Zwischenhändler auf, ohne dass die Notenbank selbst eingreifen muss.

Bei Staatsverschuldung in fremder Währung wissen die Halter der Wertpapiere dagegen, dass die Regierung bei angespannter Finanzlage weder über genügend Budgetüberschüsse verfügt noch sicher sein kann, rechtzeitig neue Gläubiger zu finden. Erscheint die spätere Tilgung von Staatspapieren unsicher, so werden diese Papiere vorzeitig verkauft. Der Kursverfall impliziert eine Erhöhung des effektiven Zinssatzes beim Schuldenstand; dies zwingt dazu, auch Neuemissionen mit besseren Konditionen auszustatten. Damit steigt aber die Zinslast des Staates und die Zweifel an der Tragfähigkeit der Staatsfinanzen verstärken sich. Bei einer Antizipation dieser Wirkungskette kann ein Staat auf dem Weg einer sich selbst erfüllenden Prognose rasch in den Bankrott getrieben werden.

> *If the market perceives a higher default risk, it raises interest rates on the debt to compensate for the extra risk. Higher debt-service payments, however, worsen the budget deficit, and – if the government does nothing – this pushes the nation towards the edge of sustainability. If this precipice is already close to start with, the higher interest rates themselves can magnify default fears, thus yielding even higher interest rates and so on; the spiral inexorably drags the nation towards default. [...] Government must slash non-interest spending programmes and/or raise tax rates. But even this may backfire. This type of fiscal contraction may slow growth thereby undermining sustainability. If it does, default risk and interest rates can rise, which then requires further cuts or higher taxes. But cutting and taxing cannot go on forever – eventually the people will revolt. In the end, the government may find default to be the least bad option.*
>
> Richard Baldwin / Daniel Gros (2010: 8)

(2) Auch ohne Intervention der Notenbank ergeben sich im Falle einer Staatsschuld in nationaler Währung stabilisierende Effekte. Selbst wenn die Verkäufer staatlicher Wertpapiere ihre Erlöse nicht zum Kauf von heimischen, sondern von ausländischen Vermögenswerten verwenden, bleibt die Zentralbankgeldmenge unverändert und das nationale Banksystem liquide. Die damit einhergehende Abwertung bedeutet sogar einen positiven Wettbewerbsimpuls für Produktion und Beschäftigung im Inland. Wenn dagegen in der Euro-Zone spanische Wirtschaftssubjekte heimische Staatsanleihen verkaufen und deutsche Bonds erwerben, so verliert das spanische Banksystem bei der Überweisung des Kaufbetrags nach Deutschland Euro-Reserven und wird mit Liquiditätsproblemen konfrontiert (*Box 6-6*). Eine Schuldenkrise kann so eine Bankenkrise nach sich ziehen.

Um den Markt für nationale Staatsanleihen in einer Währungsunion zu stabilisieren und rein spekulativ bedingte Schuldenkrisen zu verhindern, müsste analog zum Problem der Bankenkrisen (*Box 1-3*) ein *Lender of Last Resort* geschaffen werden. Naheliegenderweise könnte diese Aufgabe von der supranationalen Notenbank übernommen werden; allerdings widerspricht dies den Statuten der EZB, die auf eine strikte Trennung zwischen Geld- und Finanzpolitik abzielen. In einer Währungsunion mit politisch autonomen Teilnehmerstaaten würde die Notenbank bei Rettungsaktionen selektiv zugunsten einzelner Länder eingreifen und damit fiskalisch-distributive Entscheidungen treffen; zudem müssen Notkredite zur Vermeidung eines *Moral Hazard* mit Auflagen zu wirtschaftspolitischen Reformen und einer entsprechenden Überwachung verbunden sein. Deshalb müssten die Entscheidungsstrukturen in den EZB-Gremien (*Box 5-1*) so geändert werden, dass sie die politischen Mehrheitsverhältnisse in der Euro-Zone widerspiegeln und darüber die Legitimation auch zu finanz- und strukturpolitischen Entscheidungen erhalten.

Die Alternative zu einem monetären *Lender of Last Resort* ist ein finanzpolitischer Beistand der Teilnehmerländer, die wechselseitig Garantien für ihre Staatsschulden übernehmen. Eine Form dieser kollektiven Haftung wäre die Finanzierung der nationalen Staatsschulden durch gemeinsame Euro-Bonds, die von einer zentralen Institution (EWU-Finanzministerium oder Europäischer Währungsfonds) herausgegeben werden und deren Tilgung von allen EWU-Mitgliedsstaaten garantiert wird.

Auch bei dieser Variante bleibt das Grundproblem, dass eine Sozialisierung des Tilgungsrisikos einzelne Teilnehmerländer zu einem leichtfertigen Haushaltsgebaren verleiten könnte. Deshalb sind auch hier eine Kontrolle der nationalen Finanzpolitik und im Krisenfall eine Bereitschaft zu tiefgreifenden Anpassungen notwendig, die von der Gemeinschaft gefordert werden. Dies ist ein Schritt zur Aufgabe der politischen Autonomie. Ist das auf Seiten der Bürger der europäischen Nationalstaaten nicht erwünscht, so ist auch keine ausreichende Bereitschaft zur wechselseitigen Schuldengarantie vorhanden, weil insbesondere die wirtschaftlich stärkeren Länder befürchten müssten, von überschuldeten schwächeren Staaten ausgebeutet zu werden. Glaubwürdigkeit für die Absicherung nationaler Staatsfinanzen gibt es nur in einer politischen Union. Ist diese nicht erreichbar, bleibt eine Währungsunion fragil.

---

**Zusammenfassung**

6.4.1 Aus informationstheoretischen Gründen, d.h. zur Entfaltung der Geldfunktionen Wertstandard und Zahlungsmittel, wäre der Geltungsbereich einer Währung möglichst groß zu wählen. Bei asymmetrischen Störungen, die regional abgrenzbare Gruppen von Marktakteuren unterschiedlich treffen, kann jedoch eine Wechselkursänderung eine einfachere Anpassung ermöglichen als die Änderung von zahllosen Einzelpreisen oder die Wanderung von Produktionsfaktoren. Bei einer hohen Wahrscheinlichkeit derartiger Schocks, bei inflexiblen Löhnen und Preisen und bei geringer Faktormobilität ist der optimale Währungsraum eher klein. Eine dennoch gewählte Währungsunion bringt einen Zwang zur Flexibilisierung von Marktstrukturen und zur Durchführung von Strukturreformen mit sich. Die nationale Lohn- und Finanzpolitik soll so zu einem stabilitätsorientierten Verhalten bewegt werden.

6.4.2 Angebots- und Nachfrageschocks führen in einer Währungsunion nur dann zu geldpolitischen Reaktionen der supranationalen Zentralbank, wenn die durchschnittliche Inflationsbzw. Outputlücke im gesamten Währungsraum betroffen ist. Im übrigen müssen makroökonomische Ungleichgewichte in den Mitgliedsländern durch eigene Anstrengungen bekämpft werden. Eine Nachfrageschwäche wird zu sinkenden Lohn- und Preissteigerungsraten führen. Einerseits verbessert sich dadurch die preisliche Wettbewerbsfähigkeit des betreffenden Landes in der Währungsunion. Andererseits steigt der nationale Realzins (wenn der von der Geldpolitik kontrollierte Nominalzins konstant bleibt). Aufgrund der gegensätzlichen Impulse von realem Wechselkurs und realem Zins ist die dynamische Stabilität der Anpassung nicht gesichert. In einer Währungsunion sind nationale Sonderkonjunkturen sowie anhaltende Inflationsdiskrepanzen und Leistungsbilanzungleichgewichte möglich, deren Finanzierung durch Kapitalimporte bei einem integrierten Finanzmarkt "in guten Zeiten" vergleichsweise leicht ist.

6.4.3 Durch den Übergang zu einer Währungsunion sinkt der Zentralisierungsgrad der Lohnpolitik im Vergleich zu der nun supranational agierenden Geldpolitik. Die Lohnpolitik hat damit nur noch regionale Bedeutung. Sie verliert ihren unmittelbaren Einfluss auf die Inflationsrate in der Währungsunion; damit steigt ihr Einfluss auf den nationalen Reallohn. Über ihren Effekt auf die nationale Inflationsrate wirkt die Lohnpolitik in destabilisierender Weise auch auf den nationalen Realzins. Die Beschäftigungswirkung einer zurückhaltenden Lohnpolitik ist unsicher, weil die Konsumnachfrage sinkt und der Vorteil an Wettbewerbsfähigkeit gegenüber dem Ausland durch eine parallele Lohnpolitik dort neutralisiert werden kann. Die Lohnentwicklung prägt die preisliche Wettbewerbsfähigkeit; die Leistungsbilanzsalden hängen jedoch auch von der Einkommensentwicklung ab.

6.4.4 In einer Währungsunion besteht ein größerer Anreiz zur Staatsverschuldung, weil das *Deficit Spending* einzelner Nationalstaaten in einem großen Kapitalmarkt nicht unmittelbar zu steigenden Zinsen führt. Die Ausnutzung dieses Vorteils kann zu exzessiver Verschuldung führen. Um die damit verbundenen Nachteile für alle Unionsmitglieder abzuwehren, kann eine quantitative Begrenzung des *Deficit Spending* beschlossen werden. Ein zwischenstaatlicher Finanzausgleich ist nützlich zur Stabilisierung asymmetrischer Schocks, bringt aber die Gefahr einer dauerhaften Abhängigkeit der Empfängerstaaten mit sich.

6.4.5 Durch die Verschuldung in der gemeinsamen Währung können die Mitgliedsstaaten die heimische Notenbank nicht länger als *Lender of Last Resort* bei der Refinanzierung der nationalen Staatsschulden einsetzen. Auch eine hilfreiche Abwertung ist in einer Währungsunion nicht möglich. Der Markt für nationale Staatsschuldtitel ist deshalb instabil; temporäre Vertrauenskrisen können über Zinssteigerungen rasch in den Staatsbankrott führen. Finanzierungsgarantien seitens der supranationalen Notenbank oder der Gemeinschaft der nationalen Regierungen verlangen die Einräumung zentraler Kontrollrechte und insoweit die Aufgabe politischer Autonomie.

## 6.5  Der Euro im Kreis der Weltwährungen

Auf weltwirtschaftlicher Ebene verfügt jeder Nationalstaat (sieht man von den historisch seltenen Konstellationen einer Währungsunion ab) zumeist über eine eigene Währung. Die weitaus meisten Währungen üben ihre Funktionen nur innerhalb der jeweiligen nationalen

Grenzen aus. Zahlungsverpflichtungen *zwischen* verschiedenen Währungsgebieten, die aus dem grenzüberschreitenden Handelsverkehr resultieren, lassen sich im Prinzip über den Devisenmarkt abwickeln, ohne dass eine unterschiedliche Reputation der hierbei verwendeten Währungen eine Rolle spielen müsste. Aber schon, wenn im Handelsverkehr Zahlungsziele eingeräumt werden, und insbesondere bei der internationalen Kreditvergabe ist es den Vertragspartnern aufgrund von Risikoerwägungen keinesfalls gleichgültig, in welcher Währung der Schuldkontrakt festgesetzt wird und eingelöst werden soll. So wird der Gläubiger i.d.R. auf einer Rückzahlung in seiner eigenen Währung bestehen, weil nur dies seine ursprüngliche Portfolioposition wiederherstellt und er keinen Grund sieht, ein Währungsrisiko einzugehen. Damit müsste ein Schuldnerland umgekehrt stets Kredite in fremder Währung aufnehmen.

Tatsächlich sind die Marktverhältnisse in der internationalen Geldwirtschaft jedoch komplizierter. Nicht alle Währungen haben auf dem Weltfinanzmarkt die gleiche Stellung. Im Grunde stellt sich bei transnationalen Vermögensanlagen ein ähnliches Problem wie in der geschlossenen Ökonomie ohne Geld (*Abschnitt 1.1.1*): Die Wirtschaftssubjekte müssen sich auf ein Medium bzw. eine Währung einigen, die die Geldfunktionen in der Weltwirtschaft übernehmen soll. Ein (wegen der Einigungskosten utopisches) Modell wäre die Schaffung *einer* Weltwährung, die von einer supranationalen Zentralbank herausgegeben wird, also praktisch eine Währungsunion für die Weltwirtschaft.

Faktisch hat sich jedoch eine "Marktlösung" herausgebildet, indem einige wenige Währungen einen internationalen Status haben. Nach dem US-Dollar hat sich bereits der Euro als bedeutende Währung etabliert; daneben spielen noch der Yen, das englische Pfund und der Schweizer Franken eine Rolle (vor 1999 war bereits die D-Mark über eine rein nationale Währung hinausgewachsen und wurde als Anlagewährung nachgefragt). Möglicherweise kann sich in der Zukunft auch der chinesische Renminbi als Weltwährung etablieren.

Der internationale Status einer Währung bedeutet, dass sie Geldfunktionen auf weltwirtschaftlicher Ebene erfüllt.

- *Wertstandard*: Viele weltweit gehandelte Güter, vor allem Rohstoffe, werden unabhängig von der Nationalität ihrer Anbieter und Nachfrager in Dollar-Preisen notiert und gehandelt. Analog gilt dies für bestimmte Kredit- und Schuldverträge.

- *Zahlungsmittel*: Beträge in Währungen kleiner Länder werden auf dem Devisenmarkt oft nicht direkt gegeneinander getauscht, weil in "dünnen" Märkten (mit wenigen Transaktionen) größere Spannen zwischen Kauf- und Verkaufspreisen, d.h. höhere Transaktionskosten anfallen. Statt dessen wird der Umweg eines zwischenzeitlichen Wechsels in eine international häufig gehandelte Währung gewählt, die als Vehikelwährung fungiert. Trotz des zusätzlichen Transaktionsschrittes kann das Gesamtergebnis für alle Beteiligten günstiger sein.

- *Wertaufbewahrungsmittel*: Bereits wegen der vorstehend genannten Funktionen kann sich eine Geldhaltung internationaler Währungen lohnen, im allgemeinen in verzinslichen Anlagen. Derartige Anlagen an einem international bedeutsamen Finanzmarkt werden jedoch vor allem aus vermögenswirtschaftlichen Motiven getätigt. Auch Notenbanken halten Finanzaktiva hoch angesehener Währungen als Reserve in ihrem Portefeuille, um notfalls über "Munition" zur Verteidigung des Wechselkurses ihrer nationalen Währung verfügen zu können: Durch das Angebot solcher Währungsreserven am Devisenmarkt kann der Kurs der heimischen Währung gestützt werden.

Die ausschlaggebenden *Kriterien, die über die internationale Nutzung einer Währung entscheiden*, stehen in einem engen Zusammenhang mit den Faktoren, die auch die Qualität einer nationalen Währung prägen:

(1) Die *Größe eines nationalen Währungsraums* signalisiert Vorteile bei der Nutzung dieser Währung auch für grenzüberschreitende Transaktionen. Ein großes Transaktionsvolumen an Wertpapieren verschiedener Fristigkeit zeigt "breite" und "tiefe" Märkte an, die sich durch niedrige Informations- und Transaktionskosten auszeichnen. Bei Dispositionen in einem großen Markt können einzelne Akteure auch davon ausgehen, dass Angebot-Nachfrage-Bedingungen, Preise, Zinsen und Wechselkurse unabhängig von ihren eigenen Handlungen sind; dies erhöht die Planungssicherheit der Akteure und verhindert eine Verzerrung erwarteter Renditen während der Durchführung von Finanzmarktoperationen.

Dies gilt analog für die Notenbank: Wenn ein Währungsraum relativ klein ist, so würden Vermögensdispositionen transnational agierender Wirtschaftssubjekte das Zinsniveau an den nationalen Finanzmärkten u.U. so stark beeinflussen, dass es durch Impulse der Zinspolitik nicht mehr kontrolliert werden kann. Dementsprechend wehren sich kleine Länder oft gegen eine internationale Vermögensanlagefunktion ihrer Währung. Schon der Aufbau einer solchen Position bringt über den Kapitalimport eine störende Aufwertung mit sich.

(2) *Kontrollen des transnationalen Kapitalverkehrs* sowie *Regulierungen der Transaktionen und Anlageformen auf den nationalen Finanzmärkten* sind Faktoren, die die Dispositionsfreiheit der Wirtschaftssubjekte verringern und damit die Märkte praktisch verengen. Unter solchen Bedingungen ist eine nationale Währung zur Übernahme weltwirtschaftlicher Geldfunktionen kaum geeignet.

(3) Die *innere Geldwertstabilität* ist wichtig für die Reputation einer international verwendeten Währung: Sie signalisiert eine finanzwirtschaftliche Solidität des betreffenden Landes und lässt keine aus Wettbewerbsgründen erfolgende Währungsabwertung erwarten. Dies verweist auf das Kriterium der *äußeren Geldwertstabilität*, das weniger eindeutig ist. Ein allseits fester Wechselkurs ist kaum realistisch. Anzeichen einer Währungsaufwertung lassen die Vermögensanlage in der betreffenden Währung als besonders lohnend erscheinen; bei einer drohenden Abwertung sind dagegen Kapitalabzüge wahrscheinlich. Jedoch sind dies allein kurzfristig-spekulative Effekte, die die grundsätzliche Stellung einer internationalen Währung nicht notwendigerweise berühren. Wie auch im nationalen Rahmen verleihen Konventionen, Traditionen und die Skaleneffekte einer verbreiteten Nutzung der Position einer einmal etablierten Währung eine hohe Stabilität.

(4) Eine *hohe Staatsverschuldung* kann einerseits der internationalen Reputation einer Währung schaden, da dieser Punkt auf eine inflatorische Übernachfrage oder eine langfristig drohende finanzwirtschaftliche Instabilität i.S. einer mangelnden Nachhaltigkeit der Staatsfinanzen hindeuten kann (*Abschnitt 5.4.4*). Sind diese Risiken jedoch nicht gegeben, so stellt ein großes, fristenmäßig gestaffeltes und weltweit handelbares Angebot von Finanztiteln eines vertrauenswürdigen Schuldnerlandes ein gut geeignetes Anlagefeld zur Geldvermögensbildung dar.

(5) Ein uneindeutiges Kriterium ist auch der Grad der *Auslandsverschuldung* eines Landes. Hohe Tilgungs- und Zinszahlungsverpflichtungen zeigen im allgemeinen einen möglichen Abwertungsbedarf einer Währung an und belasten insoweit ihre Stellung auf den internationalen Finanzmärkten. Auf der anderen Seite kann eine hohe Auslandsverschuldung gerade die Konsequenz der internationalen Rolle einer Währung sein: Die weltweite Bereitschaft zur Geldvermögensbildung in dieser Währung verleiht dem betreffenden Land eine Bankfunktion für die Weltwirtschaft. Dies geht einher mit dem Privileg einer Auslandsverschuldung in eigener Währung (*Abschnitt 6.2.3*). Diese Konstellation impliziert keinen permanenten Kapitalbilanzüberschuss und somit auch keine wachsende Nettoauslandsverschuldung; denn die Bankfunktion des Landes lässt einen ebenfalls starken Kapitalexport, d.h. eine Kreditvergabe an das Ausland erwarten. Besteht hingegen der Gegenposten des Kapitalimports in einem Leistungsbilanzdefizit, so ist die Grenze der fortlaufenden Auslandsverschuldung durch das Volumen der jährlichen Weltersparnis und die Währungspräferenzen der Geldanleger gegeben.

Die Rolle des Euro auf den Weltfinanzmärkten ist noch in Entwicklung begriffen. Als Fakturierungs-, Anlage- und Reservewährung nimmt er bereits jetzt den Platz Zwei hinter dem Dollar ein. Während dieser insbesondere durch die hohe Auslandsverschuldung der USA gefährdet erscheint, ist die mangelnde Homogenität der Finanzaktiva in der EWU ein Hindernis für den weiteren Ausbau der Marktposition des Euro. Zwar lauten all diese Papiere auf eine gemeinsame Währung; jedoch stehen dahinter unterschiedliche politische Akteure als Schuldner. In den letzten Jahren sind Länderrisiken deutlich geworden, die zu einer allgemeinen Auffächerung der Zinsdifferenzen geführt haben (*Abbildung 6-12 a*). Der Markt für Euro-Papiere ist tendenziell in einzelne Teilsegmente zerfallen, die Attraktivität des Euro als Anlagewährung damit gesunken. Geldwertstabilität allein reicht nicht aus, um die Rolle einer nationalen Währung in der Weltwirtschaft zu festigen.

---

**Zusammenfassung**

6.5    Einige wenige nationale Währungen üben auch Geldfunktionen in der Weltwirtschaft aus: Sie werden genutzt, um Preise von Welthandelsgütern festzusetzen; sie dienen als Vehikel zum kostengünstigen Tausch zwischen Drittwährungen; Finanzaktiva dieser Währungen werden zur privaten Vermögensanlage und zur Reservehaltung von Notenbanken verwendet. Die Voraussetzung für die internationale Rolle einer Währung ist vor allem die Existenz eines großen Finanzmarktes und freier Kapitalverkehr. Länder mit einer international genutzten Währung können in die Rolle einer Bank für die Weltwirtschaft geraten; ihr Finanzmarkt wird zur Drehscheibe für weltweite Vermögensdispositionen. Dabei kann sich auch eine hohe Auslandsverschuldung des betreffenden Landes ergeben. Die künftige Rolle des Euro in der Weltwirtschaft ist vor allem wegen der hohen Staatsschulden in den einzelnen Teilnehmerstaaten der EWU unklar.

## Literatur und zitierte Quellen zu Kapitel 6

*Baldwin, R. / Gros, D.* (2010): Introduction: The Euro in Crisis – What to Do? In: Dies., Hg: Completing the Eurozone Rescue – What More Needs to Be Done? www.voxeu.org, 1-23.

*Beetsma, R. / Giuliodori, M.* (2010): The Macroeconomic Costs and Benefits of the EMU and Other Monetary Unions – An Overview of Recent Research. Journal of Economic Literature, 48, 603-641.

*Blanchard, O. J. / Illing, G.* (2009): Makroökonomie. 5. Aufl. München. Kap. 18-21.

*Bofinger, P.* (2001): Monetary Policy – Goals, Institutions, Strategies, and Instruments. Oxford, Kap. 12-13.

*De Grauwe, P.* (2009): The Economics of Monetary Union. 8. Aufl. Oxford.

*De Grauwe, P.* (2011): A Fragile Eurozone in Search of a Better Governance. CESifo Working Paper 3456, München.

*Deutsche Bundesbank* (2007): Leistungsbilanzsalden und preisliche Wettbewerbsfähigkeit im Euro-Raum. Monatsbericht Juni, 35-56.

*Deutsche Bundesbank* (2010): Zur Problematik makroökonomischer Ungleichgewichte im Euro-Raum. Monatsbericht Juli, 17-40.

*Deutsche Bundesbank* (2011): Renditedifferenzen von Staatsanleihen im Euro-Raum. Monatsbericht Juni, 29-47.

*Eichengreen, B.* u.a. (1995): Exchange Market Mayhem. Economic Policy, 21, 215-312.

*Europäische Zentralbank* (1999): Die internationale Rolle des Euro. Monatsbericht August, 35-58.

*Europäische Zentralbank* (2002): Wirtschaftliche Fundamentalfaktoren und der Wechselkurs des Euro. Monatsbericht Januar, 45-59.

*Europäische Zentralbank* (2003): Der Zusammenhang zwischen Geld- und Finanzpolitik im Euro-Währungsgebiet. Monatsbericht Februar, 41-55.

*Europäische Zentralbank* (2005): Geldpolitik und Inflationsdivergenz in einem heterogenen Währungsraum. Monatsbericht Mai, 65-82.

*Europäische Zentralbank* (2007): Die Tragfähigkeit der öffentlichen Finanzen im Euro-Währungsgebiet auf dem Prüfstand. Monatsbericht Februar, 65-80. Wachstumsunterschiede im Euro-Währungsgebiet – Ursachen und Auswirkungen. Monatsbericht April, 79-94.

*Europäische Zentralbank* (2008): Globalisierung, Handel und die Gesamtwirtschaft des Euro-Währungsgebiets. Monatsbericht Januar, 81-96. Zehn Jahre Stabilitäts- und Wachstumspakt. Monatsbericht Oktober, 59-73.

*Europäische Zentralbank* (2010): Globale realwirtschaftliche und finanzielle Ungleichgewichte und deren Abbau – Ein Ausblick. Monatsbericht April, 95-105. Die Wirksamkeit der Fiskalpolitik im Euro-Währungsgebiet. Monatsbericht Juli, 73-92.

*Fratzscher, M. / Stracca, L.* (2008): The Political Economy under Monetary Union – Has the Euro Made a Difference? ECB Working Paper 956, Frankfurt.

*Gischer, H.* u.a. (2012): Geld, Kredit und Banken. 3. Aufl. Berlin u.a., Kap. 20-21.

*Goodhart, C. A. E.* (2007): Currency Unions – Some Lessons for the Euro Zone. Atlantic Economic Journal, 35, 1-21.

*Görgens, E.* u.a. (2008): Europäische Geldpolitik – Theorie, Empirie, Praxis. 5. Aufl. Stuttgart, Kap. I, V.2-3.

*Jarchow, H.-J. / Rühmann, P.* (2000): Monetäre Außenwirtschaftstheorie. Bd. 1. 5. Aufl. Göttingen.

*Horn, G. A.* u.a. (2010): Reform des Stabilitäts- und Wachstumspakts – Nicht nur öffentliche, auch private Verschuldung zählt. IMK Report 51, Juli.

*Mann, C. L.* (2002): Perspectives on the U.S. Current Account Deficit and Sustainability. Journal of Economic Perspectives, 16, 3, 131-152.

*Mishkin, F. S. / Eakins, S. G.* (2005): Financial Markets and Institutions. 5. Aufl. Reading u.a., Kap. 14.

*Sachverständigenrat* (2010): Chancen für einen stabilen Aufschwung. Jahresgutachten 2010/11. Wiesbaden. Kap. 3.

*Sachverständigenrat* (2011): Verantwortung für Europa wahrnehmen. Jahresgutachten 2011/12. Wiesbaden, Kap. 3.

*Schulmeister, S.* (2000): Globalization Without Global Money – The Double Role of the Dollar as National Currency and World Currency. Journal of Post Keynesian Economics, 22, 3, 365-395.

*Sievert, O.* (1993): Geld, das man nicht selbst herstellen kann – Ein ordnungspolitisches Plädoyer für die Europäische Währungsunion. In: *Bofinger, P.* u.a., Hg.: Währungsunion oder Währungschaos? Was kommt nach der D-Mark? Wiesbaden, 13-24.

*Sinn, H.-W. / Wollmershäuser, T.* (2011): Target Loans, Current Account Balances and Capital Flows – The ECB's Rescue Facility. NBER Working Paper 17626, Cambridge.

*Wickens, M. R.* (2007): Is the Euro Sustainable? CEPR Discussion Paper 6337, London.

# Stichwortverzeichnis